JOURNAL ET MÉMOIRES

DE

CHARLES COLLÉ

SUR LES HOMMES DE LETTRES
LES OUVRAGES DRAMATIQUES ET LES ÉVÉNEMENTS
LES PLUS MÉMORABLES DU RÈGNE DE LOUIS XV

(1748 — 1772)

NOUVELLE ÉDITION

AUGMENTÉE DE FRAGMENTS INÉDITS

recueillis dans le manuscrit de la Bibliothèque impériale du Louvre

*Par autorisation de S. E. le Ministre de la Maison
de l'Empereur et des Beaux-Arts*

AVEC UNE INTRODUCTION ET DES NOTES

PAR

HONORÉ BONHOMME

—

TOME TROISIÈME

PARIS
LIBRAIRIE DE FIRMIN DIDOT FRÈRES, FILS ET Cⁱᵉ
IMPRIMEURS DE L'INSTITUT, RUE JACOB, 56

1868

JOURNAL ET MÉMOIRES

DE

CHARLES COLLÉ

—

TOME III

TYPOGRAPHIE FIRMIN DIDOT. — MESNIL (EURE).

JOURNAL ET MÉMOIRES

DE

CHARLES COLLÉ

SUR LES HOMMES DE LETTRES
LES OUVRAGES DRAMATIQUES ET LES ÉVÉNEMENTS
LES PLUS MÉMORABLES DU RÈGNE DE LOUIS XV

(1748 — 1772)

NOUVELLE ÉDITION

AUGMENTÉE DE FRAGMENTS INÉDITS

recueillis dans le manuscrit de la Bibliothèque impériale du Louvre

*Par autorisation de S. E. le Ministre de la Maison
de l'Empereur et des Beaux-Arts*

AVEC UNE INTRODUCTION ET DES NOTES

PAR

HONORÉ BONHOMME

—

TOME TROISIÈME

PARIS

LIBRAIRIE DE FIRMIN DIDOT FRÈRES, FILS ET Cᵢᵉ

IMPRIMEURS DE L'INSTITUT, RUE JACOB, 56

1868

Droits de traduction et de reproduction réservés.

JOURNAL HISTORIQUE.

ANNÉE 1765.

JANVIER 1765.

A la tête de chacun des volumes de ce journal, il me semble que je me dois à moi-même une espèce d'amende honorable, de ce que je les écris avec tant de négligence, de vitesse, et si peu de soin ; je me la fais donc, résolu cependant de n'y pas mettre plus de temps et de peine que par le passé. Ces Journaux ne sont qu'un *mémorial*, dont je ne fais guère plus de cas que du *Mercure de France,* ou du livre de ma blanchisseuse. Comme je ne me souviens de rien, ils me sont utiles pour me rappeler de petits faits qu'on oublie bien vite, et dont pourtant on a quelquefois besoin d'avoir idée dans le courant de la société (1).

---

(1) On voit dans ce siècle-ci nombre d'auteurs qui se cajolent eux-mêmes dans leurs préfaces, ou du moins qui induisent les lecteurs à les cajoler. Dans les premières pages de plusieurs de ces Journaux, il me paroît aujourd'hui que j'ai trop fait le contraire ; j'ai dit trop de mal de ces *Mémoriaux.* En vérité, ils valent mieux que le *Mercure,* surtout depuis que M. d'Alembert et ses épais complices sont à la tête de cet ennuyeux ouvrage Je

Le samedi 5 janvier je donnai à dîner à Garrick, ce fameux comédien anglais que j'avois déjà vu à Paris il y a quatorze ans. J'avois tout lieu de me flatter qu'il donneroit à ma femme et à ceux qui dînoient chez moi une idée de ses talents, en nous jouant quelques scènes pantomimes, et qui ne demandassent pas que l'on entendît l'anglais, chose que je lui avois déjà vu faire à son premier voyage ici : il n'y eut pas moyen de l'y déterminer ; il prit de l'humeur, et fut d'une maussaderie qui nous fit faire le plus triste dîner que j'aye fait de ma vie. Je devois d'autant moins m'attendre à ce refus absolu, que je l'avois prévenu de politesses, dont je me repens ; j'avois été lui rendre dix visites pour une dont cet histrion avoit daigné m'honorer ; je lui avois fait présent de mes pièces imprimées ; il avoit désiré d'entendre ma comédie de *la Vérité dans le vin*; j'ai eu la complaisance d'aller la lui lire ; je lui avois promis la lecture de *Henri IV*, qu'il m'avoit aussi demandée. Le jour que je fus assez sot pour le recevoir chez moi, je ne m'occupai que de lui et de sa femme, et je m'ennuyai de mon mieux à ne leur parler que de l'Angleterre et de tout ce qui pouvoit être relatif à ces deux animaux-là. Au dessert, tout enrhumé que j'étois, je chantai de mes chansons et me mis en frais, pour l'engager encore davantage à s'y mettre ; rien de tout cela ne me réussit.

Comme il avoit pris le prétexte de son estomac, qui étoit, disoit-il, trop chargé pour pouvoir rien exécuter après avoir aussi bien dîné, je voulus le pousser à bout ; je le priai à dîner pour le vendredi suivant : il me le promit ; quand j'eus sa parole, je le priai de venir à midi et demi, pour qu'il fût en état de me donner

---

réforme donc ici mon jugement sur moi-même ; ces Journaux ne sont pas aussi mauvais que je l'ai pensé en les écrivant. Il faut en rabattre un peu, mais bien peu ; car, au fond, tout ceci n'est qu'un amas indigeste de faits, *farrago libelli*. (*Note de Collé, écrite en* 1780.)

quelque plaisir. Il resta alors tout déconcerté, et parut bien fâché de s'être engagé si légèrement. Je n'allai pas plus loin ce jour-là; mais le surlendemain, voulant le mettre au pied du mur, j'allai encore chez lui le matin : je lui fis les mêmes propositions, et, comparant mes procédés aux siens, je finis par lui dire de se juger lui-même. Il me refusa encore nettement, battit la campagne sur tout ce que je lui disois, et me reçut avec une impertinence anglaise, j'entends tout ce qu'il y a de pis et de plus grossier. Il feignit d'avoir des lettres à achever, et il mit seulement les points sur les *I* à trois qu'il n'avoit qu'à cacheter, et sur cela je lui ai fait dire par quelqu'un qui le voit souvent, qu'il avoit joué malgré lui devant moi une scène dont je ferois usage quelque jour, celle d'un insolent qui reçoit un importun. Il ne me reconduisit seulement pas; c'est apparemment là la manière dont il reçoit les auteurs anglais qui le persécutent pour faire jouer leurs pièces à son théâtre; il faut que les soixante mille livres de rente qu'il a gagnées dans la direction de la comédie de Londres, et les louanges dont on l'a enivré lui aient fait perdre entièrement la tête; il a oublié qu'il n'est et ne sera jamais qu'un comédien, et que, quelque loin qu'on pousse ce talent, c'est encore bien peu de chose qu'un bon comédien. Je ne crois pas à ce monsieur Garrick beaucoup d'esprit; j'ai vu une comédie de sa façon, que l'on avoit traduite dans le Journal étranger, et je n'y ai trouvé ni esprit, ni génie, ni talent.

Quant au rang que tient dans l'ordre de la société un comédien, j'avoue que le préjugé l'a réglé et qu'il lui a assigné sa place au-dessus de celle du bourreau, en le jugeant pourtant moins nécessaire. Cependant, sans adopter un préjugé aveugle qui pousse les choses au delà du but, il faut convenir néanmoins que le mépris que l'on a pour un histrion est assez bien fondé sur la bassesse d'une profession, ou plutôt d'un métier dans lequel l'homme qui l'exerce est obligé de me faire rire pour mon argent (1).

Les mœurs de toute cette race-là ont d'ailleurs augmenté infiniment ce mépris de préjugé que l'on a pour leur art, et il a passé à leurs personnes. Je sais bien que nos petits philosophes ont des raisonnements tout faits, dans leurs manufactures métaphysiques, pour saper par le fondement ce préjugé-là et beaucoup d'autres qui, même comme préjugés, sont fort utiles ; mais en donnant des preuves convaincantes aux hommes, on ne les amène pas à avoir de la considération pour des gens auxquels on a voué un mépris né avec nous. Pour déraciner en nous ce mépris, il faudroit imaginer une abstraction métaphysique par laquelle nous verrions un comédien parfaitement honnête homme, et qui n'auroit d'autre tare que de s'être fait comédien, et c'est ce qui ne s'est point encore rencontré parmi nous, ou du moins qui s'est vu si rarement, que l'on peut appliquer ici le mot si connu de Cicéron sur Roscius, qu'il n'étoit point comédien, comme l'on a dit depuis que le Père Bourdaloue n'étoit point jésuite.

Dans les premiers jours de ce mois, le parlement jugea le procès d'un hermaphrodite qui avoit été condamné par une sentence du bailliage de Lyon à être fouetté par la main du bourreau, pour avoir abusé et profané le sacrement de mariage. Cet hermaphrodite avoit été baptisé comme fille, sous le nom d'Anne Grandjean. A quatorze ans, ayant senti prévaloir en elle le sexe masculin, elle s'en ouvrit à son père, qui lui dit de

---

(1) A la rigueur, on pourrait retourner cet argument contre Collé lui-même, qui consentait à *amuser* les grands pour de l'argent, c'est-à-dire moyennant un *intérêt dans leurs Fermes*. Au surplus, son opinion sur la profession de comédien lui est peut-être suggérée autant par des rencunes personnelles que par un de ces vieux et injustes préjugés dont la société française était encore infectée, mais qui depuis s'en sont allés pièce à pièce, au souffle de l'esprit moderne. (*H. B.*)

consulter là-dessus son confesseur. Le confesseur fut de l'avis de lui faire prendre l'habit de garçon. Sous cet habit, elle eut, quelques années après, une petite affaire de galanterie (je dis petite), avec une fille qui se sentit quelque goût pour elle. Deux années après, cet hermaphodite se maria avec une innocente, et vécut trois ans avec elle en assez bonne intelligence. La créature qu'il avoit amusée par ses talents manqués répandit le bruit dans la ville, que Jean-Baptiste Grandjean (nom qu'elle avoit pris au lieu de celui d'Anne) étoit un hermaphrodite, et qu'il n'avoit pu contracter mariage; que c'étoit en lui un abus et une profanation de ce sacrement. Le procureur du roi, sans qu'il y eût de partie plaignante, fit informer, décréter et mettre en prison Grandjean et sa femme; et la sentence de Lyon condamnoit, comme je l'ai dit, ce malheureux ambigu à être fouetté et marqué. Le parlement, qui a vu sans doute que cet hermaphrodite étoit dans la bonne foi, a infirmé la sentence du bailliage de Lyon, a mis les parties hors de cour et de procès, ordonne *qu'Anne Grandjean reprendra son nom et l'habit de fille, lui faisant défenses néanmoins de hanter les femmes.* Cela a l'air d'une contradiction, mais elle n'est qu'apparente; car, suivant le procès-verbal de l'état de cet imparfait, que je vais copier, l'on verra qu'étant également incapable *d'engendrer et comme homme et comme femme*, la prudence des magistrats pour conserver l'honnêteté publique, a dû, en le rangeant dans l'un des deux sexes, lui interdire des liaisons inutiles et indécentes avec l'autre.

Voici la description de cet hermaphrodite, que l'avocat Vermeil a mise en latin, dans son mémoire, afin de pouvoir être lu de tout le monde. Ce mémoire n'étoit point mal écrit; j'y aurois désiré cependant un peu plus de légèreté dans les expressions :

Intra pudendi labra, supra meatum urinarium, car-

nosa quædam moles inspicitur, speciem membri virilis præ se ferens, sese arrigens cum delectatione in conspectu fœminæ, et firma stans in coitu. Crassitudine digiti, cum arrecta est et extensa longitudine quinque transversorum digitorum quantitate; in summitate mentulæ vel membri virilis, apparet glans cum preputio, sed non est glans perforata, ideoque nullum semen per hanc emitti potest. Intra mentulam et in orificio vulvæ ambo apparent globuli testiculorum ad instar; exiguum autem est vulvæ orificium, pene digitum admittens, nec per hanc menstrua fluunt, nec ulla sensatione jucunda commovetur, nec semine feminino irrigatur.

Le mercredi neuf du courant les Comédiens donnèrent la première représentation de la reprise du *Comte de Warwick*. M. de Crébillon, qui y étoit, m'a rapporté un fait assez singulier, c'est que le cinquième acte fut hué. Je n'ai vu de ma vie arriver un pareil échec à une reprise; le contraire arrive plus ordinairement, les applaudissements redoublent au lieu de diminuer. Il faut que M. de Laharpe ait un secret particulier pour se faire plus d'ennemis qu'un autre; au reste, c'étoit la fin du quatrième acte qui auroit dû plutôt être sifflée, et qui le mérite à juste titre, comme je l'ai déjà dit. Cette tragédie a eu cinq représentations à cette reprise.

L'on a fait frapper ces jours-ci un médaillon pour Mademoiselle Clairon. M. Bouret, fermier général, a reçu le même honneur, il y a quelques années. Voilà deux grands noms pour la postérité, une comédienne et un financier! M. de Saint-Foix, qui n'a point goûté ce monument élevé à la gloire de l'actrice, vient de tempérer le plaisir qu'elle en ressent, par une mauvaise et méchante épigramme qu'il a répandue dans le public; la voici :

  Pour la fameuse Frétillon,
  Ils ont osé frapper un médaillon;

Mais, à quelque prix qu'on le donne,
Fût-ce pour douze sous, fût-ce même pour un,
Il ne sera jamais aussi commun
Que le fut jadis sa personne.

C'est par vengeance et par quelques démêlés d'auteurs à comédiens, que M. de Saint-Foix a fait cette épigramme, ce que je suis bien loin d'approuver et d'excuser, à tous égards. Indépendamment de la méchanceté, que je blâme, il me paroît bien bas de faire des vers satiriques contre des histrions, pour lesquels l'on ne doit avoir qu'un mépris très-silencieux et très-froid.

Avant de venir à Paris, Mademoiselle Clairon avoit joué la comédie à Rouen, où l'on a dit qu'elle avoit poussé la débauche si loin qu'on lui donnoit dans cette ville le sobriquet de Frétillon, et que l'on y imprima un petit roman de sa vie sous ce titre. Je l'ai lu.

Le mercredi 23 du courant débuta, dans le rôle de Zamore, le fils de Blinville, comédien lui-même. Ce jeune homme, qui n'a que seize ans et demi, est bien de figure, très-grand pour son âge, et assez bien fait; il a quelque chaleur, mais son visage est froid; il ne paroît pas manquer d'intelligence, mais il est bien loin de l'annonce qu'on nous en avoit faite.

L'abbé de Breteuil me contoit ces jours-ci que M. Poinsinet ayant à traiter avec lui d'une affaire qui touchoit M. le duc d'Orléans, ce grand poëte tragique lui avoit écrit une lettre qui commençoit ainsi :

Monsieur,

« Les engagements que j'ai pris avec mon siècle ne me
« permettant pas de songer à des affaires d'intérêt, je
« vous supplie, *etc.* »

Les engagements que M. de Sivry a pris avec son siècle ne passeront pas à un autre, puisqu'ils sont presque inconnus à celui-ci ; ce faste d'orgueil nous vient des Encyclopédistes.

FÉVRIER 1765.

Dans les premiers jours de ce mois, il a paru une tragédie du *Siége de Calais* de M. Durozoy, qui l'a fait imprimer, avec une préface contre les comédiens. Malheureusement, la pièce les justifie des plaintes que M. Durozoy fait contre eux dans cette préface, et elle ne les charge pas des mêmes ridicules et des impertinences qu'ils lui ont faites lorsqu'ils ont refusé son *Andriscus*. Cet *Andriscus* est une tragédie détestable, que cet auteur a aussi fait imprimer avec une préface assez plaisante et peignant fort bien la basse insolence de messieurs les comédiens. Il faut que M. Durozoy ait composé son *Andriscus* à dix-huit ou dix-neuf ans, car il a fait son *Siége de Calais* à vingt ; il assure qu'il l'a présenté pour être joué en 1762, et il ajoute qu'il n'a actuellement que vingt-deux ans. Sa dernière tragédie n'est pas aussi exécrable qu'*Andriscus*, mais elle en approche beaucoup. si l'on vouloit traiter avec une indulgence extrême la jeunesse de M. Durozoy, tout ce que l'on pourroit dire en sa faveur, c'est que l'on trouve quelque invention informe dans *le Siége de Calais*, quelques faibles lueurs de caractères, et quelques vers assez beaux, et qu'enfin il ne faut pas porter un jugement définitif contre un homme de vingt ans. Il prétend dans sa préface que les comédiens ont abusé de son manuscrit, et l'ont communiqué à M. de Belloy ; mais ce dernier n'aura pas, je crois, trouvé de quoi en user ou en abuser, à moins peut-être d'y avoir saisi quelques idées de fond mal digérées, et que l'auteur de *Zelmire*, qui ne manque pas d'adresse pour arranger ses plans d'après ceux des autres (témoin ce qu'il a pris à Métastase, qui a pris de tout le monde), ne soit venu à bout d'éclaircir, de nettoyer et d'étendre les idées de M. Durozoy, et d'en faire quelque chose.

Le mercredi 15 du courant les Comédiens françois donnèrent la première représentation du *Siége de Calais*. Cette tragédie, tant attendue, de M. de Belloy, fut reçue avec les plus grands applaudissemens; on demanda l'auteur à grands cris, et il parut sur le théâtre, ce que je lui passe plutôt qu'à tout autre homme de lettres, attendu qu'il a été ci-devant comédien à Pétersbourg. Il a une très-bonne réputation. Si l'on pouvoit juger d'un auteur par son ouvrage, et lui supposer de l'honnêteté, de la probité, des sentimens et une grande élévation dans l'âme, par la raison seule que tout ce que je dis là se trouveroit dans ce qu'il écrit, il faudroit accorder une estime singulière et distinguée à M. de Belloy; mais ce n'est point toujours là une règle sûre, ce n'est tout au plus qu'une forte présomption.

Le poëte Rousseau savoit plier son âme à ses ouvrages, et l'on a de lui des vers sacrés et impies, déshonnêtes et vertueux, satiriques et calomnieux; et malheureusement ces vers sont si également bien frappés, que l'on ne sauroit dire qu'il y peignoit son caractère et son âme, ou bien on seroit forcé de convenir qu'il auroit été en même temps pieux et impie, honnête homme et coquin, satirique et bon homme, envieux et sans fiel, *etc.* (1).

Il en est de même des ouvrages de Voltaire, qui respirent l'humanité, qui déclament contre la jalousie des

---

(1) Par suite d'un phénomène qui peut paraître étrange, le talent d'un écrivain n'a souvent rien de commun avec son caractère; ils sont distincts, séparés, et tel qui compose des traités de morale courtise tout bas autre chose que la vertu; et réciproquement. *Lasciva est nobis pagina, vita proba est.* Quant à J. B. Rousseau, Piron l'appelait pittoresquement : *un consommé de Panurge et de la Rancune.* (H. B.)

gens de lettres, qui s'élèvent contre les satires; et jamais aucun auteur n'a mieux prouvé par des faits et par ses ouvrages mêmes qu'il n'étoit rien moins qu'humain, qu'il est satirique plus emporté que ne l'a été Rousseau lui-même, et qu'il a eu toutes les petitesses de la plus basse envie. Je ne doute point, par exemple, que la réussite du *Siége de Calais* ne lui cause beaucoup de chagrin; et je ne serois pas étonné qu'il fît quelque noirceur à M. de Belloy, et ne fît imprimer quelque vilenie contre lui.

Quoi qu'il en arrive, la tragédie de cet auteur n'en sera pas moins bonne; les critiques que l'on en fera peuvent être aussi très-judicieuses, mais son effet au théâtre françois est et sera toujours sûr et brillant, et je ne crois pas me tromper en assurant que cette tragédie restera au théâtre tant que notre théâtre subsistera. Ce n'est pas qu'il n'y ait beaucoup de défauts dans cet ouvrage; il en est même qui sautent aux yeux, malgré le prestige de la représentation, et on en apercevra sûrement beaucoup d'autres lorsque cette pièce sera imprimée; mais toutes ces taches ne peuvent détruire l'intérêt prodigieux que tout Français doit nécessairement ressentir à la représentation, et même à la lecture de ce drame national. Il n'est point de cœur qui ne soit vivement touché des sentiments vertueux, vrais, patriotiques et pleins d'élévation qui règnent d'un bout à l'autre de cette pièce; il n'est personne en France qui, avec une âme tendre, honnête, puisse retenir ses larmes, et à qui la sensibilité et l'admiration n'en fassent répandre plus d'une fois, dans chacun des actes de cette tragédie, même dans les plus foibles, qui sont le quatrième et le cinquième. J'oserai ajouter encore que nous n'avons, dans aucune de nos tragédies, un intérêt aussi vif et aussi vrai que dans celle-ci. Ce sont des héros françois, et le poëte n'a point été leur chercher des vertus dans son imagination; il les a trouvées dans l'histoire : par conséquent l'intérêt de ce sujet doit être et est autant au-dessus des autres sujets de tragédie, que la vérité est au-dessus de la fiction. Je ne dis pas que ce poëme ait ce mérite pour les étrangers, il ne doit pas l'avoir; mais je dis qu'il est bien honteux de trouver à Paris des François, en petit nombre il est vrai, qui ne soient pas plus affectés de cet intérêt que ne le pourroient être des Moscovites ou des Chinois.

Le jour ou le lendemain de la première représentation de cette pièce, on décida, chez le Baron d'Holbach, bureau d'esprit de messieurs les Encyclopédistes, que *le Siége de Calais* étoit sans intérêt, parce que l'amour du comte d'Harcourt et d'Aliénor n'en produisoit aucun; et quand on leur eut répondu que l'intérêt de cette pièce rouloit et devoit rouler entièrement sur ces nobles victimes qui se dévouoient pour leurs compatriotes, ces tendres messieurs répliquèrent : que ce n'étoit pas un intérêt qu'un être métaphysique, tel qu'est l'amour de la patrie, que c'étoit un préjugé qui ne pouvoit point affecter des gens qui pensent. Si on en croyoit ces esprits secs et ces cœurs durs, et que l'on détruisît ce qu'ils appellent des préjugés, l'on ne trouveroit presque plus de sujets de tragédie.

[En réduisant tout, en effet, à la sensation physique et en n'admettant plus l'amour, l'amitié, l'amour paternel, filial, conjugal, fraternel, patriotique; en faisant, en un mot, une Saint-Barthélemy philosophique de tous les liens les plus sacrés de la société, il resteroit aux poëtes peu de fonds dont ils pussent faire des drames. Ils auroient peut-être encore à traiter la mort de Socrate accusé d'athéisme; c'est dans ce sujet qu'ils déploieroient tous leurs arguments pour et contre l'existence de Dieu, et qu'ils trouveroient sans doute un intérêt qui ne seroit point un intérêt de préjugé, mais ce seroit un intérêt qui n'intéresseroit personne, comme on l'a déjà vu dans une tragédie même de *Socrate,* dont les vers étoient assez beaux et dont le sujet glaça tous les spectateurs.

Si messieurs les philosophes vouloient ne point se prononcer sur des arts de sentiment, eux qui en sont totalement privés ; si ces chers punais ne prétendoient pas faire des traités sur l'odorat, on pourroit leur passer de raisonner, et même de raisonner faux tant qu'il leur plairoit sur des matières abstraites que l'on n'entend pas, qu'ils n'entendent pas eux-mêmes et sur lesquelles ils n'ont rien trouvé de neuf depuis vingt ans au moins que, pour l'ennui de la nation, la métaphysique est devenue à la mode et a pris les hauts bancs et les premières places dans la république des lettres. Ce n'est pas que les poëtes ne puissent et ne doivent emprunter des lumières à la vraie phisolophie ; mais en général la vraie philosophie même éteint plutôt les arts agréables qu'elle ne les allume. Sa froideur et sa sécheresse sont presque toujours l'antipode du goût, du sentiment et de la grâce. Je passerai sous silence les sentiments pernicieux qu'inspire la fausse philosophie ; c'est aux moralistes, aux prédicateurs et aux hommes d'État à s'élever contre elle et à en prévenir les effets cruels. Je n'en parle ici que par rapport au théâtre et à la poésie.]

Le Siége de Calais a eu autant de succès à la cour qu'il en a eu à la ville. Le Roi a fait donner à M. de Belloy une médaille d'or et mille écus de récompense. M. Le dauphin a dit tout haut que, comme frère aîné des François, cette tragédie lui avoit fait le plus grand plaisir. On m'a assuré que la prodigieuse réussite de cette pièce n'a point tourné la tête à l'auteur, et qu'il a, au contraire, redoublé de modestie. Si ce fait est vrai, il lui fait autant d'honneur que le succès de son ouvrage ; ce qu'il y a de sûr, c'est que dans ce moment-ci, où il devroit avoir un grand nombre d'envieux, et par conséquent d'ennemis, l'on ne dit cependant que beaucoup de bien de sa personne.

A propos de sa personne, je ferai ici une petite digression, et je dirai qui il est. M. de Belloy a été élevé par feu M. Buirette, avocat au parlement, son oncle, qui vouloit lui faire suivre sa profession et le faire son héritier. M. de Belloy se nomme lui-même *Buirette*; son goût trop décidé pour le théâtre, dans sa plus tendre jeunesse, l'a mené trop loin, et lui a fait faire une faute que l'on pardonnera à l'âge, s'il ne dément point par la suite les sentiments qu'il a et la conduite qu'il tient; cette faute est de s'être fait comédien à dix-huit ou vingt ans. Voici ce qu'en a conté feu M. Buirette à un de mes amis : l'auteur du *Siége de Calais* suivoit dans ce temps-là le barreau; il faisoit des conférences avec un avocat de ma connoissance, nommé Lemoine. Mais comme il n'avoit aucun goût pour ce métier, il y a apparence qu'il étoit plus souvent à la Comédie qu'au Palais et dans son cabinet. Il fit, malheureusement pour lui, connoissance avec Le Kain, qui le détermina à se faire comédien; il disparut un beau jour, et il laissa à son oncle, qui lui avoit toujours tenu lieu de père, une lettre par laquelle il lui marquoit que lorsqu'il la liroit son neveu auroit cessé de vivre. Le bonhomme fut quelques jours la dupe de cette lettre, et crut pieusement que son neveu s'étoit donné la mort; mais sur les réflexions que lui firent faire plusieurs de ses amis, il rejeta cette idée, et fit tant de recherches, qu'il apprit à la fin que son neveu étoit engagé en Hollande, dans une troupe de comédiens françois. Son chagrin fut extrême, et il voulut le faire enlever de Hollande, par le crédit de notre ambassadeur, qui répondit que c'étoit chose impossible. De Belloy, qui eut avis des démarches de son oncle, et auquel la peur fit croire que cela n'étoit point impraticable, résolut de quitter la Hollande, et fut jouer la comédie à Pétersbourg dans une autre troupe de comédiens françois. De ce pays, ou de la Hollande même, il écrivit une grande lettre pleine d'éloquence à son oncle, dans laquelle il tâchoit de lui prouver que le mépris que l'on fait de la profession de comédien n'est qu'une affaire de préjugé, etc.; qu'au reste, puisqu'il croyoit être déshonoré, lui et sa famille, par l'état de son neveu, il l'assuroit d'abord qu'il avoit changé de nom, mais qu'il prendroit, outre cela, toutes les mesures possibles pour que l'on ignorât à jamais de quelle famille il étoit. En effet, quand, après la mort de son oncle, il revint en France et donna son *Titus*, qui est sa première tragédie, il composa et débita partout une espèce de roman sur sa naissance, et il dit, à qui voulut l'entendre, qu'il ne connoissoit point sa naissance. Sans le prononcer, il insinua qu'il étoit bâtard; il contoit qu'un avocat lui avoit fait tenir de l'argent pour sortir du royaume; que cet avocat l'avoit élevé comme son neveu, quoiqu'il ne le fût pas; qu'un jour, dans une maison inconnue, il avoit vu une dame d'un certain âge, qui l'avoit traité avec la bonté tendre d'une mère, et qu'il avoit soupçonné que c'étoit effectivement la sienne; qu'après huit ou dix ans d'absence, et cette femme étant morte apparemment, il lui avoit été libre de rentrer dans le royaume, qu'il touchoit à Paris, d'un notaire, mille écus par an, sans qu'il sût d'où ce bien-là lui venoit. Voilà, à peu près, le roman qu'il a imaginé, et qu'il soutient encore véritable, afin de sauver à sa famille la honte qu'il lui a faite en prenant la vile profession de comédien. Ses motifs sont louables, s'il a véritablement ces motifs-là; mais il y a pourtant de l'enfance à y persister, et j'aimerois mieux qu'il fît à présent un juste et noble aveu de sa faute; qu'il en montrât le repentir le plus sincère, et qu'il reprît son nom, qui honore actuellement sa famille cent et mille fois plus que les erreurs de sa jeunesse n'ont pu la déshonorer (1).

---

(1) Nous avons déjà fait justice des préventions chequantes de Collé

MARS 1765.

Le mois de mars, pendant lequel on continue, avec la fureur de l'enthousiasme, les représentations du *Siége de Calais*, sera occupé presque en entier par l'article de cette pièce.

A l'exception d'*Inès de Castro*, dont j'ai vu la réussite dans ma plus tendre jeunesse, je n'en ai point vu qui approchât de ce succès-ci. *Inès* eut peut-être plus de représentations, mais la réussite d'*Inès* ne fut point accompagnée des agréments inouïs que vient de goûter M. de Belloy; en voici les détails. Je commencerai par le moindre. Le Roi, en lui permettant de lui dédier sa pièce, lui a fait présent de mille écus; lorsqu'elle a été imprimée, il en a présenté des exemplaires à toute la famille royale. Venons aux honneurs. M. de Belloy est le premier des poëtes de théâtre qui ait obtenu la médaille dramatique. Elle avoit d'un côté le portrait du Roi; de l'autre un Apollon qui tient une couronne de laurier, entrelacée d'un ruban, où sont écrits les noms de Corneille, Molière et Racine, et ces mots latins : *Et qui nascentur ab illis*. Dans la place qui reste sur ce côté, on a permis à M. de Belloy de faire graver qu'il est le premier qui ait remporté ce prix. M. le duc de Duras saisit le moment d'un jour de représentation de sa tragédie, et où il y avoit le plus de monde dans le foyer de la comédie, pour donner, de la part du Roi, cette médaille à M. de Belloy, qui la

---

contre l'état de comédien. Avant lui, La Bruyère avait dit : « La condition « des comédiens était infâme chez les Romains et honorable chez les Grecs. « Qu'est-elle chez nous? On pense d'eux comme les Romains, on vit avec « eux comme les Grecs. » Toutes ces distinctions puériles n'existent plus. Aujourd'hui, nous vivons avec les comédiens comme bon nous semble et selon qu'ils le méritent individuellement, sans nous embarrasser des Grecs et des Romains, non plus que de l'opinion de Collé. (*H. B.*)

reçut aux acclamations et aux battements de mains de tous ceux qui étoient présents. Il y avoit déjà quelques années que messieurs les gentilshommes de la chambre menaçoient les auteurs dramatiques de cette médaille; et il est étonnant qu'ayant été frappée depuis deux ou trois ans, à ce que l'on m'a assuré, ils n'aient pas eu l'esprit de l'envoyer à Voltaire, qui la mérite si bien comme poëte, s'il en est indigne du côté des mœurs et de la probité. Il est probable que le Roi, qui n'aime point Voltaire, n'a point voulu qu'on la lui envoyât.

Autre honneur aussi singulier. Les Comédiens ont donné, par ordre, *le Siége de Calais*, *gratis*. C'est ce qui n'étoit jamais arrivé, et qui n'arrivera peut-être jamais à aucun poëte dramatique. Les harengères et le peuple, qui étoient à cette représentation, demandèrent à grands cris : *Monsieur l'auteur!* il parut, et ils crièrent : *Vive le Roi et monsieur de Belloy!* J'observe ici, en passant, qu'aux trois ou quatre premières représentations, il a été demandé par le public, et qu'il a paru, chose que l'on n'avoit point encore vue.

Voici encore un honneur qui vraisemblablement n'aura jamais son pendant. La ville de Calais vient d'écrire, en corps, à M. de Belloy, pour le remercier d'avoir mis au théâtre la belle action de leurs ancêtres ; et elle lui marque que, ne pouvant se flatter de l'espérance de le voir dans leur pays, elle lui présentoit des lettres de citoyen de Calais, et lui demandoit la permission de le faire peindre à ses frais, afin d'avoir son portrait dans l'hôtel de ville; ce qui va être exécuté. Les lettres de citoyen de Calais vont lui être adressées dans une boîte d'or aux armes de la ville ; et M. Delaplace, qui est de Calais, dont je crois le beau-frère lieutenant général de cette ville, va faire faire un tableau au lieu d'un portrait, au nom des officiers municipaux de Calais. Ce tableau représentera dans l'enfoncement le trait historique, et sur le devant sera M. de Belloy.

Je n'ai point souvenir que, depuis le Triomphe du Tasse, et même auparavant, aucun poëte ait jamais joui de pareils honneurs; ceux de M. de Belloy sont même, à mon sens, infiniment plus flatteurs; ils contentent en même temps et son amour propre et son cœur. Ceux des bons François, que leur délire et leur enthousiasme pour sa pièce honorent, et qui prouvent si invinciblement leur amour pour leur patrie, font leur éloge et le sien d'une manière bien touchante et bien satisfaisante à tous égards. M. le duc de Brissac, dans un transport de vrai patriote, dit ces jours derniers dans le foyer : *Birzard, tu peux être malade quand tu voudras, je jouerai ton rôle* (1).

Je ne puis me défendre ici d'un trait de vanité, mais j'avoue de bonne foi que c'est pure vanité; j'aurois pu espérer d'obtenir une partie de ces honneurs, si le Roi eût permis la représentation de mon *Henri IV*. C'étoit pareillement un poëme national, et plus intéressant peut-être que *le Siége de Calais;* non pas du côté de mon talent, que je reconnois fort au-dessous de celui de M. de Belloy, mais par le fond de mon sujet uniquement. Henri IV affecteroit encore davantage les François que les victimes de Calais, et surtout que Philippe de Valois. Sully, et surtout Henri IV, qui sont adorés de la nation, feroient, au Théâtre François, le plus grand des effets. Si une meilleure plume que la mienne les y fait paroître un jour, ou si jamais ma comédie, telle médiocre qu'elle soit, est jouée après ma mort, on sentira la vérité de ma prédiction. Le Roi ne permettra pas qu'elle soit représentée; il est prévenu contre par Mme de Pompadour, et cette prévention est si marquée, qu'il ne veut pas même en entendre la lecture; et je la soupçonne interdite aussi à M. le dauphin.

---

(1) Le maréchal duc de Brissac était gouverneur de Paris. Dans un accès d'enthousiasme militaire, il avait appelé le *Siége de Calais* le *brandevin de l'honneur*. (H. B.)

Une faute que je fis en 1762 est la cause de cette répugnance du Roi. J'eus la sottise de lire Henri IV à Colin, l'intendant de feu M° de Pompadour; cet homme, d'un esprit très-borné et plein de petitesse, donna les plus fâcheux préjugés à sa maîtresse contre ma comédie, et sa maîtresse les a fait passer à notre maître; il n'en reviendra point, ni moi non plus, je suis noyé à cet égard. qu'y faire? Il faut, après cette digression d'égoïste, mettre mon chagrin au pied de la croix, afin de m'en débarrasser, et revenir à nos moutons.

Le Siége de Calais vient de paraître imprimé, et les critiques se sont réveillés de plus belle; l'on se déchaîne surtout contre la versification, et il faut convenir que c'est la partie foible de cet auteur; mais l'invention de son sujet, les situations qu'il y a amenées, et les caractères qu'il a traités en grand, doivent faire oublier la foiblesse, l'ambition et les autres défauts de son style, qui est vicieux. Quel mérite n'a-t-il pas eu d'avoir pu tirer cinq actes d'un sujet aussi simple que celui de cette tragédie ! quelle adresse dans sa façon de présenter le caractère d'Harcourt! quelle chaleur et quel sentiment il y a jetés! quelle grandeur sublime dans celui du maire de Calais! quelle force, quelle éloquence du cœur! Le sentiment, et le sentiment vrai règne d'un bout à l'autre de cette pièce; rien n'est au-dessus du ressort qu'il a créé pour donner le mouvement à son action, j'entends le personnage du comte d'Harcourt. Il le montre tel, à peu près, que l'histoire nous le représente, et ce qu'il y ajoute est très-vraisemblable; c'est avec une dextérité merveilleuse qu'il prépare le retour de ce seigneur vers Philippe de Valois, son souverain. C'est avec la même adresse qu'il fonde si bien ses remords d'avoir trahi sa patrie en faisant tuer son frère dans le combat où il est vainqueur, et en lui donnant pour maîtresse la fille du gouverneur de Calais. Le caractère d'Aliénor, de cette fille, pris à part et fait à la vérité aux dépens du caractère d'Édouard, est d'une grande noblesse et a beaucoup d'élévation ; j'en voudrois seulement retrancher quelques tirades de vers ambitieux, et même boursouflés, qui le déparent un peu ; il y en a aussi quelques-uns à retrancher dans le rôle du maire de Calais, surtout ceux sur l'invention de l'artillerie, *monument infernal d'un siècle d'ignorance,* etc. C'est le poëte qui parle en cet endroit, et non pas le maire. Est-il dans la nature que l'on dise de son siècle qu'il est celui de l'ignorance ?

Une autre belle invention de fond, c'est le retour des six victimes qui se dévouent pour leurs concitoyens ; rien n'est forcé dans cette invention. Des âmes assez grandes, assez élevées pour faire cette action héroïque sont capables et doivent faire cette seconde action de héros. J'oublie de parler du dévouement d'Harcourt, qui me paroît aussi d'une beauté sublime ; le poëte, par les remords qu'il lui a donnés, et par l'art avec lequel il a préparé cette scène, a rendu ce dénouement si naturel, qu'il est impossible qu'Harcourt ne s'y détermine pas ; il le met dans le cas de désirer la mort avec passion, et peut-il en trouver une occasion plus sous sa main, plus noble et plus glorieuse ? N'oublions pas encore une autre très-belle invention de fond : c'est cette scène du cinquième acte, dans laquelle Édouard veut séduire Eustache Saint-Pierre :

Vous me forcez, Seigneur, d'être plus grand que vous.

C'est un vers de Corneille. Je suis fâché que cette belle scène soit la répétition de celle qui est au troisième acte entre Édouard et Aliénor, et qui n'y devroit pas être. Cette scène du troisième acte est mauvaise, il le faut avouer ; le caractère d'Édouard y est défiguré, et il n'est point d'ailleurs probable qu'un conquérant, quel qu'il soit, pour achever ses conquêtes dans un pays, fasse son général d'armée d'un sujet de ce même pays, et en fasse le vice-roi, un traître qu'il a débauché au prince sur lequel il l'a usurpé. Ce troisième acte, en général, manque d'invention ; le vide que l'on y trouve n'est racheté que par quelques beautés de détails qui sont dans le rôle d'Aliénor, et par les scènes troisième et sixième qui se passent entre Édouard et Harcourt :

> Si je n'eusse vaincu dans les champs de Crécy,
> Auriez-vous une grâce à refuser ici ?

Vers cornéliens ; mais quel Édouard dans ces scènes ! quel édouard aussi dans le dénoûment ! L'auteur devoit-il attendre, pour lui faire accorder la grâce aux six héros de Calais, qu'elle lui fût demandée par le fils d'Eustache Saint-Pierre ? Non, quelques raisons pédantes et fausses qu'il en donne dans sa préface ; il devoit suivre la marche de la nature dans cette situation. Édouard, surpris, confondu, pétrifié de la magnanimité de ces six victimes qui viennent se remettre entre ses mains, pour périr par celles des bourreaux, doit rester un moment sans parler, et puis partir de lui-même par ce vers :

> Leur magnanimité triomphe enfin de moi.

M. de Belloy a tenu à sa prétendue imitation d'Homère, mais encore plus, je crois, à ce beau vers de sentiment qu'il eût trouvé à placer ailleurs :

> Vous fûtes malheureux, et vous êtes cruel !

Je n'aime point non plus le hérault d'armes, et je suis en cela de l'avis de tout le monde ; mais combien je suis enchanté de ce beau vers d'Édouard à d'Harcourt :

> Tu me rends à l'honneur, je te rends à toi-même.

Je ne suis point du tout de l'avis de ceux qui trouvent et l'amour et le personnage d'Aliénor inutiles ; il donne au contraire plus de ressort et de force aux remords dont d'Harcourt est déchiré; et quant aux gens qui prétendent que cet amour du moins n'est point intéressant, et que conséquemment il n'y a point d'intérêt dans la pièce; en avouant la première partie de leur proposition, il est trop évident qu'on leur doit nier la seconde, et que l'on n'a point besoin d'autres preuves contre eux, de l'intérêt prodigieux et unique de cette tragédie, que les acclamations et les transports des spectateurs. Il est inutile de dire que l'intérêt ne roule que sur les héros de Calais; il est superflu de leur citer l'exemple de *la Mort de Pompée,* dont l'intérêt n'est sûrement pas produit par l'amour réciproque et froid de César et de Cléopâtre, mais par l'héroïsme de Cornélie et de César.

Le sujet de cette tragédie a été contredit, dans les premiers jours, par les Encyclopédistes et par les gens de qualité, qui ont bientôt chanté la palinodie (surtout les courtisans) lorsqu'ils ont vu que cette pièce prenoit à Versailles, avec tant de fureur, qu'en un mois elle y a été représentée trois fois, chose sans exemple. M. le comte d'Ayen avoit dit, dans les premiers temps, que cette tragédie n'étoit bonne que pour des cordonniers; je ne sais si par la suite il s'est dédit comme bien d'autres, mais ce que je sais bien, c'est que le duc d'Ayen, son père, n'a point voulu démordre de son sentiment, et on assure que le Roi lui ayant dit ces jours-ci, en badinant, que ce n'étoit pas être bon François, que de ne point aimer cette tragédie, il lui avoit répondu : *Ma foi, Sire, je voudrois que les vers de cette pièce fussent d'aussi bons français que moi.*

J'ai dit, en commençant, les raisons qu'avoient les Encyclopédistes de refuser leur suffrage à ce poëme national (1); l'applaudissement d'une pareille denrée n'é-

---

(1) Grimm appelle de Belloy : *maître faiseur de tragédies suivant la Cour.* En voilà plus qu'il ne faut, ce semble, pour expliquer, sans y chercher tant de finesses, l'attitude prise par les philosophes à l'égard du *Siège de*

toit réservé qu'au peuple, aux petits esprits, et à ceux qui ont la foiblesse d'être sensibles. Je risquerai actuellement de démêler le motif qui a porté les gens de qualité à trouver d'abord cet ouvrage mauvais. N'est-ce point qu'ils ont été révoltés de ce que les héros de cette tragédie n'étoient que de plats bourgeois. Ils ont trouvé insolent que des *vilains* fussent des héros, et que le seul traître de la pièce fût un seigneur de la plus grande maison. Quoi qu'il en soit, ces seigneurs, et beaucoup d'autres moutons auxquels, eux et nos saugrenus philosophes, avoient fait sauter le fossé, en sont revenus à l'approbation ou, tout au moins, cachent-ils leur réprobation. *Le Siége de Calais* suivant les affiches a eu dix-neuf représentations; et moi j'en compte vingt-et-une indépendamment du *gratis*, et je ne crois pas me tromper dans mon calcul. Ce fut le mardi 12 mars qu'elle fut donnée au peuple; les frondeurs ont trouvé mauvais que l'on donnât ce *gratis*, par la raison, disoient-ils, qu'il sembloit qu'on eût besoin d'une tragédie pour ranimer l'amour de la patrie dans le cœur des François. Il me paroît que c'est là une critique bien subtile. Il est bien plus naturel de penser que *le Siége de Calais* étant le premier poëme national que l'on ait fait, l'on a voulu donner au peuple le plaisir d'en voir la représentation. Peut-être tous les honneurs que l'on a rendus à l'auteur, toutes les grâces que l'on lui a faites et, plus que tout cela encore, l'affectation qu'a mise M. le duc de Choiseul à demander à l'auteur s'il avoit quelque autre tragédie dans le genre du *Siége de Calais*, et l'ordre qu'il lui a donné de travailler dans ce goût-là, comme si l'on commandoit au génie comme à un pâtissier; tout cela, dis-je, a été sûrement l'occasion de la fronde du *gratis*. Sans quoi rien au monde ne doit paroître plus simple que

---

Calais, « tragédie qui peut être un ouvrage français par les sentiments, ajoute d'ailleurs Grimm, mais qui ne l'est pas par le style ». Voyez *Correspondance littéraire*, Mars et Décembre 1770. (*H. B.*)

ce divertissement donné au peuple intéressé dans la chose.

M. de Belloy a mis une préface à la tête de sa tragédie ; l'amour-propre y perce de tous les côtés ; il paroît être un peu enivré de son succès : il n'a pas conservé sa tête entière. Il faut convenir aussi que rien n'est plus difficile et ne devroit être plus pardonnable, surtout de la part de ceux qui lui pardonneront le moins, je veux dire de ceux qui courent la même carrière que lui. Cependant s'ils avoient demain le même succès, il n'y en a pas un d'eux qui ne fît ce qu'ils blâment dans M. de Belloy, et peut-être mille fois pis.

Il a relevé de sentinelle, dans ses Notes historiques, M. Hume, sans le nommer. Cet historien anglais, que l'on trouve si admirable, et qui est à Paris, à la suite de l'ambassadeur d'Angleterre, a voulu répandre des nuages sur l'authenticité du fait d'Eustache de Saint-Pierre; et M. de Belloy lui a prouvé qu'il n'étoit qu'un Anglais, c'est-à-dire un jaloux et envieux de la gloire des François, dont la supériorité à bien des égards portera toujours le désespoir dans le cœur de cette nation qui nous imite et qui nous hait (1).

J'ai fait ce mois-ci le plan, en cinq actes, de *l'Amour véritable*, qui n'étoit qu'en deux seulement, et qui fut joué à Bagnolet, l'année passée, à la fête de M. le duc d'Orléans. Cette année il ne veut point que l'on le fête; il l'a défendu.

---

(1) Quoi qu'il en soit de la petite escarmouche qui paraît avoir eu lieu entre l'historien Hume et de Belloy, au sujet du *Siége de Calais*, notons que cette pièce a été imprimée à Londres, en français, et traduite deux fois en anglais. La Gazette de Londres en a même fait le plus grand éloge. Du reste, aucun genre de succès n'a manqué à cette tragédie. Après avoir été jouée avec éclat dans toutes les villes de garnison, elle fut représentée à Saint-Domingue et imprimée aux frais du Comte d'Estaing, gouverneur des Iles françaises, qui la fit distribuer *grátis*, avec cette inscription en tête : « Première tragédie imprimée dans *l'Amérique française*. » *Anecdotes Dramat.*, t. II, p. 174. (*H. B.*)

AVRIL 1765.

A la rentrée des spectacles, les Comédiens français comptoient commencer leur année comique de la façon la plus brillante, en débutant par la reprise du *Siége de Calais*. Les loges étoient louées pour deux ou trois représentations, et il y avoit apparence que le succès de cette pièce alloit passer les espérances de l'auteur lui-même, et satisfaire, s'il est possible, l'avidité des Comédiens. Mais un incident, auquel ni eux ni le public ne devoient s'attendre, leur a fait entamer leur année de la façon la plus cruelle pour eux; je veux dire que, de mémoire de comédiens, ils n'ont moins fait d'argent que ce mois-ci; et ce qu'il y a de rare, d'étonnant, d'incroyable, dans l'événement qui leur cause ce désastre, c'est que c'est l'honneur, l'honneur de la troupe, l'honneur des Comédiens, *l'honneur de Pasquin*, qui en est la cause (1). Voici le fait :

---

(1) Dans le commencement de cette année, les Comédiens du Roi viennent de fournir à leurs partisans, leurs avocats, leurs défenseurs, leurs chevaliers, et aux démolisseurs des préjugés respectables, une parfaitement belle occasion d'exercer leur éloquence sophistique; il s'agit encore de soutenir *l'honneur de la troupe, l'honneur de Pasquin*, et malgré eux. Cette honorable compagnie, ou cette compagnie qu'on voudroit à toute force faire honorer; que l'on a tâché, mais en vain, d'élever au rang de citoyens ordinaires et honnêtes, semble aujourd'hui se rendre justice à elle-même, et se refuser à cette grâce, à laquelle ils préfèrent leur intérêt pécuniaire et inique.

M. de Beaumarchais, comme l'on sait, a contraint ces dignes messieurs à lui rendre compte du produit des représentations de son *Barbier de Séville*; il est, depuis trois, quatre ou cinq ans, en procès avec ces *citoyens*-là, qui l'ont soutenu pardevant le vertueux et impartial maréchal duc de Duras, avec toutes les chicanes et tous les délais qu'ils ont pu imaginer. Par le résultat de ce compte, il s'est trouvé que ceux qui le rendoient avoient commis une infidélité qui ne montoit qu'à près de moitié. M. de Beaumarchais, qui donne généreusement aux pauvres la totalité du produit de ses représentations, a forcé ces honnêtes gens, dans le mois d'avril dernier, à signer une transaction. Par cet acte, non-seulement ils faisoient res-

Le comédien Dubois, maltraité par l'amour, et plus maltraité encore par son chirurgien, se prend de querelle avec ce dernier au sujet de son payement. Procès. Dubois, après avoir dit qu'il lui avoit donné des à-comptes, outre deux feuillettes de vin, demande à être reçu à faire serment qu'il ne lui doit rien ; mais ne pouvant ni prouver ni articuler la quotité des à-comptes, on lui répond, par un mémoire, que ce qu'il avance implique contradiction ; et que ne pouvant dire au juste le montant des à-comptes, il ne pouvoit être admis à faire le serment qu'il ne devoit rien ; que d'ailleurs, en sa qualité de comédien, le serment ne pouvoit lui être déféré. C'est, comme on le croit bien, cette question mise en avant dans le Mémoire du chirurgien, qui a élevé contre Dubois le cri général, et le soulèvement de tous les comédiens ; ces messieurs, qui depuis quelque temps ne trouvent même pas trop bon d'être excommuniés, ont trouvé encore plus mauvais que dans ce cas-ci on les

---

titution à M. de Beaumarchais, mais ils consentoient encore à un règlement qui devoit être homologué au parlement, pour les honoraires des auteurs ; et ce règlement étoit arrêté sur le pied que devoit être payé M. de Beaumarchais, leur partie adverse. M. de Beaumarchais s'est présenté pour recevoir ; la probité des Comédiens a refusé de payer, et lui a opposé un arrêt du Conseil, obtenu par le crédit de leur bâtonnier, le Maréchal de Duras. Cet arrêt du Conseil les remet au même état qu'ils étoient avant la signature de la transaction.

Les Comédiens ont affaire à la vérité à un homme qui ne lâche pas prise aisément ; cependant il y a tout lieu de croire que M. de Beaumarchais luimême ne réussira pas dans la poursuite qu'il continue. En attendant, c'est à messieurs les entrepreneurs des préjugés à défendre les intérêts, et, par-dessus tout, l'honneur de messieurs les Comédiens. Si je vis assez longtemps pour voir l'événement de cet honorable procès, j'intercalerai encore ici un petit chiffon de papier, pour honorer à ma manière nos honorables comédiens et leur honorable profession. (*Note de Collé, écrite en* 1780.) — Les abus dont parle Collé ne furent définitivement déracinés que sous la révolution. Aujourd'hui le privilége des comédiens a complétement disparu, et l'auteur a droit, tant qu'on joue son œuvre au Théâtre Français, et généralement sur les autres scènes, soit au 12me, soit au 18me, soit au 24me de la recette brute, selon que la pièce est en cinq, en trois ou en un acte. Voyez *Curiosités théâtrales* par Victor Fournel, Paris, 1859, Delahayes, pages 125-126. (*H. B.*)

traînât en justice, comme des personnes infâmes suivant la loi, et qui ne peuvent point *ester* en jugement. C'étoit avec peine qu'ils passoient à l'Église gallicane les libertés qu'elle prenoit avec eux ; mais ils ont voulu arrêter la licence effrénée des gens de loi, qui vouloient ajouter une infamie légale et plus réelle à celle de leur excommunication. Pour empêcher même que l'on agitât cette question (qui eût cependant été décidée en leur faveur, suivant ce que j'ai entendu assurer à un jurisconsulte habile), pour arrêter les mauvaises plaisanteries des avocats, dis-je, ils ont porté leurs plaintes à leurs supérieurs contre Dubois, et leur ont demandé la permission de juger et de chasser Dubois de leur troupe, s'ils le trouvoient coupable. Les gentilshommes de la chambre leur ont donné cette permission ; et, par le vœu unanime, Dubois a été chassé de leur compagnie, après avoir été convaincu, devant le duc de Duras, d'avoir voulu faire un serment qu'il avoit donné de l'argent à son chirurgien, en présence de Blinville, son camarade ; et ce Blinville ayant affirmé ce que Dubois avoit juré, a aussi été chassé, parce qu'ensuite ils se sont dédits l'un et l'autre de ce qu'ils avoient affirmé et juré.

En conséquence du jugement définitif des comédiens, qui chasse ces deux messieurs, les gentilshommes de la chambre font expédier des ordres du roi pour leur retraite.

Celle de Blinville, qui n'étoit pourtant pas le principal parjure, n'a pas fait le plus petit pli. Mais la retraite de Dubois ne s'est point faite si facilement ; la beauté de sa fille et les mouvements de toute espèce qu'elle s'est donnés obtinrent du répit pour le père. Le petit duc de Fronsac, reçu gentilhomme de la chambre, en survivance de M. de Richelieu, son père, arrangea les choses de façon que le lundi 15 du courant, jour de l'ouverture du théâtre, et que *le Siége de Calais* étoit affiché, les Comédiens reçurent, à deux heures après midi, un second ordre portant injonction de jouer cette tragédie avec le sieur Dubois.

Le premier ordre, qui avoit été expédié sur les représentations et le jugement, comme je l'ai dit, des Comédiens, qui refusoient de jouer avec ce camarade déshonoré ; cet ordre, si différent de l'autre, qui enjoignoit à Bellecourt de jouer le rôle de Manny, que faisoit Dubois, portoit, au contraire, que ce seroit le sieur Dubois qui joueroit ce rôle, et que le roi se réservoit la connoissance de l'affaire et la décision du sort de ce comédien. La demoiselle Clairon, enflée de dignité et de sentiments puisés dans les tragédies, avoit échauffé l'esprit de ses camarades ; et ils étoient tous décidés, auparavant que l'ordre arrivât, à ne point jouer avec Dubois, quelque chose qui pût leur arriver. En effet, dès que l'ordre leur eût été intimé les chambres, assemblées à la hâte, arrêtèrent une députation chez M. le duc de Duras, pour y faire leurs remontrances et y porter le vœu de leur compagnie. Les députés, après avoir ennuyé monseigneur pendant une heure et demie, ne rapportèrent à leur sénat d'autre réponse que des gestes de monseigneur, qui signifioient que monseigneur étoit bien fâché, mais qu'il ne savoit que dire, et qu'il falloit obéir.

Cependant le monde étoit assemblé pour voir *le Siége de Calais;* il avoit été impossible de changer les affiches ; cinq heures et demie arrivent, et le Kain, Molé et Brizard n'étoient point arrivés. Mlle Clairon avoit paru, mais, voyant et sachant que ces messieurs ne paroîtroient point, elle ne se donna pas la peine de s'habiller, et elle retourna chez elle dans la chaise à porteur qui l'avoit amenée. Le reste des Comédiens, fort empêchés d'avoir à apprendre au public cette déplaisante nouvelle, ne savoient comment s'y prendre : enfin, vers les six heures, l'un d'eux se détache, et commençant sa tremblante harangue par : *Messieurs, nous sommes au désespoir....,* il fut interrompu par quelqu'un du parterre qui lui cria : *point de désespoir! Calais!* Cette voix fut dans l'instant suivie des cris entiers du public, qui demandoit *Calais! Calais!*

Après ces premiers cris un peu apaisés, le comédien voulut recommencer sa harangue, que l'on ne voulut pas écouter davantage. Quelques minutes après, le comédien expliqua en peu de mots l'impossibilité de jouer cette tragédie, et proposa de donner *le Joueur,* ou de rendre l'argent; nouveaux cris plus violents : *Calais! Calais!* Préville, l'idole du public, paroît un moment après, et veut entamer la première scène du *Joueur;* il est interrompu, hué, sifflé; on crie encore avec une espèce de rage, *Calais!* Plusieurs personnes du parterre, qui savoient que c'étoit par les intrigues, les menées et l'indignité de Mlle Clairon, que les comédiens manquoient aussi essentiellement au public, crioient : *Calais, et Clairon en prison! Frétillon à l'hôpital! Frétillon aux cabanons!* Sans doute la plupart de ceux qui vomissoient ces blasphèmes étoient des partisans de la Dubois, qui étoient apostés par son père et par elle au parterre. Ce bacchanal, qui auroit pu devenir une scène sanglante si la garde avoit voulu y jouer un rôle, dura jusqu'à sept heures, que l'on rendit l'argent. Le maréchal de Biron s'est conduit dans cette occasion avec une sagesse et une prudence que l'on ne sauroit trop louer; il laissa le public entièrement le maître de témoigner son indignation comme il le voulut, et chacun reprit le chemin de chez soi le mieux et le plus tôt qu'il put. Beaucoup de gens qui avoient renvoyé leurs voitures furent obligés de les attendre; il y avoit encore du monde à dix heures du soir.

Je ne puis pourtant m'empêcher de dire que la *superbe* Mlle Clairon a pensé occasionner une véritable tragédie, et que si la garde royale avoit fait ce jour-là son devoir, il y eût eu réellement beaucoup de sang de répandu....

Et pourquoi?.... Parce que Mlle Clairon, enivrée d'orgueil et de vanité, veut que les comédiens aient un *honneur*. Que l'on me passe de dire ici que voilà bien du bruit pour une omelette au lard, et, en suivant toujours la noblesse de cette comparaison, j'ajouterai pour une omelette *au lard rance, et aux œufs couvis;* car c'est à cette idée basse que je compare l'honneur de tous les comédiens du monde. En effet, à moins que d'accorder que l'honneur revient comme les ongles, comment peut-on arranger que les comédiens aient de l'honneur?

Le lendemain de cette équipée des Comédiens, le public parut, en y réfléchissant, être encore plus indigné de l'insolence et du manque de respect de ces histrions: le cri contre eux étoit général; j'excepte cependant quelques fanatiques amis de la demoiselle Clairon, [et quelques-uns de ces prétendus philosophes qui dans de pareilles occasions, ne manquent point de raisonner faux et de prendre le mauvais parti avec le ton sourcilleux des sages-fous, et l'air despotique et impudent de leur baroque philosophie]. Ces messieurs étaient donc indignés de ce que l'on avoit l'audace d'envoyer en prison une actrice d'un talent aussi supérieur et aussi divin.

Tandis que je tiens les Comédiens aux chausses, faisons encore quelques réflexions communes sur le talent d'un excellent comédien. Au bout du compte, il se réduit à *exécuter* ce que les auteurs *pensent*. Or, si on élève si fort ce talent viager, et dont il ne reste aucunes traces après la mort de celui qui le possédoit, quels honneurs doit-on rendre aux écrivains dramatiques dont les ouvrages leur survivent, et amusent encore la postérité? Si tous les petits *verrailleurs* farcissent la demoiselle Clairon de leurs vers; si les Encyclopédistes en font des éloges outrés en prose (1); si cette actrice se fait peindre par

---

(1) *Indæ ire.* Voilà précisément, en effet, en qui irritait Collé contre Mlle Clairon : les hommages dont elle était l'objet de la part des *Encyclopédistes*. La haine de notre chansonnier contre ces derniers était si forte,

Vanloo en Médée ; si on a loué la modestie qu'elle a eue de faire paroître ce tableau au salon du Louvre à côté de ceux de la famille royale; si le Roi lui a accordé la grâce de faire graver ce tableau à ses dépens, et lui en donne les profits; si, enfin, de Valbelle est assez plat pour lui faire frapper une médaille, je demande quelles marques d'honneur, quels témoignages de reconnoissance on peut donner au génie de nos écrivains célèbres, tels que Molière, Corneille, Quinault, Racine, Crébillon, et Voltaire? il faut donc leur élever des statues! Dans la proportion même d'un excellent comédien à ces auteurs divins, les statues ne suffisent pas; il leur faudroit des monuments plus grands et plus durables que les Pyramides d'Égypte, et encore ne dureroient-ils aussi longtemps que les ouvrages de Corneille et de Molière. En un mot, quelque grand que soit le talent du perroquet, je ne pourrai jamais m'empêcher d'estimer mieux, sans aucune comparaison, celui qui pense que celui qui répète même divinement ce que les autres ont pensé. J'avoue que Mlle Clairon est un des meilleurs perroquets que j'aie entendus : il lui manque cependant des entrailles et de la sensibilité, partie que Mlle le Couvreur avoit de plus qu'elle; partie que Mlle Dumesnil possède dans le degré le plus éminent, et qui, à mon gré, est la partie sublime dans le comédien.

Le mardi les Comédiens ne jouèrent pas; Mlle Clairon fut priée par un exempt de la police de se rendre avec lui au For-l'Évêque. Il obtint d'elle cette grâce avec toute la dignité et l'héroïsme convenables à cette situation bassement tragique. Elle fut aidée dans cette scène outrageusement intéressante, par Mme de Sauvigni, femme de l'intendant de Paris; cette petite tête, fille de M. Durey d'Harnoncourt, de qui elle tient, vint lui offrir

---

qu'il lui suffisait de les voir dans un camp pour qu'il passât aussitôt dans un autre. (H. B.)

son carrosse, et voulut la conduire elle-même en triomphe à sa prison. Clairon voulut en vain s'en défendre, il fallut céder; et que l'on vienne me dire après ce trait que les intendantes ne sont pas polies! Mme l'intendante le fut à toute outrance dans cette circonstance nécessaire; car l'exempt, qui ne voulut point démordre de sa prétention d'accompagner sa prisonnière, se plaça sur le devant en vis-à-vis de Mme de Sauvigny, qui fit mettre dans le fond son illustre amie et sa philosophe (ce sont ses propres expressions), et elle se mit sur les genoux de l'amitié et de la philosophie. C'est dans cet ordre que ces deux femmes à sentiments arrivèrent ensemble au Fort-l'Évêque, à la porte duquel ces deux héroïnes en larmes, sans doute, se séparèrent.

Brizard, Le Kain et Molé s'étoient cachés ; les deux derniers avoient fait courir le bruit qu'ils étoient passés en pays étrangers. Cependant deux ou trois jours après ils se présentèrent, et furent se rendre aussi au For-l'Évêque avec d'Auberval. Clairon, malade, ou jouant la maladie, a obtenu d'en sortir, je crois, le lundi suivant; elle est actuellement chez elle aux arrêts; six personnes seulement peuvent la voir, et encore son médecin et son chirurgien sont-ils du nombre des six. Les gens sensés ne trouvent pas son insolence assez punie. Comme l'on sait qu'elle est la cause et le boute-feu de toutes ces cervelles qu'elle a échauffées, on eût désiré qu'elle eût été encore plus humiliée.

MAI 1765.

J'ai oublié de dire, à l'article précédent, que le mercredi, jour où les Comédiens recommencèrent à jouer, Bellecourt fit un compliment au public, où il demanda pardon la corde au col pour ainsi dire. Ce compliment avoit été fait par un commis de police, et les expressions les plus soumises et les plus humiliantes y étoient prodiguées. Depuis ce temps ils n'ont joué que des comédies, et n'ont pas fait de recette; elle eût monté à quarante mille francs au moins s'ils eussent repris *le Siége de Callais;* cette affaire de Dubois les a empêchés de profiter de l'engouement du public.

Le jeudi 9 mai les Comédiens sont sortis de prison, après y avoir été détenus pendant vingt-quatre jours. La première recette qu'ils aient faite a été celle de samedi 12 du courant, qu'ils donnèrent *l'Écossaise* avec *Dupuis et Desronais;* à la vue, elle devoit passer deux mille francs. Ils ont annoncé, pour lundi, *Sémiramis.*

Clairon est ou se dit malade; ses amis ne veulent pas, dit-on, qu'elle remonte sur le théâtre. Si elle prend ce parti, elle verra un an après qu'elle aura quitté, à quoi tenoit dans le monde sa considération précieuse; c'est alors que l'ivresse de son talent tombera de soi-même furieusement.

[Si les Comédiens françois n'eussent pas fait la ridicule levée de boucliers qu'ils ont faite à l'occasion de Dubois, ils anéantissoient la Comédie Italienne par la reprise du *Siége de Calais,* appuyés, d'un autre côté, par la prodigieuse réussite qu'a eue l'opéra de *Castor.* On commence un peu par revenir de cette petite musique moderne, qui n'est pas faite pour durer encore longtemps.

Les recettes ds Italiens baissent à vue d'œil. Je désire de tout mon cœur que ce théâtre du mauvais goût, et qui ne sert qu'à corrompre le bon et le vrai, soit sur sa fin, et que l'on renvoie tous ces histrions en Italie. Le théâtre françois y gagneroit quelques pièces de Marivaux, qui seraient bien jouées par nos Comédiens, et qui sont massacrées par ces farceurs d'Italiens.]

JUIN 1765.

Depuis la veille de l'Ascension je suis à la campagne, chez Roussel, à La Celle, où je travaille à force à ma comédie, dont le plan et les trois premiers actes sont faits en entier.

On m'a écrit de Paris que le lundi 3 du courant un acteur nouveau avoit débuté dans le rôle de Dupuis, et qu'il en avoit singulièrement bien joué les deux premiers actes, mais qu'il avoit été froid dans le dernier. Cet acteur doit vraisemblablement remplacer Dubois; j'eusse été bien aise d'être à portée de le voir.

C'est dans les premiers jours de ce mois, ou tout à la fin de ce mois, que le célèbre M. Clairault est mort. On le regardoit comme le premier géomètre de l'Europe, et il étoit encore plus estimé dans les pays étrangers qu'ici. Nous nous gardons, avec une grande attention, de louer en France tout ce qui est françois. L'*étrangéromanie* règne plus que jamais dans Paris.

Le jeudi 13 du courant, jour de l'octave de la Fête-Dieu, les Comédiens françois donnèrent la première représentation du *Mariage par dépit*, comédie en trois actes en prose, qui ne fut pas, à ce que l'on m'a rapporté, jusqu'à la moitié du second acte. On m'a parlé de cette pièce avec le plus grand mépris; l'auteur ne s'est point nommé, cependant on la donnoit tout d'une voix à M. Bret, qui, né avec quelque talent, néglige actuellement de travailler et de soigner ses ouvrages; il devroit cependant travailler plus qu'aucun auteur comique, attendu qu'il n'a nullement le ton du grand monde, et qu'au contraire il met souvent à sa place le ton trivial et bas des sociétés bourgeoises qu'il voit, et même le ton de province, qui n'est point goûté à Paris, quoique ce soit celui de Dijon, d'où il est, et d'où nous tirons de temps en temps quelques beaux esprits.

Le 22, le sieur Aufresne, ce nouveau comédien qui avoit déjà débuté dans *Dupuis et Desronais*, y joua encore ce jour-là. Je ne l'ai point vu, mais on dit qu'il joue avec un grand naturel, et dans le tragique et dans le comique.

Je verrai cet homme mercredi, à ce que j'espère, car je retourne mardi 25 à Paris, et j'y rapporte, faite, ma comédie en cinq actes. Quand je dis faite, je n'entends que le plan et toutes les scènes posées et à demi écrites; car pour la partie du style je suis bien éloigné de croire avoir fini. Je vais la faire copier pour la livrer au bras séculier de la critique, soit pour le plan, soit pour les scènes, soit pour les caractères; c'est après avoir essuyé les critiques sur ces objets que je commencerai à penser au style, je veux dire à son extrême correction.

J'établirai pour mes juges : Mlle Quinault, Saurin, M. de Montigny, M. le duc de Nivernois, et M. le duc d'Orléans, sans compter ma femme, qui vaut mieux encore que tous ces juges-là, qui sont excellents cependant. Mais l'extrême intérêt qu'elle prend à la chose lui donne plus de lumière que le grand sens, le goût et le tact de ceux que je viens de nommer.

Le même jeudi 13 juin est mort M. Panard, âgé de soixante-quatorze ans, d'une attaque d'apoplexie (1). J'ai déjà fait son éloge, et je répète aujourd'hui qu'il a été le meilleur chansonnier que la France ait eu : il a excellé surtout dans le vaudeville, pour le théâtre. Aucun poëte n'a approché de lui; il est autant au-dessus de ceux qui ont travaillé dans ce genre, que Corneille est au-dessus de Campistron dans celui de la tragédie; M. Favart est l'auteur qui en approche davantage : c'est le *Racine* du

---

(1) Panard-(C.-F.), né à Nogent-le Roi, en 1694. Ses *Œuvres choisies*, publiées en 1803 par Armand Gouffé, forment 3 vol. in-18. (*H. B.*)

vaudeville. Mais le sentiment et la galanterie qui règnent dans ses couplets ne demandent point la force, l'énergie, le sel, le piquant qui se trouvent dans ceux de M. Panard; ils ne sont point d'ailleurs aussi serrés, n'ont point cette correction, cette richesse de rimes, et cette précieuse et sublime naïveté qui caractérisent ceux de ce dernier.

Il a sans doute manqué à M. Panard d'avoir vécu en bonne compagnie, ou, pour mieux dire, de ne s'être point toujours tenu dans la mauvaise; non que j'entende par là qu'il faille nécessairement qu'un poëte vive avec les grands et les gens de qualité, mais seulement qu'il faut qu'il les entrevoie, et que pour les peindre il faut les connoître. Un auteur dramatique, et celui qui, de quelque façon que ce soit, peint les mœurs, ne doit pas se confiner dans une société; il faut qu'il les parcoure toutes, s'il veut donner des portraits ressemblants : pour peindre la nature, il faut la peindre d'après le nu. M. Panard s'étoit trop renfermé dans des sphères bourgeoises; il a vécu aussi un peu trop constamment au cabaret, avec des acteurs et des auteurs crapuleux. De là vient qu'il n'a point étendu le cercle de ses idées, et que l'on ne voit dans ses couplets et dans ses pièces que des plaisanteries qui ne roulent que sur des commis, des notaires, des procureurs, des banquiers, des médecins, etc. Je ne prétends pas interdire pour cela les épigrammes que l'on peut faire contre tous ces états moyens; mais il faut en lancer aussi contre les états plus élevés, afin de varier ses tableaux; *et citarhœdus ridetur chorda qui semper oberrat eadem.* C'est donc pour cette raison que le peintre des mœurs doit tâcher de voir tout le monde, depuis le prince du sang jusqu'au quincaillier. Autre chose est, comme je l'ai dit, de vivre sans cesse avec les gens de qualité et les grands; ce seroit au contraire vouloir perdre son temps et son talent. Comme ce n'est qu'à leurs plaisirs que les gens de lettres sont admis dans le très-grand, la santé

seroit bientôt ruinée, à moins que l'on ne fût un Hercule;
et d'ailleurs la grande dissipation s'oppose au travail, et
insensiblement elle affoiblit, énerve et enterre le talent.
Je sais encore une meilleure raison pour qu'un auteur ou
un bourgeois ne vivent point avec les gens de qualité, et
c'est celle qui m'a toujours déterminé à les fuir. C'est *le
ton de supériorité* que leur naissance et le préjugé leur
donnent; ils ont beau le cacher, avec toute l'adresse qu'ils
peuvent mettre, sous les dehors de la plus grande politesse, ce ton-là perce toujours malgré eux. Leur politesse
protectionnelle devient même pour une âme sensible une espèce d'insulte. A quoi bon se donner des maîtres lorsque
l'on peut vivre libre parmi ses égaux? chercher des dégoûts chez ceux à qui vous ne procurez que des plaisirs et
de l'amusement? Si c'est pour ne parler que de princes, de
maréchaux de France, de ducs, de seigneurs et de marquis,
c'est être aussi trop la dupe d'une petite vanité bien plate;
si c'est par des motifs d'une ambition raisonnable et réglée, il ne faut les voir que passagèrement, et ne point
vivre avec eux : dans le peu de temps que l'on les voit, les
beaucoup étudier pour en accroître son talent, et les faire
servir, d'un autre côté, honnêtement à l'accroissement
de sa petite fortune. Voilà ce que j'ai tâché de pratiquer, et
ce dont je me suis toujours bien trouvé; j'ajoute que je
mets presque au rang des grands les gens puissamment
riches : en général, on trouvera à vivre avec eux les
mêmes inconvénients que l'on rencontre à passer sa vie
avec les gens de qualité. Mais pour en revenir à M. Panard, je le répète encore, il a eu le plus grand talent
pour le vaudeville; les Blot, les Marigny, les Haguenier,
les Legrand, les Dufresny, les Gallet, les Favart même,
sont à une distance prodigieuse de lui.

Si son génie chansonnier se fût mis à portée de tout
peindre, sa réputation seroit mille et mille fois plus étendue, au lieu que son mérite et son excellence ne sont connus presque que par un petit nombre de gens de lettres

qui sont à portée de sentir ce qu'il vaut et tout ce qu'il auroit pu valoir.

Dans les quatre volumes que l'avidité d'un libraire est venue à bout d'arracher à M. Panard, on n'a que la moindre partie de ses ouvrages. On en jugera par une vingtaine d'opéras-comiques seulement imprimés, tandis qu'il en avoit fait une centaine. Il en est de même de ses œuvres anacréontiques et morales, etc., des fêtes qu'il avoit faites pour les gens avec lesquels il vivoit. Je lui ai ouï dire à lui-même qu'il en avoit composé plus de huit cents. Sans doute, il faut rabattre quelque chose de ses propos, mais il est sûr qu'il en avoit fait une quantité effrayante. J'ai vu une très-grande malle pleine entièrement de ses brouillons de fêtes, et il m'assura qu'il en avoit perdu ou jeté au feu quatre fois autant; et il n'étoit point menteur.

Il avoit une facilité incroyable à faire des vers difficiles, et il les faisoit bons, et communément avec une richesse de rimes étonnante, et qui n'ôtoit rien au contour naturel et à la naïveté de son expression. A ce dernier égard, on trouvera beaucoup de vers de M. Panard que l'on croiroit être du divin La Fontaine; il a quelquefois égalé son naïf sublime. Sa ressemblance avec ce poëte unique étoit encore plus marquée dans son caractère et dans ses mœurs (1); elles étoient de la plus grande simplicité; des sots, dans une société, auroient pu le prendre pour une bête, et les gens d'esprit n'en ont jamais tiré grand parti; il n'avoit de l'esprit que quand il écrivoit, il ne l'avoit point en *argent comptant* (comme disoit M. de Marivaux). Il étoit rêveur et distrait, avoit un rire niais

---

(1) On regardait Panard comme le *père* du Vaudeville *moral*. Il a laissé ce vers sur ses chansons :

Jamais dans mes chansons on n'a rien vu d'immonde.

Ce n'est pas notre ami Collé qui eût fait sur les siennes un semblable vers, sans rire. (*H. B.*)

et la conversation d'un enfant. Je n'ai connu personne qui mît moins dans le commerce ordinaire ; il n'y apportoit qu'une douceur et une complaisance extrêmes. Il ne s'est pas plus mis en peine de la fortune que ne l'a fait La Fontaine ; son incurie pour les biens de ce monde étoit inconcevable ; pendant le temps qu'a subsisté l'opéra-comique, il subsista, lui, de ce qu'il en retiroit, et il mangeoit à mesure, au cabaret, cinq à six mille francs que ce spectacle lui rapporta par an, pendant une vingtaine d'années. Lorsque cette ressource lui manqua, quelques amis le logèrent, souvent l'habillèrent, et ils ont eu soin de lui jusqu'à sa mort, mais mesquinement, à la vérité ; car j'ai vu ce pauvre diable, il y a cinq ou six ans, logé dans un grenier obscur, dans lequel on n'auroit point voulu nicher un domestique que l'on eût un peu considéré. J'imagine que les autres secours qu'on lui donnoit étoient pleins de pareils dégoûts. Je sais qu'il n'avoit point affaire à des gens délicats, mais je crois en même temps qu'il y étoit assez insensible. Le bonhomme a toujours manqué d'une élévation d'âme, même commune ; pour peu qu'il en eût eu, il auroit été le plus malheureux des hommes. Son défaut de conduite l'avoit amené à cette cruelle dépendance des autres, dont il ne sentoit pas l'amertume, ou qu'il sentoit très-peu. A cela près, M. Panard étoit honnête, d'une probité irréprochable, et du commerce le plus sûr ; jamais il n'a fait de vers ni un couplet contre qui que ce soit ; je dirai plus, je ne l'ai jamais entendu médire, et c'est ce qui n'est peut-être jamais arrivé à personne (1).

Le 26 je fus porter à M. Saurin ma comédie toute faite.

---

(1) J'aimois Panard, j'aimois son talent ; quoiqu'il ait fait mon désespoir, par l'impossibilité de l'atteindre, je me suis toujours plu à lui rendre justice, au lieu d'éprouver le tourment d'en être jaloux. Je ne mériterois pas qu'on dît que j'ai fait quelques vaudevilles bien tournés et quelques parodies heureuses, si je ne sentois pas toute la valeur du talent de mon maître et sa supériorité. (*Note de Collé, écrite en* 1780.)

Il m'a fait des critiques sanglantes, auxquelles je vais tâcher de satisfaire, en partie du moins. Je pars mardi prochain pour Grignon, où je compte passer tout ce mois-là, et travailler sur nouveaux frais comme un diable.

JUILLET 1765.

J'ai travaillé à ma comédie d'après les observations de M. Saurin. Une de ses principales objections étoit que l'épisode de la comtesse et du vicomte n'étoit point lié à ma fable; la plus importante, après celle-ci, étoit que l'action, retardée dans sa marche, ne commençoit qu'au quatrième acte.

Après m'être retourné de tous les côtés, même dès le moment que j'ai entrepris mon ouvrage, pour fondre cet épisode dans mon sujet, j'en ai toujours trouvé l'exécution impraticable, du moins pour moi. J'ai pourtant tort de dire que cet épisode ne tient pas au sujet, c'est à la fable de ma comédie qu'il n'est point lié; cette raison m'a déterminé à passer par-dessus cette faute, attendu que si ma pièce est bien faite d'ailleurs, et qu'elle amuse, cette faute ne deviendra plus que l'objet d'une critique très-judicieuse, et dont je conviendrai moi-même; mais si elle ne nuit point à l'effet, j'aurai péché et réussi contre les règles de l'art, dont pourtant la première est de plaire. Je n'ai donc pas satisfait, parce que je ne l'ai point pu, à cette première critique de Saurin; j'ai satisfait, ou je satisferai aux autres, à ce que j'espère; j'ai déjà presque tout corrigé en conséquence de ses remarques; j'ai surtout paré à la seconde de ses objections, en donnant une vivacité très-grande à mon action. Cependant, en rapportant à Saurin mon manuscrit, je m'attendois qu'il ne seroit point content, parce que j'avois manqué au point sur lequel il avoit le plus insisté ; mais j'ai été agréablement surpris, quand il m'a écrit que par la façon dont je m'y étois pris mon épisode n'avoit plus besoin de liaison avec ma fable, et qu'il suffisoit qu'il en eût avec mon sujet ; il a trouvé encore que j'avois donné assez de chasse à mon action dans les premiers actes ; en un mot, il a été jusqu'à m'assurer que mon plan étoit actuellement bien combiné, et qu'il ne me restoit plus qu'à travailler aux détails ; et il a ajouté que j'y devois travailler prodigieusement [attendu que dans la comédie du genre de celle-ci, le succès dépendait absolument des détails. Ces détails vont être actuellement l'unique objet de mon travail. Je ne me presserai point, et si une année ne suffisait pas pour les rendre brillants et tels qu'ils doivent être, j'y mettrais deux ans, trois ans ; en un mot, je veux qu'ils soient tels que je n'aie pas à me faire le moindre reproche de négligence, et que les gens du très-grand monde (tels que M. le duc de Nivernois, etc.) y trouvent le ton élevé et léger qui convient à quelques-uns de ces détails.]

AOUT 1765.

Le mercredi 14 du courant je fus à la première représentation de *Pharamond*, tragédie, dont on ne connoît pas encore l'auteur.

Cette pièce n'est pas d'une bête, mais elle est bien ennuyeuse ; il n'y a rien de choquant ni de piquant, aussi n'a-t-elle été ni bien ni mal reçue ; c'est un poëme qui ne fait rien à personne, et la curiosité, plutôt que la satisfaction de l'ouvrage, a fait demander l'auteur ; il ne parut point. L'ingénieux Le Kain dit qu'il n'étoit point à la comédie ; et quand on lui demanda son nom, il répondit qu'il n'étoit connu d'aucun des Comédiens. C'est avoir une grande présence d'esprit que de répondre qu'un homme que l'on ne connoît point n'est pas à la comédie; on prétend pourtant que Le Kain sait qui est l'auteur de cette *fadasse* tragédie. Jusqu'ici il en a bien gardé le secret, en quoi il est très-louable.

M. Destouches me dit, le soir, qu'il étoit sûr que la pièce étoit de M. de Chabanon. Je n'en serois pas autrement étonné, quoiqu'il m'ait paru que M. de Chabanon a le vers un peu plus fort et un peu plus dur; la versification de *Pharamond* est foible, prosaïque, et quelquefois obscure.

J'oubliois de dire que lorsque le parterre demanda l'auteur, il le demanda avec une si grande indolence, que dans un intervalle de temps où il ne crioit plus, une jeune et jolie femme, à côté de laquelle j'étois dans l'orchestre, se retourna du côté de ces criailleurs, et leur dit : *si j'avois l'honneur d'être le parterre, je ne cesserois point de demander l'auteur qu'il n'eût paru.* Cette gaieté ranima les cris de quelques-uns de ces chers messieurs, et ils continuèrent très-spirituellement leurs clameurs.

[Il ne faut pas non plus oublier de dire qu'il se trouve quelques vers de sentiment dans cette tragédie. Un homme d'esprit peut l'avoir faite, au reste, mais ce sera toujours un homme d'esprit qui est sans génie et sans talent pour ce genre.

Elle a eu deux représentations. Les bruits sur M. de Chabanon ont continué. Ses ennemis sans doute ont persisté à vouloir qu'il fût l'auteur de cette rapsodie, et l'on a fait même deux couplets méchants et mauvais à ce sujet. Je n'en ai retenu que deux vers qui sont plus passables que le reste, les voici :

> C'est le gallo-grec Chabanon,
> Qui de loin vise au plus grand nom.

A ces bruits en succèdent d'autres aujourd'hui, qui, je crois, ne sont pas mieux fondés que les précédents.]

L'on veut à présent que le coupable soit M. de la Harpe ; il n'y a pas plus d'apparence à cette imputation, et moins encore, qu'à la libéralité de ceux qui font présent de cette pièce à M. de Chabanon. Ce qu'il y a de plus sûr en tout cela, c'est que ces deux Messieurs ne sont pas aimés du public, surtout le petit la Harpe, qui a révolté tout le monde par sa cruelle présomption. Le Chabanon est moins estimé du côté du talent, mais il est regardé comme un galant homme.

[Il eût mieux fait de ne pas afficher de prétentions qu'il ne pourra jamais soutenir. Il s'est appuyé de la secte orgueilleuse des Encyclopédistes, dont il n'a pris que le style enflé, ambitieux, et quelque peu de leur morgue. C'est ce qu'on peut voir dans l'*Éloge* boursouflé qu'il a fait de Rameau. Le ton décisif et de maître qu'il a pris dans cet ouvrage chamarré de galimatias, de bouffissure et d'orgueil, ne lui a pas fait d'amis dans le public. Quand on n'est rien, il faut du moins être un *rien modeste*.]

L'on a encore donné *Pharamond* à M. Rochon, l'auteur de *la Matinée à la mode*. Une Mlle l'Espinasse, qui vit dans le grand monde, m'a assuré aussi que cette tragédie étoit d'un gentilhomme nommé Dunan ; elle a bien assez l'air d'une *pièce de qualité*, mais il résulte de toutes ces accusations-là que l'auteur n'est point connu (1).

Quoique je ne parle guère de la comédie italienne, je ne puis passer sous silence une comédie mêlée d'ariettes, que vient de donner M. Favart. *Isabelle et Gertrude* a eu et mérité un grand succès ; elle fut donnée le même jour que l'infortuné *Pharamond*. Le fond est tiré d'un conte en vers de Voltaire, intitulé : *André et Denis*, noms que la police a fait changer en ceux de Dupré et Dorlis. Le fond en est indécent et passablement irréligieux ; mais l'auteur a eu l'art de mettre au théâtre ce conte, et de le rendre décent, honnête et intéressant : il y a mis une adresse et

---

(1) Elle est de M. de Laharpe. (*Note de Collé.*)

une finesse incroyables, et il a su rendre la mère elle-même intéressante, elle qui dégoûte dans le conte de Voltaire. Les voiles dont M. Favart a su couvrir la nudité de son sujet sont si épais, que l'on ne pourroit pas les percer, et que l'on ne comprendroit rien à sa pièce si l'on n'étoit pas au fait du conte. Depuis quarante ans que je fréquente le théâtre, je n'ai point encore vu ni entendu de scène qui m'ait fait plus de plaisir que celle entre Isabelle et Gertrude. C'est une naïveté, des grâces et un intérêt délicieux; le dénoûment en est excellent et tiré du fond du sujet.

Les seules critiques que l'on puisse faire sur ce joli drame, c'est que l'exposition en est pénible, que le personnage de Mme Furet ne tient pas assez au sujet, et que ses entrées et ses sorties n'ont point des motifs assez puissans et assez raisonnables. Le caractère de Mme Furet est pourtant très-bien fait et très-bien soutenu; mais il n'est nullement lié à l'action, quoiqu'il en soit un des ressorts.

J'oserai dire encore que jamais M. Favart n'a plus montré de talent que dans cette pièce-ci. Il n'y a que des gens de l'art qui puissent concevoir l'excessive difficulté qui se trouvoit à mettre ce conte au théâtre : c'est l'effort de l'art, tant pour le fond que pour les détails.

SEPTEMBRE 1765.

Je rapporte de Grignon, où nous avons été depuis les derniers jours du mois d'août jusqu'au 22 septembre, ma comédie du *véritable* et du *faux amour*, toute faite; il ne s'agira plus à présent que d'en travailler encore et d'en soigner les détails, ce qui est une très-grande besogne.

Pendant que j'étois à la campagne, les comédiens français ont donné *Adélaïde du Guesclin*, ancienne mauvaise tragédie de M. de Voltaire ; ce n'est autre chose que *le Duc de Foix*, au changement près des noms, et à une centaine de vers nouveaux, que l'on m'a dit que M. de Voltaire y avoit refaits ; et ces vers nouveaux sont à coup sûr un nouveau malheur pour cette pièce, attendu que le bon homme radote actuellement, et qu'il ne versifie plus comme autrefois.

Quelqu'un m'a dit qu'il y avoit à Paris deux ou trois exemplaires d'une brochure de cet enragé, intitulée : *Dénonciation de l'Ancien et du Nouveau Testament à l'Europe*. Son acharnement contre la religion me paroît être d'un esprit bien étroit et bien petit ; car enfin, quel est son but? De détruire la religion? Mais il en faut une ; et, politiquement parlant, il est impossible que le peuple s'en passe, et il est impraticable même de lui ôter celle qu'il a, sans la remplacer par une autre.

OCTOBRE 1765.

J'étois à Etioles lorsqu'on donna, lundi dernier, 30 septembre, la première représentation du *Tuteur dupé*, comédie en cinq actes et en prose, du sieur Cailhava, jeune homme de vingt-quatre ans, dit-on, et que l'on soutient plus que jamais être l'auteur de *la Présomption punie*, dont j'avois accusé le sieur Dampierre au mois d'août 1763 (1).

Ce jour-là les Comédiens avoient affiché *Phèdre ;* on prétend même que plusieurs d'entre eux ne savoient pas que l'on donneroit la pièce nouvelle. Mme Le Kain étoit,

---

(1) Cailhava de l'Estendoux (J.-Fr.), membre de l'Institut, 1731-1813. (*H. B.*)

dit-on, presqu'habillée pour jouer le rôle de Panope. Après une petite harangue de Préville, qui fit au public des espèces d'excuses de la supercherie qu'il lui faisoit, l'on donna la pièce, qui réussit aux yeux d'un parterre composé sans doute par l'auteur et par les Comédiens.

On applaudit beaucoup, on demanda l'auteur; il eut la sottise de paroître; cette petite infamie est actuellement passée en usage. Tout alla bien ce jour-là, mais le jeudi suivant, qui fut la seconde représentation, il y eut peu de spectateurs, et depuis cela a toujours continué sur le même ton; mais comme nous sommes en automne, que les Comédiens n'ont rien à donner, et que par-dessus le marché ils ne vont bientôt cesser d'aller et de venir à Fontainebleau, ils ont traîné cette comédie à huit représentations, quoiqu'il y ait apparence que dès la seconde elle étoit tombée dans les régles.

Cette pièce ressemble à la plus mauvaise de celles de Plaute; elle est dans le goût de l'ancienne comédie. Un esclave spirituel et adroit mène toute l'intrigue, et un vieillard tombé presqu'en enfance en est perpétuellement la dupe.

Elle ne m'a pas paru trop mal écrite; le dialogue en est assez vif : il y a même trois ou quatre saillies assez plaisantes. Il est vrai que pour décider du style il faut la lire, car Préville a pu en imposer à la représentation; jamais il n'a aussi bien joué, et dans cette pièce il joue toujours; il ne quitte presque point la scène; il est admirable, étonnant, même pour ceux qui ont passé l'âge des étonnements.

[Néanmoins, soit son jeu supérieur, soit la comédie en elle-même, à tout prendre elle n'ennuie point. Elle divertit même jusqu'à un certain point. Je crois bien pourtant qu'elle ne produiroit pas cet effet-là à la seconde fois qu'on la verroit. J'en reviens donc à dire que si l'auteur est très-jeune; que s'il voit les hommes, et qu'il ait des yeux pour les bien voir; que s'il est ou peut se mettre, avec cela, dans le cas d'étudier *la cour et la ville*, on peut dans une dizaine d'années d'ici se promettre qu'il nous fera de très-bonnes comédies.]

Le jeudi 10 du courant on donna, après *Phèdre*, *Dupuis et Desronais*. D'une fois à l'autre, les acteurs semblent le jouer de mieux en mieux; M. Préville s'y surpasse actuellement; je ne l'ai jamais vu applaudir avec autant de vivacité et d'unanimité qu'il le fut ce jour-là; aussi ne l'ai-je jamais vu aussi bien rendu. D'après le plaisir que fait cette comédie, j'ai tout lieu d'espérer qu'elle restera au théâtre; je ne pense pas qu'à cet égard l'amour-propre me fasse illusion.

On a représenté dans le commencement de ce mois-ci, à Fontainebleau, l'opéra de *Thétis et Pélée*, remis nouvellement en musique par M. de Laborde, premier valet de chambre du Roi. Il a, dit-on, eu là-bas un très-grand succès; en aura-t-il un médiocre, ou sera-t-il sifflé à Paris? C'est ce que le temps nous apprendra. Rameau disoit de ce M. de Laborde, qu'il étoit très-savant en musique, mais qu'il n'avoit ni génie ni talent. Si la nature lui a refusé du génie et même du talent, elle l'en a prodigieusement dédommagé par la présomption qu'elle lui a donnée. Avant la représentation de son opéra, ce modeste auteur disoit à qui vouloit l'entendre qu'il avoit laissé subsister, par malice, la musique de Colasse dans l'acte du *Destin*, afin que l'on fût à portée d'en faire la comparaison avec la sienne. Nous verrons si le parterre de Paris ne fera point à son tour des malices à ce petit malicieux.

Le 13 et le 14 de ce mois, on a appris à Paris que le succès de *Thétis et Pélée* n'étoit qu'une fausse alarme. Il est tombé tout à plat, et a ennuyé toute la cour, excepté le Roi, qui ne s'en est point vanté; au contraire même, par bonté pour son valet de chambre Laborde, ce prince dit tout haut que cet opéra lui avoit fait plaisir, et qu'il le reverroit volontiers une seconde fois. Quelques lettres de courtisans, écrites en conséquence de ce mot, ont semé à Paris la fausse nouvelle de ce succès, qui est à présent démenti généralement; on assure même que messieurs les gentilshommes de la chambre ne redonneront point au Roi le plaisir d'une seconde représentation, de peur de lui faire déplaisir. On m'a dit encore, comme un fait très-certain, que lorsque l'on entendit, au troisième acte, le beau morceau de musique du *Destin*, lequel est de Colasse, il s'éleva dans la salle un doux frémissement qui marquoit que le spectateur commençoit à respirer et se sentoit à son aise de ne plus entendre la fade musique de Laborde, et surtout d'en ouïr à sa place une autre, pleine d'expression, de noblesse et de force.

[Ce fut alors, dit-on, que la cour fit véritablement la comparaison de la musique de Laborde avec celle de Colasse.

Je causois, ces jours-ci, avec un homme de lettres que M. le comte de Lauraguais il y a quelques années allait souvent voir le matin. Il m'en conta des traits bien singuliers. J'en vais rapporter ici quelques-uns. On peut y ajouter foi, quelque extraordinaires qu'ils soient. Celui qui m'a fourni ces détails est un homme froid et sensé.

M. le comte de Lauraguais, après avoir examiné avec les yeux de la critique la plus sévère les tragédies de Corneille et de Racine, de Crébillon et de Voltaire, avoit déjà, à l'âge de dix-sept ou dix-huit ans, fait la curieuse découverte que ces quatre auteurs célèbres n'avoient point fait de tragédies, et qu'ils n'avoient jamais connu la nature de ce poëme. Il entreprit, lui, de faire sa tragédie de *Clytemnestre*. Il la fit imprimer, et il dit à ses amis, en parlant des François : « *Enfin, ils ont une tragédie!* »

Un amour-propre de cette taille-là est si gigantesque qu'il paroît hors de toute créance. On m'a assuré cependant ce fait d'une façon très-positive; et il est du genre de ceux qu'on ne sauroit imaginer, attendu qu'ils n'ont aucune sorte de vraisemblance.

Quoique ce jeune seigneur soit exactement fou, et

peut-être le fou le plus sérieux du royaume, il ne manque pourtant pas d'esprit ; et voici une occasion où, par une espèce de miracle, il a fait voir de la gaieté. L'homme de lettres dont j'ai parlé m'a dit qu'il lui avoit montré une comédie en un acte qu'il avoit faite et qu'il intitule : *la Cour du roi Pétaud*.

La première scène se passe entre les courtisans qui attendent le roi, qui est à la cuisine. Leurs propos sur les talents du roi sont, dit-on, très-plaisants et calqués d'après ceux des vrais courtisans. Dans la seconde scène, le roi, en tablier gras, le bonnet blanc sur la tête et le couteau sur la hanche, vient lui-même apporter, aux seigneurs qui l'attendent, les petits pâtés qu'il a faits. Ils en goûtent tous à l'envi l'un de l'autre. Tous se récrient sur leur bonté. « Ils sont excellents! délicieux! divins! « Jamais on n'en a fait comme ceux-là ! Les plus habiles « cuisiniers n'en approchent pas ! etc. » Un vieux courtisan, qui en a goûté, est le seul qui, d'un air rêveur, reste appuyé contre une cheminée, et qui n'en fasse pas l'éloge. Cela attire l'attention du roi Pétaud, qui dit à ce vieux renard : « Mais, un tel, vous ne m'en dites rien, vous. Parlez-moi sincèrement. Est-ce que vous ne les trouveriez pas si merveilleux, vous ? »

— Pardonnez-moi, sire, répond le courtisan à cheveux blancs; ils sont excellents, assurément. Mais si Votre Majesté me permet de lui parler sans flatterie, je lui dirai que la tourte de bécasse qu'elle fit avant-hier m'a paru être infiniment supérieure à ces petits pâtés-ci, quoiqu'ils soient bien bons.

Le roi frappe d'un air d'amitié sur l'épaule du vieux courtisan, et lui dit : « Continuez, j'aime toujours que l'on me dise la vérité, moi ! »

J'oserai dire très-sérieusement que ces traits sont d'un comique de caractère dans le goût de Molière.

Le même homme de lettres m'a encore certifié le fait suivant, auquel pourtant je ne puis faire plier ma foi. Il assure que quelque temps après que M. le comte de Lauraguais eût fait cette comédie, il la lut au duc de Lauraguais, son père, qui est un génie comme Podagrambo. Il ne lui dit point qu'elle étoit de sa composition, mais que c'étoit l'ouvrage d'un pauvre auteur qui n'avoit pas un habit sur le corps; que ce malheureux étoit venu réclamer sa protection pour faire jouer cette farce aux Italiens; qu'il falloit tâcher d'obtenir cette mince faveur de M. de Saint-Florentin, chez lequel ils alloient dîner ce jour-là même.

Le duc de Lauraguais se charge d'en faire la proposition à ce ministre. On va chez lui. Le comte de Lauraguais y lit sa pièce : on l'approuve. M. de Saint-Florentin n'est pas éloigné de donner l'ordre aux Italiens pour la représentation, lorsque quelqu'un de plus sensé, qui assistoit à cette lecture, fit envisager les inconvénients qu'il y auroit à jouer une pièce semblable, inconvénients qui auroient dû leur crever les yeux tout d'abord. Cette réflexion les leur ouvrit à tous sur-le-champ, et ils furent effrayés de se trouver si bêtes (1).

Je crois cette histoire un peu brodée, quoique l'on m'ait juré le contraire.]

Le jeudi 17 du courant on a donné à Fontainebleau la première représentation de *Silvie*, opéra sérieux en trois actes, paroles de M. Laujon, musique de MM. Lebreton et Trial; il n'a point réussi. M. le duc d'Orléans a écrit à Marquise qu'il avoit ennuyé tout le monde là-bas, et même lui tout le premier; mais en entrant avec bonté dans des détails il écrit en même temps que les acteurs n'ont point joué; que l'on n'a point fait assez de

---

(1) Cette comédie était évidemment en effet une critique plaisante dirigée contre les goûts culinaires de Louis XV, qui non-seulement apprêtait son café lui-même, mais encore accommodait des ragoûts qu'il portait ensuite chez ses filles. Voy. les *Mémoires de Madame Campan.*, t. p. I, 1-4, ceux de *Bachaumont*, du 19 avril 1775, et la *Vie privée de Louis XV*, par Mouffle d'Angerville, t. II, p. 37 et 47. (*H. B.*)

répétitions ; que les chœurs ont été tout de travers ; que Mlle Aveneau a chanté faux d'un bout à l'autre de son rôle ; que Legros a crié ; que les décorations ont manqué ; que les habits étoient indignes ; et qu'enfin le théâtre de Fontainebleau est trop petit pour y exécuter des opéras ; et il ajoute qu'il pense que si Laujon à Paris remet dans son poëme ce qu'on lui a fait ôter là-bas, et supprime ce qu'on lui a fait mettre, il pourroit avoir du succès ici, lorsqu'il y sera bien répété, bien su, bien chanté, bien joué et bien décoré, sur notre grand théâtre. Il finit en l'assurant que Laujon est le seul homme à la cour qui ne croye pas que son opéra est tombé. Des gens qui se connoissent en musique ont jugé celle des deux premiers actes, qui est de Trial et de Lebreton, très-commune et très-médiocre, mais parfaitement ennuyeuse. Celle du troisième, qui est de Lebreton seul, est plus passable, même assez jolie, mais elle n'annonce point un homme de génie comme on l'avoit accusé de l'être.

Si ce que je rapporte là sur la musique est exactement vrai, le pauvre Laujon est flambé, car, comme on le sait, c'est la musique qui décide de tout dans un opéra. Je suis vraiment fâché que le sien ne réusisse pas ; c'est un bon petit diable, qui n'est point envieux, qui est le meilleur homme du monde, et dont j'ai personnellement tout sujet de me louer. Il sera au désespoir de sa chute quand il l'apprendra ; je crains qu'il n'eût fondé sur son succès, tant à Fontainebleau qu'à Paris, des espérances d'entrer à l'Académie françoise, lesquelles, par cet événement, se trouveront reculées. Ils n'y ont effectivement point de poëte lyrique, à moins que l'on ne veuille que l'abbé de Voisenon en soit un, à cause de sa Psyché ; mais souffler n'est pas jouer.

Le samedi 19 du courant est mort le fils unique de M. Dutartre, mon ami ; c'étoit un jeune homme de la plus grande espérance ; et la plus affreuse perte que puisse faire un père, celui-ci l'éprouve, n'ayant rien à désirer dans cet enfant-là : les mœurs pures, une sagesse singulière, un amour pour l'étude qui étoit une passion. On avoit mille peines à le tirer de son cabinet; à dix-sept ans et demi, il avoit osé concourir pour le dernier prix de l'Académie françoise, l'éloge de Descartes. Duclos me disoit que de seize concurrents qu'il avoit eus, il y en avoit dix qui avoient été jugés en être moins dignes que lui. Les belles lettres étoient tout son plaisir; il n'alloit même aux comédies que relativement à cet objet. Son père le destinoit à la robe, et dans un an il devoit lui acheter une charge d'avocat du roi au Châtelet, et l'eût fait ensuite maître des requêtes. Avec l'esprit, le grand sens, et la fureur qu'il avoit de s'instruire, c'étoit un sujet qui auroit été à ce qu'il y a de plus grand, et qui eût fait un citoyen utile; et il meurt de la rougeole, à..... ans, tandis qu'un tas d'insectes et de petits jeunes gens sans mœurs et sans mérite ont une santé choquante, ou se tirent des plus dangereuses maladies! Peu s'en faut que j'eusse dit avec Ovide :

Cum rapiant mala fata bonos, ignoscite falso,
Sollicitor, nullos esse putare Deos.

Non, mais à voir les vicieux triomphants et la vertu opprimée, et tout le désordre qui règne dans la société, on ne sauroit s'empêcher de penser fermement que tous les hommes ne sont pas plus que des cirons et des mouches aux yeux de Dieu, qui n'en prend aucune sollicitude.

Le lundi 21 du courant devoit être donnée la première représentation du *Philosophe sans le savoir*, comédie en cinq actes et en prose de M. Sedaine. C'eût été une espèce de dernière répétition, pour la donner ensuite à Fontainebleau; mais, comme le fond de cette pièce est un duel, la police ne l'a point voulu passer, ce qui me paroît une très-plate pédanterie. Dans *le Cid*, le père dit à son fils : *Meurs ou tue!* Quoi qu'il en soit, M. Sedaine y fait des changements, et nous l'aurons cet hiver.

M. le dauphin (1), que l'on a mené et traîné à Fontainebleau presque mourant, s'est touvé un peu mieux dans les commencements du voyage ; mais il est bientôt retombé dans un état pire que celui où il étoit en arrivant. Il est en un état de marasme et de foiblesse qui fait désespérer absolument de sa vie ; on disoit même assez généralement à Paris que sa fin étoit très-prochaine, et qu'il ne pouvoit point passer le mois de novembre. Malgré sa situation très-critique, ce prince, voyant le désir trèsvif que le Roi son père avoit d'aller à Fontainebleau, a été le premier à l'en presser, et il ne sera pas le dernier et le seul à s'en repentir ; car, suivant toutes les apparences, il y mourra : il sera impossible de le transporter à Versailles, et le Roi et toute la cour seront obligés d'y rester jusqu'à sa mort, et ce moment peut ne pas arriver aussi vite que le désireroient les belles âmes des courtisans, qui n'aiment pas à voir languir un malade dans un endroit où ils s'ennuient ; cela les fait trop souffrir. Il est très-vraisemblable et on doit présumer que c'est M. le maréchal de Richelieu, gentilhomme de la chambre d'année, qui a remué ciel et terre pour que le voyage de Fontainebleau ne fût point rompu. Il avoit fait préparer des spectacles, pour lesquels des dépenses considérables étoient déjà faites. Il s'étoit piqué de ne donner que des nouveautés. Dans les premiers jours de l'année, il avoit envoyé chercher messieurs des Menus, et leur avoit dit : *Je ne veux point de vos vieilleries;* ces sont ses propres expressions. Ces messieurs lui ont donné du neuf, mais ils ne lui ont pas donné du bon. Je suis surpris que ce mortel, qui est le plus despotique des hommes,

---

(1) Louis de France, fils de Louis XV et père de Louis XVI. Né le 4 septembre 1729, mort le 20 décembre 1765. Était marié à Marie-Josèphe de Saxe, fille de Frédéric-Auguste II, Electeur de Saxe, et de Marie-Josèphe d'Autriche. (*H. B.*)

n'ait point ordonné, de la part du Roi, que tous les ouvrages fussent excellents, sous peine aux auteurs d'aller au For-l'Évêque. Il y auroit envoyé M. le duc de la Vallière, qui s'est dit auteur des paroles d'un opéra que l'on a trouvé exécrable.

De tout ce qui a été joué à Fontainebleau, la seule nouveauté qui ait réussi est une pièce en quatre actes et en ariettes, intitulée : *la Fée Urgèle*, paroles de M. Favart, musique de Duny. Le fond de cette pièce est le mauvais conte de Voltaire : *Ce qui plait aux dames*. M. Favart m'avoit lu son ouvrage avant qu'il fût représenté ; je lui en avois prédit le succès, pourvu que la musique en fût un peu passable, et on l'a trouvée très-jolie. Je crois que cette pièce aura le même succès à Paris, et dans ce cas-là elle sera plus heureuse que la comédie de M. Saurin dont je parlerai dans le mois prochain ; cette dernière a réussi à la cour et est tombée à la ville.

Mais pour en revenir à la pièce de M. Favart, si elle réussit à Paris, elle ne devra son succès qu'à l'excellente façon dont les ariettes en sont faites, à la pompe et à la singularité du spectacle : car, du reste, il n'y a aucune scène de vraie comédie, et rien de bien neuf dans cet ouvrage, qui est bien éloigné d'avoir le mérite d'*Isabelle et Gertrude*. Il a été représenté le 26 à Fontainebleau.

J'étois parti le 25 pour La Celle, où nous avons resté, ma femme et moi, jusqu'au lendemain de la Saint-Martin. J'y ai fait une dernière copie de ma comédie du *véritable amour* ; j'ai laissé une feuille en blanc à chaque page : cette copie, avec une autre toute pareille que je ferai faire en arrivant à Paris, me serviront à recevoir les critiques et les observations de ceux à qui je communiquerai ces deux copies cet hiver, que je compte passer sans rien faire.

[A l'ouverture des campagnes, je me remettrai à cet

ouvrage, et j'y retravaillerai tout le reste de l'année prochaine, et quatre encore, si besoin est, et qu'elle soit faisable. Le seul reproche que j'aie à me faire dans le *for* de ma consience sur cette comédie, c'est le *défaut d'action* ; mais s'il est fondé, c'est le plus grand de tous les reproches qu'on puisse faire au sujet d'un drame. Nous verrons ce qu'en pensent les juges auxquels je me soumets et que je consulterai. Ce qu'il y a de sûr, c'est que je ne risquerai point le théâtre que je n'aie la plus grande certitude morale de réussir. Dans ce moment-ci j'ai une frayeur salutaire que m'inspire la chute de la comédie de Saurin, que je pensais de très-bonne foi destinée à un grand et très-grand succès. Cependant on m'assure ici qu'elle est tombée. Tout vrai que cela peut être, j'ai peine encore à me le persuader.]

NOVEMBRE 1765.

Malgré l'état affreux de M. le dauphin, les spectacles ont toujours continué à Fontainebleau jusqu'au 5 de ce mois inclusivement, au grand scandale de tous les honnêtes gens. La Reine et Mesdames n'y alloient pourtant plus dès la fin du mois dernier, et c'est probablement cette raison qui a déterminé à n'en plus donner.

L'Orpheline léguée, comédie en trois actes et en vers libres de M. Saurin, a fermé, le 5, le théâtre de Fontainebleau. On nous a dit à La Celle que cette pièce avoit beaucoup réussi à la cour ; je saurai à mon retour les détails de ce succès, qui aura augmenté pour mon ami l'amertume de sa chute à la ville.

On me racontoit hier une anecdote, ou plutôt une plaisanterie faite devant et même parlant à la reine Anne d'Autriche, mère de Louis XIV. C'est une espèce d'ordure dite à une reine qui étoit alors dévote, et devant toute sa cour ; ce qui fait bien voir qu'avec de l'esprit, de la gaieté et de la tournure on dit tout ce qu'on veut. La Fontaine a eu grande raison d'avancer :

> . . . . que tout passe
> Lorque le mot est bien trouvé ;

et il ajoute :

> Je l'ai mille fois éprouvé.

Il accuse vrai ; il a dit très-honnêtement des choses très-malhonnêtes. Et Crébillon le fils, que n'a-t-il pas dit d'*indisible!* Après ce petit préambule, peut-être inutile, venons au fait.

Il y avoit à la cour de Louis XIV un seigneur des plus qualifiés, que l'on n'a pu me nommer ; il étoit assez bon officier général, bon serviteur du roi ; mais il aimoit les chevaux avec une telle passion, avec une si grande fureur, qu'il ne parloit d'autre chose, et avec une gravité, un sérieux, une importance qui l'avoient couvert d'un ridicule par lequel il étoit plus connu à la cour que par sa valeur et des qualités essentielles, dont il ne manquoit pas d'ailleurs. Un jour qu'il avoit acheté deux chevaux, l'un bai clair, et l'autre bai brun, tous deux d'un très-grand prix, tous deux bons chevaux de bataille, tous deux égaux en bonté, beauté et sûreté, ce seigneur se trouva au lever de la reine, qui lui demanda auquel de ces deux chevaux il penseroit donner la préférence. *Madame*, répondit-il d'un air très-grave, *j'aurai l'honneur de dire à votre majesté que si, dans un jour d'affaire, j'étois monté sur le bai clair, je n'en redescendrois pas pour monter sur le bai brun : et que si j'étois monté sur le bai brun, je n'en redescendrois pas pour monter sur le bai clair.*

Le soir, au cercle de la reine, où se trouvoient à peu près les mêmes gens qui étoient à son lever, à l'exception pourtant de ce seigneur, la conversation s'anima sur la préférence que l'on devoit donner à la beauté de Mme la duchesse de Châtillon sur celle de Mme la princesse de Montbazon, ou à celle de cette dernière, sur la duchesse de Châtillon. Les avis étoient partagés; les uns tenoient pour la duchesse, d'autres pour la princesse; la dispute s'échauffoit quand la reine adressa la parole au comte de Dogent (Beautru) : *et vous, qu'en pensez-vous, Beautru? à qui des deux donneriez-vous la pomme?*... Alors Beautru, prenant l'air, le ton grave et sentencieux du seigneur amateur de chevaux, répondit : *Madame, j'aurai l'honneur de dire à votre majesté que si, dans un jour d'affaire, j'étois......*; et il s'arrêta là, au moment que la reine elle-même l'arrêtoit aussi en éclatant de rire, aussi bien que tout ce qui étoit là présent.

Le 13 du courant je fus à la quatrième représentation de *l'Orpheline léguée*, dont la première avoit été donnée, comme je l'ai dit, le mercredi 6 novembre. La salle étoit presque déserte; cette comédie avoit été, me dit-on, abandonnée dès la seconde représentation. Il n'y a eu des chambrées comples qu'à la première et à la troisième, qui étoit le jour de Saint-Martin.

Je ne conçois pas encore la chute de cette comédie, et j'ose avancer qu'elle sera quelque jour reprise. Il n'en est pas de la chute des tragédies comme de celle des comédies; rarement une tragédie, tombée à sa première représentation, se relève par la suite; mais on voit assez fréquemment des comédies ne point réussir d'abord, qui par la suite sont restées au théâtre. J'en vais citer des exemples, et je ne les citerai pas tous; je serois trop long (1).

---

(1) La chute des pièces de théâtre a parfois été amenée par des incidents comiques ou des maladresses dont il convient de tenir compte. Voyez à ce sujet le chapitre des *Curiosités théâtrales*, où M. Victor Fournel a raconté avec son esprit et sa verve habituels, un certain nombre des incidents dont il s'agit. (*H. B.*)

La plupart des pièces que feu M. de Marivaux a données aux François, n'ont eu dans le commencement aucun succès. *Le Legs, le Préjugé vaincu, la Surprise de l'Amour* sont tombées tout à plat, et sont actuellement des pièces du répertoire. *La Surprise de l'Amour* avoit été cependant jouée par la célèbre Lecouvreur et par Quinault l'aîné, qui étoient les plus grands acteurs de comique que j'aie jamais vus. Sa sœur, Mlle Quinault, qui ne lui cédoit en rien à cet égard, entreprit, après la mort de Mlle Lecouvreur, de faire revivre cette comédie; elle y perdit aussi son talent, la pièce ne reprit point; cette chute personnelle ne la rebuta point. Persuadée, comme elle l'étoit, du mérite réel de cette comédie, elle engagea Grandval et sa femme à la reprendre; elle leur montra la façon de la jouer, les répéta, et la fit réussir au point que tout Paris courut et court encore à ses représentations. Mlle Dangeville a fait avoir le même succès au *Legs* que Mme Préville, depuis la retraite de la première, rend tout aussi brillant; Mlle Gaussin et Mlle Dangeville ont ressuscité de même *le Préjugé vaincu*, que Mlle Hus et une Mlle Fanier ont remis au tombeau l'année passée.

Dufresny a vu presque toujours tomber ses pièces de son vivant. *Le double Veuvage* n'eut que dix représentations; *le Dédit*, sept; *la Réconciliation normande*, douze. *Le Faux sincère*, qui ne fut donné qu'après sa mort, eut peu de succès, mais il en mérite; il ne lui manque que des acteurs supérieurs pour être remis au théâtre. Les trois premières pièces de cet auteur, desquelles je viens de parler, sont tombées dans leur temps, et elles font aujourd'hui les beaux jours de Paris. Il est bon de remarquer qu'il y a quarante ans les drames qui réussissoient avoient des vingt-cinq, trente représentations; dix ou douze représentations étoient des chutes.

Je remarquerai encore en passant, que je conjecture qu'une des principales causes du défaut de succès des comédies de Dufresny a été leur trop grande finesse.

Le parterre et les secondes loges d'alors ne les comprenoient pas ; elles étoient au-dessus de leur portée. M. de Marivaux, qui a commencé quand M. Dufresny finissoit, et qui ressemble à ce dernier auteur à quelques égards, l'a fait revivre en tombant lui-même. Il a habitué les spectateurs à la métaphysique du cœur, qui n'étoit point connue au théâtre (1) ; il a accoutumé le parterre à entendre, tout en la sifflant, celle de ses comédies qui est très-fine et très-déliée, et que l'on n'a pu d'abord supporter sur le Théâtre des François, mais qui fut très-accueillie sur celui des Italiens ; et j'ai toujours cru que c'est M. de Marivaux qui a fait goûter Dufresny ; il y a même dans le style de ces deux auteurs quelque sorte de ressemblance pour la délicatesse. M. de Marivaux est seulement plus recherché, et quelquefois plus précieux.

L'Époux par supercherie, le Sage étourdi et *le Babillard*, ces trois comédies de Boissy ont été mal reçues de ce même public, qui leur fait actuellement tous les jours l'accueil le plus gracieux.

Le Distrait, comédie de M. Regnard, n'eut dans sa nouveauté que quatre représentations.

L'avocat Patelin fut sifflé outrageusement à sa première. Cette pièce est cependant la plus excellente farce que nous ayons ; on ne trouve même guère dans les comédies d'un genre plus élevé des situations plus véritablement théâtrales des caractères plus vrais et des traits de comique plus sublimes ; ce qui le prouve, c'est que plusieurs de ces traits sont devenus proverbes. *Vous seriez capable de gouverner un royaume....* M. Guillaume répond : *tout comme un autre.* Ce mot est à mettre de pair avec les meilleurs du divin Molière ; ce n'est pourtant que par un hasard que cette comédie est restée au théâtre. Feu M. Boin-

---

(1) Voltaire a dit de Marivaux qu'il connaissait les *sentiers du cœur*, mais qu'il en ignorait *la grande route*. De son côté, l'abbé Desfontaines prétendait que Marivaux *brodait à petits points sur des canevas de toile d'araignée*. Le mot est joli. (*H. B.*)

din, qui d'ordinaire ne pensoit pas comme le public, engagea les Comédiens, quelque temps après la chute de cette pièce, à en donner une seconde représentation à la suite d'une tragédie, un jour que Madame royale, mère du Régent, avoit fait retenir deux loges pour elle et pour sa cour. Cette bonne Allemande trouva tout naturellement *l'avocat Patelin* une pièce très-plaisante; elle y rit de tout son cœur; le parterre de ce jour l'applaudit, et depuis l'a toujours applaudie, et elle est restée au théâtre.

Pour que *l'Orpheline léguée* revînt aussi sur l'eau, il faudroit que Préville abandonnât le rôle qu'il y fait à Bellecourt, qui devoit le jouer. C'est une faute capitale dont M. Saurin convient aujourd'hui, d'avoir voulu forcer la nature, en donnant un rôle très-noble à un acteur qui ne l'est point, et qui n'est que froid quand il veut prendre ou le ton ou les airs du monde poli. Mon amitié pour M. Saurin ne m'aveugle pourtant pas au point de croire que Préville soit la cause unique de sa déroute. La Comtesse ne tient ni au sujet ni à la fable de la pièce; ce personnage épisodique est tout à fait inutile et étranger à l'action. L'incident de l'amant, qui s'introduit dans la maison de la personne qu'il aime, sous le nom de maître de langue anglaise, a deux défauts : le premier, de n'être point neuf; le second, de ne valoir rien en lui-même. Il est très-certain qu'on ne laisse jamais une jeune fille seule et tête à tête avec les maîtres qu'on lui donne pour l'instruire, fussent-ils même très-âgés; à plus forte raison lorsque le maître est jeune. Cela est sans vraisemblance et sans vérité, et par conséquent plus de peinture fidèle, plus d'illusion.

Je trouve aussi que le caractère de l'Anglomane est pris dans le petit. Il falloit lui donner plus d'esprit et de force; j'aurois voulu que ses traits de singularité eussent tenu à des objets plus grands. En lui donnant des vues étendues et spirituelles, on auroit intéressé pour lui, et c'eût été d'ailleurs une source de critique de nos mœurs et de nos usages, que l'on eût opposés à celles et à ceux des François; bien entendu que l'on eût toujours conservé à ce personnage le ridicule d'un homme qui n'admire et n'aime rien que ce qui nous vient des étrangers. M. Saurin a trop croqué ce caractère et n'en a point tiré parti.

La Suivante ne fait rien à l'intrigue; c'est un personnage purement prostatique, comme l'est Clénard dans *Dupuis et Desronais;* elle ne sert, comme lui, qu'à l'exposition du sujet. Ce personnage a un autre défaut, encore plus essentiel, c'est celui d'être calqué sur les anciennes soubrettes des comédies, de n'avoir aucun caractère distinctif, d'avoir plus d'esprit que les maîtres, de ne parler que par épigrammes ou par sentences.

Et quant au style de cette pièce, il est en général très-vif et très-spirituel, mais il est le même dans tous les personnages; c'est le style de l'auteur partout. Et l'on sait que dans les comédies il faut qu'il y ait autant de sorte de styles qu'il y a de caractères marqués; Molière n'y faisoit faute. *Intererit multum Davusne loquatur an heros.*

Malgré tous ces défauts, et d'autres dont je ne parle point et dont on n'a que trop parlé, malgré la chute décidée de cette pièce, elle tombe avec estime; et je reviens encore à dire que si Bellecourt jouoit le rôle de l'Anglomane, au lieu de Préville, on ne reconnoîtroit point cette comédie, et qu'elle resteroit au théâtre. *L'Orpheline léguée* a eu cinq représentations; la dernière fois on la donna avec *Dupuis et Desronais.*

M. Saurin a été affecté de la déroute de sa comédie plus vivement qu'il ne l'avoit jamais été des autres échecs de théâtre qu'il a essuyés. Il a écrit à ce sujet à M. Favart, l'Épître suivante, dans laquelle on voit l'empreinte de son chagrin:

A MONSIEUR FAVART.

Votre Urgèle est, mon cher Favart,
Un chef-d'œuvre d'esprit, de naturel et d'art;

Tout s'y trouve: délicatesse,
Mots joyeux, sentiment, naïveté, finesse;
L'on n'y sent aucune langueur.
Varié comme la nature,
Vous entraînez sans peine et l'esprit et le cœur:
Et c'est ce talent enchanteur
Qui de Vénus est la ceinture;
Vous la possédez, et de plus,
Le ciel, pour adoucir l'envie,
Voulut vous accorder les modestes vertus,
Et la simplicité, compagne du génie.

N'espérez pas pourtant, avec impunité,
Effacer vos rivaux et marquer vos ouvrages
Au sceau de l'immortalité.
Vos écrits auront beau forcer tous les suffrages,
Vous verrez la malignité
Du laurier par vous mérité
Couronner votre ami (1), qu'on n'en voudra pas croire,
Et qui, riche assez de sa gloire,
Rougira vainement d'un éclat emprunté.

Qu'on vante en lui l'auteur d'une aimable féerie,
Où la fine plaisanterie,
Les graces et la volupté
Règnent partout avec gaîté;
Qu'on dise qu'en bons mots fertile,
Son esprit enjoué, facile,
A l'aide d'un trait délicat,
Peut à la Cour, comme à la ville,
S'égayer aux dépens d'un fat;
Qu'on exalte sa Muse élégante et polie,
Qui sur la scène, avec succès,
A pris plus d'une fois le masque de Thalie;
Voilà ses véritables traits.

L'on en pourroit ajouter d'autres;
Il a bien des talents, mais vous avez les vôtres.
De ses dons à tous deux nature vous fit part;
Votre lot fut connoissance de l'art,
Couplets charmants, simplicité naïve,
Tendresse d'âme et sensibilité.
Les traits saillants, l'esprit fin, l'âme vive,
Gaîté piquante, et sel sans âpreté,

---

(1) L'abbé de Voisenon. (*H. B.*)

Furent le sien ; d'où sans faute il arrive
Qu'à chacun de vous deux, dans tout ce qu'il écrit,
On doit voir le cachet et la touche annexée :
Voisenon n'eût pas fait *la Chercheuse d'esprit*,
    Ni vous *la Coquette fixée*.

    Ami, consolez-vous pourtant ;
    Si vous ne valiez pas autant,
    L'on vous rendroit plus de justice.
    Par des succès plus éclatants,
    (S'il se peut), et toujours constants,
De tous vos envieux confondez la malice.
    Le Ciel qui se plaît à former
    Un ver pour produire la soie,
    L'aigle pour fondre sur sa proie,
    Les tourterelles pour s'aimer,
    Fit naître l'homme de génie
    Pour écrire et passer sa vie
    A travailler pour des ingrats.

    Quant à moi, que n'asservit pas
L'impérieux démon de la métromanie,
Brisé par la tempête, et tout mouillé des flots,
Du théâtre orageux je quitte la carrière.
    C'est désormais de la barrière
    Que j'applaudirai mes rivaux.
    Au désir d'un peu de fumée,
    J'ai trop immolé mon repos.
O fol amour de gloire ! ô vaine Renommée !
Tes cent bouches souvent sont l'organe des sots.

J'ai détourné Saurin de rendre publique cette épître chagrine. Indépendamment des ridicules que l'on n'auroit pas manqué de lui donner à ce sujet, attendu que rien n'amuse davantage le public que les jérémiades d'un auteur tombé, c'est que cette pièce, si elle eût paru dans *le Mercure*, ou dans quelque autre journal, lui auroit fait à coup sûr un ennemi sourd et cruel de l'abbé de Voisenon, qui ne l'est point à demi. Ce pauvre petit homme a formé, depuis longtemps, le projet infâme de s'attribuer tous les ouvrages de Favart ; et il a si bien réussi auprès du grand monde, que l'on vous rit au nez, et que l'on passe pour un *apocò*, quand on veut leur soutenir que *les Sultanes, Annette et Lubin,* et *Isabelle et Gertrude*, sont de la composition de M. Favart; il est vrai qu'il n'y a pas un seul homme de lettres dans cette erreur grossière. Les comédies froides et très-fastidieuses de l'abbé de Voisenon sont recueillies en un volume, et se vendent chez la veuve Duchesne; les gens qui seront assez intrépides pour les lire se convaincront, en bâillant ou même en s'endormant, que ce ne peut pas être ce cher abbé qui ait fait un seul des ouvrages de Favart. En tout cas, s'ils persistoient dans leur opinion, ils seroient forcés du moins d'avouer qu'il y auroit dans l'abbé de Voisenon une générosité bien peu vraisemblable, qui seroit d'avoir fait, en travaillant pour lui, de très-mauvais ouvrages, et d'en avoir composé de bons en travaillant pour Favart.

Mais lorsque les gens du monde même voudront y faire la plus légère attention, il ne sera pas besoin qu'ils prennent une grande peine pour connoître la différence des styles et des manières de ces deux auteurs. Pour que monsieur l'abbé passât pour être l'auteur des pièces de son ami, il n'auroit pas fallu que le petit abbé fît imprimer son petit volume. En lisant (si possible est), l'on s'aperçoit d'abord que la versification de l'abbé est celle d'un homme du monde qui a de l'esprit; celle de son ami est, au contraire, d'un homme d'esprit qui n'a point de monde. Le mécanisme de l'artiste s'y fait d'ailleurs sentir.

Dans le premier, il n'y a ni action ni caractère dans ses comédies; dans le second, l'on trouve l'un et l'autre, témoin *la Chercheuse d'esprit,* qui est un de ses premiers ouvrages. *La Coquette fixée,* qui est une des dernières de l'abbé que l'on ait pu passer aux Italiens, et qui eût été sifflée aux François, manque absolument et par l'action et par le caractère.

[Il n'y a aucune connoissance du théâtre dans cette pièce, qui n'a été soutenue que par de l'esprit et des tirades qui seroient tout aussi bien ou tout aussi mal placées ailleurs. Non-seulement le pauvre abbé se montre incapable de faire le plan d'une pièce, mais même de traiter une scène. Il n'est pas plus tôt entré en matière qu'il s'écarte de son sujet par de l'esprit hors de propos ; ses personnages ne se disent jamais un mot de ce qu'ils doivent se dire, relativement à leurs caractères et aux situations où ils sont. Chez lui, d'ailleurs, les situations sont très-rares, et il n'y en a même pas, pour ainsi dire, dans ses comédies ou rapsodies, qui, vu le défaut total d'invention, ne sont, à proprement parler, que des dialogues froids et insipides, dans lesquels un esprit étranger au fond du sujet tient lieu d'action, de caractères et de ce que le bon sens auroit dû y placer.

Et c'est cet eunuque dramatique à qui l'on veut faire engendrer les poëmes de Favart, qui en est le véritable père !

Je ne m'élèverois pas avec autant d'indignation contre ce bruit populaire du grand monde, si le petit vilain n'aidoit pas lui-même à l'accréditer parmi les gens du plus haut étage. Je sais, et j'ai vu par moi-même, la façon dont il se défend d'avoir part aux ouvrages de son ami. C'est toujours ou avec un ton de légèreté et de badinage, ou avec une modestie hypocrite qui donne à penser tout le contraire de ce qu'il dit.]

DÉCEMBRE 1765.

Le lundi 2 décembre je fus à la première représentation du *Philosophe sans le savoir*, comédie en cinq actes et en prose de M. Sédaine.

Cette pièce ne ressemble à aucune de nos pièces de théâtre, ni pour le fond, ni pour la conduite, ni pour le dialogue. L'on ne peut lui trouver de pièce de comparaison que dans celles de Goldoni, auxquelles elle ressemble parfaitement; en observant cependant, à l'avantage de l'auteur françois, que dans l'auteur italien les incidents de ses drames sont en général fabuleux et romanesques, et que ceux du *Philosophe sans le savoir* sont naturels et de la plus grande vérité. En même temps il faut convenir que souvent c'est une nature trop commune que celle que M. Sedaine nous peint, mais au bout du compte, c'est la nature; et la nature, même la plus simple, a toujours le droit de nous plaire et de nous amuser, quelque commune qu'elle soit.

Un reproche plus grave, que l'on auroit à faire à M. Sedaine, et que je crains bien qui soit fondé, à moins qu'il ne le détruise par la suite, c'est que, à en juger par cette comédie-ci, l'on doit présumer qu'il est incapable de peindre la nature dans le grand et de donner de la force à ses caractères. En effet, on verra que dans cette comédie, lorsqu'il lui faut nécessairement prendre le ton élevé, la voix lui manque, ou qu'il ne la prend pas dans des endroits où son sujet l'amenoit à la prendre d'une façon ferme, noble, passionnée, et avec des sentiments pathétiques et naturels, avec dignité. Je m'explique : dans la scène entre le père et le fils, lorsque ce dernier est prêt de s'aller battre, je ne trouve point dans ces deux personnages l'expression vive et haute, les sentiments passionnés, nobles et élevés que cette situation présente d'elle-même. La force dans ces deux caractères et la dignité dans le dialogue ne s'y rencontrent point; l'haleine manque au poëte; il n'a pas pour traiter les passions la grande manière que je lui désirerois. Je sais qu'il rejette les défauts de cette scène sur les retranchements et changements que la police l'a obligé de faire; mais cette excuse-là ne peut être valable, parce que la police ne l'a pu tout au plus forcer qu'à des corrections qui ont rendu le caractère du père inconséquent, et le fond de la scène contraire au sujet ; mais la police ne l'a pas empêché, s'il avoit eu de la chaleur et de l'élévation dans les sentiments, d'en jeter dans cette scène, quoique contraint de la traiter à contre-sens.

Une seconde preuve que M. Sedaine ne sait point former de grands caractères ni traiter les passions un peu élevées, c'est qu'il n'a pas saisi ni senti les endroits où son sujet lui en présentoit les occasions. Le caractère de M. Desparville est pris dans le petit; il en fait un père qui ne se soucie nullement de son fils...... *Mon père !.... Eh bien, mon père ! — et va te promener !*...... dit ce Desparville. Au lieu de cela, il falloit donner à ce vieux militaire le caractère d'un de ces guerriers intrépides et heureux, de ces hommes qui n'ont jamais été blessés, et qui ne croient pas qu'on puisse l'être (1). Ce M. Desparville ainsi présenté eût mis le comble à la crainte et à la tendresse de M. Vanderk, et lui eût donné l'occasion de déployer et de s'ouvrir sur tous ses sentiments à M. Desparville, au lieu de se trouver mal; il eût prolongé cette scène, qui n'est que croquée et point traitée.

J'en reviens donc à dire que j'appréhende fort que cet auteur ne soit jamais un peintre en grand; je le regarde comme le *Greuze* du dramatique. Sa comédie n'est qu'une succession de tableaux dans le petit, mais de la plus grande vérité; et ce mérite-là n'est pas un si petit mérite.

Le dialogue de cette comédie, qui, comme je l'ai déjà dit, a son coin de singularité, ressemble aussi un peu à la manière de dialoguer de Goldoni; il est court, vif et précis, plein de réticences, et peint mieux les petits ob-

---

(1) En disant à M. le duc d'Orléans mon idée sur ce caractère de M. Desparville, il l'approuva, et me confirma dans mon sentiment par le récit d'un fait qu'il me conta; qui est qu'à la première blessure que reçut M. de Broglie, feu son père, le maréchal de Broglie dit à son fils, en lui voyant le bras cassé : *Tu ne seras jamais qu'un sot; te voilà déjà blessé, moi je n'ai jamais reçu une égratignure.* — (*Note de Collé.*)

jets que les grands. Dans les endroits de chaleur et de passion, cette sorte de dialogue laisse tout à désirer. Le premier acte de cette comédie fut assez mal accueilli à la première représentation; le second et le troisième acte furent très-bien reçus ainsi que le quatrième; au cinquième il y eut deux ou trois bagatelles huées avec assez de dureté. Et le public de ce jour-là se retira fort incertain s'il devoit recevoir ou rejeter cette pièce; il a balancé encore pendant deux ou trois représentations; enfin le monde y est revenu avec plus d'affluence à la quatrième. On a demandé l'auteur à la deuxième, troisième et quatrième; et M. Sedaine n'a point voulu paroître, ce dont je lui sais très-bon gré.

La police eut bien de la peine à permettre la représentation de cette comédie. M. de Sartine, qui a craint la grande main du parlement, en fit faire une répétition en habits avant qu'elle fût jouée, devant messieurs les gens du Roi; et il n'a donné la permission de la représenter qu'avec des adoucissements, retranchements et changements qui l'ont gâtée et dénaturée. M. Sedaine m'a dit que nous l'aurions à l'impression telle qu'il l'avoit d'abord faite; on lui a accordé la permission tacite pour cet effet.

Bien des gens sensés ont trouvé, comme moi, que cette rigueur de la police étoit une pédanterie. Le théâtre ne fait point loi pour la morale et pour la religion; ce n'est point au théâtre que l'on vient prendre des principes; il n'en est point l'école. C'est dans les colléges, en Sorbonne et dans les chaires qu'il faut s'élever contre le duel; mais c'est faire trop d'honneur à des bagatelles, comme les poëmes dramatiques, que d'imaginer qu'ils influent à un certain point sur les mœurs d'une nation. D'ailleurs on joue tous les jours *le Cid;* le père y ordonne le duel à son fils; y a-t-il rien de plus fort que *meurs ou tue?*

Le lundi 16 du courant eut lieu la septième représentation du *Philosophe sans le savoir*, qui est suspendu jusqu'à la rentrée des spectacles, qui sont fermés d'aujourd'hui mardi 17, à cause de l'agonie de M. le dauphin et de la descente de la châsse de Sainte-Geneviève, où l'archevêque a été ce matin chanter une grande messe avec tout son clergé, et demander à Dieu qu'il nous renvoie ce prince à la vie. On le regarde à Paris comme mort, et il est généralement regretté; j'en vais beaucoup parler dans l'instant.

Le dimanche 15 les Comédiens françois donnèrent la première représentation de *la Bergère des Alpes*, comédie en un acte et en vers, présentée par M. le marquis de Daubigny, qui n'en est pas l'auteur; on en a accusé un M. Desfontaines (1). Ce coupable a, dit-on, le mérite de la versification, et voilà tout; car du reste Saurin m'a assuré que ce n'étoit point une pièce. Il n'y a ni nœud, ni dénouement, ni caractères, ni situations, ni intelligence du théâtre. L'auteur a suivi servilement le conte de Marmontel, d'où il a tiré son sujet, et où il a pris tous les détails; cette rapsodie a pourtant eu une plate apparence de succès.

On attend à tous les quarts d'heure la nouvelle de la mort de M. le dauphin. Ce prince n'a été connu et aimé que depuis sa maladie; il est regretté de la nation par tout ce que l'on en apprend tous les jours. La façon courageuse et héroïque avec laquelle il meurt a d'abord commencé à ramener les esprits qui étoient le plus prévenus contre lui. Dans tous les actes religieux qu'il a faits, il s'est montré très-éloigné de la cagoterie et du fanatisme; il ne s'est point laissé affliger par les prêtres, les moines et la superstition; il a paru prendre la religion dans le grand. On voit par là qu'il

---

(1) Ce même Desfontaines, qui n'est pas l'abbé de ce nom, a fait jouer plusieurs autres pièces : *Le Philosophe prétendu*, *l'Aveugle de Palmyre*, *la Cinquantaine*, *le Billet de mariage*, etc. (*H. B.*)

avoit du caractère, et qu'il l'avoit assez ferme et assez fort pour pouvoir vaincre les impressions contraires que, dans son éducation, les Lavauguyon et les autres *pleutres* qui en étoient chargés s'étoient efforcés de lui donner.

Après avoir rempli les devoirs de chrétien avec la raison et le sang-froid d'un galant homme qui croit, il a donné à son père les marques de la plus grande sensibilité. Il a tâché de le consoler en lui disant que l'État ne perdroit rien à sa mort; que le Roi, dont la santé est très-bonne, devant vivre âge d'homme, M. le duc de Berry se trouveroit à la mort du Roi en état de gouverner, et qu'il perdroit à la sienne moins qu'à celle d'un bon grenadier de son royaume.

Il a donné à Mme la Dauphine et à Mme Adélaïde les témoignages de la tendresse la plus touchante lorsque, peu de jours après avoir été alité, il coupa lui-même deux boucles de ses cheveux qu'il leur présenta, en les priant de les garder, et en leur disant : *Hélas! voilà tout ce dont je puis disposer.*

Je sais en effet que ce prince économe n'a jamais demandé aux contrôleurs généraux un écu au delà de ce qui lui étoit assigné. Et la somme destinée à ses plaisirs n'étoit point exorbitante, c'étoit 5,000 livres par mois, sur lesquelles il y en avoit 4,000 de distribués, par ses ordres, à différentes personnes. M. le duc de Nivernois m'a dit que dans le temps que M. Bertin étoit contrôleur général, il envoya chercher ce ministre pour lui recommander de payer des à-comptes sur les gages aux bas officiers de son père, qui mouroient de faim, et qu'il lui dit : *Eh, monsieur! prenez l'argent qui m'est destiné!* Il ne laisse que 80,000 livres de dettes, qu'il a prié le roi de faire acquitter. Quel trésor c'eût été pour la France que le gouvernement de ce prince économe! d'autant que son économie étoit vraie; qu'elle n'avoit point sa source dans le sentiment méprisable d'un cœur avare; au contraire, M. le dauphin étoit de la plus grande noblesse, et de la générosité la moins équivoque. Le fait que je vais rapporter en sera la preuve complète.

Le printemps dernier il gagna, à Marly, au lansquenet, 400,000 livres; il étoit déjà malade; il veilla jusqu'à trois heures du matin pour tâcher de racquitter ceux qui perdoient. Pâle et défiguré par la fatigue du jeu et la foiblesse de sa santé, il ne quitta que lorsque, malgré lui, il eut ruiné tous les joueurs, et que l'argent leur manqua. Il ne cessa de marquer le désespoir le plus sincère d'avoir tout gagné; et enfin, il ne sortit point du salon qu'il n'eût distribué tout l'argent que le hasard du jeu l'avoit forcé de prendre. Un homme de la cour lui en demanda pour un pauvre officier en garnison, et qui avait femme et enfants; il ne vouloit que vingt-cinq louis, il en reçut une poignée, qui se trouva monter à soixante-trois.

M. le dauphin avoit une très-belle mémoire et étoit très-instruit; peut-être même pourroit-on dire savant. Un homme de lettres m'a dit que, se trouvant l'année passée chez de Bure, libraire, on vint demander des livres pour ce prince, et qu'il vit que ceux que l'on lui donnoit étoient tous des auteurs originaux, et qui sont à la portée de peu de gens; notamment les *Capitulaires de Charlemagne*. Il avoit l'esprit très-agréable; j'ai ouï dire à M. le duc d'Orléans que si M. le dauphin n'avoit point été retenu par des principes de religion et par la raison, il eût été le plus grand railleur et le meilleur persifleur de son royaume. M. de Pompignan, lui venant un jour faire sa cour sans nécessité, avec cet air important qui ne le quitte point, il dit, lorsque ce fat s'en alla :

Et l'ami Pompignan croit être quelque chose!

Depuis que M. le dauphin a été convaincu que sa maladie étoit mortelle, il ne s'est occupé que des services qu'il pouvoit rendre à ceux qu'il aimoit. Il a fait donner à un page qu'il affectionnoit une compagnie ; et comme M. de Choiseul l'avoit remis plusieurs fois, il l'a fait revenir, et lui a dit : *Monsieur, je désire que ce jeune homme soit placé pendant que je vis; on l'oublieroit bien vite quand je serois mort.*

Comme depuis qu'il est au lit il n'a dit que des choses obligeantes à tous ceux qui l'environnoient, et même à ses plus bas domestiques, M. le maréchal de Richelieu le louant de ce courage de héros avec lequel il s'oublioit lui-même pour ne songer qu'aux autres, ce vertueux prince lui répondit : *Eh! monsieur le maréchal, ne dois-je pas exprimer ma plus vive reconnoissance à tous ceux qui s'intéressent à moi, et mériter le regret qu'ils ont de me perdre!*

M. le duc de Nivernois m'a encore assuré que lors de la grande maladie du roi à Metz, quand on lui apporta la fausse nouvelle que son père venoit de rendre les derniers soupirs, il s'écria : *Ah! pauvre peuple, te voilà donc réduit à être gouverné par un enfant de quatorze ans!* Un pareil mot, à un pareil âge, est d'un homme de génie.

Sa dévotion, que l'on croyoit à tort outrée et superstitieuse, et son prétendu attachement pour les jésuites lui avoient aliéné une partie de la nation ; quant à ces derniers, quelqu'un qui se croit bien instruit m'a dit que dans le conseil tenu pour savoir ce que l'on feroit sur l'entreprise des parlements, qui les chassoient du royaume, il avoit dit : *Il n'est pas nécessaire au royaume qu'il y reste des jésuites, mais il est très-nécessaire qu'il n'y ait qu'une autorité.* Cela est vu en grand prince ; mais a-t-il tenu ce propos, que je tiens d'un des plus fanatiques partisans des jésuites?

Je n'étends pas ma foi non plus jusqu'à croire encore ce que je vais conter de lui. On prétend que le moment d'après qu'il eut reçu le viatique, et que tous les prêtres furent sortis, il se mit à sourire. Un de ses domestiques familiers lui dit : *Vous souriez, monsieur! viendrois-je de faire quelque chose de ridicule?* — *Non*, répondit-il, *mais c'est que cette cérémonie-ci me fait ressouvenir d'une histoire que l'on m'a contée anciennement. Mme la duchesse de...... étant prête de recevoir ses sacrements, sa femme de chambre les précéda, et vint les lui annoncer en ces termes: Madame la duchesse, le bon Dieu est là; permettez-vous qu'on le fasse entrer? il souhaiteroit avoir l'honneur de vous administrer.* Ce conte-là a été mis dans la bouche de M. le dauphin, par quelque joli cœur de l'Encyclopédie; celui dont je le tiens est effectivement de cette clique. J'entendois dire encore ces jours-ci, à un subalterne de cette cabale, à un des perroquets de l'Encyclopédie, que lorsque l'on sait que l'univers a les yeux ouverts sur nous, il n'est pas étonnant que l'on puisse faire des efforts, et se composer, pour bien mourir, et que l'on ait la force de tout donner à la représentation. Quand on souffre cruellement, et que l'on se meurt, est-il vraisemblable seulement qu'on ait l'idée de s'arranger pour jouer un rôle et faire le comédien? Que diable, on meurt comme on peut! M. le dauphin est mort le vendredi 20 du courant; ce cruel spectacle a été le dernier qui ait terminé ceux que le maréchal de Richelieu a donnés à Fontainebleau, contre toute raison et décence. M. le duc de Fronsac, son fils, doit tenir la tête du dauphin, lorsqu'on l'ouvrira, et recevoir son cœur.

J'ai oublié de mettre, après l'examen de la comédie de M. Sedaine, un fait qui me regarde personnellement; c'est que le dénouement de ma comédie du *Véritable et du Faux Amour*, a des traits de ressemblance si frappants avec celui du *Philosophe sans le savoir*, que je suis absolument obligé d'en chercher un autre. Cette ressemblance est d'autant plus singulière que j'avois trouvé mon dénouement dans une histoire rapportée par Girard, au troisième volume de la Vie qu'il a faite du duc d'Épernon. Je me suis déjà rencontré avec M. Sédaine, dans mon sujet du *Roi et du Meunier* dont j'ai fait *Henri IV ;* comme je finis bientôt ma carrière, j'espère que nous ne nous rencontrerons plus que dans le Paradis.

ANNÉE 1766.

JANVIER 1766.

Le dimanche 12 de janvier les spectacles ont repris; ainsi la vacance a été de vingt-six jours. A la mort de M. le dauphin fils de Louis XIV, ils furent interrompus vingt-huit jours. Je ne sais pourquoi on n'a pas attendu jusqu'au jeudi; il eût été plus convenable et plus décent que l'on ne vît point au spectacle les pleureuses, que l'on quitte mercredi en se couchant.

L'Opéra donne, à sa rentrée, le *Thésée* de M. Lully. Ils ont fait beaucoup de dépenses, et il est bien remis; il y en a déjà eu précédemment quelques représentations.

Les François reprennent *le Philosophe sans le Savoir*, dont ils donneront demain la huitième représentation.

J'ai vu *la Bergère des Alpes;* ce petit drame n'a pas forme humaine. C'est le conte de Marmontel mis en pièces, à ce qu'a dit l'Abbé de Voisenon. Je n'ai de mes jours rien entendu au théâtre d'aussi ennuyeux.

FÉVRIER 1766.

Dans les premiers jours du mois de février, et le samedi dernier janvier, *Dupuis et Desronais* a été remis à la suite du *Philosophe*, et a été donné trois fois en douze jours, avec un concours de monde prodigieux. Plus on la voit, plus elle gagne ; plus elle est jouée, mieux elle est jouée ; voilà mes désirs satisfaits. Cette pièce est celle de leur répertoire sur laquelle les Comédiens comptent le plus.

Au reste, le *Philosophe* a eu vingt-huit représentations. Elles eussent fini le mercredi des cendres, que l'on devoit donner *Barnevelt*, tragédie de M. Lemierre ; mais cette pièce a été arrêtée d'abord par la police, parce que, disoit-on, l'ambassadeur de Hollande y avoit trouvé des choses qui attaquoient le gouvernement actuel des Etats généraux. L'ambassadeur s'est défendu de cette imputation, et a dit publiquement que ce n'étoit point lui qui s'opposoit à la représentation ; sur cette déclaration, la pièce a été rendue aux Comédiens, mais quelques jours après, la police la leur a encore retirée, par les vraies raisons suivantes. La première, que Barnevelt est jugé par des commissaires du prince d'Orange dans ce poëme, et que l'on en eût fait des applications odieuses à la commission actuelle, qui est encore en Bretagne ; la seconde, qu'il y a plusieurs morceaux sur la tolérance, qui tiennent au fond même du sujet, et qu'il n'est pas possible de retrancher.

Voilà comme, dans un état monarchique, où les ministres et sous-ministres sont autant de despotes et de tyrans, le progrès des arts doit nécessairement être arrêté par des considérations politiques assez mal fondées, et plus souvent par des considérations particulières. C'est ainsi que nous n'aurons bientôt plus en France ni tragédie ni comédie, et que notre théâtre s'en ira au diable.

Je viens d'entendre dire que si cette tragédie n'a pas été jouée, c'est la faute de l'auteur. On assure qu'après que la pièce a été rendue aux Comédiens pour la représenter, M. Lemierre y avoit ajouté une soixantaine de nouveaux vers, qui faisoient allusion à l'affaire de Bretagne, et un autre morceau sur la tolérance des religions. Je ne puis croire un fait si peu vraisemblable; cela me paroît trop gauche, et de la part de l'auteur et de celle des Comédiens. Je crois plutôt que c'est un motif inventé à plaisir, et publié par la police pour couvrir la raison véritable qu'ils ont eue de refuser la permission de jouer la pièce; raison qu'ils ne veulent pas avouer.

Le samedi 15 février s'est ouvert, chez la veuve Duchesne et chez Gueffier, la vente de *la Partie de chasse de Henri IV*. Je ne sais pas si elle continuera avec cette fureur, mais les trois premiers jours le feu y a été et y est encore; le colporteur qui a fourni une Dame de ma connoissance, lui a dit, le second jour qu'elle se débitoit, que depuis trente ans qu'il faisoit le métier il n'avoit jamais vu autant de personnes acheter une pièce de théâtre; que l'on n'avoit pas même demandé avec autant de vivacité et d'empressement *le Siège de Calais* et *les Philosophes*, qui sont, dit-il, les deux pièces de théâtre qui avoient eu le succès le plus prodigieux; si cela se soutient, mon édition, que j'ai fait tirer à deux mille, sera épuisée en un mois ou six semaines. Cette réussite pécuniaire me touche beaucoup moins que le cri général d'approbation que le public élève en faveur de mon ouvrage; je ne puis douter que mon succès ne soit plein, entier et universel; je sens, en même temps, combien je dois au nom d'Henri IV, qui est plus que jamais l'idole de la nation. Ma réussite tient infiniment au bonheur de mon sujet; aussi, pour le mérite intrinsèque de cette comédie, n'en fais-je aucune comparaison avec celui de *Dupuis et Desronais*. J'estime encore infiniment davantage *la Vérité dans le vin* et *le Galant escroc* ; ces trois pièces ont un caractère d'originalité infiniment supérieur à la comédie d'*Henri IV*. Ce sont des caractères qu'il m'a fallu apercevoir et approfondir moi-même pour pouvoir les rendre ; au lieu que je n'ai eu, pour ainsi dire, qu'à copier l'histoire pour traiter ceux de Henri IV, de Sully, de Bellegarde, etc., quand j'ai voulu peindre ces grands hommes, auxquels je n'ai donné de moi-même qu'un plus grand fonds de tendresse, d'amitié et de sentiment ; j'entends ceci d'Henri IV et de Sully, car en relisant les *mémoires* de ce dernier, l'on verra que j'ai donné plus de sensibilité à mes deux héros qu'ils n'en ont jamais eu ; surtout Sully, qui n'étoit rien moins que tendre.

Quoi qu'il en soit, jamais succès de pièce de théâtre n'a été plus rapide, et je suis obligé de faire une seconde édition, à laquelle on se met aujourd'hui mardi 19 février, c'est-à-dire cinq jours après l'ouverture de la première.

Le 23 février est mort, à l'âge de quatre-ving-neuf ans, le roi Stanislas, de la suite de brûlures qui ont mal suppuré. Sa robe de chambre s'étoit enflammée en s'approchant trop du feu ; et si l'on n'eût accouru sur-le-champ à son secours, il eût été étouffé dans cet instant par les flammes ; mais les secours n'ont pu lui prolonger la vie que de quelques semaines. La Lorraine le regrettera longtemps, et il figurera avec éloge parmi les rois (1).

---

(1) Stanislas Ier, Leszczynski, roi de Pologne, beau-père de Louis XV. Né en 1682, en Gallicie ; mort en 1766, en Lorraine, où il s'était réfugié après la perte de ses États. A sa mort, la Lorraine, qui avait été possédée par les ducs de la maison d'Autriche jusqu'en 1736, fut réunie à la France. (*H. B.*)

MARS 1766.

Le lundi 3 du courant je fus à la première représentation de *Gustave Vasa*, tragédie de M. de Laharpe. L'on n'a point d'idée d'un plus mauvais plan de pièce, et de caractères plus mal pris et plus défigurés. Ce jeune homme, qui fait assez bien le vers, ne fera jamais de drames ; il n'a pas la moindre invention ; c'est une sécheresse d'imgination qui n'a point d'exemple parmi les plus médiocres mêmes qui se mêlent de barbouiller du papier pour le théâtre. Il est étonnant que manquant si radicalement du talent ou du génie qui fait créer, l'on entreprenne de courir cette carrière ; il faut avoir un amour-propre bien outré et bien extravagant. Aussi dit-on que celui de M. Laharpe n'est pas vraisemblable ; il est d'une présomption qui a révolté contre lui presque tous les gens de lettres ; je n'ai encore vu personne aussi haï de ses confrères. Son imagination stérile et son mauvais goût encore davantage, l'ont réduit, pour trouver quelques situations dans sa tragédie, à aller voler un pauvre ; voici ce que j'entends par là : il y a un an environ qu'un certain sot nous a traduit la plus sotte tragédie anglaise qui se se soit faite dans ce pays-là, et c'est tout dire ; c'est donc dans un *Gustave* anglais que M. de Laharpe a été prendre une situation froide et commune, dont il a fait le principal ressort de sa comédie. Cette situation l'écartoit de son sujet, bien loin de lui fournir quelque fond pour le traiter. Il faut être punais sur l'art dramatique pour n'avoir pas senti cela d'abord ; et c'est d'ailleurs n'avoir aucune espèce d'imagination ni d'invention, que de ne rien créer de soi-même dans le cours de cinq grands actes de tragédie. Au reste, M. de Laharpe a été bien puni, car je n'ai guère vu de pièce sifflée avec plus d'ignominie, et qui méritât mieux de l'être.

Ce jeune homme, qui ne manque cependant point de mérite, est fort à plaindre, et par son caractère et par la misère où il est. C'est, dit-on, un esprit dur et inflexible, et d'un orgueil sans bornes; il n'a pas l'adresse de le cacher, parce qu'il est du sentiment des nouveaux philosophes, qui prétendent établir, comme un principe certain, qu'un grand orgueil accompagne nécessairement un grand talent ou le génie; mais tous ces chers messieurs ne croient pas qu'ils commencent par avoir et montrer beaucoup d'orgueil et qu'ils ne l'accompagnent que de très-peu de talent, et qu'aucun d'eux n'a du génie. Beaucoup de ceux qui en ont eu un supérieur ont d'ailleurs été très-simples et très modestes, témoins La Fontaine, M. Fénelon, Molière, et tant d'autres que l'on pourroit citer.

Ce caractère intraitable, qui suffiroit lui seul pour lui faire passer une vie désagréable, est un malheur sans bornes dans un homme qui n'a pas de quoi vivre, et qui pour sa fortune a sans cesse besoin des autres. Il lui attire une foule d'ennemis; et en général l'énorme présomption de ce pauvre diable a révolté ceux qui le connoissent et ceux qui ne le connoissent point. J'ai pourtant ouï dire à quelqu'un qui en avoit quelque pitié, que l'on noircissoit de calomnies ce malheureux, qui au fond n'étoit point méchant comme on l'avoit publié; qu'à la dureté même de son caractère tenoient des qualités estimables, de la fermeté et de la noblesse d'âme. Il en donnoit pour preuve le motif qui l'a décidé à se marier; en voici l'histoire, dont l'héroïne paroîtra encore plus ferme, plus forte et plus noble que le héros.

M. de Laharpe étoit peut-être amoureux, mais il est plus sûr qu'il étoit aimé de la fille d'une limonadière du faubourg Saint-Germain, puisqu'elle se trouva un beau jour forcée de faire à sa chère mère la pénible confidence de l'état où l'avoit réduite son cher amant. Sa mère irritée lui demande d'abord quel motif avoit pu lui faire illusion, et la porter à une action aussi honteuse.... *C'est que je l'aime*, lui répond-elle, avec une candeur pleine de simplicité. — *Apparemment, mademoiselle, que pour vous amener à ses fins, monsieur Laharpe vous aura promis de vous épouser? — Il ne me l'a point promis. — Vous l'y engagerez, sans doute, par tous les moyens imaginables? — Non, ma mère, je suis résolue de ne l'y point engager. Si la proposition vient de lui, je l'accepterai, et ce mariage fera mon bonheur souverain. Si mes sollicitations et mes prières étoient les seules causes qui l'y déterminassent, je vois clairement que je serois, par la suite, la femme la plus malheureuse qui existât; ainsi je suis décidée et très-décidée à ne lui en jamais parler la première. — Et si ce petit monsieur ne vous prévient point à cet égard, quel parti pouvez-vous prendre? — Celui d'accoucher et de me retirer, pour le reste de mes jours, dans un couvent.....* Tout ce que put ajouter sa mère ne put la tirer de sa résolution, dans laquelle elle resta constamment inébranlable. C'est M. de Laharpe, qui l'a pressée lui-même de la réparation qu'il lui devoit, quoi qu'il ne la lui eût point promise; et quoique ce soit justice, l'on mérite toujours de grandes louanges quand on la rend aux autres, contre ses propres intérêts. La fille n'a point de biens, M. de Laharpe n'a rien que son talent; et ils sont l'un et l'autre plus à plaindre qu'à blâmer de la folie que l'amour et l'honneur leur ont fait faire à tous deux (1).

---

(1) Les époux vécurent dans une si bonne intelligence, que l'épouse crut devoir se jeter dans un puits, à Saint-Germain-en-Laye. Voyez la *Correspondance turque*, deuxième édition; *Paris, Colnet*, 1801, *in-8°*. (*Note de Barbier.*)

AVRIL 1766.

A la rentrée des spectacles, après Pâques, on s'étoit flatté que Mlle Clairon remonteroit sur le théâtre. Pendant la vacance, elle s'étoit présentée à l'assemblée des Comédiens, les avoit assurés, avec dignité, de son attachement pour la compagnie, et leur avoit dit « qu'elle vou-
« loit leur en donner des preuves réelles, en ne rentrant
« qu'à des conditions avantageuses pour eux ; et qu'elle
« vouloit que sa rentrée fît époque pour la Comédie ».
Comme cette demoiselle a passablement d'intrigue, elle étoit venue à bout de fléchir le maréchal de Richelieu, et avoit engagé le duc de Duras à présenter au Roi un Mémoire des prétentions de Messieurs les Comédiens. Le Roi, ayant rejeté le Mémoire, et ayant dit que puisqu'ils y avançoient qu'ils ne demandoient rien dont ils ne jouissoient du temps de Louis XIII, ils n'avoient pas besoin de nouveaux titres ; et que si l'on attaquoit leurs anciens priviléges, ils n'avoient qu'à les défendre, et qu'ils y seroient maintenus ; qu'il ne vouloit plus, d'ailleurs, qu'on l'étourdît de cette grande affaire-là. Sur cette décision, la demoiselle parut très-indécise. Ses amis disent qu'elle s'étoit pourtant décidée sur-le-champ à quitter la scène, mais que, par politique, elle n'avoit pas voulu le déclarer d'abord ; qu'elle avoit craint de donner le refus du roi pour le motif de sa retraite. Les Comédiens, ses camarades, ont donné un autre motif, moins noble, à sa prétendue décision ; ils ont dit que, par amitié pour eux, elle avoit fait répandre dans le public qu'elle rentreroit afin de ne leur point faire tort, et de ne point empêcher le renouvellement des baux des petites loges, qui se fait, tous les ans, au temps de Pâques.

Quoi qu'il en soit, cette grande comédienne a fait sagement de se retirer. Elle a quarante-six à quarante-sept ans; sa carrière histrionique ne pouvoit pas être encore fort longue. Elle auroit pu être semée de très-grands désagréments, qu'elle s'étoit elle-même préparés par son amour-propre démesuré et extravagant. Dans ce moment-ci même, il eût été fort incertain si elle eût été accueillie par le public, qu'elle avoit révolté en le tenant aussi longtemps en suspens sur sa rentrée et en traitant cela avec l'importance que l'on mettroit à une affaire d'État. Il est sûr, du moins, qu'elle a dit qu'on lui avoit écrit un grand nombre de lettres anonymes, dans lesquelles on la menaçoit de la maltraiter si elle ne faisoit pas au public les satisfactions les plus humiliantes des impertinences qu'elle lui avoit faites. Ce sont donc des lettres anonymes qu'elle donne aujourd'hui pour la cause de son abdication de la couronne de Melpomène; il est pourtant plus que probable que cette superbe reine n'est descendue de son trône que par excès d'amour-propre. Elle prétendoit (comme elle l'a dit) faire une époque à la comédie; elle demandoit qu'on levât l'excommunication dont l'Église s'est toujours aidée contre ces Messieurs; qu'ils fussent déclarés expressément citoyens et égaux aux autres citoyens; qu'une ancienne ordonnance de nos rois, qui permet aux pères de famille de déshériter leurs enfans, pour cause d'histrionage, fût abolie. Elle vouloit que sa troupe eût le titre fastueux d'Académie dramatique, etc.

La levée de l'excommunication, à laquelle on disoit cependant qu'elle ne tenoit point absolument, étoit en effet impossible. En supposant même que ces excommuniés eussent obtenu du pape le bref qu'on assure qu'ils sollicitoient pour ne l'être plus, le clergé de France n'eût point adhéré au bref du saint-père, et le parlement ne se seroit jamais prêté à l'enregistrement de ce bref, qui n'auroit pas eu ici d'exécution. Les libertés de l'Église gallicane ne reconnoissent point, comme on sait, la cour de Rome en fait de discipline. Jamais le parlement n'eût voulu non plus abroger l'ancienne ordonnance sur l'exhérédation des enfans de famille qui embrassent le métier de comédiens.

Quant à être déclarés citoyens, quel pouvoit être l'objet de cette prétention? Ils le sont, mais, comme il est juste, dans un ordre inférieur aux autres, et, quoi qu'ait avancé l'avocat, dans le Mémoire fait contre Dubois, il est faux qu'un comédien ne puisse être mis en jugement, et que le serment ne puisse lui être déféré comme à un autre citoyen ; les comédiens en ont même, à d'autres égards, tous les droits, au point qu'ils conservent ceux de nobles et de gentilshommes, quand ils les ont reçus de leur naissance. Ils ont un arrêt contradictoire rendu en faveur de Soulas, un de leurs camarades ; qui vivoit du temps de Louis XIV, et qui fut attaqué par ceux qui faisoient la recherche de la noblesse. Soulas fut maintenu dans tous les priviléges de la noblesse par un arrêt qui est rapporté dans l'Histoire du théâtre françois.

Mais quand ils auroient obtenu des lettres patentes du Roi pour être au niveau des autres citoyens, quand ces lettres auroient été enregistrées au parlement, le Roi et le parlement auroient-ils par là détruit l'opinion publique? en seroient-ils restés moins infâmes dans l'idée de toute notre nation? En supposant même que ce soit un préjugé, son extinction peut-elle être opérée par des lettres patentes et par l'arrêt qui les enregistre?

J'ai encore quelques petites observations à faire sur ce titre ambitieux d'*Académie dramatique* que ces histrions vouloient s'arroger. Il n'est pas commun que les comédiens soient en même temps auteurs, et il seroit nécessaire qu'ils le fussent tous pour prendre ce titre d'Académie dramatique; les perroquets, sous le prétexte qu'ils parlent et qu'ils rendent les idées des hommes, en les estropiant, ont-ils jamais pu porter leurs prétentions jusqu'à être déclarés hommes, et à nous vouloir faire croire qu'ils pensent? La plus grande partie des comédiens est dans le cas de ces petits oiseaux charmants, et plus souvent encore dans la classe des singes, par leur imitation, leur libertinage et leur malfaisance. Si d'ailleurs l'on avoit eu la bonté cruelle de leur accorder cette dernière demande, c'eût été leur accorder un ridicule : jusqu'ici on ne leur en a connu aucun; quelle fureur avoient-ils d'avoir celui-là, qui eût été l'unique qu'on pût leur reprocher avec quelque justice? Molière étoit d'aussi bonne maison que messieurs les Comédiens d'à présent; il a passé, de son temps, et il passe encore aujourd'hui pour un auteur dramatique assez passable, du moins chez les gens de bon esprit, parmi nous, et chez les étrangers; et ce comédien auteur n'a pas eu assez de génie, ni assez d'élévation dans l'âme, pour concevoir le vaste projet de faire donner à sa troupe le nom superbe d'Académie dramatique, lui qui avoit tant de crédit auprès de Louis XIV, qui pouvoit tout; quel benêt!

Je ne parle point ici de l'atteinte que pouvoit donner aux mœurs le consentement du Roi pour ennoblir la profession de comédien, autant du moins que le peut l'autorité d'un roi contre l'opinion générale. Il n'est pas nécessaire d'employer de nouveaux véhicules pour achever de corrompre entièrement nos mœurs; cela va assez bien sans d'autres secours.

On a donné mardi, 15 du courant, la première représentation d'*Aline*, *Reine de Golconde*, ballet héroïque en trois actes de M. Sedaine, musique de Monsigny. Ce poëme, pris d'un petit conte fait, il y a quelques années, par l'abbé de Boufflers, aujourd'hui chevalier de Malte (1), faisoit espérer au public que M. Sedaine auroit saisi la gaîté et la gentillesse de son original; mais il n'a fait qu'une pastorale de ce conte singulier et gaillard.

---

(1) Boufflers (Stanislas, chevalier de), membre de l'Académie française, 1737-1815. On l'a défini ainsi : homme spirituel mais léger, qui dépensa son esprit comme son argent, à l'aventure. — Ses œuvres forment 2 vol. in-8°, 1813. (*H. B.*)

M. Sedaine avoit déjà prouvé, par les ariettes répandues dans tous ses opéras-comiques, qu'il ne savoit pas faire de vers, et qu'il ne savoit pas sa langue ; mais comme tous les remplissages de ses pièces étoient en prose, le gros du public ne s'étoit pas aperçu du degré d'imperfection de sa versification, et à quel point merveilleux il pousse l'ignorance du françois. Quoique je m'en doutasse beaucoup, j'avoue pourtant que j'en ai été surpris à la lecture de son opéra. Je désirerois que l'on pût me citer, depuis cent ans, un auteur qui ait eu le front de présenter sur un de nos théâtres, même sur ceux des opéras-comiques, depuis leur création, une seule pièce aussi mal et aussi barbarement écrite en vers, que l'est celle d'*Aline, reine de Golconde*. En vérité, ce sont les chansons du défunt cocher de M. de Verthamont, qu'il a fondues dans son opéra ; encore sont-elles plus lyriques que ses vers. On ne conçoit pas davantage comment on a pu faire de la musique sur de pareilles paroles ; aussi M. de Monsigny ne s'est-il guère embarrassé de la prosodie de la langue, qu'il choque à tout moment et sans aucun scrupule. La musique de ce ballet a paru d'abord mauvaise, petite, et aussi ennuyeuse que le poëme ; et c'est ainsi que l'on en parloit généralement, pendant les trois ou quatre premières représentations, auxquelles, pourtant, il y avoit la plus grande affluence ; mais comme toutes ces pièces à ariettes commencent toujours par être sifflées, et qu'elles finissent communément par avoir soixante ou quatre-vingts représentations de suite, témoin *le Roi et le Fermier*, que j'ai vu culbuter la première fois, et qui s'en est relevé par deux cents représentations tout au moins, je ne voudrois pas jurer qu'*Aline*, à la honte du goût actuel de la nation, n'eût par la suite un succès aussi brillant que toutes les autres rapsodies de ce genre monstrueux. Au reste, la musique de cet opéra, que l'on avoit annoncé pour avoir un caractère de singularité qui devoit surprendre tout le monde, n'a rien qui la distingue de la musique des pièces à ariettes de notre comédie italienne ; à moins qu'on ne trouve peut-être cette différence dans une plus grande monotonie et un ennui plus marqué.

Le mardi, 30 du courant, je donnai, à Bagnolet, à M. le duc d'Orléans, une petite fête *de Chambre;* car l'interdiction de notre théâtre subsiste toujours, pour les raisons que j'ai déjà dites. Nous ne nous étions pas avisés l'année passée de donner, pour la fête de Monseigneur, une *facétie chamberlane*, et nous avons eu tort; car celle de cette année a été très-bien reçue et lui a fait un plaisir infini. Il me l'a témoigné à plusieurs reprises ; et ce qui me persuade que ce n'est pas simplement bonté de sa part, c'est qu'il m'a commandé d'arranger quelques bagatelles pour la fête de Marquise, qui tombe juste le jour de Noël. Il m'a prévenu que cela seroit exécuté dans ses petits appartemens au Palais-Royal, et non à Bagnolet.

Je commence à croire, au reste, que ce n'est pas tant la crainte que son fils sache qu'il joue la comédie avec sa maîtresse, que la crainte de la dépense, qui lui a fait fermer son théâtre. L'abbé de Breteuil la lui aura exagérée pour diminuer le crédit de la maîtresse et augmenter le sien. M. le vicomte de Clermont m'a dit que M. le duc de Chartres étoit pleinement instruit que son père vivoit avec Marquise, et que pendant plusieurs années il avoit joué la comédie avec elle. Quoi qu'il en soit, voici une partie de la petite drogue que j'avois imaginée.

Marquise (1) interrompit un wisck qu'elle faisoit, pour

---

(1) Mlle Marquise ou plutôt Le Marquis (elle signait ainsi) était danseuse à la comédie italienne et maîtresse du duc d'Orléans. On prétend qu'elle avait été écaillère avant d'entrer au Théâtre, où elle resta de 1764 à 1769. Elle mourut dans le même mois que madame de Montesson, sa rivale, en avril ou mai 1806. Elle habitait alors son hôtel, portant actuellement le n° 27 de la rue de Grammont, et 17 sur le boulevard des Italiens. Voyez *les Monuments de la maison de France*, par G. Combrouse. Paris, 1856. 1 vol. in-fol. (*H. B.*)

nous demander, à Laujon et à moi, si nous n'avions rien apporté pour la fête de Monseigneur. Nous répondîmes que nous avions été avertis trop tard. Laujon ajouta qu'il avoit croqué à la hâte quelques couplets qu'il chanteroit ; *et j'ai dans ma poche*, dis-je tout de suite, *une ode et un poëme épique seulement, dont j'ennuierois très-bien Monseigneur, s'il me l'ordonnoit*. M. le duc d'Orléans me fit signe alors en riant, de m'asseoir, et me dit qu'il vouloit m'entendre, et qu'après cela Laujon lui chanteroit ses couplets.

Sur cela je tirai l'ode que j'ai faite anciennement, et qui est dans mon Recueil intitulé *Grosses Gaietés*; j'y ai fait quelques légers changemens, et je vais la transcrire ici telle je la lus :

ODE DRAMATIQUE.

Qu'il me soit permis d'expliquer ce que j'entends par ode dramatique ; c'est une ode dans laquelle, comme dans celle-ci, on introduiroit des personnages qui, en parlant, se peindroient eux-mêmes, dessineroient leurs caractères par les traits qui leur échappent, ainsi qu'il arrive dans la comédie.

Je crois ce genre d'ode nouveau, du moins n'en ai-je jamais vu de cette espèce ; mais, pour le bien traiter, il faudroit être un plus grand peintre que je ne le suis. Je le dis comme je le pense, et je consens que ma modestie à cet égard, si elle est fausse et affectée, puisse me servir de poison, *amen!*

LES DIFFÉRENS ÉTATS.

ODE DRAMATIQUE.

STROPHE 1re. *Exposition du sujet.*

Les temps prédits par la folie,
Marqués par le dieu des travers,
Sont arrivés. Que l'on publie
Qu'on ne va plus parler qu'en vers.
Le bénéficier, la bourgeoise,
La princesse et la villageoise,
Le petit duc fat et galant,
Malboroug, Bourvalais, Érasme,

Vont lutter en enthousiasme,
Et tous vont rimer en parlant.

2ᵉ. *La Villageoise ou la Fermière naïve.*

A vous aimer je suis trop prompte ;
Mais malgré moi vous me charmez.
Je voudrois bien, monsieur le comte,
Être sûre que vous m'aimez......
— Ah ! ma reine, je vous adore.
Faut-il que je dérobe encore
Les faveurs que vous m'accordez ?....
— Je crains que ma mère ne monte.
Finissez donc, monsieur le comte,
Finissez donc ; vous me perdez.

3ᵉ. *Le Général d'armée.*

Je suis le rival du tonnerre ;
Je ne connois de Dieu que Mars.
Grands rois, faites toujours la guerre ;
Mais sans pitié, mais sans égards.
Rappelez-vous cet apophthegme
Qu'un grand prince dit avec flegme,
Au milieu du sang et des cris :
Au champ de bataille où nous sommes,
Que perdons-nous ? douze mille hommes ?
Ce n'est qu'une nuit de Paris.

4ᵉ. *Le Fermier général.*

Ce commis n'est point assez ferme :
Ses recouvremens sont manqués.
Messieurs, pour le bien de la ferme,
Je crois que vous le révoquez ;
Tant mieux ; qu'on installe à sa place
Quelqu'un qui n'ait jamais fait grâce,
Qui ne dorme ni jours ni nuits,
Et dont l'activité vorace
D'autre chose ne s'embarrasse
Que de centupler nos produits.

5ᵉ. *Le petit Duc.*

L'on ne peut plus, dans le commerce,
Être civil, on n'y tient pas.

Eh quoi! tout tombe à la renverse!
L'on a vingt femmes sur les bras!
Sur une simple politesse,
Je vois la barbare comtesse
Croire qu'on en est amoureux.
D'honneur! l'usage est trop bizarre
Que l'instant où l'on se déclare
Soit l'instant où l'on est heureux.

6ᵉ. *Le Savant en ès et en us.*

Horace, et vous, divin Homère,
Je vous lis toujours à genoux!
Rome, Athènes! ma double mère,
Rien n'est bon, s'il n'est d'après vous.
O mon Sophocle! ô mon Virgile!
Se peut-il qu'un siècle imbécile,
Dans un parallèle insensé,
Ose comparer vos merveilles
A des Miltons, à des Corneilles,
Qui par eux-mêmes ont pensé!

7ᵉ. *La Bourgeoise timorée* à un abbé dont l'éloquence est tout-à-fait tombée.

Mettons un terme à ma foiblesse,
Le monde en est scandalisé;
Je ne dois qu'au ciel ma sagesse,
Non à votre cœur épuisé.
Mes remords ne peuvent se taire :
J'éprouve une peur salutaire;
L'éternité me fait rêver.
Ah! puisque Dieu me fait la grâce
Que votre feu pour moi se passe,
L'abbé, j'ai mon âme à sauver.

[Après la lecture de cette ode, je demandai à faire celle du poëme épique, qui paroissoit aux yeux d'une longueur énorme. Il sembloit que j'avois à lire deux cents feuilles au moins, et il n'y en avoit réellement que quatre d'écrites, et encore en très-gros caractères. J'en donnai cependant toute la peur à l'assemblée, à laquelle je fis d'avance mes excuses que sûrement, dans le fond de l'âme, elle ne recevoit pas du tout.

Ce prétendu poëme épique n'étoit au reste composé que de quelques vers que j'ai faits il y a plus de trente ans pour le commencement d'un poëme épique polisson, auxquels j'ai joint les vers de *mon Tombeau*. Voici comme ce poëme épique étoit intitulé :

LES COUDÉES FRANCHES.

POËME ÉPIQUE

EN AUTANT DE CHANTS QU'IL ME PLAIRA.

AVERTISSEMENT.

Les vers de ce poëme épique sont de tous pieds, de toutes couleurs, de tous genres; des monosyllabiques, des vers libres et même libertins; des vers comiques et tragiques, canoniques, lyriques et soporifiques, poétiques et prosaïques, satiriques et diaboliques.

Chant 1er.

Je ne sais ce que je chante
Ni ce que je chanterai ;
Et chacun est dans l'attente
De ce que j'enfanterai.

Comme d'abord je me pique
De n'avoir point de projet,
Dirai-je que mon objet
Est un beau poëme épique
Sans conduite et sans sujet ?

En cela j'imite un maître,
Un grand auteur imparfait
Qui, sans y tâcher peut-être,
Bien avant moi l'avait fait.

Je changerai la mesure
Et la couleur de mes vers,

Suivant les objets divers
Dont je ferai la peinture.
Si je peins des Titans les complots odieux
En vers alexandrins ils combattront les Dieux.

Je laisserai la noblesse
De ces vers audacieux
Quand je descendrai des cieux,
Pour peindre, après, la mollesse
D'un chanoine jeune et gras
Folâtrant entre deux draps.

Ainsi, lecteur, tu verras
Vers, rime et raison en pièces.
Tu liras, tu gémiras,
Te plaindras et te loûras
De l'excès de mes hardiesses;
Mais enfin tu me liras.

Après cette espèce de préface ratière, j'entre en matière :

LE TOMBEAU.

Rien n'est si beau
Que ce tombeau.
L'Architecture
L'a disputé
A la nature
Pour la beauté
De sa structure.
Non, le pinceau
De la peinture,
Ou le ciseau
De la sculpture,
N'ont nul morceau
Qui soit si beau
Que ce tombeau.

C'est un caveau
Fait en berceau
Que mes ancêtres,
Dupes des prêtres
Et curieux

De sépulture,
Ont dans la cure
Bâti pour eux
Et leurs neveux.

Près des fenêtres
Sont là gisant
Plusieurs bons prêtres
Jadis passant
Fort bien leur temps.

Plus loin, mes tantes,
De leur vivant
Toutes galantes,
Sont au levant
D'une des ailes
Du bâtiment.

Tout justement
A côté d'elles
Sont étendus
Bien des cocus.
De ma famille.
Pourtant encor
Elle en fourmille.
Tout n'est pas mort.

Mais c'est Dorie,
Cette furie
Qui rend ces lieux
Chers à mes yeux.
C'était ma femme.
Que Lucifer
Grille son âme
Au feu d'enfer !

Moi, je m'écrie :
Vierge Marie,
Rien n'est si beau
Que son tombeau !..]

Laujon me succéda, prit ma place et chanta des couplets avec Marquise et M. de Tourenpré. Le fond de ces couplets étoit des plaintes agréables et flatteuses sur la défense que Monseigneur nous avoit faite de lui donner son bouquet, et de faire monter son théâtre; ils étoient tous en proverbes joliment et difficilement tournés : il ne les avoit faits dans ce goût que parce que je le lui avois demandé pour amener à la représentation d'un proverbe dont j'avois composé quelques scènes de comédie. On joua effectivement, ensuite, ce proverbe, qui est intitulé : *Il y a un Dieu pour les ivrognes.* Mon idée étoit de faire voir dans cette espèce de petit drame un homme à qui il arrive plusieurs accidens très-fâcheux en s'enivrant souvent, et qui en est toujours sauvé par d'heureux hasards. Cet ivrogne laisse un portefeuille plein d'effets chez un traiteur; on le lui rapporte. Il se fait descendre ivre à quatre pas de chez lui; on a aposté des gens pour le tuer, à cause de quelques mauvais propos qu'il a tenus, étant pris de vin, sur une princesse étrangère; la police, qui a été prévenue que cet assassinat devait se faire, fait arrêter les coquins qui étoient payés pour cela, donne ordre pour que cette vindicative princesse sorte de Paris dans les vingt-quatre heures, et du royaume sous huit jours. Il a perdu, étant ivre, cinq cents louis au jeu; un prêtre vient lui en faire la restitution. Un homme de la Cour, très-jeune, très-aimable et très-fat, est aux trousses de sa femme; il arrive, par un autre miracle, que sa femme est sage, pieuse même, sans être bigote ni bégueule, qu'elle aime son mari, ou du moins qu'elle est fort attentive à remplir tous ses devoirs. Voilà donc encore un beau hasard qui le garantit d'être ce que son ivrognerie elle seule méritoit qu'il fût. Autre danger, dont le hasard le tire encore. On lui a promis pour cinquante louis le p. d'une petite créature; il est prêt à partir pour aller cueillir cette fleur prétendue; son chirurgien, qui apprend cette histoire de la petite elle-même, vient l'avertir de ne pas s'y fier, et qu'elle lui a des obligations qui ne sont pas encore finies. Après cette scène, qui est l'avant-dernière, je fais promettre à l'ivrogne qu'il ne boira plus, et qu'il ne vivra plus qu'avec sa femme, uniquement. Par là j'ai masqué si bien mon proverbe, que peu de personnes de la société de M. le duc d'Orléans le devinèrent; le prince n'en put venir à bout, mais il m'en parut content, au point de me dire que ce proverbe, en l'étendant, pouvoit faire une véritable et très-bonne comédie. Le caractère de la femme pieuse, et qui n'en est pas moins une femme du monde aimable, lui plut singulièrement, et il m'a fort encouragé à lui donner plus d'étendue et à le traiter plus largement dans un sujet moins resserré que celui-ci.

M. le duc d'Orléans a été si content de cette petite fête *chamberlane* (1), comme je l'appelle, qu'il m'en a demandé une pareille pour le mois de Décembre prochain, ainsi que je l'ai déjà dit. Je vais m'en occuper bientôt; je tâcherai aussi de faire de mon proverbe une comédie de société régulière, mieux combinée et plus étendue que ne l'est cette première idée. Si mon imagination me fournit encore quelques autres sujets de comédie de société, je risquerai de les traiter, mais il y a grande apparence que je ne composerai plus rien pour le grand théâtre. Le dénouement de ma pièce en cinq actes, *le Véritable Amour*, étoit celui du *Philosophe sans le savoir*, à très-peu de chose près. J'avois pourtant ce dénouement dans l'histoire du duc d'Épernon. Les critiques judicieuses que l'on m'a faites d'ailleurs sur mes caractères, la complication de mon sujet, tout cela, joint à la peine ou à l'impossibilité de trouver un autre dénouement, me fait abandonner le théâtre (2).

---

(1) C'est-à-dire une fête de *chambre*, de salon, par opposition sans doute aux fêtes données *en public;* mais hâtons-nous de dire que Collé fait ici un singulier usage du mot *chamberlan*, qui désigne un ouvrier *en chambre*. (H. B.)

(2) Cette comédie est restée parmi mes manuscrits, à la fin du tome quatrième; elle est d'abord en deux actes, et telle qu'elle a été jouée à Bagnolet, sous le titre de *l'Amour d'autrefois*, avec le personnage de l'intendant de province; on la trouve ensuite en cinq actes, et telle que je voulois la

Je comptois finir par cette comédie ma carrière dramatique. Mais je pense que je la finirai sans finir cette comédie-là. Je veux être assez sage pour ne plus travailler à des ouvrages d'imagination passé soixante ans. Je me le suis bien promis, et je me tiendrai sûrement parole.

MAI 1766.

L'exécution de l'Irlandais Lally (1), qui a eu lieu le vendredi 9 du courant, me rappelle une épigramme sanglante de M. Vintimille. Le comte du Luc se promenant avec le comte de Maillebois et le marquis de Voyer, leur conversation tomba par hasard sur les différens supplices; après avoir parlé des plus cruels, M. de Maillebois trouvoit que d'avoir la tête tranchée ne devoit pas être un supplice bien rude; M. Voyer, qu'il étoit plus doux d'être pendu. *Ma foi, Messieurs,* dit le comte du Luc, *je crois, moi, qu'il vaut mieux être roué, car vous devez sentir que l'on n'en meurt pas!*

Il est venu aujourd'hui dîner à la Celle un écuyer du Roi, qui m'a assuré qu'hier à Versailles, Mme la duchesse de Duras lui avoit dit que M. le duc de Duras, son mari, donnoit ce soir, 14 du courant, un grand souper au prince héréditaire de Brunswick, après lequel on devoit donner *la Partie de chasse de Henri IV,* représentée par la troupe

---

donner au public, si j'eusse pu parvenir à y donner du mouvement et de l'action, dont elle manque. Au théâtre, comme l'a dit le divin Corneille, il faut plus agir que discourir. Elle a pour titre *le Véritable et le Faux Amour.* Le sujet en est neuf; on y verra aussi des caractères neufs, et auxquels je suis bien loin d'avoir donné la dernière main. (*Note de Collé, écrite en* 1780.)

(1) V. dans la *Correspondance* de Favart, t. III, p. 0, la conversation étrange qui auroit eu lieu entre le bourreau et Lally, avant le départ de celui-ci pour les Indes. (*H. B.*)

des Comédiens françois. Quoiqu'on m'a fort affirmé ce fait, je ne le croirai qu'après en avoir eu la confirmation. S'il est véritable, je serois fort curieux de savoir comment monsieur le gentilhomme de la chambre aura distribué ses rôles; je me meurs de peur qu'il n'ait donné celui de Henri IV à Grandval, ou, ce qui seroit encore pis, au funeste Le Kain. Ce qui me fait douter de ce fait, c'est que c'est le duc de Duras, qui est fort *vantard*, qui en est le principe; que c'est dans son hôtel, à Paris, que cette prétendue fête se donne : cet hôtel est assez petit; la dépense pour mettre cette pièce n'est pas petite, et M. le duc de Duras n'est point riche, mais il est avare; voilà beaucoup de raisons de douter.

Depuis mon voyage ici, et dans tous les premiers jours de ce mois, a débuté aux François une actrice nouvelle dans le tragique; elle se fait nommer Mlle de Saint-Val. La nièce de Mlle Lamothe, qui avoit pris ce nom, le perdra vraisemblablement avec sa place, et sera obligée d'aller briller dans les provinces. On me marque que cette dernière Saint-Val, malgré sa laideur amère et son peu de noblesse, réussit beaucoup; elle a beaucoup d'âme et de chaleur, m'écrit-on, et un jeu à elle : on s'accoutumera à sa figure; quant à la noblesse, elle s'acquiert par l'usage, je n'en suis pas en peine; on m'assure que Mlle Clairon a la plus grande idée de cette actrice nouvelle. A mon retour, j'irai m'ennuyer à quelque tragédie, pour l'entendre et en juger par moi-même.

Le 15, je reçus une lettre d'un M. Coqueley, avocat des Comédiens, et qui ne plaide guère que dans les foyers de ces messieurs. Il m'écrivoit, du 13, de la part de M. le duc de Duras, pour nous inviter, ma femme et moi, à nous trouver, le 14, à la représentation de *Henri IV*, qui a été effectivement donnée ce jour-là, à l'Hôtel des Menus Plaisirs du roi, rue Bergère. M. le duc de Duras ne m'avoit pas mis de son secret; et, en cela, il m'a rendu service sans le savoir et sans le vouloir; il m'a épargné les peines que j'eusse prises dans les répétitions, et les tracasseries que j'eusse essuyées dans la distribution des rôles. Voici comme il en avoit disposé :

Henri IV,	Brizard.
Le duc de Sully,	Grandval.
Le duc de Bellegarde,	Dauberval.
Le marq. de Conchini,	Devilenne.
Michaut,	Préville.
Richard,	Molé.
Lucas,	Auger.
Margot,	Mme Drouin.
Agathe,	Mlle Doligny.
Catau,	Mlle de Luzi, etc., etc.

Si l'on donne la pièce, comme l'on m'en menace actuellement, je ne changerai à cette distribution que les rôles de Sully pour Bellecourt, et de Conchini pour Le Kain. Bellecourt devoit avoir celui de Henri IV; je le lui avois promis lors de notre différend sur le rôle de Desronais; il est restreint à jouer Sully. Le Kain m'a fait prévenir que, si je lui offrois le rôle de Conchini, il l'accepteroit; et, comme il a toute la physionomie de ce rôle, je ne manquerai pas de le lui proposer.

Cette représentation sur le théâtre des Menus a eu, au reste, un si prodigieux succès, qu'elle a causé une grande fermentation dans le public, qui demande à cor et à cri qu'elle soit jouée à la Comédie.

Les Comédiens ont député à M. de Saint-Florentin pour en obtenir la permission. Ce ministre en a parlé au Roi, qui a répondu qu'il n'y avoit rien trouvé qui dût en empêcher la représentation, mais qu'il en renvoyoit la décision à M. le lieutenant de police. M. de Sartine, qui l'est actuellement, et qui voudroit bien ne plus l'être, n'ose risquer une décision, de peur qu'elle ne nuise, par quelque accident imprévu, à ses petits projets d'ambition. Ce magistrat, craignant de se compromettre, a remis ces jours-ci au Roi un mémoire des raisons pour et contre la représentation de ce drame ; et, comme un homme adroit, il tâche d'amener le Roi à prononcer lui-même sur un fait aussi grave. Bref, l'on y a mis une importance ridicule, au point de faire apporter cette baguenauderie-là au Conseil ; rien n'est plus certain. Voilà où ils en sont depuis un mois à peu près qu'ils traitent cette misère comme une affaire d'État ; j'ai anticipé, sur le mois prochain, pour rendre compte du ballottage des opinions, et de la décision de la cour sur cette affaire majeure. Depuis le 21 mai jusqu'au 17 juin ils sont après, et peut-être sont-ils encore bien loin de prendre un parti définitif.

Le 9, je trouvai, en arrivant à Paris, une lettre de Bellecourt, par laquelle il me demandoit le rôle de Sully, à la place de celui d'Henri IV, que je lui avois promis anciennement. Je lui ai accordé sa demande avec d'autant plus de plaisir qu'il n'y a eu qu'une voix sur la façon gauche et maussade dont Grandval a rendu ce rôle.

Le même jour, 9 juin, je fus à une répétition de Henri IV, que M. le duc d'Orléans a dû jouer le dimanche à Villers-Cotterets. Voici la distribution des rôles principaux :

Henri IV,	le vicomte de la Tour-Dupin.
Sully,	le chevalier de Clermont-d'Amboise.
Bellegarde,	le vicomte de Rochechouart.
Conchini,	M. Dalbaret.
Lucas,	M. le duc de Chartres.
Margot,	la comtesse d'Usson.
Catau,	la marquise de Ségur.
Agathe,	Madame de Montesson.

M. le duc de Chartres n'a aucune sorte de talent pour jouer la comédie. Il ne la jouera jamais, et l'on doit présumer même qu'il n'aura aucun goût pour le théâtre.

C'est à cette répétition, où j'étois assez inutile, que

M. le duc d'Orléans me dit qu'il m'avoit fait écrire de m'y rendre, parce qu'il ne pensoit pas, comme M. le duc de Duras, que je ne fusse pas nécessaire à ses acteurs; et qu'il avoit bien *galvaudé* (ce furent ses termes) ce gentilhomme de ne m'avoir pas mis de son secret, et d'avoir fait jouer ma comédie sans tirer de moi les éclaircissemens qui pouvoient et devoient lui servir.

Le même jour, 9 juin, l'on donna une représentation de *Dupuis et Desronais*, dans laquelle Mlle d'Épinai joua le rôle de Marianne, en l'absence de Mme Préville. Je ne pus y aller à cause de la répétition dont je viens de parler; on m'a assuré que cette *vilaine* y a été fort applaudie. Je l'appelle vilaine, quoiqu'elle soit assez jolie, parce qu'elle s'est conduite d'une façon indigne vis-à-vis de Mme Préville, après lui avoir enlevé Molé, qui étoit son amant; qu'elle en a triomphé avec l'indécence et l'insolence qu'y auroit mise une femme de la Cour; qu'elle a réduit presqu'à la mort cette pauvre malheureuse, et qu'elle a révolté contre elle les Comédiens eux-mêmes; on peut juger par là jusqu'où elle a poussé ses petites infamies. J'appellerai plus encore Molé un vilain, de s'être prêté à tout ce que cette femme-là a exigé de lui.

La Préville passoit pour sage. Elle vivoit bien avec son mari, qu'elle avoit aimé; elle étoit occupée de son ménage et de ses enfans : le goût violent que Molé lui avoit inspiré lui a fait faire toutes sortes de sottises; elle s'est séparée de Préville, qui a pensé en mourir de chagrin. Actuellement, ce petit fat de Molé fait ce qu'il peut pour faire mourir la femme Préville, qui a obtenu un congé de trois mois pour rétablir sa santé, qui étoit singulièrement délabrée, et qui s'est un peu remise à la campagne, à ce que l'on m'a assuré. Elle ne sera de retour qu'à la fin de ce mois.

Le samedi, 14 de ce mois, M. le bailly de Fleury, frère de M. le duc de Fleury, gentilhomme de la chambre, donna une petite fête et un grand souper à M. le prince héréditaire de Brunswick. A minuit on joua *Dupuis et Desronais*, dans lequel la cruelle d'Épinai joua encore le rôle de Marianne.

Le samedi 21, je fus voir jouer ce rôle à la Comédie françoise, par cette vilaine. Quelque peine que Molé ait prise, ce petit perroquet, instruit par son excellent maître, n'a pu profiter de ses leçons, que jusqu'à un certain point. Cette actrice, quoique jolie, a une figure morne et fausse; elle n'a point d'âme; elle met de la déclamation à la place du sentiment. Il est inutile de dire qu'elle est fort au-dessous de Mme Préville. Cette malheureuse créature a obtenu une prolongation de congé, et ne reviendra qu'à la fin de Juillet.

Le matin de ce même jour, on m'assura que l'on alloit jouer *Henri IV* la semaine prochaine, que toutes les loges étaient retenues, et que, dans le foyer, il y avoit eu une dispute très-vive entre Grandval et Bellecourt, au sujet du rôle de Sully, que j'ai donné à ce dernier. Je lui avois demandé le secret par la lettre que je lui avois écrite; je crois qu'il me l'a gardé; mais M. le duc de Duras, auquel j'ai été obligé de faire part de cet arrangement, en a fait avertir Grandval par la marquise de Bezons, et je suis en tracasserie ouverte avec lui. M. le duc de Duras ne manque jamais une occasion de sacrifier les auteurs aux comédiens; ceux-ci sont ses esclaves; il n'a pas encore asservi les autres, ainsi cela est tout simple.

Je fus dîner ce jour-là chez Mme de Meulan, qui me dit que M. de Sartine avoit assuré, mercredi dernier, à M. d'Albois, son fils, que *Henri IV* ne sera point joué.

Enfin, le soir de ce même jour je fus à la Comédie françoise, comme je l'ai observé, où je trouvai M. le duc de Duras, qui me dit, en présence de M. le duc d'Aumont, *que le Conseil avoit été partagé, et que le Roi avoit déclaré qu'il reliroit ma pièce, et qu'il décideroit lui-même si elle pourroit être donnée ou non.* Cet excès de ridicule ne rappelle-t-il pas naturellement l'affaire de Juvénal, dans laquelle l'empereur fait assembler le sénat, pour savoir son avis sur la sauce à laquelle il doit manger un poisson monstrueux et excellent (1)?

Le 28, je reçus de Bordeaux une lettre du nommé Cavanas dit Dallainval, comédien, actuellement exerçant dans cette ville. Il me marque que le 13 du courant l'on y a joué, par l'ordre de M. le maréchal de Richelieu, *la Partie de Chasse de Henry IV*. Elle y a eu un succès singulier; ils ont fait des chambrées de mille écus.

JUILLET 1766.

J'ai emporté à Grignon, où je suis, le manuscrit des *Fausses Infidélités*, comédie en un acte et en vers, que m'avoit confié M. Barthe. Ce jeune homme, qui a de l'esprit, qui fait assez bien les vers, et qui, dans cette pièce, a trouvé quelques situations comiques, qu'il avoit arrangées assez théâtralement, m'est venu demander en grâce de lui faire mes observations sur cette pièce auparavant que je partisse pour la campagne; je les lui ai faites si sévères, que je ne pense pas qu'il m'importune davantage (2). Cette besogne, que j'ai tâché de faire de mon

---

(1) Dans son poëme de la *Gastronomie*, Berchoux a dit :

« Le sénat mit aux voix cette affaire importante;
« Et le turbot fut mis à la sauce piquante. »

(*H. B.*)

(2) J'ai du regret d'avoir donné à ce vilain Monsieur de très-longues observations sur le fond et les détails mêmes dont il a fait usage dans ses *Fausses Infidélités*, qui, j'ose le dire, eussent été sifflées, si je ne fusse venu à son secours. Comme un bon Provençal, il m'a payé d'ingratitude; il a dit probablement encore du mal de moi, parce que je n'ai pas pu pa-

mieux et en conscience, m'a tenu quatre ou cinq matinées.

M. Barthe a fait *l'Amateur*, mauvaise petite comédie dont j'ai parlé dans son temps. Le fond de celle qu'il m'a remise vaut infiniment mieux, mais je ne pense pas que ce dramatique-là aille jamais bien loin. *Les Fausses Infidélités* sont reçues à la Comédie françoise; s'il fait bien les corrections que je lui ai indiquées, sa pièce pourra avoir du succès sans grande estime. Cet auteur n'a point, et n'aura, je crois, jamais ce vrai que les peintres qui peignent d'après le nu peuvent seuls saisir et rendre.

M. le duc d'Orléans m'ayant demandé, comme je l'ai dit, une petite fête *chamberlane* pour celle de Marquise, je l'ai faite ici en huit jours. *Les Balances du Mérite*, divertissement dramatique en un acte, est une idée de Panard que je viens de traiter à ma manière, et d'une façon nouvelle. J'ai tracé à Laujon une scène qu'il a à y faire.

Comme je crois avoir renoncé au grand théâtre, je vais travailler au petit, je veux dire, m'amuser à quelques comédies de société. Je suis indécis si je traiterai en comédie le proverbe dont j'ai donné ici l'extrait dans le mois de Mai dernier, ou bien si j'essayerai de faire un drame de société de Richard Minutolo. Depuis longtemps j'ai des idées sur ce conte de La Fontaine; elles ne sont pas encore débrouillées; j'entrevois confusément qu'on peut tirer parti de ce sujet sous le titre de *la Petite Maison double*. M. le duc d'Orléans désireroit que je fisse une comédie du roman de Marianne; mais ce sujet ne me rit point; il rentre trop dans tout : je n'y vois que des lieux communs. Je suis indécis encore sur le choix de mes sujets.

---

roître approuver ses lâches et infàmes procédés avec sa femme, dont on a eu bien de la peine à le séparer. Quant à son talent pour la comédie, je l'ai dit et je le répète; je m'étois trompé; je lui en ai cru à la lecture de sa *Mère Jalouse*; il n'en a point. (*Note de Collé, écrite en* 1780.)

AOUT 1766.

Le mercredi, 20 du courant, je fus à la première représentation d'*Artaxerce*, tragédie de M. Lemierre. Cette pièce n'a eu ni chute ni succès. Le sujet de cette tragédie, au reste, est féroce et mauvais. Je pense que le plus grand maître auroit peine à en tirer parti. Feu M. de Crébillon y a échoué, comme on le sait. L'abbé Metastasio l'a fait réussir à la cour du feu empereur ; mais ce bijou d'Allemagne ne réussiroit pas ici, ou, pour mieux dire, il vient d'y tomber, puisque l'Artaxerce de M. Lemierre n'est autre chose que l'Artaxerce de Metastasio, beaucoup plus judicieusement arrangé par l'auteur françois, qu'il ne l'est par cet Italien. Celle-ci a eu dix représentations.

M. Meulan d'Ablois, maître des requêtes, fils de mon ancien ami, doit épouser, vers la fin de Septembre, la sœur de Mme de Sartine, Mlle Duplessis, petite-fille de M. Colabeau, ancien directeur de la Compagnie des Indes. Le fils aîné de M. de Meulan m'est venu prier de lui arranger une petite fête pour ce mariage. Quoique je sois très-embarrassé quand il s'agit de traiter quelque chose avec une décence rigoureuse, je me suis pourtant tiré d'affaire, moyennant un petit acte de fadeur de Laujon, et le prologue de *Madame Prologue*, que j'ai ajusté pour tout cela.

SEPTEMBRE 1766.

Le mercredi, 2 du courant, je fus dîner à Bagnolet. M. le duc d'Orléans me parut très-content du divertissement dramatique que je lui lus. Il est intitulé *les Balances du mérite*; c'est pour la petite fête *chamberlane* qui doit être exécutée le jour de Noël, veille de Saint-Etienne. Son Altesse me dit qu'elle craignoit fort que cette fête n'eût pas lieu, à cause de l'état de Madame la Dauphine, qui crache le sang tout clair; l'on paroît persuadé à la cour que cette princesse ne peut pas aller loin, et elle ne sera pas regrettée. On la dit impérieuse, sans esprit, méchante, despotique, capricieuse; on regarde comme une grâce du ciel d'en être délivré : on peut bien penser que je ne sais pas si tout le mal que l'on en dit est exactement vrai; mais ce que je sais positivement, c'est que celui qui m'a fait ces détails est un homme de très-grand sens, d'un cœur très-droit, et plus à portée que qui que ce soit d'en être instruit. Aussi crois-je ce qui a été dit sur cette princesse, sans obliger les autres à la même foi.

M. le duc d'Orléans ne me fit qu'une seule critique sur mon petit drame. Je l'ai trouvée si judicieuse, et d'un goût si délicat et si fin, que j'ai en conséquence fait les corrections qu'il m'a indiquées.

J'ai trouvé M. le duc d'Orléans enchanté de son voyage de Villers-Cotterets; il m'a paru qu'il s'y étoit prodigieusement amusé. Il y a joué la comédie avec des femmes du monde; et je vois qu'il a le projet de continuer l'année prochaine, puisqu'il m'a commandé de lui faire une pièce moitié ariettes et moitié vaudevilles pour le théâtre de Villers-Cotterets. Celui de Bagnolet en a dans l'aile probablement; j'en suis fâché. Ce dernier étoit plus dans mon genre, et plus aisé par les libertés et même les licences que je pouvois y prendre. Quoi qu'il en soit, je cherche par mer et par terre un sujet à traiter; j'ai bien peur de ne rien faire qui vaille, et que la pédante décence ne me rende froid comme un landier (1); je ne me

---

(1) Gros chenet de cuisine. On dit proverbialement d'un homme dont le

gènerai cependant que jusqu'à un certain point. Ils corrigeront comme ils voudront et comme ils pourront.

[Le chevalier de Boufflers a été à Villers-Cotterets. Le jour de son départ, ayant dit devant toute la compagnie qui étoit dans le salon, qu'il partoit cette nuit même, la vieille et ridicule comtesse de Montauban s'avisa de s'apitoyer sur ce qu'il s'en alloit la nuit à cheval et avec un seul domestique. Sur quoi, le chevalier lui répondit par ce couplet impromptu sur l'air : *Ne v'là-t-il pas que je l'aime* :

>Communément, je dors fort mal ;
> De trois nuits, ma Comtesse,
>J'en passe une sur mon cheval,
> Deux avec ma maîtresse.

Une chose remarquable, c'est le temps qu'il a fait cette année, dans le mois de Septembre. Depuis le 14 ou le 15 de ce mois, jusqu'au 28, inclusivement, nous avons eu des chaleurs presque aussi fortes que dans les mois de Juillet et d'Août. Je ne crois pas que, de mémoire d'homme, on en ait ressenti de pareilles dans la dernière moitié de Septembre. Aussi la vigne, que l'on croyoit désespérée, a-t-elle repris vigueur, et l'on se flatte que le vin de cette année sera bon par excellence.]

Vers la fin de ce mois, Molé a pensé mourir ; il a été à toute extrémité. Il a été confessé, administré et a renoncé au théâtre comme cela se pratique. Il se porte bien, et je crois qu'il a déjà renoncé à sa renonciation.

La demoiselle l'Epinai ne l'a point quitté pendant sa maladie, jusqu'à ce que les prêtres se soient emparés de son cher amant, qui lui a fait promettre de l'épouser s'il en revenoit. Il en est revenu ; nous verrons si elle ne reviendra pas, elle, contre sa promesse.

---

caractère est froid : *Il est froid comme un landier.* — Dictionnaire de l'Acad., édit. de 1778. (H. B.)

OCTOBRE 1766.

J'ai trouvé un sujet pour faire la pièce à ariettes que M. le duc d'Orléans m'a demandée. Je lui en ai déjà montré le plan, qu'il a approuvé. Il veut que ce soit Monsigny qui en fasse la musique ; j'eusse mieux aimé Philidor. Ce sujet, qui est entièrement de mon invention, me rit beaucoup, et est totalement dans mon genre. Je vais à Viry le 5 de ce mois, et je compte y travailler. *L'Ile sonnante* sera le titre de cette comédie, que j'ai arrangée en trois actes. Dans cette pièce, je me propose de jeter du ridicule sur le genre des comédies à ariettes; mais, indépendamment de cette critique, mon sujet subsisteroit par lui-même si je voulois (1).

Je veux la traiter de façon qu'elle puisse être jouée aux Italiens même, quoiqu'elle fasse la critique de leur théâtre actuel. Comme je l'essayerai auparavant, suivant toute apparence, sur le théâtre de Villers-Cotterêts, j'en verrai les effets; et je courrai moins de risques en la faisant jouer après sur le théâtre de la Comédie italienne. J'avoue de bonne foi que j'aurois une grande satisfaction à leur donner le fouet, à eux-mêmes, sur leur propre théâtre. Je ne me souviens pas d'avoir jamais traité aucun sujet qui m'ait plu autant que celui-ci; c'est un bon augure, mais ce n'est pas tout.

Le 14, je reçus une lettre de Lyon, par laquelle on me

---

(1) J'avois cinquante-sept ans, et plus, lorsque j'imaginai et que je traitai *l'Ile sonnante;* mon imagination commençoit à s'éteindre : *elle faisoit binet*, pour le dire en termes nobles. J'eusse mieux fait de ne plus rien faire, et de ne pas attendre que j'eusse soixante ans sonnés pour me reposer; mais je m'étois fixé ce dernier terme : le diable m'a tenté. Il a eu beau me tenter depuis, j'ai résisté aussi bien que saint Antoine ; et les tentations du bel esprit du diable sont au moins aussi fortes que les siennes. (*Note de Collé, écrite en* 1780.)

marquoit que la *Partie de chasse d'Henri IV* y avoit été représentée, pour la première fois, le 9 de ce mois; qu'elle y avoit eu le plus grand succès; que le parterre l'avoit demandée pour le lendemain, et qu'on l'avoit encore donnée le 10. L'on doit, m'ajoute-t-on, la donner trois ou quatre fois encore et on la reprendra après la Saint-Martin. Elle a été aussi jouée à Soissons; Aufresne y faisoit le rôle de Henri IV. La troupe de Compiègne a demandé la permission de la jouer pendant le voyage du Roi, ce qui a été refusé.

Quelques jours après les nouvelles que j'avois reçues des représentations de ma pièce à Lyon, je me trouvai seul au Palais-Royal avec M. le duc d'Orléans. Je lui fis le détail, en badinant, des représentations d'*Henri IV* à Lyon; et après m'être plaisanté moi-même sur le petit amour-propre que je mettois à lui faire tout ce récit, et lui avoir dit *Monseigneur, ça fait toujours plaisir;* je finis en lui disant que cela m'en faisoit d'autant plus, que M. de Clermont, du Palais-Royal, qui revenoit de Strasbourg, où étoit son régiment, m'avoit assuré qu'*Henri IV* n'avoit pas été joué dans cette ville, par la seule raison que les représentations en étoient défendues dans toutes les provinces du royaume; *mais,* ajoutai-je, *je vois bien que ce bruit-là n'a aucun fondement, puisqu'à Lyon...* — Le prince m'interrompit et me dit : *Elle est défendue dans les provinces, rien n'est plus sûr, et c'est le Roi qui me l'a dit à moi. Pendant le voyage de Compiègne, elle a été jouée à Soissons, et le Roi y envoya M. le duc de Choiseul pour empêcher que l'on en continuât les représentations; et ce ministre n'en donna l'ordre à M. d'Armentière qu'après que la pièce eut été jouée ce jour-là. Il vouloit,* me dit-il, *la voir auparavant que de la défendre.* — Eh! *mais, Monseigneur,* repris je alors, *cette conduite est plus conséquente du moins; et je vous supplie de dire au Roi que c'est le sentiment de l'auteur.* — *Monsieur, je le lui dirai,* me répondit-il en riant;

mais le Roi devroit, à présent qu'il en a défendu les représentations dans ses provinces, les permettre à Paris à l'heure qu'il est. — Ah! Monseigneur, repris-je encore en riant, *dites surtout cela au Roi.*

Le 31 du courant, j'ai fini, à la Celle, ma comédie de *l'Ile sonnante.* Je n'ai jamais été aussi content d'aucun ouvrage de ma façon, que je le suis de celui-là. Je n'en ai jamais travaillé un avec une aussi grande facilité ; je serois bien étonné si tout cela se terminoit par le sifflet. En matière de théâtre, l'on ne doit jamais jurer de rien ; l'on doit attendre.

Avant de partir pour la campagne, j'ai laissé M. le duc d'Orléans dans la disposition où il étoit de faire mettre mon poëme en musique par Monsigny, pour le faire exécuter, cet été, à Villers-Cotterets. Mme la Marquise de Montesson y jouera le principal rôle ; et, suivant toute apparence, elle en joue dès à présent un qui lui paroît mille fois, je pense, plus intéressant. La Cour et la ville veulent qu'elle soit à présent la maîtresse du prince. Voici le fait qui a donné lieu à ces bruits (1).

M. le duc d'Orléans, pendant le voyage de Compiègne, en a fait un à Villers-Cotterets, où il a tenu le plus grand état, où il s'est beaucoup amusé : il y a donné des fêtes ; il a joué la comédie avec des femmes du grand monde. Mme de Montesson, Mmes de Ségur et de Barbantane étoient les actrices. La première a paru

---

(1) La marquise de Montesson, comme on sait, a joué depuis bien un autre rôle principal. C'est une très-excellente comédienne, de l'aveu de tout le monde ; on peut la comparer à Clairon. Son jeu est plein d'art ; il n'est point vrai, quoique l'un et l'autre aient réussi. (*Note de Collé, écrite en* 1780.) — Mme de Montesson épousa, en effet, en 1773, le duc d'Orléans, à qui les charmes de son esprit autant que les agrémens de sa personne, avoient inspiré une vive passion, et même un *amour effréné*, suivant Mme du Deffand qui se montre très-sévère à son égard. (*Lettre du* 23 *Mai* 1773). Mme de Montesson a laissé huit volumes de ses compositions, où se trouvent des *drames*, des *poésies*, et qui ont été publiés en 1782. (*H. B.*)

réunir tous les talens qu'on peut désirer au théâtre. M. le duc d'Orléans, lui-même, m'a dit avec une espèce d'enthousiasme que cette femme jouoit aussi excellemment dans le sérieux que dans le comique, qu'elle étoit étonnante dans les pièces à ariettes; bonne musicienne, belle voix; son goût de chant étoit encore audessus. Il n'y a point d'éloges animés qu'il ne m'en ait faits; et ce prince, d'ordinaire, loue avec assez de sang-froid. C'est en me commandant une pièce à ariettes, qu'il se répandit à plusieurs reprises en louanges sur Mme de Montesson; et ce fut en ce moment que, dès lors, je lui soupçonnai du goût pour elle; je ne sais si mes conjectures se vérifieront, mais voici ce qui est arrivé pendant ce temps-là. Monseigneur étoit à Bagnolet avec Marquise; elle étoit habillée en homme; ils étoient prêts à partir pour la chasse : Monseigneur le duc de Chartres arrive, il vient surprendre son père, et lui demande la permission d'aller tirer avec lui. Il fait des politesses et dit des choses obligeantes à Marquise; il part, il chasse avec eux. Quelques jours après, son père écrivit à cette dernière que la surprise que lui a faite son fils à Bagnolet l'oblige, pour la décence, à la prier de vouloir bien qu'il ne la voie plus que chez elle, et qu'elle ne revienne plus, à l'avenir, ni à Bagnolet, ni au Palais-Royal. Cette lettre, que le prince montra à quatre ou cinq de ses courtisans, avant de l'envoyer à Marquise qui m'a dit ce fait, est bientôt devenue presque publique; pendant dix ou douze jours, l'on disoit tout haut à la Cour et à Paris que Marquise étoit quittée, et que le prince étoit arrangé avec Mme de Montesson. Celle-ci, dit-on, s'est désolée et se désole encore de ces bruits cruels; jure qu'elle ne remettra plus le pied au Palais-Royal; pleure, gémit, et ne persuade personne; le temps seul la justifiera. L'affaire en est là actuellement : Marquise se flatte toujours un peu : Monseigneur a retourné chez elle; il y a même couché, avec affectation, pour faire cesser ces bruits; mais toutes ces bonnes façons du prince, qui les lui doit et qui est assez équitable pour les avoir, ne prouvent encore rien en sa faveur. La prière, ou l'ordre de ne plus revenir chez M. le duc d'Orléans, n'en subsiste pas moins. La surprise de M. le duc de Chartres, à Bagnolet, a tout l'air d'avoir été concertée avec son père. Cette espèce de scène a vraisemblablement été arrangée à Villers-Cotterêts. Les auteurs anonymes en doivent être Mme de Montesson, d'abord, et ensuite toutes les femmes du Palais-Royal, qui ont intérêt, et qui désirent de *décazaner* le prince et de le faire vivre avec elles. Dans le fond, tous ceux qui s'intéressent à cet excellent prince, doivent être bien aise qu'il se rende au monde, dans lequel il doit être; et qu'à l'âge de quarante ans il mette une extrême décence dans sa conduite, et qu'il vive avec la dignité qui lui convient. Je plains en même temps Marquise, dont je n'ai que du bien à dire; elle est franche, serviable, la meilleure enfant du monde, du moins à ce qu'il m'a toujours paru. Elle a beaucoup d'esprit naturel, du goût, un tact délicat; elle s'est toujours très-bien conduite depuis neuf ans qu'elle est maîtresse de Monseigneur, elle en a une fille et deux garçons (1); et je suis très-convaincu que si ce bon prince s'éloigne d'elle, parce que son goût est usé, il est encore plus éloigné de l'abandonner jamais, et qu'il mettra toutes les meilleures façons possibles à sa séparation. Mais, si excellentes qu'elles soient, Marquise

---

(1) Ces trois enfants étaient : les abbés de Saint-Farre et de Saint-Albin, frères jumeaux, et Mlle de Villemonble, connue dans le monde sous le nom de Madame la comtesse de Brossard (elle avait épousé le maréchal-de-camp de ce nom). Les deux abbés furent autorisés l'un et l'autre à prendre le titre de comte et les armes de la maison d'Orléans, ainsi qu'à faire porter à leurs gens la livrée ducale. Ils vivaient encore sous la Restauration. Nous avons de chacun d'eux une correspondance inédite que nous nous proposons de publier un jour. (*H. B.*)

sera quelque temps sans pouvoir s'en contenter; non pas qu'il soit besoin de dire que ce n'est point l'amour, mais l'habitude de vivre avec quelqu'un d'aussi doux et d'aussi agréable dans le commerce intime que l'est ce prince, mais une vie moins tumultueuse, etc. : d'ailleurs l'ambition est sa passion favorite; je ne l'ai jamais crue trop sensible à l'amour; toutes ces raisons vont faire son malheur dans les premiers momens qui doivent naturellement lui paroître bien durs (1).

Cette séparation, au reste, n'est point totale jusqu'à présent, mais toutes les apparences sont pour qu'elle le devienne; c'est ce que quelques mois éclaireront, il faut attendre que Mme de Montesson prenne couleur. Malgré l'auguste douleur qu'elle a si vivement marquée de l'éclat qu'a fait cette histoire, elle est peut-être dans la plus grande impatience d'en confirmer la vérité, et de se déclarer la maîtresse du prince. A mon retour à Paris, je verrai ce que l'on en dira; j'y verrai ausi la Durancy, qui a débuté dans le tragique, pendant que j'y étois encore; j'aurois pu aller en juger par moi-même, mais ses pièces de début, *Tancrède* et *Oreste,* m'ont empêché de la voir. Ces deux pitoyables et inspides drames ne m'ennuieront de ma vie; je suis trop madré pour soutenir la représentation de ces rapsodies-là. Monseigneur avoit vu deux fois Mlle Durancy, et il la met cent mille piques au-dessus de Mlle Dubois, et deux cent mille piques au-dessus de Mlle Clairon; ce sont les expressions dont il s'est servi en me parlant. Il lui trouve, d'ailleurs, des défauts dans

---

(1) Tout le bien que je dis ici de Marquise, tout le Palais-Royal l'a répété, même après sa retraite; et on l'y regrette encore aujourd'hui : je dis les gens les plus sensés : M. de Belle-Isle, par exemple. En 1780, je l'ai entendu la louer sur sa conduite passée, dans le temps qu'elle vivoit avec Monseigneur; sur sa conduite présente, et la manière prudente et honnête dont elle avoit élevé ses enfans et dont elle les tient encore, et finir par faire l'éloge de sa bonne tête. En un mot, les regrets du Palais-Royal sur ce qu'elle n'y est plus ne font qu'augmenter tous les jours : *Pauca intelligenti!* (*Note de Collé, écrite en* 1780.)

l'organe, des intonations fausses, mais beaucoup d'intelligence et d'art; il doute encore si elle a véritablement des entrailles. Une preuve du succès qu'elle a eu est, indépendamment des spectateurs, la contrariété des opinions sur le compte de cette comédienne. Les uns la trouvent *admirable*, les autres *détestable*; il faut pourtant qu'elle ait du talent. A quinze ou seize ans, Mlle Durancy avoit débuté aux François dans les rôles de soubrette, dans lesquels elle n'avoit eu aucun succès; elle étoit depuis trois ans à l'Opéra, où elle en avoit d'assez marqués, quoiqu'elle manquât de voix.

NOVEMBRE 1766.

Dans le commencement de ce mois-ci, ou tout à la fin de l'autre, la D^{elle} Saintval, qui a débuté dans le mois de Mai avec tant de succès qu'elle est accouchée quelques mois après, a repris son début dans les mêmes rôles que Mlle Durancy vient de quitter. Je n'ai pu encore voir cette actrice, dont on dit des merveilles : on la loue beaucoup, surtout du côté des entrailles et du sentiment : on la compare à Mlle Dumesnil en tout, même par la laideur. Je la verrai.

J'ai oublié de dire qu'à la fin du mois dernier, M. le duc d'Orléans m'avoit déjà prévenu que la fête *chamberlane* (1), que je lui avois lue en septembre, et qui devoit être exécutée dans le mois de décembre, n'auroit sûrement pas lieu.

La veille de son départ pour Villers-Cotterets, il n'étoit nullement dans ces dispositions; au contraire, il me re-

(1) V. plus haut, p. 95, l'explication de ce mot. (*H. B.*)

commanda très-fort d'y travailler; mais je me rappelle à présent qu'à son retour, lorsque je lui eu lu cette petite fête, qui étoit faite, à l'exception de ce que Laujon avoit à ajouter, il me dit qu'il arriveroit probablement qu'elle ne pourroit pas être donnée, attendu que Mme la dauphine crachant le sang tout clair, il étoit à craindre qu'elle ne fût en décembre près de sa fin. Il est aisé de voir par cette petite circonstance que sa séparation avec Marquise avoit été arrangée à Villers-Cotterets, et qu'elle étoit de ce moment arrêtée dans sa tête.

Voici un des trois vaudevilles qui entroient dans cette fête; il fait partie d'une scène où je fronde l'anglomanie.

CLARISSE.

Manière de romance en manière d'ironie, par un Français qui n'aime ni les romances ni les Anglais.

1er couplet.

Sur Clarisse, notre amie,
L'on veut qu'ici nous fassions,
Dans le goût de Jérémie,
Quelques lamentations.
L'on soutient qu'un bon artiste
Traitant ce sujet disert,
Par une romance triste
Peut égayer un dessert.

2e.

Ce ne sera point par lettres
Que j'écrirai ma chanson :
Deux bonnes sur cent de piètres
Se trouvent dans Richardson.
Par cette forme il prolonge
L'ennui qu'il fait essuyer ;
Mais doit-on, quand on allonge,
Allonger pour ennuyer ?

3e.

Il veut aussi qu'on se prête
Au viol qu'il pousse à bout.
Qu'il prenne un endroit honnête,
D'où l'on viole avec goût.

Mais dans son roman sinistre,
Où l'amant force le jeu,
Le viol qu'il administre
Se passe en un mauvais lieu.

4e.

C'est là qu'il fait la peinture
D'objets qui charment les yeux.
Quel heureux choix de nature !
Que de tableaux gracieux !
Deux ou trois vilaines filles,
Un vieux grabat au milieu,
Où leur abbesse en guenilles
Expire en blasphémant Dieu.

5e.

Estimons moins les albanes
Du sopha de Crébillon,
Les Gilblas, les Mariannes,
Romans à mettre au pilon.
Dût-on passer pour des crânes
Et subir l'affront léger
D'être traités d'anglomanes,
N'admirons que l'étranger.

6e.

Athéniens de l'Europe,
Français, l'on vous ôte tout !
Du moins l'auteur de Mérope
Vous accorde encor le goût....
Le goût.... bien fou qui s'y fie,
Depuis qu'il est au pouvoir
De l'âpre philosophie,
Qui n'en est que l'éteignoir.

7e et dernier.

Philosophes à la glace,
Je sens, en parlant de vous,
Que ma langue s'embarrasse,
Que le froid nous saisit tous.
J'en reste à cette préface....
Ces dames trouveront bon
Qu'un autre que moi leur fasse
Le reste de ma chanson.

Cette romance est sur un air de romance lent, traînant et lugubre.

L'on m'écrit de Lyon que l'on y avoit suspendu les représentations de *la Partie de chasse d'Henri IV*, à la seizième, attendu le départ pour Paris du nommé Gourville, qui y joue le rôle de Michau. Son succès a été prodigieux : l'on ne trouvoit plus de place dans la salle à trois heures et demie. Ils font mal de l'interrompre et de laisser aller à Paris un de leurs acteurs. Peut-être y a-t il un dessous de cartes au voyage de ce Michau ; et il seroit possible que l'on mandât ici le comédien, pour qu'on ne donne plus ma comédie. Ils ne veulent peut-être pas paroître employer l'autorité pour la défendre. Ils la suspendent, et la défendront ensuite sourdement. La dernière représentation à Lyon est du 16 de ce mois.

Molé va mieux, et il y a toute apparence que le théâtre ne perdra pas ce grand comique. Il brûle d'y remonter. Il pressoit vivement ces jours-ci son médecin, M. Bouvart, de lui désigner le temps où il pourroit reparoître ; et ce dernier lui disoit qu'il ne falloit pas qu'il se pressât, qu'il ne reparoîtroit que trop tôt pour sa santé. *Oui, monsieur*, repartit Molé, *cela peut bien être ; mais ce sera toujours trop tard pour ma gloire. — Monsieur, monsieur*, reprit Bouvart avec son sang-froid ordinaire, *prenez garde : l'on a blâmé plus d'une fois Louis XIV de s'être servi trop souvent de ce terme : de ma gloire.*

Ce trait me rappelle une gentillesse de M. le comte d'Artois, quoiqu'elle n'ait aucun rapport au bon mot de M. Bouvart. Ce jeune prince avoit pris l'habitude de dire fréquemment le mot *diable*. Un M. Defougères, qui est de quelque chose à son éducation, parce qu'il ne le mérite en rien, à ce qu'ils disent, reprenoit cet enfant de France d'avoir toujours à la bouche ce vilain mot de *diable*, et il lui disoit, très-spirituellement, qu'à la fin le diable pourroit bien venir et se présenter à lui. Sur cette assertion, le comte d'Artois se retire en un coin de la chambre, et joignant ses deux petites mains, il dit : *Mon petit diable, parois, viens et emporte-moi M. Defougères, qui m'ennuie.* Il n'avoit guère que sept ans lorsqu'il adressa sa prière à son petit diable.

Le 18 du courant l'Opéra donna la première représentation de *Silvie*, ballet en trois actes, surmonté de son prologue : les paroles sont de M. Laujon ; la musique, de MM. Trial et Le Breton.

Voici ce que l'on dit de la musique : on donne quelques louanges à celle du prologue et du premier acte ; on critique, et on trouve commune et mauvaise celle du second et du troisième acte. En général les gourmets en musique ne trouvent pas celle de ces Messieurs neuve et originale : ils la trouvent pleine de réminiscences et calquée sur d'autres musiques connues. L'on est bien éloigné, à ce que j'entends dire, de regarder Trial et Le Breton comme des créateurs et des gens de génie.

Voici ce que je dis des paroles : le fond est pris de tous les côtés, même celui du prologue, qui n'est qu'une copie de *l'Europe galante.* Silvie, qui ne croit avoir que de l'amitié pour Amintas, quand c'est de l'amour qu'elle ressent, est le fond de mon acte, froid, intitulé *Daphnis et Églé,* dont Rameau a fait la musique, et qui tomba, à Fontainebleau, devant toute la cour, au mois de novembre 1753 ; année malheureuse pour moi, car j'étois déjà tombé à l'Opéra au mois d'avril, dans l'acte bouffon qui fut donné avec le *Devin du village.* L'opéra de Laujon est sans intérêt et sans chaleur, et en plusieurs endroits, sans vraisemblance même lyrique. Quant aux détails, je n'en suis guère plus content : à l'exception de deux ou trois petits madrigaux, très-menus, le style en est entortillé, allongé, obscur, et on n'y trouve presque jamais le mot propre. Ce ballet étoit déjà tombé à Fontainebleau, en 1765. Il a ici une manière de succès, sans nulle estime, ni des paroles, ni de la musique. La danse, les décorations, le spectacle et les habits ;

la danse surtout, ont fait sa petite fortune, mais ne peuvent pas le soutenir encore longtemps. Il a eu cependant plus de cinquante représentations.

DÉCEMBRE 1766.

Un laquais que l'on avoit envoyé, ces jours-ci, savoir des nouvelles d'une demoiselle de soixante-dix ans, vint rapporter que sa santé étoit assez bonne, à cela près de sa dyssenterie au nez, qui lui avoit pris et qui couloit toujours.

Le mercredi 17 du courant je fus à la première représentation de *Guillaume-Tell*, tragédie de M. Lemierre. Cette tragédie est l'histoire véritable et remarquable de Guillaume-Tell, mise en vers suisses. L'auteur, qui avoue lui-même modestement avoir composé sa pièce en trois semaines, en a négligé la versification, au point d'en être barbare. Il lui est pourtant échappé quelques beaux vers, entre autres celui-ci :

> Jurons d'être vainqueurs, et gardons le serment.

M. Lemierre n'a fait d'ailleurs que mettre en vers tous les faits historiques de la révolution de la Suisse, sans leur donner la moindre forme dramatique, sans rien inventer d'ailleurs, et sans composer une fable suivie qui eût l'apparence d'un poëme ; son dénouement seul est assez beau, et tout en action ; du reste il n'y a point de pièce. M. Lemierre ne fera jamais de tragédies, je crois l'avoir dit en parlant de son *Artaxerce* : *Quia ponere totum nescet*. Il n'a point d'imagination du tout.

Le caractère de Guillaume-Tell est jusque ici celui

qu'il a rendu le moins mal; mais aussi c'est le seul. Il l'a peint passionné pour la liberté et ennemi de l'oppression; il n'en a point exagéré les traits, mais ce caractère est dans toutes les tragédies où il s'agit d'intérêts républicains. Le caractère du gouverneur autrichien est pris dans le petit. Il a suivi exactement l'histoire, répondra-t-on; mais quand on traite un point d'histoire en dramatique, il faut rendre l'histoire dramatique; ou bien il ne faut point traiter un sujet si l'on ne peut pas le plier à cette poésie. Un tyran fou et féroce, et, si l'on ose le dire, comiquement barbare, ne sauroit être un personnage de tragédie; et voilà comme l'histoire présente ce gouverneur; mais le théâtre ne souffre pas que l'on le présente sous ces mêmes traits.

A la fin de la représentation le nombre infini de partisans que M. Lemierre avoit dans le parterre, et qui sans doute étoient Suisses pour la plupart (1), demandèrent l'auteur à différentes reprises; quand Le Kain vint annoncer, les cris redoublèrent : le comédien, d'un air abattu, répondit que l'auteur n'étoit point à la Comédie. A cela dix à douze personnes du parterre, qui ne s'intéressoient pas tant à M. Lemierre vraisemblablement, se mirent à éclater de rire, et firent sourire le tragique Le Kain. Cette tragédie a eu sept représentations. A la dernière il arriva un événement singulier, et dont je n'ai point encore vu d'exemples : le parterre hua et siffla la pièce à différentes reprises, et scandaleusement même, à ce que l'on m'a assuré; d'ordinaire, une dernière re-

---

(1) Ce sont en effet les magnifiques seigneurs, tous les Suisses qui étoient à Paris, je crois même les Suisses des portes, qui ont fait le modeste succès de *Guillaume-Tell*.

Les Comédiens se plaignoient de la recette. Sur quoi l'un d'eux a raconté assez plaisamment, « que le proverbe *point d'argent, point de Suisses*, « ne pouvoit être appliqué aux représentations de *Guillaume-Tell*, attendu « qu'au contraire on y trouvoit beaucoup de Suisses et peu d'argent. » (*Note de Collé, écrite en* 1780.)

présentation est la plus paisible de toutes. L'excès de présomption de M. Lemierre peut avoir été la cause de ce cruel désagrément. Il passe pour être un très-galant homme, mais on dit en même temps qu'il est trop plein et trop persuadé de son mérite ; et son mérite littéraire est fort peu de chose (1).

---

(1) Lemierre se vantait d'avoir fait le plus beau vers du siècle :

Le trident de Neptune est le sceptre du monde.

Il en a fait du moins un des plus jolis :

Même quand l'oiseau marche, on sent qu'il a des ailes.

Grimm l'appelle le bon, l'honnête Lemierre. Il disait de lui-même tout le bien qu'il en pensait. C'était sa manière de triompher des cabales. Il avait coutume de dire avec bonhomie : « Moi, je n'ai pas de prôneurs ; il faut que je fasse mes affaires tout seul. » Combien d'écrivains de nos jours ne font pas autrement que ce bon Lemierre ! (*H. B.*)

ANNÉE 1767.

JANVIER 1767.

On a donné à l'Opéra dans le commencement de cette année *Thésée*, refait à neuf par Mondonville. Il n'a eu que quatre ou cinq représentations, et le public n'a eu qu'un cri. Je n'ai point vu sur ce théâtre de chute aussi prompte et aussi honteuse; on a été révolté, avec raison, contre la présomption d'un musicien qui, entreprenant de changer le récitatif de Lully, ne crée pas un autre genre de récitatif. Il ne falloit pas se donner au diable pour mettre en haut ce que Lully avoit mis en bas, et mettre en bas ce qu'il avoit mis en haut. Défigurer un ouvrage n'est pas le changer. Si Mondonville eût inventé une manière de réciter nouvelle, soit bonne, soit mauvaise, on eût pu lui passer de la risquer, parce qu'alors on eût supposé qu'il trouvoit le nouveau genre de récitatif de son invention, meilleur que celui de Lully; mais n'ayant rien à présenter de neuf, on a jugé qu'il étoit impertinent et insolent de faire plus mal que celui qu'il vouloit corriger. Un artiste de sa classe n'est pas né pour corriger l'homme de génie. Rameau avoit offert, il y a trente ans, de raccommoder tous les opéras de Lully; mais il avoit déclaré bien nettement qu'il ne toucheroit pas au récitatif. Il avouoit, avec la bonne foi d'un homme de génie, qu'il lui seroit impossible de faire mieux, et même de faire aussi bien. Son dessein étoit de faire de nouveaux airs de violon, d'enrichir les divertissements, et d'en ajouter quelquefois de nouveaux; de suivre les desseins des chœurs de M. Lully, mais d'y faire de nouvelles parties et de les fortifier de musique; de les refaire même en entier lorsque ces chœurs lui paroîtroient trop foibles et sans expression. Il eût aussi risqué quelques ariettes, mais il étoit le premier à louer le récitatif de M. Lully, et à le croire le chef-d'œuvre de l'art et de la déclamation modulée ; il désiroit seulement que les acteurs le chantassent moins lentement.

La chute de cette nouvelle musique de *Thésée* a été si précipitée, qu'elle n'a pas laissé le temps aux directeurs de l'Opéra d'en répéter une autre. Ils ont été obligés de remettre *Sylvie,* qui a eu encore trois représentations. Ce petit événement a fait grand plaisir à Laujon, et j'en ai été bien aise, car c'est un très-bon enfant.

Monsigny s'est enfin chargé de composer la musique de mon opéra à ariettes, de mon *Ile sonnante.* Il a fallu toutes les herbes de Saint-Jean pour l'y déterminer. Sedaine, avec qui pour ainsi dire il est marié, étoit furieux de ce qu'il travailloit avec moi. M. le duc d'Orléans a été obligé de faire venir Sedaine pour lui faire avaler cette pilule, qu'il trouve, je crois, encore bien amère. J'eusse mieux aimé Philidor; Monsigny n'a pas autant de force et de génie qu'en a ce dernier, à ce qu'ils disent tous. Il faut convenir pourtant qu'il a bien autant de vanité, d'amour-propre et de présomption que l'autre; et c'est beaucoup dire, car l'amour-propre de Philidor est au-dessus de toute expression.

Le jeudi, 25 du courant, je fus à la première représentation d'*Eugénie,* drame en prose et en cinq actes du sieur Caron de Beaumarchais. Je n'ai point encore vu d'auteur paroître pour la première fois contre lequel le public se soit aussi généralement déchaîné : je ne parle ici que de son personnel, et non de sa pièce. On l'a traduit comme le plus fat et le plus orgueilleux des hommes : ce monsieur, qui, dit-on, a fait de mauvaises petites chansons, a de la voix, du goût de chant et joue de la harpe; il avoit eu accès auprès de Mme Adélaïde, au moyen de tous ces petits talens; mais il s'étoit mis si fort à son aise chez Madame de France, que M. de Saint-Florentin se crut obligé de lui écrire pour lui donner ordre de sortir de Versailles, et de n'y plus reparoître. S'étant établi depuis à Paris, on prétend qu'il a dit à quelqu'un qui lui demandoit la cause de sa retraite de la cour, « qu'il n'étoit pas étonnant que jeune comme « il étoit, point mal de figure, et partagé de nombre « de petits talents qui sont les délices des femmes, l'on « n'eût craint que tout cela *ne montât au bonnet de Ma-« dame Adélaïde* ». On m'a assuré que ces derniers mots étoient ses propres termes. On ne doit pas être surpris, après ce trait, qu'il ait poussé la fatuité poétique aussi loin qu'il l'a poussée avant la représentation de sa pièce. Il disoit bravement que son drame seroit la pièce du plus grand effet que l'on eût encore vu au théâtre; qu'aucune, dans le genre larmoyant, ne pouvoit lui être comparée; que feu La Chaussée n'avoit su que toucher foiblement le cœur; que lui il étoit bien sûr de le déchirer. Bref, il se mettoit au-dessus des auteurs passés, présents et à venir, avec une bonne foi et une intrépidité d'amour-propre qui n'auroit aucune vraisemblance, si elle n'avoit pas la vérité pour fondement; mais comme dit Sosie :

C'est un fait à n'y rien connoître,
Un conte extravagant, ridicule, importun ;
Cela choque le sens commun,
Mais cela ne laisse pas d'être.

Le public n'a pas été d'accord du mérite que se croyoit cet auteur. Il a pris la liberté de huer et de conspuer sa pièce à la première représentation. Les trois premiers actes, à l'exception de la dernière scène du troisième, avoient été assez applaudis. Il faut convenir même que dans ce troisième acte il y avoit une scène qui n'étoit qu'indiquée, mais qui auroit pu devenir excellente, si elle avoit été traitée par un grand peintre, au lieu d'être exécutée par un barbouilleur. La déroute de la pièce ne commença pourtant qu'au quatrième acte, où l'auteur avoit eu l'adresse d'avoir encore besoin d'exposition. Le cinquième fut à peine entendu, tant il parut ridicule et absurde.

M. de Beaumarchais a prouvé, à ne pouvoir en douter, par son drame qu'il n'a ni génie, ni talent, ni esprit (1).

---

(1) Je suis bien revenu de l'opinion que j'avois de Beaumarchais. C'est moi qui suis une bête de l'avoir jugé sans esprit.

Ce n'est point que je sois revenu sur *Eugénie*, que je trouve toujours très-mauvaise ; ce n'est point que je ne trouve les préfaces d'*Eugénie* et du *Barbier de Séville* si bizarres, si plates, si misérables, et si mal écrites, qu'on croiroit qu'elles sont d'une autre main que de celle de l'auteur; ce n'est point que je ne pense encore que Beaumarchais est le plus vain, le plus présomptueux des hommes ; mais il est des fats qui ont beaucoup d'esprit ; il a plus même, il a du génie : on en trouve dans son *Barbier de Séville*. C'est une des plus excellentes farces que je connoisse ; et qu'on n'imagine pas que mon intention soit de rabaisser son ouvrage en lui donnant le nom de farce. *Le Médecin malgré lui*, *les Fourberies de Scapin*, *le Cocu imaginaire* et *Pourceaugnac* sont des farces qui ont mille fois plus de génie que toutes les comédies de La Chaussée. Rien n'est plus difficile que de faire rire, et rien de plus aisé de faire *pleurnicher!*

La scène de Basile, dans le troisième acte du *Barbier de Séville*, est de la première force, et digne du génie de Molière. Le reste de la pièce est amusant ; elle est écrite du ton le plus plaisant ; chaque personnage y parle comme il y doit parler, et suivant son caractère et la situation où il est ; les détails en sont petillants d'esprit et de gaieté. Elle m'a tant plu, et me plaît tant encore, que je n'ai pas le courage de faire quelques critiques sur le plan et sur nombre de scènes inutiles.

Je finirai par dire que son *Barbier de Séville*, tout excellent qu'il est, est néanmoins la plus foible des preuves de l'esprit et du génie de Beaumarchais. Qu'on lise ses *Mémoires*, dans son affaire avec Goësmann ; c'est là qu'on trouvera de l'esprit, du génie, et des modèles de tous les différens genres d'éloquence. J'ai barbouillé quelque chose là-dessus que j'ai mis à la tête de ces mêmes *Mémoires*, que j'ai fait relier, et j'y renvoye. (*Note de Collé, écrite en* 1780.) — Ce *quelque chose* écrit par Collé en tête des *Mémoires* de Beaumarchais n'a pu être retrouvé, non plus que l'exemplaire dont il parle ; mais cela tire peu à conséquence, le lecteur étant suffisamment édifié sur la sincérité de l'amende honorable un peu tardivement faite par

Point de génie, attendu que toute sa pièce est sans nulle invention à lui. Tout le fond est pris dans *Clarisse* et dans quelques autres romans ; dans l'aventure du comte de Belfort, racontée dans *le Diable boiteux* ; dans la comédie des *Généreux ennemis*, de Scarron ; dans la comédie du *Point-d'honneur*, de M. Lesage ; bref, il n'a rien créé. Point de talent : cet écolier n'a pas les premiers éléments du théâtre ; il n'a pas su seulement coudre les différentes situations que les romanciers où il avoit puisé avoient imaginées pour lui. Sans la moindre connoissance du théâtre, il est bien loin d'être capable d'arranger cinq actes ; il ignore même jusqu'à l'art de traiter une scène, une seule scène. Point d'esprit : les détails un peu jolis ou sentis de ce drame ne sont point de M. de Beaumarchais ; il les a tous pris des romans attribués à la Riccoboni, ou de *Clarisse*, ou d'ailleurs.

Par ce résumé on voit à quoi se réduit le mérite de ce présomptueux insolent, qui ne vaudroit pas la peine qu'on s'amusât à le critiquer, s'il n'avoit pas massacré un sujet dont un auteur même médiocre mais un peu intelligent auroit pu tirer un grand parti, puisque la force de ce même sujet, quoique traité à faire mal au cœur, a fait quelque effet dans les trois premiers actes, malgré M. de Beaumarchais lui-même.

Cet ânier-là, qui a plus d'écus que de bon sens, n'a pas manqué, le samedi 31 du courant que fut donnée la seconde représentation, de jeter dans le parterre deux ou trois cents personnes au moins, qui ont porté sa pièce aux nues. J'y ai retourné à la cinquième ; on avoit tant élagué, que la pièce n'étoit plus qu'un *trognon*. Les retranchements et changements qui y ont été faits par Préville, Bellecourt, et deux autres comédiens, commandés par le général Poinsinet, l'ont rendue moins exécrable,

---

notre chansonnier à l'un des esprits les plus brillants, les plus originaux du dix-huitième siècle. (*H. B.*)

mais elle est encore bien détestable. Ce que je dis là me rappelle une épigramme faite par M. l'abbé Mongenot, qui pourroit être appliquée à la rapsodie dont je parle trop :

> Si l'on pouvoit, pour argent ou pour or,
> A vos boutons trouver quelque remède,
> Vous seriez, je l'avoue, infiniment moins laide ;
> Mais vous seriez bien laide encor.

A la septième représentation elle a été interrompue par une indisposition de Préville; elle en auroit eu dix, et le mépris public au bout. L'indisposition de Préville est une maladie de nerfs, qui doit faire craindre qu'il ne puisse pas jouer encore de longtemps la comédie. Ce seroit une perte bien autrement considérable que celle de Clairon.

J'ai oublié de ranger avant la représentation d'*Eugénie* la réception de M. Thomas à l'Académie françoise. Il y prit séance le jeudi 22 du courant. Son discours, qui a quelques beautés, n'a ni méthode ni goût, et m'a paru très-long. M. Thomas, lié avec nos littérateurs philosophes soi-disant, en a pris le ton; il eût mieux fait, et peut-être a-t-il le moyen d'en avoir un à lui sans s'abaisser à prendre celui des autres.

Il y a apparence que le capitaine Thomas aura encore moins de génie que son général, M. de Voltaire. Il fait actuellement un poëme épique, *le Czar Pierre*, dont il lut un chant à l'Académie le jour de sa réception. Ce chant fut trouvé sans imagination et sans invention; j'ai bien peur que M. Thomas n'invente pas la poudre dans son *Czar Pierre*; qu'il ne soit un froid historien, en vers peut-être médiocres, de l'empereur des deux Russies; qu'en racontant les actions de son héros il ne le mette pas en action. Un poëme épique est le chef-d'œuvre de l'esprit humain; et je doute fort, par les ouvrages que j'ai lus de M. Thomas, qu'il ait les reins assez forts pour entreprendre un ouvrage de cette force; je lui connois prodigieusement d'esprit, mais je ne lui ai aperçu aucunetrace de ce feu créateur qui invente des choses nouvelles.

Sumite materiam vestris, qui scribitis, æquam
Viribus, et versate diu, quid ferre recusent,
Quid valeant humeri.

Sûrement il n'a pas pris Horace pour son conseil. Il aura suivi celui de quelques bureaux d'esprit de Paris et de Versailles. Il se sera rendu aux instances aveugles et ignorantes des fades adulateurs dont il est probablement entouré. C'est un grand malheur pour les gens de lettres, de ne plus vivre entre eux comme ils faisoient autrefois; le cabaret étoit un lieu libre où ils se disoient la vérité. Actuellement chacun d'eux vit dans un monde dont il est le soleil et qu'il pense éclairer; chaque tourbillon de société a de nos jours son bel esprit *soleil*, qu'il gâte par air, par prétention, par amour-propre, par vanité ou autrement. La coterie de feu M. de la Popelinière a égaré et perdu M. de Marmontel; je présume, avec beaucoup de vraisemblance, que le bureau d'esprit de Mme Marchais et quelques autres comptoirs encyclopédiques, ont tourné la tête au cher M. Thomas (1). J'en suis fâché, car indépendamment de ce qu'il a beaucoup d'esprit, et qu'il auroit pu réussir, s'il n'avoit entrepris que ce qu'il pouvoit entreprendre, il passe d'ailleurs pour avoir des mœurs et être un très-galant homme.

FÉVRIER 1767.

Vers le milieu de ce mois a paru *Bélisaire*, ouvrage de M. de Marmontel. L'on ne sait trop quel nom donner à ce livre, qui n'est ni chair ni poisson. Les soixante pre-

---

(1) V. sur Mme de Marchais, les *Mém. de Marmoutel*, t. I, p. 254 à 257. (*H. B.*)

mières pages annoncent un roman moral dans le goût de *Télémaque;* le reste sont des entretiens ou plutôt des leçons que Bélisaire donne à Justinien, sur toutes les parties de l'administration de l'empire. Pendant le cours de préceptes de gouvernement que Bélisaire fait faire au malheureux Justinien, ce dernier écoute avec toute l'attention d'un imbécile sans rien objecter, sans rien discuter, excepté dans le chapitre du luxe, où ce *Cha-Bahan* est assez hardi pour faire quelques objections à l'aveugle qui veut le conduire. Cette dernière idée me paroît rendre assez bien M. de Marmontel, qui sous le nom de Bélisaire veut enseigner l'art de régir des États. Les prétentions de ces petits philosophes ne finiront-elles jamais? Quand serons-nous délivrés de l'ennui de lire des ouvrages où des pédants prétendent éclairer l'homme d'état? Cependant *Bélisaire* a réussi, c'est-à-dire l'édition s'en est débitée en fort peu de jours, par les allusions et les applications malignes auxquelles il a donné lieu; et la cour a eu la maladresse d'en arrêter la vente, ce qui a donné la dernière main à sa célébrité, dans le temps même que son succès étoit balancé par les critiques judicieuses que l'on commençoit à en faire de tous côtés. On assure que c'est par l'ordre des ministres que la Sorbonne veut sévir contre cet ouvrage. Dans son chapitre de la religion, Marmontel fait dire à Bélisaire ce que Voltaire a dit vingt fois et cent fois mieux que cet aveugle : que Marc-Aurèle, Trajan et Antonin devroient bien tenir leur coin dans le ciel, quoique païens, etc. ; mais cette levée de boucliers de la Sorbonne pour cette hérésie *fluette* est, dit-on, excitée par le gouvernement, qui ne veut pas avouer la véritable raison qui le révolte contre cet ouvrage. L'affaire n'est pas encore terminée, et on l'a commencée avec tant de vigueur, en rayant de la matricule des censeurs M. Bret, qu'il y a grande apparence que Marmontel ne verra point finir tout cela à sa satisfaction.

Voici une manière d'épigramme assez allongée et assez lâche contre la Sorbonne, et que l'on attribue à M. Dorat :

> Bélisaire proscrit, aveugle, infortuné,
> Ferme dans le malheur, simple, sublime, sage,
> Instruisant l'empereur qui l'avoit condamné,
> De la terre attendrie eût mérité l'hommage....
>   Oui sans doute, chez les païens;....
>   Mais parmi nous,.... chez les chrétiens,
> Peindre Dieu bienfaisant, exalter sa clémence!
> Inspirer aux humains l'amour et l'indulgence!
> Chercher à les unir par les plus doux liens!
> Jusqu'où peut nous conduire une telle morale?
> Que ce blasphémateur soit puni par le feu.
> N'a-t-il pas dû savoir qu'il causoit du scandale,
> Quand, malgré la Sorbonne, il faisoit aimer Dieu?

Ces vers mous et lâches ne sont point de M. Dorat, suivant moi; ce n'est point là sa touche; il l'a plus légère. C'est à mon gré un de nos jeunes gens qui a le plus de grâce et de gentillesse dans ses pièces fugitives; il en vient de faire deux contre M. de Voltaire, qui sont remplies d'agrément et de légèreté. Dans la première, tout en louant ce grand poëte sur ses ouvrages, il le blâme en badinant de répondre et de donner des éloges à tous les plats écrivains et à tous les petits grimes qui lui écrivent. Il le persifle sur l'air envieux dont il ne cesse d'écrire sur Corneille, et l'invite à le laisser là. *Permets,* dit-il, *à Corneille, d'être tout bonnement sublime*, etc., etc.; cette épître a déplu à M. de Voltaire autant qu'elle le devoit, et il a marqué ici à ses amis, dans ses lettres, sa haine pour l'auteur de ce badinage qui est pourtant très-mesuré. Sur ces plaintes de M. de Voltaire, M. Dorat a fait une seconde épître dans laquelle il soutient, avec un ton de plaisanterie fort agréable, que ce n'est point à Voltaire à le haïr; mais que c'est lui, Dorat, qui devroit haïr Voltaire. *N'êtes-vous pas,* lui dit-il, *le sublime auteur de Mérope, d'Alzire, d'OEdipe, de Zaïre, et de tant d'autres chefs-d'œuvre? Que de titres pour vous prendre dans la plus cruelle aversion, si, d'ailleurs, je ne vous aimois pas de tout mon cœur,* etc., etc., etc.

Cette seconde facétie, mêlée de persiflage apparent et de louanges équivoques, a réchauffé la bile de M. de Voltaire, et il a répliqué par la très-médiocre épigramme qui suit. D'autres veulent qu'elle ne soit point de ce maître, mais de quelques-uns de ses garçons fanatiques.

> Un barbouilleur ayant fait contre Homère
> De mauvais vers qu'il avoit crus méchants,
> Demandoit grâce avec humble prière
> A l'offensé. « J'adore vos talents,
> « Lui disoit-il, et suis bien magnanime,
> « Car je pardonne à votre esprit sublime,
> « A vos écrits qu'admire l'univers. »
> — « Par tous les dieux dont j'ai peint la puissance,
> « Dit le vieillard à l'animal pervers,
> « L'effort est grand! moi, par reconnoissance,
> « Je ferai grâce à votre impertinence;
> « Mais je ne puis faire grâce à vos vers. »

Voilà où en est la querelle de ces deux messieurs; elle n'en restera sûrement pas là. Je tâcherai d'avoir les deux épîtres de Dorat.

Les bals de l'Opéra ont été très-suivis et ont rapporté beaucoup d'argent cette année. M. de Beaumarchais, auteur d'*Eugénie*, a été s'y faire persifler. Des masques, en lui donnant des éloges perfides, l'ont engagé adroitement à faire lui-même le sien et celui de sa pièce. Étant convenu de bonne foi qu'il y avoit des endroits où, le public lui ayant indiqué des corrections, il en avoit décidément profité : *J'en ai fait une entre autres,* a-t-il dit, *où j'ai été si convaincu de la justesse de la critique, que j'ai écrit de ma main à la marge de mon manuscrit : Je suis un sot.* — Ah! Monsieur, s'est écriée une femme masquée du fond de la loge, *quand vous ferez imprimer votre pièce, n'oubliez pas cette note-là ; elle est excellente!*

MARS 1767.

Le 5 du courant, j'ai fait mettre en vente *le Galant Escroc*, précédé des *Adieux de la Parade*, que j'ai fait imprimer à mes dépens. Je ne sais pas encore si cette comédie prendra; mais ce que je pense, c'est que je n'ai de mes jours fait un ouvrage plus régulier et plus agréable que celui-là. C'est le fond le plus heureux que j'aie jamais traité. Tout y est en action, l'exposition elle-même : aucune scène vide; un comique de situation qui se soutient depuis le premier mot de la pièce jusqu'au dernier; les caractères variés et tous pris dans la nature; une scène de deux amants, de la plus grande vérité puisqu'il étoit impossible qu'on imaginât de traiter une pareille scène autre part que dans une comédie de société; l'action de la pièce, très-rapide, puisqu'elle peut se passer en trois ou quatre heures au plus; tout le comique, toutes les plaisanteries sortant du fond même du sujet; chaque personnage ayant exactement le style qui convient à son caractère; et comme, excepté celui de Gasparin, tous les autres caractères sont d'un genre noble, le style général de cette comédie est dans le ton du plus grand monde, et de la très-bonne compagnie. L'effet théâtral en est prodigieux; elle a été jouée, comme je l'ai dit ailleurs, assez bien à Bagnolet, hormis la scène des amans, qui n'a jamais été bien rendue. Je voudrois voir cette scène entre les mains de Molé et d'une actrice telle qu'étoit Mlle Gaussin dans sa jeunesse. Cette comédie est, de tous mes ouvrages, celui que j'aime le plus et que je crois le meilleur; je n'en excepte ni *Henri IV*, ni *Dupuis et Desronais*; et je pense que les connoisseurs doivent être de mon avis.

Le vendredi, 13 du courant, mourut à Versailles, entre

sept et huit heures du soir, Mᵐᵉ la dauphine, princesse peu regrettée (1). Elle s'étoit fait également haïr des grands et des petits par sa hauteur, ses caprices, ses dédains cruels, et son esprit despotique et tyrannique. Elle sera enterrée à Sens, à côté de son mari, dont on pleure encore aujourd'hui la mort, et qui sera longtemps l'objet des regrets de tous les véritables François.

Le docteur Tronchin s'est furieusement barbouillé dans l'histoire du procès-verbal de l'ouverture du corps de cette princesse : il a donné de nouvelles preuves de son charlatanisme. Bouvart, le médecin, a démontré que son savoir étoit mince, dans un écrit contre son livre sur la colique de Poitou, auquel ce docteur *mirobolar* n'a pas pu répondre. Ce marchand de galbanon, je veux dire Tronchin, est un homme faux, peu savant, insensible, très-avare, et qui tire à la considération et à l'argent *per fas et nefas;* voilà ce que bien des gens en pensent. Il a un orgueil maladroit et trop à découvert ; ses discours sont toujours partagés en deux points : le mépris des médecins de Paris, et l'estime de sa façon de traiter les malades. C'est cet orgueil gauche et maussade qui a fait prendre des verges à Bouvart, qui l'a puni comme un écolier, comme un grime (2).

Le jeudi, 26 du courant, je fus à la première représentation des *Scythes*, tragédie de M. de Voltaire. Ce n'est point un ouvrage de sa vieillesse, c'est un ouvrage

---

(1) Marie-Josèphe de Saxe, fille de Frédéric-Auguste II, électeur de Saxe, et de Marie-Josèphe d'Autriche, née le 4 octobre 1731. Mère de Louis XVI. (*H. B.*)

(2) Il convient de ne pas oublier que Tronchin était collaborateur de l'Encyclopédie, et que cela eût suffi pour indisposer Collé contre le savant médecin. Du reste, nous avons lu quelque part que, contrairement à l'opinion attribuée à Bouvard par Collé, Tronchin avait caractérisé la maladie de la Dauphine avec autant de sagacité que de justesse. Finissons par un bon mot de Diderot sur ce même médecin Bouvard, lequel avait sur le visage une balafre en forme de c, ce qui faisait dire à notre philosophe que c'était un coup qu'il s'était donné, en tenant maladroitement la faux de la mort. (*H. B.*)

de sa caducité; son coloris même est effacé; les vers en sont aussi foibles que ceux des dernières tragédies de Corneille.

Je n'entrerai dans aucun détail sur cette rapsodie septuagénaire. Je n'en pourrois dire qu'un mal enragé, et je veux imiter l'indulgence du public, qui, à la première représentation, poussa la patience jusqu'où elle peut aller quand on est ennuyé aussi cruellement. Les trois cents personnes, jetées dans le parterre, applaudirent quelques endroits, et très-peu encore : le reste de la salle bâilla. Les amis de M. de Voltaire les plus aveuglés, les plus fanatiques, M. d'Argental enfin, ont fait tout ce qu'ils ont pu pour le détourner de faire jouer ce radotage; les Comédiens eux-mêmes lui avoient renvoyé son ouvrage, pour y faire au moins des changemens qui pussent le mettre en état d'être supporté sur la scène. Comme on avoit aussi répandu dans le public qu'il avoit composé cette pièce en douze jours, Fréron, dans une de ses feuilles, avoit dit qu'il devoit mettre douze mois à la corriger. L'on assure, au reste, qu'il n'étoit si pressé de paroître que parce qu'il avoit volé le sujet de sa tragédie à un pauvre diable qui étoit prêt à faire représenter la sienne. Voici l'histoire que l'on fait, et que je ne garantis pas encore.

M. de Sauvigny, ancien garde du corps du roi Stanislas, et déjà un peu connu par sa tragédie de *la Mort de Socrate*, en a une intitulée *les Illinois*, qui étoit même distribuée aux Comédiens lorsque M. de Voltaire a voulu qu'on jouât ses *Scythes*. M. de Sauvigny prétend que, par l'infidélité de ces histrions, cette même tragédie a été par eux envoyée à M. de Voltaire, et que ce dernier en a broché une, en peu de jours, sur son plan. Si le fait est vrai, il faut que M. de Voltaire, indépendamment de l'infamie du larcin, radote à toute outrance pour s'être fait siffler à la place de M. de Sauvigny, et pour avoir entrepris un sujet aussi imaginaire, aussi peu vraisemblable, aussi plat, aussi impertinent que celui-là. On assure encore que *les Illinois* seront donnés après Pâques : s'ils le sont effectivement, l'on verra clairement la vérité ou la fausseté de cette accusation de M. de Sauvigny. Il ne faut pas croire légèrement les auteurs sur ces sortes d'imputations; ils sont si chatouilleux sur leurs ouvrages qu'ils prennent souvent l'ombre pour le corps. *Les Scythes* ont eu quatre représentations.

La pièce est imprimée avec une épître dédicatoire de la dernière bassesse, et honnêtement plate d'ailleurs. MM. les ducs de Choiseul et de Praslin, auxquels elle est adressée, en pourroient peut-être trouver eux-mêmes les louanges puantes et hors de toute vraisemblance, s'il n'y avoit pas déjà longtemps et trop longtemps qu'ils sont ministres; mais dans les places éminentes on devient bien vite punais sur les éloges, et on ne trouve plus d'encens qui fasse mal au cœur, quelque détestable odeur qu'il ait.

Cette épître dédicatoire est suivie d'une préface en manière de radotage, dans laquelle Voltaire parle de lui, et se loue avec une impudence qui a bien son mérite par la singularité d'un amour-propre aussi à découvert.

AVRIL 1767.

La *Partie de chasse d'Henri IV* continue à être jouée avec fureur dans les provinces; elle a été représentée vingt-huit fois à Lyon; à Bordeaux, elle l'a été trente-trois; elle a fait une sensation singulière à Bruxelles où le prince Charles de Lorraine est adoré. Comme apparemment sa bonté populaire a des traits de ressemblance avec celle d'Henri IV, les spectateurs bruxellois, aux endroits de ma pièce où je fais agir notre Roi avec franchise et bonhomie, s'écrioient : *C'est Charles! c'est Charles!* Un M. Tournaire de la Tour, que je n'ai point l'honneur de connoître, est l'auteur des détails que je viens de rapporter, et il nous les a appris par une lettre qu'il m'a adressée par la voie du *Mercure*, et qui y est insérée dans le volume de mars. J'y ai répondu par la même commodité; ma réponse est dans le premier volume d'avril.

Le samedi 11, *Henri IV* suivi du *Galant escroc* fut joué encore par la troupe de M. le duc de Grammont, sur son théâtre des Porcherons, rue de Clichy. Je fus très-content de l'exécution de la petite pièce; je désirois beaucoup de choses dans *Henri IV*; en total cependant, pour des acteurs de société, cela n'étoit point absolument mal.

Enfin, le 23 et le 26 du courant, j'ai encore vu représenter cette pièce chez Mme la duchesse de Villeroy, par Brizard, Molé, Préville, Auger, Mlle Doligny, et les acteurs et actrices de la troupe de Mme de Villeroy (1).

Brizard excellent. Auger, dans le rôle de Lucas, ne laisse rien à désirer; Molé, dans celui de Richard, laisse au contraire à désirer, quoique bon; j'en dis autant de Mlle Doligny. Préville n'approche pas du naturel de M. le duc d'Orléans; d'ailleurs il est toujours Préville, mais il n'a pas saisi le caractère de Michau, dans le sens que je l'ai fait. Les autres acteurs et actrices ne s'en sont point trop mal tirés. Le rôle de Conchini ne seroit peut-être pas même si bien rendu à la Comédie françoise, quoique ce

---

(1) « La fureur incroyable de jouer la comédie, lisons-nous dans Bachaumont, 17 novembre 1770, gagne journellement, et, malgré le ridicule dont l'immortel auteur de la *Métromanie* a couvert tous les histrions bourgeois, il n'est pas de procureur qui, dans sa bastide, ne veuille avoir des tréteaux et une troupe. » Le nombre des théâtres de société était en effet considérable à cette époque, et, à cet égard, nous renvoyons le lecteur au livre déjà cité de M. Victor Fournel, intitulé : *Curiosités théâtrales*. (*H.B.*)

soit Le Kain qui me l'ait demandé, et à qui je l'ai donné si elle s'y jouoit.

J'avois reçu le jour même de cette dernière représentation une lettre datée du 20 avril ainsi conçue :

Monsieur,

« Vous serez sans doute surpris qu'un ermite, qui
« vous est inconnu, vous écrive du fond de sa province
« pour vous remercier du plaisir que lui a procuré la
« lecture de votre comédie de *la Partie de chasse*
« *d'Henri IV.*

« Comme j'ai le bonheur de penser comme vous sur
« ce bon Roi, j'espère que ma lettre vous fera quelque
« plaisir.

« Vous peignez parfaitement le héros en déshabillé,
« pour me servir de votre heureuse expression ; mais qu'il
« est peu de ces héros-là, de ces héros aimables en leur
« négligé !

« Je suis bien fâché qu'un moine ne puisse se trouver
« décemment aux représentations qu'on donne de votre
« pièce au public. Je vis au milieu des bois, où la pro-
« menade et la lecture font tous mes amusemens. Si je
« puis réussir dans le projet de plaisir que j'ai fait, je
« suis trop heureux. Je vais présenter, à plusieurs de
« mes confrères, quelques rôles de votre comédie, et
« dans nos récréations nous en jouerons quelques
« scènes sur un petit théâtre que je vais faire construire
« à l'insu des cagots et des petits esprits. Vous com-
« prenez bien qu'il faudra mettre à part la bonne Margot,
« la charmante Catau et la fidèle Agathe ; malgré cela,
« nous aurons beaucoup de plaisir. Quoiqu'assez jeune,
« je veux me charger du rôle d'Henri ; j'ai un bon ami
« qui prendra celui de Sully ; le sentiment, à ce que je
« crois, rendra notre début heureux.

« Vous avouez modestement que les mémoires de
« Sully vous ont servi pour peindre votre héros ; mais

« avouez aussi que vous êtes auprès d'un prince aima-
« ble, qui sait le copier aussi bien que vous, quoique
« d'une façon différente. Il n'appartient qu'aux Bour-
« bons de copier de cette manière-là.

« Je ne me contente pas, Monsieur, de vous écrire
« une lettre, j'ose encore vous envoyer des vers. Des
« provinciaux tels que moi font d'éternels complimens ;
« d'ailleurs, quand on est sur le chapitre d'Henri IV, et
« qu'on est bon François, peut-on jamais finir? Je suis
« persuadé que la capitale jase encore plus que nous
« quand on lui en rappelle le tendre souvenir. C'est un
« franc babillard que le cœur françois quand il parle de
« ce qu'il aime.

« J'ai l'honneur, etc. *Signé*, JANNIN, religieux de
« l'ordre de Cîteaux en l'abbaye royale de Chassagne en
« Bresse, par Montluel. »

Cette lettre, pleine de sentiment et écrite avec esprit, sans qu'il y ait de prétention à en avoir, me feroit penser que le Bernardin qui me l'a adressée est un bon et galant homme quoique moine, qu'il a de l'âme et du goût, et je craindrois en partant de là qu'il ne fût malheureux dans son état.

Le nommé Dalainval, acteur de la troupe de Bordeaux, est à Paris; je l'ai rencontré chez la duchesse de Villeroy: il m'a dit que *la Veuve* avoit été jouée dans cette première ville par Mlle Émilie, qu'elle y avoit réussi et que c'étoit une des petites pièces qu'ils reprenoient le plus souvent. Je crois que les Comédiens de Paris vont la jouer cet été.

MAI 1767.

L'on a remis, à la rentrée, *Eugénie*, qui s'est encore traînée six représentations, dont la dernière est du vendredi 8 du courant. Elle a acquis par ce moyen le dernier degré du mépris public. Je viens d'apprendre qu'à cette dernière représentation, le pécunieux auteur de cette rapsodie avoit encore fait jeter de l'argent dans le parterre. Les gens à sa solde l'ont redemandée, et elle a tenu encore cette semaine. Les deux dernières fois, ils l'ont étayée par deux représentations consécutives de *Dupuis et Desronais*; et on a remarqué que la salle ne se meubloit un peu que vers les sept heures. Au reste, quelqu'apparence de succès éphémère et précaire que cette pièce ait ou puisse avoir, je ne me dédis pas du mal que j'en ai écrit, et tous les connoisseurs seront de mon avis; il ne peut y avoir que des femmelettes qui puissent prendre quelque plaisir à un poëme aussi mal fagoté.

Le mercredi 27, les Comédiens françois donnèrent la première représentation d'*Hirza, ou les Illinois*, tragédie de M. de Sauvigny. L'on m'en a dit beaucoup de bien; je n'ai pu m'y trouver; je fus obligé, par bienséance, d'aller ce jour-là à une dernière répétition, que l'on faisoit chez M. le duc de Grammont, de ma comédie de *la Veuve*, qu'ils ont jouée le lendemain, jour de l'Ascension. Je pris un prétexte pour ne point assister à cette représentation de ma pièce, où je croyois qu'ils me mettroient en pièces. Mme Préville, qui y étoit, m'a cependant assuré qu'elle n'en avoit point été du tout mécontente. Elle dit qu'elle va la jouer aux François cet été ou cet automne; mais les Comédiens sont des paresseux qui lanternent sans cesse et qui ne finissent jamais rien. J'ai fait présent à Mme Préville de mes honoraires de cette pièce. J'ai fait aussi présent aux Comédiens du *Jaloux honteux*, de Dufresny, que j'ai réduit en trois actes, et qui a eu beaucoup de succès sur le théâtre de Bagnolet, comme je l'ai dit dans ce journal.

JUIN 1767.

Le vendredi, 5 du courant, il y eut à Bagnolet une manière de répétition totale de l'*Ile sonnante*. Caillot, Laruette (1) et une chanteuse que je ne connois point, exécutèrent, avec M. le chevalier de Clermont et Mme la marquise de Montesson, tous les différens morceaux de chant de Monsigny : je lus, moi, ma pièce à mesure, et un orchestre nombreux accompagnoit les ariettes, duo, trio, etc., etc.

Je n'ai point encore vu de sensation plus vive; M. le duc de Chartres lui-même, qui est comme le mercure qu'on ne peut fixer, ne désempara pas un moment. Ce fut d'ailleurs de la part de tous les acteurs une attention soutenue, telle que je n'en ai jamais trouvé dans les grands et dans ces gens qui sont blasés sur tout. Après l'exécution, ce même orchestre et tous les musiciens parurent étonnés de la force de la musique : ils ne cessoient de répéter que jamais Monsigny n'en avoit composé d'un genre aussi mâle ; ils le mettoient au-dessus de Philidor. Ils n'avoient pas moins été frappés machinalement du poëme (car tout est machinal chez des musiciens) : son extrême singularité les avoit confondus. Ils n'avoient cessé de rire pendant que je lisois, et d'admirer le chant et la musique forte pendant qu'ils exécutoient. Laruette et Caillot, extasiés de la besogne de Monsigny, se récrioient en même temps sur l'extrême gaieté et la nouveauté originale de mon drame, dont ils trouvoient d'ailleurs la conduite exacte, et les ariettes rimées et faites avec la plus grande aisance et le plus grand soin. Ces deux comédiens, ou chanteurs, sont, à ce que l'on m'a assuré, les grands juges de ces pauvretés lyriques, qui font actuellement le fond de leur théâtre, et l'on veut qu'ils ne se trompent

---

(1) Chanteurs du Théâtre italien. (*H. B.*)

jamais dans les décisions qu'ils portent des comédies à ariettes qui les enrichissent à présent et que la postérité sifflera à coup sûr, si le goût ne vient pas à se perdre totalement (1). Nos neveux devront un jour nous trouver bien bêtes d'avoir applaudi à toute outrance ce genre métis, qui n'est qu'un assemblage monstrueux de celui de la farce et de l'opéra ; de ce genre qui ôte toute illusion théâtrale, et que je trouve également opposé à la raison, à la vraie et belle nature, et à l'institution primitive du théâtre et du vrai poëme dramatique : il en est la *sodomie*.

Ce sont les sentimens que j'ai contre ce genre, qui m'ont fait entreprendre de jeter sur lui un ridicule qui fera peut-être rire, mais qui n'opérera pas de conversion : on ne peut l'attendre que du temps. Quoi qu'il en arrive, l'*Ile sonnante* sera du moins, si elle réussit, regardée quelque jour comme une réclamation et une protestation en forme contre le mauvais goût de ce siècle, et j'aurai l'honneur d'avoir osé la faire.

Revenons à l'enthousiasme que cet ouvrage a inspiré à la répétition, et qui peut fort bien être démenti à la représentation. Les comédiens et musiciens qui l'ont entendu en ont été tellement enivrés, que le lendemain de cette répétition, qui étoit le jour de leur assemblée, sur le rapport de Caillot et Laruette, les Comédiens italiens arrêtèrent de m'offrir mon entrée à leur spectacle. Le dimanche, 6 de ce mois, je reçus d'eux, à ce sujet, une lettre très-polie à laquelle je répondis le lundi, que l'*Ile sonnante* n'avoit été composée que pour M. le duc d'Orléans; qu'elle alloit être jouée en juillet à Villers-Cotterets, et que sans les ordres de S. A., ni moi, ni Monsigny, n'en pouvions disposer; que conséquemment

---

(1) Les *comédies à ariettes!* voilà ce qui troublait le sommeil de Collé, lequel, suivant l'expression de Grimm (*Correspondance littéraire*, janvier 1768), « enrageait que l'opéra-comique en *musique* eût écrasé l'opéra-comique en *couplets.* » (*H. B.*)

je n'avois aucun titre qui pût me faire accepter décemment mon entrée.

Le mercredi 10, réponse des Comédiens à ma lettre. La voici :

« Monsieur,

« Quand nous avons délibéré de vous offrir vos en-
« trées à notre spectacle, nous n'y avons été portés que
« par l'estime et la considération que méritent vos ta-
« lens, sans aucun motif d'intérêt personnel. Nous vous
« prions donc de vouloir bien les accepter comme une
« justice que nous vous rendons, et dont nous serions
« très-mortifiés que vous ne voulussiez pas profiter, etc.
« Signé, *Carlin, Lejeune, Bailletti, Caillot, Ciavarelli,*
« *Clairval, Champville, P. Veronèze.* »

Comme je suis sûr du consentement de M. le duc d'Orléans pour faire jouer ma pièce aux Italiens, j'ai cru devoir me rendre à cette seconde politesse; d'autant plus que *l'Ile sonnante* étant déjà regardée comme lue et reçue, j'ai dès ce moment le droit incontestable de jouir de mes entrées. J'ai été les en remercier, samedi, 13, à leur assemblée.

Le dimanche 21, on a donné, sur le théâtre de Villers-Cotterets, *le Joueur,* tragédie de Saurin. C'est une traduction libre d'une tragédie angloise de ce titre ; j'en ai entendu la lecture et je connois l'original par une traduction en prose qui nous en a été donnée il y a quelques années. Saurin, en se rendant ce sujet propre, y a mis des finesses, une vraisemblance, des gradations, des scènes filées avec grand art; il l'a écrite en vers libres qui m'ont paru les plus forts qu'il ait faits de sa vie : elle vient d'avoir le plus grand succès chez M. le duc d'Orléans; malgré cela, je doute toujours très-fort qu'elle réussisse aux François, où elle sera donnée cet hiver vraisemblablement.

Je ne trouve pas le fond de ce sujet intéressant pour

un drame tragique. La passion du jeu et les effets qu'elle peut produire, quelque terribles qu'ils puissent être, ne peuvent, à mon avis, et suivant même l'impression que cette pièce m'a faite, affecter l'âme assez fortement. La bassesse de cette passion et des crimes dont elle est la suite ne doit pas effleurer le cœur ; d'ailleurs, sur qui se porteroit le foible intérêt de ce drame-ci ? sur le joueur ? c'est un enragé qui n'a aucune vertu qui rachète ses fureurs vicieuses ; sa tendresse pour sa femme est sans force et sans suite ; ses remords doivent peu toucher. L'intérêt que l'on peut prendre d'abord pour cette femme ne peut pas être d'une longue tenue non plus ni se soutenir ; malgré les indignes procédés de son mari et ses bassesses, cette bonne dame l'adore toujours bêtement. Ce caractère romanesque, et qui n'est point dans la nature, ne sauroit porter à nous intéresser pour elle jusqu'à un certain point.

La sœur du joueur et son amant ne sont que de seconds personnages ; et ce n'est point aussi sur ce dernier épisode que tombe et doit tomber le grand intérêt du drame. J'ajouterai, d'ailleurs, que celui d'une tragédie peut difficilement naître d'un vice bas et méprisable, tel que la passion du jeu. Il faut, pour nous émouvoir dans les tragédies, de grands crimes qui puissent en imposer à notre imagination, dont l'objet puisse s'ennoblir par la fin qu'ils se proposent, telle qu'est la soif de régner, la vengeance, etc. ; en un mot, des crimes pour ainsi dire respectables, qui prêtent aux idées fortes et sublimes pour les détails, et qui honorent en quelque sorte et élèvent le fond du sujet. Mais des coquineries et des vices crapuleux n'ont pas le droit d'intéresser, du moins moi ; cela ne fait que m'indigner, me dégoûter, me révolter ; et, quelque sanglante qu'en soit la catastrophe, la pièce, dans tout son cours, m'a fait mal au cœur, et la fin m'en est tout à fait indifférente. Je rends compte ici, au surplus, de mon impression seulement,

et je désire, de très-bonne foi, que ce ne soit point celle
que cette tragédie fasse sur le public. Ce seroit, au reste,
la faute du sujet plutôt que celle de Saurin, qui, comme
je l'ai dit, a rendu sa traduction ou son imitation infiniment supérieure à son original.

Sans flatter M. le duc d'Orléans, je puis dire qu'il
s'est mal conduit vis-à-vis de Saurin dans cette occasion-
ci. Il est parti pour Villers-Cotterets sans lui faire la plus
légère politesse, sans le faire prier d'y aller, sans lui
donner de ses nouvelles. Il est vrai que c'est l'embarras
où on l'a jeté qui, vraisemblablement, l'a empêché de
donner à Saurin des marques de bonté et des témoignages
de sa reconnoissance. Je n'entends point par-là de l'argent ou un présent, *longe absit;* ce n'est pas là la récompense des gens de lettres d'un certain ordre; sans les
honnêtetés qu'on leur doit, un présent tout sec seroit une
injure. J'entends que le prince auroit dû, quelques jours
avant son départ, envoyer chercher M. Saurin, lui faire
des remercîmens de lui avoir donné son ouvrage, et de
lui en avoir consacré les prémices et la fleur; convenir
ensuite avec lui du jour qu'il pourroit lui envoyer une
voiture pour se rendre à Villers-Cotterets, et enfin l'admettre à sa table.

Mais sans doute M. de Pont-Saint-Maurice, gouverneur
de M. le duc de Chartres, chevalier des ordres du Roi,
et premier gentilhomme de la chambre de S. A. S., ajou-
tons à ces qualités celle de l'homme le plus haut de son
siècle, et qui connoît et estime le moins la littérature et
les gens de lettres; ce Sottenville enfin, a probablement
persuadé à M. le duc d'Orléans qu'il ne convenoit pas
à la dignité du premier prince du sang de faire manger
avec lui des beaux esprits, même les plus titrés. Car
on ne peut l'être davantage que Saurin; il est de l'Académie françoise; il a une réputation par lui-même; il
est le fils d'un très-grand géomètre, connu dans toute
l'Europe; son père étoit de l'Académie des sciences; il y

a eu en Hollande un très-fameux ministre de son nom et de ses parens, dont les sermons sont estimés en France. M. Saurin est d'ailleurs, par lui-même, un homme sans reproche, et dont on n'a jamais attaqué les mœurs et la probité. Que falloit-il de plus à ce gentilhomme de la chambre? Si ce marquis de Pont n'eût pas été si borné, il auroit senti que son prince ne pouvoit jamais s'abaisser en descendant jusqu'à l'homme de lettres, et en l'honorant d'une distinction flatteuse qui ne pouvoit pas faire planche pour d'autres gens; que l'homme de lettres auroit regardé cette faveur comme une grâce, et non comme un titre. S'il eût eu de l'esprit et un jugement sain, il auroit vu que si d'un côté le prince ne pouvoit s'avilir en faisant assister à sa table M. Saurin, ce dernier, au contraire, se dégradoit en allant manger à une autre table que celle du prince, quelle qu'elle fût. Il auroit jugé judicieusement que, dans le cas présent, ce n'est point l'homme de lettres qui a eu affaire au prince, mais que c'est le prince qui a eu besoin de l'homme de lettres; que ce n'étoit point par conséquent par des dégoûts qu'il lui en falloit marquer sa reconnoissance, mais par des façons honnêtes et honorantes. Mais que demander à un patricien bouffi de noblesse et vide de sens? Il est malheureux que M. le duc d'Orléans se soit décidé par des idées aussi fausses.

J'avois presque la certitude que cette affaire, qui m'est commune avec Saurin, prendroit cette tournure-là, par un incident qui m'étoit arrivé à Bagnolet le jour de la répétition dont j'ai parlé. Monsigny, en sa qualité de compositeur, ne vouloit pas manger avec les musiciens de son orchestre; je vis l'embarras où se trouveroit M. le duc d'Orléans, s'il commençoit par indisposer Monsigny; je me sacrifiai, et, afin de lui épargner ce dégoût, je lui dis tout de suite que je comptois y manger, moi, et que lui et moi nous ferions les honneurs de cette table. A peine lui avois-je parlé, que

Monseigneur vint à moi, tout honteux et tout marmiteux, me faire presque en tremblant la proposition de faire les honneurs de la table en question. « *Je vous ai prévenu,* lui « dis-je, *Monseigneur ; j'ai conçu l'embarras où je vous* « *mettrois, si je ne vous faisois pas ce sacrifice, et je le* « *fais.* » C'en étoit effectivement un très-grand de ma part ; mais aussi je me promis bien que ce seroit le dernier de cette espèce que je lui ferois. En vérité, je me crus dans l'antichambre ou à la cuisine dans ce dîner-là, et je ne le lui ai pas laissé ignorer ; je lui ai fait dire, par M. le vicomte de la Tour-du-Pin, que, comme un autre Daniel, j'avois été condamné aux bêtes, *damnatus bestiis*. Je me propose bien, d'ailleurs, lorsque l'occasion s'en présentera, de lui renouveler sur tout ceci ma façon de penser. Il sait que je ne recherche point l'honneur de manger avec lui ; que, toutes les fois que je l'ai pu avec bienséance, je me suis débarrassé de cet honneur-là ; que, de cinq fois qu'il m'a prié, j'en ai esquivé trois ; je lui rappellerai ces faits, dont il se souviendra très-bien ; et je finirai par l'assurer, très-positivement, que jamais, où il sera et où il me mandera, il ne m'amènera à manger à une autre table que la sienne.

Mais, pour en revenir à Saurin, M. le vicomte de la Tour-du-Pin, qui, dans cette occasion, s'est conduit comme un ange, a tâché de réparer, autant qu'il a pu, les torts du prince. La veille de son départ pour Villers-Cotterets, il fut le soir chez Saurin pour lui demander, de la part de Monseigneur, le jour qu'il comptoit y aller ; il lui dit qu'il auroit une voiture, etc. Il n'avoit pourtant pas l'adresse ni aucun ordre positif, mais il savoit les intentions du Prince.

Saurin, que j'avois instruit et que j'avois prévenu que l'on comptoit nous faire manger là-bas à la table du maître-d'hôtel, avec Grandval et Carmontelle, lui répondit que sa santé actuelle ne lui permettoit pas de faire ce voyage, et qu'il resteroit à Paris. Comme le vicomte insista et lui dit que sa santé n'étoit qu'un prétexte, et que ce n'étoit point là la vraie raison qui l'empêcheroit de sortir, Saurin en convint, et le vicomte convint à son tour que rien n'étoit plus juste que ce qu'il désiroit, et que, si le duc d'Orléans eût été mieux conseillé, il n'eût pas balancé un instant à nous accorder l'honneur que nous lui demandions : c'étoit effectivement comme il pensoit. Le vicomte, pour ajouter encore une fiche de consolation aux politesses qu'il avoit déjà faites à Saurin, lui a fait envoyer un courrier de la part du prince, pour lui annoncer le succès de sa pièce. Je suis très-convaincu que c'est lui qui a arrangé de faire écrire M. de Foncemagne au nom de M. le duc d'Orléans. Il est bon d'observer ici que Foncemagne mange là-bas avec Monseigneur, tandis que l'on nous vouloit établir à la table du maître-d'hôtel, avec le comédien Grandval. Ce fait fournit la preuve la plus complète que ce plat et inconséquent arrangement est la besogne de M. le marquis de Pont ; le *gouverneur* a voulu faire honorer le *précepteur* ou sous-gouverneur personnellement et relativement à lui-même. Cet homme sans goût pour les lettres s'est fort peu embarrassé de ceux qui en faisoient profession, et qui l'exerçoient avec des mœurs sans reproches et la dignité qui leur est convenable.

Après cette exposition, il est presque inutile de dire que j'ai pris d'avance mes mesures vis-à-vis de M. le duc d'Orléans, pour ne point aller à Villers-Cotterets ; j'ai prétexté la santé de ma femme, mais, au fond, il sait ce qui en est, et il le saura encore mieux quelqu'un de ces jours (1).

---

(1) On voit avec plaisir Collé se montrer chatouilleux dans une pareille question et rompre une lance en faveur des gens de lettres à l'encontre des grands ; mais, en semblable cas, Piron se fût borné à dire : « Les dignités sont connues : je prends mon rang ; » cela eût mieux valu que la longue digression de Collé. (*H. B.*)

Le mercredi, 17 juin, je fus à la seconde représentation des *Illinois;* cette tragédie avoit encore eu le malheur d'être interrompue après la première représentation, par une maladie de Mlle Dubois. La pièce a eu à combattre, ces jours-ci, des chaleurs insoutenables. Les plaintes de son auteur, sur l'infidélité de quelqu'un des comédiens et le plagiat de M. de Voltaire, ne paroissent point absolument dénuées de vraisemblance. Le fond de l'idée des *Illinois* et des *Scythes* est effectivement le même : c'est l'opposition des mœurs des sauvages à celles de l'Europe. Le dénouement, qui ne vaut rien du tout dans l'un et dans l'autre auteur, est exactement le même; et il y a apparence que le pape des encyclopédistes, le délicat Voltaire, qui regarde l'honneur et la probité comme la monnoie des sots, ne se sera point fait un scrupule de se servir des moyens les plus malhonnêtes, s'ils lui ont été les plus utiles. Au reste, cette tragédie de M. de Sauvigny m'a été vantée plus qu'elle ne le mérite; je n'y ai trouvé aucune invention. Cet auteur n'a ni génie ni talent pour le dramatique : il ne connoît pas le mécanisme de cet art. Il fait bien les vers, du moins autant que j'en ai pu juger en les entendant réciter et sans les avoir lus, mais ils ont en général le défaut d'être trop épiques. C'est une mode que M. de Voltaire a amenée : il n'en fait guère d'autres dans ses tragédies, et c'est, je pense, manquer à la raison et au bon goût. Nos jeunes gens ne voyent en moi qu'un radoteur et un envieux quand je leur fais voir ce défaut dans Voltaire : c'est une vérité de goût qui n'est pas à portée de tout le monde, et moins encore à l'usage de la jeunesse; l'esprit à tort et à travers est l'idole de cet âge.

Le dimanche, 28 du courant, la troupe de la Montansier donna, à Saint-Germain-en-Laye, *la Partie de chasse de Henri IV;* le mardi 30, ils l'ont encore jouée; mes sœurs étoient à cette représentation. Brisard a fait le rôle de Henri IV ; il y avoit, à ce qu'elles m'ont dit, un Sully excellent ; le succès a été complet.

JUILLET 1767.

Comme je ne veux pas aller à Villers-Cotterets, je ne veux pas non plus que M. le duc d'Orléans pense que ce soit par vanité déplacée, et non par le juste sentiment de ce que je me dois à moi-même ; je ne suis pas bien aise qu'il croie aussi que ce ne seroit pas un plaisir pour moi de voir exécuter mon ouvrage : je veux qu'il juge que c'est par raison que je me prive de cette satisfaction, et, en même temps, j'ai l'idée de lui persuader que je ne mets point d'humeur à tout cela. Pour l'en convaincre, j'ai composé exprès pour lui, ces jours-ci, la petite misère suivante que j'ai adressée à M. de Monsigny, pour être mise en musique par lui. C'est un dialogue qui peut être agréablement chanté par Mme la marquise de Montesson et par le chevalier de Clermont. En connoissant les êtres de là-bas comme je les connois, je suis bien sûr que cette petite drogue y réussira. Voici ce que c'est :

DIALOGUE AMOUREUX

Entre M. Jacob et Madame Judith.

LA DAME JUDITH, *seule.*

Jacob, ne suivez point mes pas.

M. JACOB, *seul.*

Judith, je ne vous quitte pas.

Ensemble.

Non, non, ne suivez point mes pas.
Non, non, je ne vous quitte pas.

MADAME JUDITH, *d'un air tendre.*

N'exigez pas que je vous aime!

Ensemble.

{ Non, non, ne suivez point mes pas.
{ Non, non, je ne vous quitte pas.

MADAME JUDITH, *toujours tendrement.*

Ne croyez pas que je vous aime!

M. JACOB, *avec vivacité.*

Mais vous me l'avez dit vous-même...
A présent démentiriez-vous
Un aveu si tendre et si doux?.....
Ma surprise seroit extrême.

Ensemble.

{ Non, non, je ne vous quitte pas.
{ Non, non, ne suivez point mes pas.

MADAME JUDITH, *plus tendrement encore.*

N'exigez pas que je vous aime!
  Ma mère m'a dit :
  « Écoutez, Judith,
« Dites-lui, comme de vous-même :
« *Ne croyez pas que je vous aime!* »

Ensemble.

{ Non, non, ne suivez point mes pas.
{ Non, non, je ne vous quitte pas.

MADAME JUDITH, *très-tendrement.*

N'exigez pas que je vous aime!
  Non, non, Jacob, voyez-vous :
  J'aurois encor mon époux,
  Qui pourroit être jaloux
  De mon amitié pour vous;
Non, c'est un embarras extrême.
N'exigez pas que je vous aime !

M. JACOB, *très-vivement.*

Bon! bon! bon! aimons, aimons-nous!
  Ces craintes sont une chimère.

Trompons et la mère et l'époux!
Trompons et l'époux et la mère!
C'est un plaisir de plus pour nous,
D'avoir à tromper des jaloux.

  Madame Judith, *d'un air languissant.*

Quoi! faut-il chanter avec vous?

   Ensemble.

Bon! bon! bon! aimons, aimons-nous!
Ces craintes sont une chimère.
Trompons et la mère et l'époux!
Trompons et l'époux et la mère!
C'est un plaisir de plus pour nous,
D'avoir à tromper des jaloux.

C'est après cet envoi que je reçus, le 18, une lettre de Marquise. Son amitié pour moi paroissoit y être inquiète que je refusasse à Monseigneur d'aller à Villers-Cotterets; il lui avoit écrit qu'il m'enverroit chercher le 20, pour lui parler au Palais-Royal. Effectivement il m'envoya, ce jour-là même, une chaise de poste à Grignon, où j'étois et où je suis actuellement retourné. Déterminé comme je l'étois à ne point céder sur ce voyage, je craignois le rendez-vous que Monseigneur me donnoit; j'appréhendois de m'échauffer dans cette conversation-là; mes frayeurs furent bientôt dissipées. A peine lui eus-je dit que le prétexte de la mauvaise santé de ma femme, dont j'étois convenu avant son départ et vis-à-vis de lui que je me servirois pour me disculper près de Monsigny; à peine, dis-je, lui eus-je dit qu'effectivement ce prétexte étoit malheureusement devenu une raison vraie et légitime, qu'il me répondit sur-le-champ, avec la plus grande bonté et la plus grande amitié, que ce motif étoit trop juste, et qu'il me dispensoit du voyage. Il ajouta: « *Au reste, tout étoit arrangé pour que*
« *vous n'y eussiez pas le désagrément que vous y craigniez;*
« *vous seriez arrivé à Villers-Cotterets le jour que madame*
« *la comtesse doit y venir; mes gentilshommes ne mangent*

« *point avec moi lorsqu'il y a une princesse du sang à ma* « *table, et vous eussiez mangé à celle de mes gentilshommes.* »
Ce n'eût pas encore été là mon compte, au cas que Foncemagne reste à la table du prince lors même qu'il s'y trouve une princesse. C'est un fait dont je m'informerai ; j'en suis curieux.

Dans cette incertitude, où plutôt regardant foncièrement ce voyage-là plus comme une corvée que comme une partie de plaisir, je persistai à dire au Prince que ma femme étoit dans une situation qui ne me permettoit pas de la quitter un instant; il est bien vrai qu'elle est dans le temps critique des femmes, mais, si j'eusse été certain d'être de la cour du prince à Villers-Cotterets comme doit y être un homme de lettres, peut-être la démangeaison naturelle à un auteur m'y eût fait aller, et sans doute je me serois ennuyé et repenti d'y avoir été; il y a mille petites choses qui m'y auroient blessé : je ne suis pas fait comme un autre, moi. Tout compté, tout rabattu, je suis charmé de l'obstacle qui s'est opposé à ce voyage d'amour-propre. Monseigneur est content aussi; il m'a accablé d'amitiés, de caresses et de confiance ce jour-là. Je l'ai vu à Paris pour ne pas l'aller voir à Villers-Cotterets.

Le 28, je dînai chez Bernard (1), à Choisy, avec Dorat, qui nous lut un petit poëme en trois chants où je trouvai des choses charmantes. Il laissa à Bernard une épître qu'il a adressée ces jours-ci à Mlle Beaumesnil ; c'est un badinage très-élégant, et il y règne un ton de bonne plaisanterie qui m'a plu au point d'en tirer copie. Cette jolie chanteuse de l'Opéra, qui a été si prodigieusement louée dans un des *Mercures* de l'année passée, que l'on assuroit qu'il ne resteroit plus d'éloges pour les autres, présentes et à venir, cette demoiselle Beaumesnil, dis-je, est une des plus excellentes dé-

---

(1) Gentil-Bernard. (*H. B.*)

vergondées de l'Opéra, sans, dit-on, faire aucun tort aux autres.

ÉPITRE A MADEMOISELLE BEAUMESNIL

Par un inconnu.

J'examinois hier au soir
Ton œil mutin, ton air folâtre :
Et j'ai jugé, par le théâtre,
De tes talents pour le boudoir.

Me voilà pris, ou Dieu me damne !
Ta voix sans timbre, tes attraits,
Et ta mine toute profane
M'ont mis au rang de tes sujets.

Ne crains point que, louangeur fade,
Me récriant sur tes appas,
J'aille, dans des vers de parade,
Te donner ce que tu n'as pas.

Ce n'est point l'allure orgueilleuse
De l'altière et vaine Junon,
Ni la pudeur très-fabuleuse
De l'amante d'Endymion.

Tu n'es (je le dis sans façon)
Pudique ni majestueuse ;
Mais l'Amour qui, par toi, soutient
L'aimable empire de sa mère,
Des charmes seul dépositaire,
T'en a donné ce qu'il en tient
Dans le corset d'une bergère.

Tes yeux sont des foyers ardents
Où j'ai failli brûler mes ailes,
Et d'où partent mille étincelles
Sur le salpêtre de mes sens.

A ta suite erre le caprice,
Qui, courant d'un pas incertain,
Tient des papillons à la main
Et te poursuit dans la coulisse.

Viennent après l'air enfantin,
Les faussetés au front serein,

Faveurs d'épines couronnées :
Tout l'attirail du dieu malin,
Quand il va faire ses tournées
Pour désoler le genre humain.

Que j'aime en toi ces perfidies,
Cet oubli des tendres serments,
Et ces adroites singeries
Qu'on prendroit pour des sentiments !

Avec quel art tu dois séduire
L'amant dans tes fers arrêté !
Que de tourments sous ton empire
Y rappellent la volupté !

Admets-moi dans la confidence ;
Chasse-moi ces adorateurs
Exhalant l'ambre et l'arrogance ;
Ce groupe de petits seigneurs
Qui de l'amour ont les fadeurs
Sans en avoir la consistance,
Qui partout avec impudence
Vont traînassant leur nullité,
Et dont la stérile insolence
Trompe l'espoir de la beauté.

Je me conduis avec décence ;
De mon printemps je sais user ;
Je sais aussi temporiser,
Et, réprimant l'effervescence,
Prolonger une jouissance,
Ne pouvant pas l'éterniser.

Ah ! si ma jeune enchanteresse
Donne une nuit à mes souhaits,
Nuit plus amoureuse jamais
N'aura signalé ma tendresse.

Tantôt je croirai, dans mes bras,
De fleurs enchaîner la déesse.
Eh ! parbleu ! je ne prétends pas
Que Zéphyr me passe en ivresse !

Tantôt, pour soutenir mon feu,
Tu seras la belle Pomone ;
Et, si je m'y connais un peu,
Vertumne n'a rien qui m'étonne.

Si tu prends les traits d'une Muse,
Je prends les flèches d'Apollon :
Pour Sapho je deviens Phaon,
Et fleuve enfin pour Aréthuse.

Ivre de mes félicités,
Fidèle aux célestes usages,
Je veux égaler mes hommages
Au nombre des divinités.

Cet orgueil est d'un bel exemple ;
Mais je fais mes conventions :
Ferme-moi la porte du temple
S'il faut payer mes oraisons.

Un baiser dont on fait emplette
Ne rend pas l'amour fortuné :
Sans prix alors qu'il est donné,
Et moins que rien dès qu'on l'achète.

Ne va point te décourager.
Il ne me faut qu'une huitaine,
Et dès ta première migraine
Je te promets de déloger,
De laisser là ma souveraine.
J'ai des mœurs. Pour te rassurer,
S'il te vient dans cet intervalle
Quelque traitant à dévorer,
Quelque amplitude épiscopale
Qui, sans bruit, veuille à ce jeu-là
Sanctifier sa convoitise,
Et pour des filles d'Opéra
Distraire le bien de l'Église ;
Si, las de bâiller à grands frais,
Quelque ministre misanthrope
Vient, pour esquiver les placets,
Chez toi dépouiller les apprêts
De sa politique enveloppe,
Et veut sur ton sein désormais
Laisser dormir les intérêts
Et la balance de l'Europe ;
Vu le besoin de t'occuper,
L'habitude de ces mystères,
Ces graves sots qu'il faut duper,
Et tous suivant leurs caractères ;

Je te permets de me tromper
Et de vaquer à tes affaires.

    Adieu! je ne dis pas mon nom.
Jeune Beaumesnil, quand on aime
Il faut de la discrétion.
Je serai ce soir au balcon,
L'œil triste, le visage blême,
Pour mieux marquer ma passion.

    Si ta nuit n'est pas retenue
Et que tu goûtes ma pâleur,
Dans tes beaux yeux, nymphe ingénue,
Mets le signal de mon bonheur.

    Mais si tu combles mon martyre,
Si ta rigueur vient m'accabler,
Permets-moi quelque éclat de rire
Pour m'aider à me consoler.

En transcrivant ces vers, je ne les ai pas trouvés aussi bons qu'en les entendant réciter; j'y ai vu des longueurs dont j'ai même retranché quelques-unes, des tours et des expressions recherchés, des choses communes; on n'y reconnoît pas toujours le mot propre : il faudroit apprendre à ce jeune poëte à se défier de sa facilité et à retrancher de son abondance.

Il nous lut encore un petit poëme en trois chants dont l'invention ne m'a pas paru merveilleuse, mais où il m'a semblé qu'il y avoit des peintures très-agréables et des vers très-bien faits. Le personnel de M. Dorat me plut d'ailleurs infiniment; il a le ton excellent et paroît être d'une très-grande douceur.

AOUT 1767.

Le 9 du courant je reçus une lettre de M. de Monsigny (1), qui revenoit de Villers-Cotterets où je n'avois point voulu aller, comme je l'ai dit. Je dois me savoir gré à tous égards de m'être épargné ce voyage, puisque mon *Ile sonnante* y est tombée tout à plat. Comme en même temps la musique m'a paru excellente, je ne me tiens pas pour battu : 1° Dans ces sortes d'ouvrages, les paroles ne sont qu'un très-petit accessoire, la musique est presque tout ; 2° les acteurs, que je n'ai point été à portée de faire répéter, ont joué sans gaieté et dans un sens directement opposé au genre de la pièce; M. de Vaudreuil, qui chantoit le rôle de Préfio, étoit malade et si enroué qu'on ne l'entendoit pas ; 3° les plaisanteries semées dans ce drame sont faites plutôt pour le public que pour le goût dédaigneux et blasé des gens de la Cour, et surtout de l'espèce de ceux qui donnoient le ton aux autres spectateurs : je veux dire Mme la comtesse de la Marche. Cette princesse, autant amie apparemment des madrigaux qu'ennemie de toute gaieté, avoit déjà proscrit et fait trouver mauvais *le Rossignol*, qui avoit tant réussi vis-à-vis de feu Mme la duchesse d'Orléans qu'elle le fit jouer trois fois dans un voyage de Villers-Cotterets. Enfin je défie que l'on ait entendu autre chose de cette pièce que la prose et les vers qui en étoient déclamés. On avoit omis de faire faire une soixantaine de copies des ariettes pour les distribuer dans la salle du spectacle; en sorte que la musique même, quelque bien faite qu'elle soit, n'a dû paroître qu'un bruit très-har-

---

(1) Monsigny (P.-Al.), célèbre compositeur, membre de l'Institut. Né en 1729, mort en 1817. Élève de Gianotti, il fut un des créateurs de l'Opéra-Comique à ariettes, et travailla notamment avec Sedaine, Anseaume, Favart et Marmontel. (*H. B.*)

monieux, mais dont il a été impossible d'apprécier le moins du monde le mérite, ignorant absolument les paroles qu'elle exprimoit. En général, même, on voit aux Italiens toutes les premières représentations de cette espèce de drames n'avoir pas l'ombre de succès, par cette raison que l'on n'entend pas encore les paroles des ariettes; le *Roi et le Fermier, Rose et Colas, Tom Jones* et tant d'autres sont tombés à leur première représentation. Quoi qu'il en soit de ce jugement de Cour, presque toujours contredit par celui de la ville, j'ai remis mon manuscrit à M. Sedaine, pour qu'il me juge sur les changements qui seroient à faire dans mes paroles, et je m'en rapporterai à ce qu'il décidera, sentant très-bien d'ailleurs que ce genre bâtard n'est pas le mien et que je n'y suis pas un grand clerc; aussi cette chute ne m'a pas fait grande peine, par le peu d'importance que je mets à ces mauvaises besognes-là. M. de Monsigny d'abord étoit un peu effarouché; il est tant soit peu remis actuellement, mais pas encore au point, à ce que je crois, de risquer le paquet aux Italiens; je ne pense pas de même, et je me trompe peut-être, mais je parierois cent louis que cette pièce, avec de légers changements, auroit dans dix-huit mois cent représentations. En admettant même que l'on juge à Paris le poëme aussi rigoureusement qu'à Villers-Cotterets, tout ce qui en arriveroit, c'est qu'à chacune de ces représentations l'on diroit : « les paroles et le poëme ne valent rien, mais la musique est délicieuse. » *Vederemo.*

Le mercredi, 26 du courant, les Comédiens donnèrent la première représentation de *Cosroës*, tragédie de M. Lefèvre, jeune homme de vingt-deux ans. Je n'ai vu que la seconde représentation, qui ne fut donnée que le mercredi 2 septembre. Le Kain étoit ou fit le malade; son indisposition, feinte ou véritable, a donné le temps au jeune auteur de refaire presque entièrement son cinquième acte, et de faire divers autres changements dans les autres et surtout dans le quatrième, etc. L'indulgence ordinaire du public pour le coup d'essai d'un auteur aussi jeune a fait supporter cette pièce, qui n'est pas supportable.

Je n'entrerai dans aucun détail sur la rapsodie de M. Lefèvre : cela n'en vaut pas la peine. Je remarquerai uniquement que son *Cosroës* n'est point le sujet du *Cosroës* de Rotrou, pièce très-estimable pour le temps et à laquelle, même dans celui-ci, on ne peut encore refuser son estime. M. Lefèvre a mal fait de prendre ce nom de *Cosroës*, n'en traitant pas le sujet ; si sa tragédie n'avoit que ce défaut, on ne le chicaneroit pas sur cela. Elle a eu dix représentations.

SEPTEMBRE 1767.

Le 7, nous sommes revenus à Grignon passer le reste de ce mois. Quelques jours auparavant, Mme de Meulan m'avoit dit que M. de Sartine lui avoit fait entendre qu'avec la moindre tentative on pouvoit faire jouer par les Comédiens françois *la Partie de chasse de Henri IV*, actuellement qu'elle a été jouée sur tous les théâtres de province du royaume. Je lui demandai ce que ce magistrat vouloit dire par *la moindre tentative;* que j'étois tout prêt à faire toutes celles qui me seroient indiquées, étant très-sûr qu'on ne m'en feroit faire que d'honnêtes. Mme de Meulan me promit de lui en parler, et elle m'a tenu parole. En effet, le samedi 12 du courant, je reçus deux lettres pleines d'amitié de MM. de Meulan père et fils, par lesquelles ils me marquoient qu'il falloit que je fisse la démarche d'écrire à M. de Sartine, pour lui demander la permission de la représentation de ma comédie sur le théâtre des Comédiens de Paris. Ils me donnoient à peu près l'idée de ma lettre; mais, craignant de n'y pas mettre ce qui y étoit nécessaire ou d'y fourrer des choses qui pourroient nuire au succès de cette affaire, j'allai à Paris ce même soir, et le lendemain au matin je portai à M. et à Mme de Meulan le brouillon de cette épître. Mme de Meulan me fit des observations très-judicieuses sur deux articles que j'avois touchés et desquels il étoit maladroit de parler. Je retranchai ces gaucheries, et voici la lettre dont ils se sont chargés pour M. de Sartine, et de laquelle j'attends la réponse, que je n'aurai guère que le 23 ou le 26 de ce mois. M. le lieutenant de police ne les a pas assurés positivement qu'il réussiroit, mais qu'il y feroit de son mieux.

« Monsieur,

« Au mois de juin 1766, les Comédiens françois de-
« mandèrent la permission de jouer *la Partie de chasse*
« *de Henri IV;* vous ne la leur avez pas accordée; me la
« refuseriez-vous encore à moi-même, aujourd'hui que
« cette pièce est jouée dans toutes les provinces du
« royaume depuis dix-huit mois, à Lyon, Bordeaux,
« Nantes, Strasbourg, Dijon, Valenciennes, Nancy,
« Soissons, Fontainebleau, etc., etc., enfin partout, ex-
« cepté à Paris; qu'elle l'est dans toutes les sociétés par-
« ticulières à Paris; qu'elle l'a été chez les princes, chez
« Mme la duchesse de Villeroy; qu'elle est sans cesse re-
« présentée dans toutes les maisons de campagne et terres
« aux environs de Paris; qu'au mois de juillet dernier
« elle a été représentée devant la maison du roi à Saint-
« Germain-en-Laye, sur le théâtre même du château,
« cinq fois de suite, et par les ordres de M. le duc de
« Noailles?

« Aurois-je le malheur, Monsieur, de ne pouvoir espérer
« de voir jouer ma pièce qu'après ma mort? Je sens bien
« que cela seroit capable de me ressusciter; l'amour
« de la gloire et l'amour-propre doivent naturellement

« opérer ce miracle dans un auteur, et le faire revenir
« d'aussi loin. Mais, enfin, je suis modeste, je ne crois
« point du tout mériter un miracle, à beaucoup près; je
« me contenterois bonnement d'être joué de mon vivant.
« Vous voyez, Monsieur, que je ne suis pas difficile; je
« désire fort que vous ne le soyez pas plus que moi.

« Vous aimez les gens de lettres, Monsieur, et vous en êtes
« aimé; et j'aimerois, moi, vous avoir obligation, parce
« que j'ai pour vous, Monsieur, la plus profonde estime, et
« qu'il me seroit doux d'y joindre le sentiment de la
« plus vive reconnoissance. J'avance en âge, la repré-
« sentation de ma comédie seroit toute la consolation de
« ma vieillesse, où je suis bientôt près d'entrer. Ce seroit
« une matière inépuisable de propos et de radotages
« pour mes vieux jours; ça fait toujours plaisir.

« Je suis avec respect, etc. »

J'ai emporté à la campagne, où je suis, mon manuscrit du *Véritable Amour,* que j'avois confié à M. Sedaine. Il l'avoit depuis plus de deux mois entre les mains; il m'avoit promis de l'examiner avec la critique la plus sévère, et m'avoit flatté d'y trouver un autre dénouement. Quant à ce dernier point, il n'a fait que rendre le combat que j'avois imaginé pour mon dénouement d'une autre manière que celle que j'avois employée; mais ce seroit toujours un combat, et ce n'est point conséquemment un autre dénouement. Ce moyen ressembleroit toujours, en quelque sorte, aux dernières scènes de son *Philosophe.* De plus, *Eugénie* a, depuis encore, mis un combat près de sa catastrophe; le public doit être las de tous ces petits combats, et pour ma part j'en suis à la nausée, et je ne me servirai sûrement pas de l'expédient que m'a donné M. Sedaine. Si d'ici à un an je ne puis rien trouver de nouveau pour un nouveau dénouement, je ne penserai plus à cette pièce; mais j'en regretterai toujours quelques caractères qui y sont traités d'une façon neuve, et quelques scènes qui ont leur petit coin de singularité et d'originalité.

Je me suis promis, et je me promets encore, de n'être pas assez peu sensé pour tenter, passé soixante ans, de travailler à des ouvrages d'imagination, et je me tiendrai parole. J'ai toujours devant les yeux l'exemple de feu M. Le Sage. Après s'être moqué des homélies de la vieillesse de l'archevêque de Grenade, M. Le Sage en a fait lui-même à la fin de sa vie; j'espère, moi, que cela ne sera pas ma manière de radoter, j'en aime mieux une autre (1). Je ne suis point content, au reste, des critiques que m'a faites M. Sedaine; elles sont trop couvertes, portant sur de petits objets, et ne me paroissent pas aller au fait; elles ne sont point assez sanglantes. Je soupçonne qu'il ne m'a pas dit ni voulu dire ce qu'il pensoit; cela a l'air d'avoir voulu se débarrasser de moi. Il n'y a point de franchise dans son procédé; il seroit injuste à moi de lui en vouloir du mal; il ne me doit rien : je ne suis point son ami; je ne lui ai jamais rendu service. Il a mis de la civilité à la place de la bonne foi : je n'ai aucun droit d'en exiger davantage; mais s'il m'avoit consulté sur une de ses pièces, et s'il me consultoit encore, je lui dirois, moi, tout ce que j'ai dans l'âme; et c'est, je crois, un devoir que les gens de lettres sont obligés de remplir les uns vis-à-vis les autres lorsqu'ils

---

(1) Je n'ai pas attendu soixante ans pour ne rien donner ou destiner au public, et cependant je n'ai pas encore fini ma carrière assez tôt; j'entends celle qui m'exposoit au théâtre et à l'impression : j'eusse pu me dispenser de produire *l'Ile sonnante*. J'ai d'ailleurs observé à la rigueur ce que je m'étois promis; j'ai tenu ferme sur ma comédie en cinq actes, dont je n'ai pu venir à bout; et en 1774, ayant eu l'idée très-neuve d'un roman qui a pour titre : *Mémoires pour servir à l'histoire de mes chers pères et de ma chère mère*, je ne me suis pas refusé de l'écrire, mais je l'ai écrit de façon et je l'ai arrangé de manière qu'il me fût impossible de le livrer à l'impression, quand la démangeaison la plus forte m'en prendroit actuellement. Je me suis donné mes coudées franches dans ce roman singulier et qui ne ressemble à rien. Il a amusé mes amis : cela me suffit. (*Note de Collé, écrite en* 1780.)

acceptent l'emploi d'Aristarque. Au surplus, ce qui résulte de tout ceci, c'est que je ne suis point la dupe de Sedaine, et qu'il n'a pas trouvé en moi un auteur aussi aveuglé par l'amour-propre, et aussi crédule qu'ils le sont pour la plupart lorsqu'on ne trouve presque rien à dire, ou qu'on ne leur dit rien sur leur ouvrage.

Le lundi 14 fut commencé un chemin qui prend de l'avenue de Ville-Neuve-le-Roi, et qui conduit au village de Grignon, où nous sommes actuellement, chez M. l'abbé comte de Gouffier. Il y a trois ans que j'ai sollicité et obtenu ce chemin par le crédit de M. de Montigny, fils de M. de Trudaine, intendant des finances, qui a le département des ponts-et-chaussées (1); quoique ce chemin fût dû, par les bâtiments du roi, aux habitants de Thiais et de Grignon, lorsqu'on leur ôta le leur en faisant celui qui conduit actuellement de Choisy à Versailles, cette restitution a cependant trouvé beaucoup d'obstacles. M. de Marigny, qui est toujours directeur des bâtiments du Roi, ne vouloit pas faire cette dépense, en convenant de la justice de la prétention. M. de Montigny a engagé son père à prendre sur les ponts-et-chaussées la moitié des fonds nécessaires pour faire ce chemin, et M. de Marigny a consenti d'y contribuer de l'autre moitié sur les fonds des bâtiments du roi.

N'ayant pas reçu le 23 des nouvelles de mon affaire de la représentation de *Henri IV* (2), je saisis une occa-

---

(1) Monsieur l'abbé comte de Gouffier, ami depuis quarante ans de M. et de M*me* l'Escarmotier, s'est avisé de laisser par son testament à feu M*lle* Bazire et à ma femme, sa sœur, nièces de feu M*me* l'Escarmotier, sa maison de Grignon en usufruit seulement. Elles y ont réuni la propriété qu'elles ont achetée des héritiers de défunt M. l'abbé de Gouffier; par cet événement le *chemin* que j'avois obtenu pour le défunt, et qui est un avantage très grand, très-commode et très-nécessaire pour cette bastide, se trouve avoir été fait pour nous. (*Note de Collé.*)

(2) A force de parler de ma comédie de *Henri IV* et de ses représentations je suis devenu fastidieux; tout lecteur s'écrie, et moi tout le premier, je me suis écrié et je m'écrie :

Je suis las à la fin de tant de léthargies!

sion qui se présentoit d'aller à Paris le 24, et là j'appris de Mme de Meulan le détail qui suit : Depuis ma lettre à M. de Sartine, les Comédiens (qu'apparemment il avoit fait sourdement avertir) lui ont fait une députation pour le supplier de leur permettre de donner sur leur théâtre la Partie de chasse d'Henri IV; à cela ce magistrat leur dit qu'il ne pouvoit faire parler pour eux le ministre au Roi, qu'ils n'eussent auparavant le consentement de l'auteur. Les Comédiens lui ont répondu qu'ils étoient certains que l'auteur ne demandoit pas mieux (ces coquins m'avoient pénétré, et M. de Sartine avoit pour lors ma lettre). La semaine d'après, autre députation des Comédiens à M. le lieutenant de police, pour savoir de lui la décision du Roi, qui a prononcé d'une manière décisive et absolue, qu'il ne vouloit pas que cette pièce fût jouée à Paris. Si j'étois aussi jeune que M. Lefèvre, je dirois en moi-même ce que le cardinal de Bernis, dans sa jeunesse, dit au très-vieux cardinal de Fleury, qui lui refusoit un très-mince bénéfice, j'attendrai (1); mais j'ai dix mois de plus que le Roi, et je ne me porte pas si bien que lui. C'est donc à cet égard le coup de grâce qu'il vient de me porter, et je ne verrai jouer ma pièce aux Français qu'après ma mort; mais ce coup de grâce présente à ma petite gloire et à mon amour-propre des côtés bien flatteurs, et nous autres poëtes nous n'avons que ce but. Dans ce petit malheur, c'est une très-grande consolation pour moi de pouvoir me témoigner à moi-même que cette tentative pour faire jouer ma pièce et toutes les démarches faites en conséquence

---

J'ajoute à ce vers du *Légataire* de Régnard, que toutes ces répétitions et ces rabâchages sur *la Partie de chasse de Henri IV* m'ont causé un ennui et une nausée dont je ne suis pas encore bien revenu. (*Note de Collé.*)

(1) C'est à Boyer, évêque de Mirepoix, que le cardinal de Bernis a fait cette réponse. Boyer venait de lui refuser durement une faveur qu'il sollicitait, en ajoutant qu'il ne l'obtiendrait pas tant qu'il serait en vie. — J'attendrai, monseigneur; répondit Bernis, alors abbé. (*H B.*)

ne sont point venues de moi ; que c'est la célébrité de mon ouvrage qui m'attire cette distinction unique en son genre.

Je dois être bien flatté aussi que ce même lieutenant de police, qui, par foiblesse ou timidité, a refusé l'année passée sa simple approbation à la représentation de ma comédie, ait été forcé cette année-ci, par le cri public, et parce que tout le monde lui jetoit la pierre, ait été forcé, dis-je, de tenter des expédients pour la faire jouer cette année-ci. Le succès d'ailleurs, qui ne fait qu'augmenter tous les jours dans toutes les provinces du royaume, où on ne cesse pas de la jouer ; deux éditions tirées à deux mille, et la troisième que l'on tirera de même, sans compter celle que je vais d'ailleurs donner dans mon *Théâtre de Société* ; tout cela, dis-je, adoucit merveilleusement mon petit chagrin. Il est bien glorieux pour moi de pouvoir dire qu'il n'y a que le Roi, lui seul, dans toute la France, qui ne veuille pas que l'on joue ma pièce. Je n'en veux pas pour cela à ce prince, mais je ne le pardonne pas aux mânes impudiques de cette c.... de Pompadour, qui seule a laissé une impression fâcheuse dans l'esprit du Roi contre ma pauvre comédie.

Je travaille depuis trois mois à l'édition de mon *Théâtre de Société*, que j'ai réduit à deux volumes. J'ai fait un choix de tout ce que j'avois de mieux ; je proscris le reste. J'ai fait beaucoup de petits changements et j'ai retouché toutes mes pièces. Je n'attends pas le plus grand succès ; je me contenterois très-fort d'en avoir un médiocre, et qui me remboursât de mes frais, qui ne laisseront pas de monter très-haut. Je crois pourtant qu'à la longue ce Théâtre sera entièrement vendu ; je ne le fais tirer qu'à quinze cents. Mais, au reste, s'il ne se débite pas de mon vivant, c'est une récompense que je destine à Gueffier, mon libraire, après ma mort ; il l'a méritée, c'est un très-honnête homme et d'une probité délicate, chose rare dans un libraire. Si, contre mon attente, mon édition étoit enlevée sur-le-champ, j'en ferois une seconde à deux mille, dans laquelle je lui donnerois part de mon vivant, et la lui laisserois tout entière après ma mort.

OCTOBRE 1767.

Je suis revenu à Paris le 1ᵉʳ de ce mois. Le lendemain de mon arrivée je rencontrai M. Doyen, peintre, dont un tableau, dans le grand genre, vient d'être exposé dans le Salon du mois d'août dernier, et il a remporté le prix. Le sujet de ce tableau est sainte Geneviève des Ardents; il est fait pour une des chapelles de l'église Saint-Roch, et il sera bientôt placé. Le mal des ardents, ou la peste si l'on veut, est rendu dans ce tableau avec une force et une expression qui entraînent également les suffrages de l'ignorant et du savant. C'est une vie, une âme et un feu qu'on trouveroit dans peu de tableaux; celui-ci est affreusement beau.

[Croiroit-on, me disoit ce peintre, que peu jours après l'exposition de mon tableau au Salon, un homme de la Cour m'a envoyé chercher pour m'en commander un dans le genre que je vais vous dire? Ce seigneur étoit à sa petite maison avec sa maîtresse lorsque je me présentai à lui pour savoir ce qu'il me vouloit. Il m'accabla d'abord de politesses et d'éloges, et finit par m'avouer qu'il se mouroit d'envie d'avoir, de ma façon, le tableau dont il alloit me tracer l'idée.

« Je désirerois, continua-t-il, que vous peignissiez madame (en me montrant sa maîtresse) sur une escarpolette qu'un évêque mettrait en branle. Vous me placerez de façon, moi, que je sois à portée de voir les jambes de cette belle enfant, et mieux même si vous voulez égayer davantage votre tableau, etc. »" — J'avoue, me dit M. Doyen, que cette proposition, à laquelle je n'aurois jamais dû m'attendre, vu la nature du tableau d'où il partoit pour me la faire, me confondit et me pétrifia d'abord. Je me remis pourtant assez pour lui dire presque sur-le-champ : « Ah! monsieur, il faut ajouter au fond de l'idée de votre tableau, en faisant voler en l'air les pantoufles de madame, et que des amours les retiennent. » Mais comme j'étois bien éloigné de vouloir traiter un pareil sujet, si opposé au genre dans lequel je travaille, j'ai adressé ce seigneur à M. Fagonat, qui l'a entrepris et qui fait actuellement cet ouvrage singulier (1).]

Dans la conversation, M. Doyen me dit que M. Lefèvre, auteur de la nouvelle tragédie de *Cosroès*, avoit été un de ses élèves; qu'il ne réussissoit pas mal dans la peinture; que cependant il y avoit du gigantesque dans son pinceau. Et moi je lui dis que j'en trouvois dans ses vers.

— *Quant à son talent poétique, me répliqua-t-il, je ne m'en étois jamais douté. Il y a à peu près deux ans cependant que, voyant languir sa besogne, je m'avisai de lui demander ce qu'il avoit dans la tête, et pourquoi il ne travailloit plus avec la même ardeur; je croyois qu'il avoit quelques amourettes, et je fus bien surpris lorsqu'il me tira de sa poche une lettre de M. de Voltaire, qui lui faisoit des compliments sans fin sur une tragédie de sa façon qu'il avoit envoyée à ce grand poète. — Cet homme vous flatte et vous trompe,* lui dis-je, *ainsi que tous les jeunes auteurs qui le consultent sur leurs ouvrages. M. de Voltaire est un racoleur qui, par ses éloges, vous promet trente sous par jour jusqu'au régiment, et qui ne vous dit pas qu'après vous n'aurez que cinq*

---

(1) Il s'agit de Fragonard, qui effectivement a traité le sujet en question, auquel il a donné le titre de : *Les hasards heureux de l'escarpolette.* C'est une de ses plus gracieuses compositions. (*H. B.*).

sous. Ce sont ses propres expressions, qui m'ont paru plaisantes, et le fond de l'idée est très-juste. Je dis à M. Doyen que je craignois fort que son élève ne vérifiât sa prédiction, et qu'il ne gagnât que cinq sous au Parnasse; que son M. Lefèvre me paroissoit manquer de talent, d'invention et d'imagination, et que je serois fort étonné s'il parvenoit jamais à créer et à conduire un ensemble. — *Je pense comme vous,* me répondit-il, *vous lui accordez qu'il fait bien les vers, mais j'ai des élèves qui font très-bien des yeux, des mains, des pieds, des bras, etc.; et lorsqu'il s'agit de faire un tout et d'assembler ces parties, les petites bonnes gens n'y entendent plus rien.*

Le mardi 13 du courant l'Académie royale de musique donna deux actes nouveaux. Le premier, intitulé *Théonis, ou le Toucher,* de M. Poinsinet, musique de Trial et de Breton. Le second, intitulé *Amphion,* de M. Thomas, musique de M. de La Borde, valet de chambre du roi. L'acte de Poinsinet a un peu réussi; son succès sera éphémère : il ne restera pas au théâtre. Quant à l'acte d'*Amphion,* il est tombé ignominieusement, musique et paroles. C'est pour cet acte que je fais cet article.

J'ai lu avec attention les paroles de Thomas, et j'ose dire ici, sans aucune exagération, que je n'en ai pas encore lu d'aussi mauvaises, d'aussi gauches, et qui s'éloignent davantage du ton lyrique; la rage de la philosophie l'a poursuivi au point d'en vouloir mettre dans un acte d'opéra; j'entends cette philosophie de mots et de prédications triviales. Amphion prêche la tolérance dans cet opéra; il nous rabâche que tous les hommes sont frères; il les exhorte à l'humanité, et avec une élégance peu commune; sa galanterie ne le cède en rien à son éloquence. Un chef de sauvages promet à celle qu'il aime d'immoler les monstres des forêts......

. . . .
« Et sur leur dépouille sanglante
« Nous jouirons tous deux des plaisirs de l'amour. »

Cet acte est écrit avec une dureté et une ignorance du genre lyrique qui feroit frissonner Quinault. Quant au fond de son sujet, il est pillé de l'acte d'*Osiris* de Cahuzac, et l'on ne pouvoit guère l'arranger plus gauchement. Rien ne tient ensemble, l'on ne sait où est le lieu de la scène. Depuis cette équipée on ne nomme plus, dans le parterre, l'auteur des paroles d'*Amphion* que *le Gros Thomas*.

NOVEMBRE 1767.

Nous sommes revenus de la Celle le 16. On m'a régalé en arrivant à Paris d'une épigramme de Piron contre le *Bélisaire* de Marmontel, et l'*Hilaire* de Marchand, qui en a fait la parodie. Je n'ai point lu cette prétendue critique, parce que j'en ai entendu parler avec le dernier mépris. Ce Marchand est un avocat sans causes, qui depuis vingt-cinq ou trente ans s'est fait chansonnier sans talent. C'est un homme qui a une détestable facilité de faire des vers communs, des madrigaux usés, des couplets de la dernière trivialité, et même des impromptus détestables à la louange de celles ou de ceux qui ont le malheur de tomber sous sa main. Ce métalent et un peu d'intrigue, sans doute, l'ont fait nommer avocat des fermes, ce qui lui vaut mille écus d'appointements sans avoir rien à faire. C'est une place sans fonctions, comme celle de barbier de l'Infante. Ce M. Marchand, au reste, est un assez ennuyeux bavard ; je l'ai rencontré quelquefois, et il m'a paru toujours assommant ; c'est cependant le bel esprit de quelques caillettes de la bourgeoisie. Quoi qu'il en soit, voici l'épigramme de Piron :

> L'un croit que par son Bélisaire
> Télémaque est anéanti ;

L'autre pense que son Hilaire
Vaut le Virgile travesti.
Voilà l'Hélicon bien loti!
    Maçon de l'encyclopédie,
Et vous, l'homme à la parodie,
A bas trompette et flagolet :
Que l'un reste à l'Académie!
Que l'autre aille chez Nicolet!

Le vendredi 20 du courant je fus à la première représentation d'une comédie en deux actes et en prose intitulée *les Deux Sœurs*. M. Bret en est l'auteur. Il l'a retirée; elle n'a été jouée que cette seule fois. Ce n'est pas qu'elle ait été huée, ni même sifflée; elle a ennuyé tout bonnement.

Il a paru au commencement de l'automne un recueil de lettres du feu président de Montesquieu. Ces lettres, dont un certain abbé de Guasco (1) étoit l'éditeur, n'avoient été données par lui au public que par un esprit de vengeance contre Mme Geoffrin, dont elles disoient du mal ; car d'ailleurs je n'ai de mes jours rien lu de si plat, de si insipide et de si mauvais que ces lettres. Mme Geoffrin eut alors le crédit d'en faire arrêter l'édition, à laquelle on mit des cartons, et l'on supprima des endroits où il étoit question d'elle. Je n'ai vu qu'un exemplaire de cette édition tronquée, je crois même qu'il n'en existe pas de celle qui est tout entière, excepté en Hollande, où ce vilain abbé en a fait tirer aussi une édition.

Le sujet de la vengeance de ce capelan est le refus que lui fit Mme Geoffrin de le recevoir chez elle un jour qu'elle donnoit à manger à des gens à qui monsieur l'abbé ne convenoit pas. Cet impudent força la porte, et la maîtresse du logis fut obligée de lui faire un mauvais compliment, et de le mettre dehors elle-même par les épaules. Le vilain prêtre, suivant l'esprit de l'Église,

---

(1) Guasco (Octavien de), Chanoine de Tournay, membre de l'Académie des inscriptions, né en 1712, mort en 1781. (*H. B.*)

ne lui a point pardonné; et au bout de plusieurs années il lui a joué le tour dont je parle. Mais n'ayant pas aussi bien réussi qu'il s'en étoit flatté, et ne pouvant pas apparemment faire passer en France des exemplaires de son édition de Hollande, voici ce qu'il fit mettre le mois dernier dans la gazette à Utrecht :

« Du   octobre 1767, n° 88.

« Il se répand ici des exemplaires du recueil des lettres du fameux
« président de Montesquieu, dans lesquelles se trouvent des traits
« injurieux à madame Geoffrin, que des circonstances extraordinaires
« et inattendues ont rendue célèbre en si peu de temps; il est très-
« désagréable pour une personne aussi sensible qu'elle à l'opinion
« publique, de se voir appeler *la Geoffrin*, *une femmelette aca-*
« *riâtre, méchante,* etc., et cela par un si grand homme qu'elle avoit
« mis au nombre de ses amis. Ces traits malins sont répétés avec
« complaisance par beaucoup de gens à qui madame Geoffrin ne
« déplaît peut-être que par sa trop grande célébrité; elle est appelée
« communément *la harengère du beau monde, la dame de charité*
« *de la littérature;* etc., mais elle est bien vengée de ces sobriquets
« injurieux par l'éclat que fait dans l'Europe sa correspondance avec
« des têtes couronnées. L'on assure que, rebutée des gens de lettres,
« c'est-à-dire de leur peu de docilité, et des artistes qu'elle protège,
« et craignant d'ailleurs les tracasseries où leurs imprudences pour-
« roient l'engager, elle va rompre avec eux pour n'admettre dans sa
« société que les personnes les plus considérables de la Cour et de
« la ville : ce qui rendra sa maison l'une des plus agréables de Paris. »

Le fiel et l'amertume de cette satire sont d'autant plus cruels, qu'il y a quelques vérités mêlées dans ce mensonge, dans la peinture des ridicules de Mme Geoffrin. Il est sûr que cette bourgeoise a une vanité et des prétentions sans bornes. Je ne sais point qu'elle soit méchante, mais tout le monde sait, au contraire, qu'elle est fort obligeante, très-active, et qu'elle a rendu de très-grands services, et en très-grand nombre, à quantité d'artistes et gens de lettres.

J'en parle d'une façon désintéressée. Elle n'a jamais eu occasion de me faire ni bien ni mal. Elle m'a voulu attirer chez elle, et m'a fait plusieurs fois des avances à cet égard, desquelles je me suis défendu le plus poliment que j'ai pu. J'avois pris la maison en aversion, parce que c'étoit un bureau d'esprit, et que je les déteste. J'avoue, d'ailleurs, que je n'aime point son personnel, ses prétentions excessives. L'envie qu'en général on porte aux gens riches, sa réputation d'esprit usurpée, sont moins cause, au reste, des désagréments qu'elle a essuyés, que ses inconsidérations et son air trop aisé avec tout le monde. Voici une aventure qui lui est arrivée il y a quelques années, qui prouve ce que je dis là :

Mme Geoffrin va voir un matin Mme la duchesse de Chevreuse. Elle étoit à sa toilette, environnée de marchands, de marchandes et fournisseurs, et de tous gens qui étoient debout. Mme Geoffrin salue Mme de Chevreuse ; à peine même s'en donne-t-elle le temps, ne regarde personne, tire elle-même un fauteuil, s'assied, et entame l'affaire pour laquelle elle étoit venue. Mme la comtesse de Guiche, qui court les rues à pied les matins, et qui est toujours très-mal vêtue pour faire ses courses, se trouva par hasard confondue dans la foule de toutes les personnes qui étoient là ; cette femme de qualité, choquée avec raison de l'impertinente aisance de la bourgeoise, tire par la manche une des femmes de Mme de Chevreuse, et lui fait une profonde révérence. La chambrière, en riant, rend sur-le-champ la révérence à la comtesse de Guiche, qui lui dit ; *Ah ! tu salues les gens, toi, Adélaïde ! tu es polie : c'est que tu as eu de l'éducation ; tu as été bien élevée.* L'on s'imagine bien quel dut être l'embarras de Mme Geoffrin quand elle jeta les yeux sur Mme de Guiche, et quel put être le reste de cette scène.

Quant à l'abbé Guasco, il se dit gentilhomme piémontais (1), et je ne le crois qu'un vilain. Il avoit à Paris une assez mauvaise réputation, et la noirceur avec laquelle

---

(1) Il était né à Turin, d'une famille noble. (*H. B.*)

il vient de se venger suffit elle seule pour faire voir sa vilaine âme; ses talents littéraires sont très-obscurs. Il paroît, par les lettres mêmes du président de Montesquieu, qu'il le traite comme un homme qui n'étoit bon qu'à corriger ses épreuves. J'ai vu ce coquin-là deux ou trois fois chez Helvétius, et il ma déplu et ennuyé.

Le mardi 24 du courant l'on donna la première représentation d'*Ernelinde*, opéra tragique en trois actes, paroles de M. Poinsinet, musique de M. Philidor. Ce devoit être la merveille des merveilles. Il paroît qu'il est tombé; je dis il paroît, car quoique tous ceux qui y ont été l'aient trouvé mortellement ennuyeux, je ne voudrois pas répondre, malgré cela, qu'il n'eût pas une grande quantité de représentations, tant est fort le fanatisme de la musique moderne.

Il est difficile de se faire une idée d'un poëme aussi mauvais, aussi triste, aussi ennuyeux, aussi mal écrit, aussi déraisonnable que celui de M. Poinsinet. M. Diderot a été son guide, et ce n'est point sans doute une des moindres raisons de son éminent degré d'imperfection. Il faut être né sans génie, sans talent et sans goût, pour faire le choix d'un pareil aristarque. M. Poinsinet vient de nous prouver, par son *Ernelinde*, qu'il est né sans tout cela, et qu'il s'en passe. La musique de Philidor réussit malgré le poëme; il faut que le gros du public soit devenu musicien au point d'en être devenu bête, pour tenir au profond ennui qu'inspire ce monstrueux ouvrage. Il faut n'avoir dans la tête que deux sons, être privé de raison et d'esprit, et n'avoir que des oreilles, et même des oreilles d'âne, puisqu'il faut le dire grossement, pour s'amuser à ce bacchanal musical, qui ne porte sur rien.

J'ai dit plus haut que Diderot avoit présidé au poëme de Poinsinet. *Vidit quod esset bonum.* Diderot a dit, il y a quatre ou cinq mois, à quelqu'un de ma connoissance : *J'ai eu longtemps* ERNELINDE *entre les mains; j'en ai retranché cent quatorze vers; j'en ai ôté les expressions am-*

bitieuses qui sentent trop le jeune homme; actuellement l'ouvrage me paraît bon, et j'ose dire qu'à présent M. Poinsinet est des nôtres. Voilà donc ce grand lyrique jugé digne d'être compté parmi les génies de l'Encyclopédie! les génies lexicographiques!

Le samedi 13 l'on me donna l'épigramme suivante contre Dorat. On assure qu'elle est de Voltaire :

> Bon dieu! que cet auteur est triste en sa gaîté!
> Bon dieu! qu'il est pesant dans sa légèreté!
> Que ses petits écrits ont de longues préfaces!
> Ses fleurs sont des pavots, ses ris sont des grimaces.
> Que son encens est fade et de mauvaise odeur!
> Il est, à ce qu'on dit, un heureux petit-maître;
> Mais si j'en crois ses vers, je ne voudrois pas être
>   Sa maîtresse ni son lecteur.

Voici la réponse de M. Dorat :

>   Grâce! grâce! mon cher censeur;
> Je m'exécute et livre à ta main vengeresse
> Mes vers en prose et mon brevet d'auteur.
> Je puis bien vivre heureux sans un lecteur.
> Par pitié seulement, laisse-moi ma maîtresse :
> Laisse en paix les amours; épargne au moins les miens.
> Je n'ai point, il est vrai, le feu de ta saillie,
>   Tes agréments ;..... mais chacun a les siens.
>   On peut s'arranger dans la vie :
>   Si de mes vers Eglé s'ennuie,
> Pour l'amuser je lui dirai les tiens.

L'épigramme de Voltaire ne vaut pas grand'chose. Elle est pleine de petites antithèses et de petits *concetti*; elle est lâche et allongée. L'épigramme ne doit jamais être qu'un trait vif et saillant, auquel tous les vers qui la composent doivent se rapporter.

J'aime mieux la réponse de Dorat. Elle est fort adroite; elle a retourné le public de son côté.

DÉCEMBRE 1767

Le samedi 12 décembre les Comédiens françois ont repris l'*Artaxerce* de M. Lemierre. Cette reprise n'a pas fait sensation. S'ils la devoient à l'auteur, ils devoient aussi la faire plus tôt; si l'intérêt général de la troupe n'étoit pas toujours sacrifié aux intérêts particuliers de ces messieurs et de ces dames, il est sûr que leur hiver pouvoit être mille fois mieux arrangé. Ils pouvoient facilement apprendre dans le courant du mois d'octobre *les Deux Sœurs* (1), se rafraîchir la mémoire sur *Artaxerce* et donner en même temps à Mlle Dumesnil un rôle de huit cents vers, qu'elle étudie actuellement, dans une tragédie nouvelle d'un M. d'Ussy; d'autant plus que Mlle Dumesnil n'a point de rôle dans *Artaxerce*. Par ce moyen-là la comédie de M. Bret eût fait capot le lendemain des fêtes de la Toussaint. La reprise d'*Artaxerce* se seroit faite le lendemain de la Saint-Martin, et si elle n'eût pas rendu d'argent, la tragédie nouvelle se seroit trouvée prête vers la fin de novembre. Pendant qu'on l'eût jouée, ils auroient eu le temps de préparer deux petites comédies; l'une de M. Barthe, l'autre de M. Sedaine, et ils auroient pu mettre dans les premiers jours de carême *le Joueur* de M. Saurin, dont je parlerai dans son temps; mais la paresse et la division sont l'apanage de cette troupe, qui auroit bon besoin d'un directeur. Ces gens-là ressemblent à un fermier qui auroit cent arpents d'excellente terre, et qui s'obstineroit à n'en vou-

---

(1) *Les Deux Sœurs*, comédie en deux actes, en prose, par Bret; jouée en 1767, non imprimée. Le peu de succès des *Deux Frères*, de Moissy, et des *Deux Sœurs*, de Bret, fit dire à un mauvais plaisant qu'il fallait les marier ensemble. *Anecdotes dramatiques*, t. 1, p. 263. (*H. B.*)

loir cultiver que quarante. Demander, au reste, de la raison à des comédiens, autant vaudroit-il leur demander d'avoir des mœurs. Ils sont aussi susceptibles de l'une que des autres.

ANNÉE 1768.

JANVIER 1768.

Le lundi 4 du courant les Comédiens italiens donnèrent la première représentation de *l'Ile sonnante*. Comme je n'attachois aucune importance à ce petit ouvrage, j'ai vu sur le théâtre même les deux premières représentations de cette bagatelle; pour mille louis on ne m'eût pas fait aller à la première de *Dupuis et Desronais*. Je me persuade que je vais en rendre compte avec toute l'impartialité possible et la plus grande exactitude dans les faits.

Les rôles n'étoient pas encore distribués; ainsi le premier jour le public n'a pu être à portée d'entendre comme il faut le fond de ce sujet; cependant, il ne donna pas la plus légère marque d'improbation : je ne sais si la présence de M. le duc d'Orléans imposa; mais ce que je sais bien, c'est que l'on en dit, après la représentation, un mal enragé dans les foyers, et que l'*Avant-Coureur* vient de traiter mon drame d'amphigouri bon pour une société. Il y trouve de la gaieté; mais comme on a abjuré la gaieté en France et qu'elle se trouve déplacée, même sur le Théâtre des Italiens, je n'ai rien à dire à cela. Ce journaliste trouve encore que ce poëme est sans liaison, c'est ce que je nie. Il n'a pas mieux saisi mon but de critique : il prétend que j'ai voulu faire celle d'*Ernelinde*, et ma pièce a été faite et représentée à Villers-Cotterets auparavant que je susse seulement le nom de l'opéra de Philidor; j'ai eu le dessein de critiquer le genre de comédie à ariettes. Quoi qu'il en soit, à cette première et deuxième représentation, de vingt-sept ariettes il y en eut vingt-cinq d'applaudies, ainsi que beaucoup de ces choses que *l'Avant-Coureur* appelle des *gaietés*.

J'écris ceci aujourd'hui, jour de la quatrième représentation. Il n'y avoit pas, à ce que l'on m'a dit, un grand concours de monde à la troisième; par conséquent il doit y en avoir encore moins aujourd'hui, et je me juge tombé tout à plat, quoiqu'on ne cesse de me dire qu'à ce théâtre hétéroclite le sort d'une pièce n'est décidé qu'à la septième ou huitième représentation; je doute que la mienne aille jusque-là.

Si le troisième acte eût été aussi fort en musique que les deux premiers, le succès de cette extravagance n'eût pas été douteux. Je nomme ainsi *l'Ile sonnante*, que je voulois effectivement qu'on affichât *extravagance dramatique* en trois actes, mêlée d'ariettes; les Comédiens ne l'ont pas voulu.

Dans un sujet de critique et de plaisanterie, il ne peut se trouver aucune espèce d'intérêt, surtout lorsque les personnages de ce sujet sont tous *idéaux*, comme Vivatché, Presto, etc.; mais exige-t-on de l'intérêt dans *Pourceaugnac*, dans *les Fourberies de Scapin*, dans *le Légataire* même? Dans un *grotesque* pareil à celui-ci, si on fait rire sans bassesse et si on amuse, tout est dit; si l'on ennuie, au contraire, on a tort; c'est ce que je saurai avant qu'il soit huit jours, et j'ai peur d'être dans mon tort.

J'ai dit ou dû dire précédemment que j'avois remis cette pièce, après sa chute de Villers-Cotterets, entre les mains de M. Sedaine pour la raccommoder ou l'accommoder pour ce théâtre, où je n'entends rien, il l'a gardée trois mois avec assez d'indifférence et sans y toucher : un petit intérêt personnel l'a tiré vivement de cette léthargie; on a voulu lui débaucher son musicien. Voici à peu près comme je crois que la chose s'est passée :

Depuis que j'ai eu remis mon manuscrit à M. Sedaine, toutes les fois que Monsigny me parloit de la déperdition de sa musique, je le renvoyais toujours froidement à M. Sedaine pour le rhabillage de cette folie. Je lui disois poliment que j'étois fâché de lui avoir fait perdre son temps et sa musique, et que je me soumettrois avec plaisir à toutes les corrections que M. Sedaine feroit à mon ouvrage, dont je le rendois absolument le maître. Comme apparemment Monsigny n'avoit pas pu déterminer son homme à se prêter à cette besogne, il lui a passé par la tête que M. Favart pouvoit faire, sur ses ariettes, un autre poëme en trois actes, de la façon à peu-près dont on remplit les bouts rimés. Quelque peu de vraisemblance qu'ait cette idée, il paroît pourtant qu'il l'avoit eue, ou qu'on la lui avoit inspirée. M. le Vicomte de la Tour-Dupin, Mme de Saint-Julien et M. le comte de Maillebois, ses protecteurs, sont bien capables d'avoir cru ce projet possible; et pour en amener l'exécution, Monsigny est convenu lui-même qu'ils l'avoient engagé à souper dans la maison de campagne de Favart, à Belleville, où se trouva l'abbé de Voisenon, qui sans doute conduisoit toute cette plate intrigue; ces deux derniers n'avoient sûrement pas le dessein impraticable d'appliquer une comédie sur des ariettes faites, mais leurs vues étoient indubitablement de lier Monsigny avec Favart, et de les faire travailler ensemble.

A ce souper ils perdirent de louanges le pauvre musicien, auquel, de son aveu, ils firent chanter presque toutes ses ariettes. A chacune que Favart et l'abbé entendoient, ils se récrioient sur la facilité de les parodier. Monsigny prétend qu'il se défendoit merveilleusement de leurs séductions, et qu'il leur juroit qu'il étoit lié avec M. Sedaine de façon à ne pouvoir se lier avec un autre; que c'étoit sa femme, et qu'il ne vouloit pas lui faire infidélité ; qu'à cela le comte de Maillebois avoit dit qu'une simple passade ne pouvoit pas être regardée comme une infidélité (1), et qu'il y avoit moyen d'arranger tout cela. Monsigny soutient qu'il ne promit rien.

Favart, que j'ai vu depuis, m'a dit expressément que ce Monsigny lui avoit demandé de lui parodier ses ariettes, et qu'il lui avoit répondu qu'il ne pouvoit rien entreprendre avant d'avoir mon consentement. Lequel croire? Ni l'un ni l'autre, à ce que je pense.

Les choses étoient encore en cet état lorsque, vers le milieu du mois dernier, me trouvant au lever de Monseigneur, il me dit : *A propos, Collé, Favart va parodier les ariettes de Monsigny; mon fils me le dit hier, et c'étoit la nouvelle courante de l'Opéra.* Je lui répondis : *Monseigneur, c'en est une toute neuve pour moi; voici la première fois que j'en entends parler, mais je n'en serai point fâché; je suis, au contraire, fort aise que Monsigny trouve à faire usage de son excellente musique.*

Le lendemain je fus de nouveau au lever de Monseigneur. On n'entroit pas encore; l'abbé de Voisenon y arriva; je restai une demi-heure avec lui, et il ne me sonna mot sur tout cela. Il fut un peu embarrassé de mon air de froideur; il y a longtemps qu'il devroit s'en être aperçu, car il y a plus de trois ans que je lui bats froid, et que je ne le vois plus, ayant à me plaindre de ses tracasseries et de ses petites noirceurs.

Enfin, le vendredi 18 décembre, je vois arriver chez moi, à sept heures et demie du soir, MM. Sedaine et Monsigny. Ce dernier conta tout ce que j'ai dit ci-dessus des propositions et des cajoleries de Favart. Le premier me parut n'en pas croire un mot, et il me l'a de-

---

(1) Ceci doit s'entendre de cette espèce de mariage intellectuel, d'alliance d'esprit et de cœur qui s'établit entre l'auteur d'un *libretto* et le compositeur qui le met en musique. Nous possédons une lettre de Florian adressée au musicien Champein, son collaborateur, dans laquelle il appelle ce dernier sa *chère épouse, sa chère femme,* et lui parle de *veuvage,* de *divorce,* etc. (H. B.)

puis très-fort assuré. Après cette espèce de justification embrouillée de Monsigny vis-à-vis de Sedaine, ils me dirent ensemble que Madame Favart ayant fait une fausse couche, et jouant dans la pièce de son mari, qui étoit leur ressource pour cet hiver (*le Cultivateur*), on demandoit à cor et à cri *l'Ile sonnante*, pour remplacer ce vide. Sedaine ajouta que les changements qui étoient à y faire pouvoient l'être en deux jours. Je l'en laissai le maître; je consentis à tout. Animé du désir de se venger des Favart et des Voisenon, tout a été prêt la veille de Noël. Le jour de Noël on fit la première répétition, et elle a été jouée le 4 de ce mois.

Huit jours auparavant je forçai M. Sedaine, qui s'en défendit longtemps et d'une manière très-honnête, d'accepter la moitié de mes honoraires. Il ne me convenoit pas de lui avoir obligation pour rien; il étoit juste, d'ailleurs, qu'il fût récompensé des peines qu'il s'est données, et il s'en est donné beaucoup. Il a répété et les acteurs et les actrices, a arrangé toutes leurs positions sur le théâtre; il a fait imprimer la pièce; bref, il m'a déchargé généralement de tous les détails, qui sont immenses à ce théâtre-là. Quant à son travail sur mon poëme, les changemens qu'il y a faits sont peu de chose, à l'exception cependant de deux fondations essentielles, celle de la folie de Célénie et celle du tournoiement d'Henriette et de Zerbin. A cela près, qui marque à la vérité l'invention et le génie dramatique de M. Sedaine, et encore d'avoir ajouté de la féerie à ce sujet, je trouvois mon exposition plus en action et écrite avec plus de gaieté et d'un meilleur ton; je le dis naïvement aujourd'hui, mais je n'ai point voulu là-dessus lui faire des objections et rien contester.

Rien au surplus n'a été changé dans les ariettes. Le second et le troisième acte sont absolument comme je les avois faits; aussi M. le duc d'Orléans me dit-il, le lendemain de la première représentation, que M. Sedaine n'avoit presque rien fait à mon ouvrage, et qu'il aimoit cent fois mieux mon exposition que celle que Sedaine y avoit substituée. Je le fis convenir cependant du mérite des deux fondations dont j'ai parlé ci-dessus, et de celui d'avoir jeté de la féerie dans ce sujet.

On ne peut mettre plus de zèle, d'ardeur et d'activité qu'en a mis M. Sedaine à tout ceci; mais, comme je l'ai dit, il jouoit piqué. Il étoit outré contre Favart d'avoir voulu lui débaucher Monsigny. Son ressentiment l'animoit, et je suis convaincu qu'il s'est donné pour ma pièce autant de peine que pour une qui lui auroit appartenu entièrement.

D'un autre côté, Favart étoit fort inquiet de ce que je pensois de ce qu'on lui avoit voulu faire faire; car j'impute tout ce bas dessous de cartes à l'abbé de Voisenon. Ce n'est pas que Crébillon et quelques autres ne m'aient bien dit que Favart étoit un homme faux, et je ne suis pas fort éloigné de le croire. Quoi qu'il en soit, Favart m'est venu faire une visite pendant les répétitions; je n'y étois pas; il parla à ma femme, eut l'air déconcerté, et ne dit rien qui eût trait à toute cette histoire. Je l'ai été voir; je fus froid, il avoit l'air coupable; il se justifia par des dénégations, des protestations, des amitiés outrées et fausses; il rejeta tout sur Monsigny.

Après ce long bavardage, il ne me reste plus à parler que des Comédiens italiens. Rien de plus honnête, de plus poli, de plus prévenant et de plus docile que ces gens-là; en un mot, ils sont exactement l'opposé des Comédiens français.

Ces derniers ont donné, le samedi 9 du courant, la première représentation d'*Amélise*, tragédie d'un M. d'Ussy, auteur inconnu. On m'a dit que sa pièce fut huée depuis un bout jusqu'à l'autre (1). Mlle Doligny, habillée

---

(1) Au troisième acte, trois armées étaient en présence sur la scène; les

en homme, y faisoit le rôle du fils de la reine ; on assure qu'elle joua bien ridiculement ce rôle ridicule. On l'avoit affichée pour le lundi, elle n'a pas été jouée même ce jour-là. MM. les gentilshommes de la chambre avoient forcé les Comédiens à représenter cette rapsodie.

Le samedi, 23 du courant, eut lieu la neuvième et dernière représentation de *l'Ile sonnante*. Il ne faut point se dissimuler que neuf représentations aux Italiens sont une chute. Ce n'est pas que la pièce soit tombée dans les règles une seule fois ; la moindre recette a été de 1,400 livres. Mais pour répondre à tous les bons procédés des Comédiens, je fus dès la quatrième représentation dire à Caillot que je serois fâché que dans un temps aussi précieux pour eux que le mois de Février, ils manquassent de faire des recettes pleines ; que d'ailleurs le public attendoit avec impatience *les Moissonneurs*, de M. Favart, que je les priois de la répéter, et que j'imaginois que Monsigny ne m'en dédiroit pas. *L'Ile sonnante* reprendra ou elle ne reprendra pas ; mon deuil en est fait.

Le lundi 25 les Comédiens françois donnèrent la représentation des *Fausses Infidélités*, comédie en un acte et en vers. En 1766, M. Barthe, qui en est l'auteur, m'avoit consulté sur sa pièce ; il y a laissé un défaut sur lequel j'avois insisté avec une sorte d'opiniâtreté. Le rôle et le caractère de Mondor m'avoient déplu ; je lui avois donné, pour ce personnage, des idées qu'il n'a pas voulu suivre. Malgré cette petite tache, qu'il a laissée dans son petit soleil, sa pièce a le plus grand succès. Elle restera au théâtre. Au dire des gens du monde, elle est du meilleur ton ; elle est jouée dans une perfection singulière par les comédiens, excepté Préville, dont le rôle

---

huées des spectateurs mirent en fuite les combattans. *Annales dramatiques*, tome I, p. 211. (*H. B.*)

est mauvais, et qui est mauvais pour son rôle, celui de Mondor. Elle a eu vingt représentations.

Le mercredi 27 du courant les Comédiens italiens donnèrent la première représentation des *Moissonneurs*, comédie en trois actes et en vers, mêlée d'ariettes, par M. Favart, musique de Dugny; elle a le succès le plus brillant. Je n'aime point à me trouver d'un sentiment contraire à celui du public, mais dans ce cas-ci je me trouve directement opposé à son jugement; j'en suis fâché, il y a apparence que je me trompe, et que le petit intérêt d'amour-propre d'auteur agit sur moi sans que je m'en aperçoive. Cependant on auroit de la peine à me justifier, à ce que je crois, le fond romanesque de la fable de cette pièce, ainsi que le style antithétique, moral et sermonnaire de tous les personnages de ce drame. Le paysan, le dernier paysan fait des épigrammes et y débite des sentences. Tous les acteurs y ont de l'esprit à en impatienter; c'est toujours l'auteur qui écrit, et jamais l'interlocuteur qui parle. Tous les acteurs y sont honnêtes et généreux comme on ne l'a jamais été. La nature est partout sacrifiée à l'esprit et à des inventions romanesques; aussi m'a-t-elle ennuyé complétement, et je ne suis pas le seul. Une grande dame disoit ces jours passés en sortant de cette rapsodie édifiante : *Je croyois aller à la comédie, et je me suis trouvée à un sermon du Père Elizée. On ne s'attend pas à cela aux Italiens, c'est un guet-apens.*

FÉVRIER 1768.

Le jeudi gras, 11 du courant, les Comédiens françois donnèrent la première représentation des *Valets-Maîtres*, comédie en un acte et en prose de M. Rochon de Chabannes; elle est tombée tout à plat. C'est une farce qui n'a pas l'honneur d'être gaie, mais qui en a la prétention. Il y a deux ou trois petits mots plus spirituels que plaisants ; c'est d'ailleurs une farce pillée de tous côtés ; le théâtre de Nicolet ne l'eût pas trouvée assez gaillarde, et le Théâtre François s'est sali en la représentant. Les Comédiens à la lecture de cette pièce y avoient ri à gorge déployée ; ce qui me fit juger d'abord qu'elle devoit être de mauvais goût et de mauvais ton. Sa chute m'a fait un certain plaisir, attendu le mauvais procédé de M. Rochon vis-à-vis de M. Barthe. On ne demande pas et on n'obtient point par protection d'être joué pendant qu'un autre auteur occupe le théâtre et a un très-grand succès, à moins que d'être un très-grand vilain ; c'est ce qu'a fait M. Rochon. Voilà la première fois que je vois un homme de lettres tenter d'interrompre le succès de son confrère, en se faisant jouer en même temps que celui qui réussit. M. Rochon, qui est assez bas pour se laisser protéger par ce petit roué d'abbé de Voisenon, est venu à bout de se faire siffler du parterre et mépriser dans ses mœurs, par les honnêtes gens, au moyen de cette brillante protection qui lui a valu celle des gentilshommes de la Chambre, qui ont ordonné à leurs valets, c'est-à-dire aux Comédiens, de faire à M. Barthe cette injustice sans exemple. Je n'avois pas besoin de ce trait pour être sûr personnellement que le sieur Rochon étoit sans honneur et sans principes. Il y a longtemps qu'il s'est fait l'âme damnée de ce réprouvé d'abbé de Voisenon ; je dois avoir dit, dans quelque endroit de ce Journal (1), que ce dernier avoit donné à ce petit barbouilleur une scène qu'il avoit vu représenter à Bagnolet, dans une de mes pièces ; que ce Rochon en avoit fait usage dans sa *Matinée à la mode*, et qu'en faisant ce plagiat il y avoit ajouté la noirceur de tenter de nous y jouer personnellement, Laujon et moi, et de nous af-

---

(1) Voy. T. II, p. 308. (*H. B.*)

fubler de ridicules. Voilà quel est ce pèlerin, dont le cœur est encore mille fois plus méprisable que l'esprit. Sa farce, faite pour les boulevards, a eu neuf représentations (1).

Le vendredi 19 du courant je fus aux François voir débuter Auger dans le tragique. Ce comédien, qui remplit depuis cinq ou six ans avec assez de succès l'emploi des valets comiques, s'est offert pour jouer dans la tragédie. La disette d'acteurs de ce genre a fait accepter son offre, en joignant à cela l'état où est Le Kain, qui ne peut travailler d'ici à six mois et qui n'a point paru depuis sept; il est plein d'obstructions. Le Théâtre François n'a jamais été si bas, à tous égards, puisque l'on est réduit à regretter Le Kain. De mes jours je ne l'ai vu si mal monté en sujets; ils ne peuvent presque plus donner de tragédies, et, à l'exception de Molé et de Préville, la comédie n'est pas mieux rendue. Bellecourt a quelques rôles; mais en général il remplit très-médiocrement le premier emploi, dont il se trouve actuellement chargé; c'est un comédien dur et forcé, sans aucune espèce de sentiment et d'entrailles, se croyant un Roscius ou un Baron.

Pour en revenir à Auger, qui joua le rôle d'Hiascar dans *les Illinois*, je n'en fus point mécontent; il a de la noblesse et de l'intelligence, une assez belle voix, quelques tons faux, cependant, dans le haut; mais, avec de l'attention, je ne crois pas ce défaut sans remède. Il n'est pas possible, au reste, de le juger dans ce rôle, qui n'est

---

(1) J'ai poussé trop loin le mal que je dis ici de M. Rochon et de son procédé; je n'ai pas fait attention que sa pièce étoit une farce qui ne pouvoit guère être supportée que dans le carnaval; et puisqu'elle n'a pu l'être, même dans ce temps-là, c'est une excuse pour l'auteur : il seroit difficile d'en trouver pour la pièce; mais n'avoir pas été injuste et malhonnête vaut mieux que d'avoir eu de l'esprit et un succès d'esprit. On est sifflé, mais on reste un galant homme. Eh! qui n'a pas été sifflé quelquefois! Je saurois bien qu'en dire..... Je me dédis ici de tout ce que j'ai dit de lui. (*Note de Collé, écrite en* 1780.)

qu'un rôle de fierté; il faut attendre qu'il en joue un à grands mouvements et à grandes passions : par exemple, celui de Rhadamiste, dans lequel il doit paroître incessamment.

Le dimanche 22, les Comédiens italiens donnèrent la dixième représentation de mon *Ile sonnante*; il y avoit une chambrée raisonnable, mais ce n'est pas là une reprise de succès, comme Monsigny s'en flattoit.

Le lundi 23 s'est ouverte, chez Gueffier, la vente de mon *Théâtre de Société* en deux volumes (1). L'impression m'en a coûté prodigieusement cher, le papier l'étoit beaucoup lorsque je l'ai acheté et a augmenté encore considérablement depuis; j'ai d'ailleurs été rançonné par les Barbou, qui m'ont imprimé huit feuilles où il y avoit de la musique. Bref, en comptant tout, il me revient à 3,077 livres 10 sous; il se vend 8 livres 8 sous les deux volumes; le produit net pour moi sera de 6 livres par chaque exemplaire (2). Au reste, comme tout est payé et que je n'en dois pas un sou, je m'embarrasse fort peu quel sera l'événement pécuniaire. Pourvu qu'il plaise aux amateurs de la vraie et de la bonne comédie, et que j'aie la petite gloire d'en entendre dire du bien par un petit nombre de connoisseurs; pourvu, enfin, que l'on m'accorde que ce théâtre a un caractère de singularité et d'originalité qui ne se rencontre pas dans le vulgaire des poëtes dramatiques, je serai pleinement satis-

---

(1) En 1777, le *Théâtre de Société* eut une seconde édition; La Haye, 3 vol. in-12. (*H. B.*)

(2) Mon *Théâtre de Société* s'est débité lentement, parce que je n'ai voulu employer aucun des moyens qui se pratiquent et que je crois avilissants. Il n'eût tenu qu'à moi d'en donner des exemplaires à débiter à M. le duc d'Orléans, à M. le prince de Condé, à M. le prince de Conti, et à des bureaux d'esprit tels que celui de la feue Dame Geoffrin; mais ces gueuseries, ces airs de mendiant sont ou, du moins, devroient être au-dessous des gens de lettres. J'en ai fait une seconde édition en trois volumes, dont j'ai fait présent à Gueffier pour le récompenser de sa probité; il ne l'a tirée qu'à quinze cents, et s'en repent; il en fera une autre après ma mort. (*Note de Collé, écrite en 1780.*)

fait. Je dirai de même qu'Horace : *Contentus paucis lectoribus.*

MARS 1768.

Le mercredi 2 mars la Reine fut administrée à dix heures du matin; les affiches des spectacles furent changées à trois heures après midi en celles des prières de quarante heures; ils n'ont repris que le dimanche 6 dudit présent mois.

Ce même dimanche, les Comédiens italiens donnèrent la onzième représentation de *l'Ile sonnante.* Je ne sais comment s'est passée cette représentation; je n'y ai point été et n'ai pu en savoir de nouvelles, attendu que ma femme est tombée dangereusement malade le 1er de ce mois; les inquiétudes cruelles que j'avois n'ont été calmées que le vendredi au soir : mais quoiqu'elle soit totalement hors de risque pour sa vie, elle n'en est pas encore quitte; elle est au lit, et je ne sors plus ni ne vois personne.

La tragédie du *Joueur*, de M. Saurin, sera représentée à la rentrée de Pâques; Bellecourt y jouera le rôle de Leuzon, qu'il avoit opiniâtrément refusé. C'est M. le maréchal de Richelieu qui a fait cette difficile capitulation.

Le jour que M. Saurin étoit chez lui pour en arrêter les articles, la première actrice de la troupe de Bordeaux y vint pour lui demander la permission de jouer à Bordeaux *l'honnête Criminel*; le maréchal la lui refusa. *Mais, Monseigneur,* lui dit cette actrice, *vous nous avez bien fait jouer* le galant Escroch *dont les licences.....* — *Cela est différent,* interrompit le maréchal ; *je m'attirerois des reproches de la part des ministres et de la prêtraille en vous permettant* 1 honnête Criminel, *au lieu que les indécences du* galant Escroc..... *Eh bien, vous dites donc que les femmes à Bordeaux ont fait la grimace en voyant jouer cette comédie?* — *Oh! oui, monseigneur, elles l'ont trouvée d'une force...... d'une force.....* — *Tant mieux!* reprit le maréchal, *elles y reviendront; jouez-la souvent.* Et moi je ne reviens point qu'on ait laissé jouer cette pièce sur un théâtre public (1).

Le samedi 19, jour de la clôture du Théâtre, les Comédiens italiens donnèrent la douzième représentation de *l'Ile sonnante*, suivie des *Moissonneurs*. Monsigny, qui y étoit, m'a dit qu'elle fut applaudie avec vivacité dans tous les endroits musicaux, et qu'on ne donna qu'un seul et unique applaudissement aux *Moissonneurs*, à l'ariette de la chasse; il m'ajouta que cela avoit été remarqué par la Favart, qui en étoit tout ébouriffée. Il soutient qu'elle reprendra encore davantage après Pâques, et que sa musique aura le plus grand succès. Ce qui est certain, c'est que je n'en rapporterai pas la gloire aux paroles, quoique je les aie faites.

Ce même jour j'assistai à la clôture du théâtre des François. On y donnoit *Mérope*, suivie de *Dupuis et Desronais*. Les deux seules pièces faites par moi pour des théâtres publics furent données ce jour-là, par un hasard assez singulier : ça fait toujours plaisir! Ce qui m'en fit moins, ce fut de voir jouer le rôle de Marianne à Mademoiselle d'Epinai; un jeu factice, l'apparence d'une chaleur inspirée et soufflée par Molé, qui lui fait répéter ses rôles comme un perroquet, chaleur qui est continuellement démentie par une âme plus froide encore que sa physionomie; voilà le talent de cette demoiselle.

Madame Préville ne joua point ce jour-là; elle partoit

---

(1) *Le Galant Escroc* est une comédie de Collé. (*H. B.*)

le lendemain pour Nantes avec son mari; ils étoient arrhés dans cette ville pour la semaine de la Passion.

AVRIL 1768.

J'ai achevé au commencement de ce mois un petit ouvrage pour le théâtre de Villers-Cotterets; j'ai tort de l'appeler ouvrage: c'est une très-petite besogne, mais qui avoit ses difficultés. J'ai tenté de changer totalement le caractère du marquis dans *la Mère coquette* de Quinault (1). Ce rôle grimaçant dépare cette excellente co-

---

(1) Le caractère du marquis, que j'ai totalement changé dans *la Mère coquette* de Quinault, est une de mes productions que j'estime le plus, en la rangeant dans la classe qu'elle mérite. Je n'ai point eu la prétention, en changeant le personnage du marquis, d'y substituer et de créer un caractère neuf, qui ne fût pas connu au théâtre; j'avoue, au contraire, que rien n'y est aussi rebattu que les fats et les petits-maîtres. En général, mon marquis n'a rien de nouveau pour le fond, mais dans les détails il a des teintes neuves, et c'est sur cela que porte tout le cas que je fais de ce travail.

M. le duc de Nivernois, juge excellent à tous égards, puisqu'il connoît la cour, le monde, le théâtre et fait des vers charmants; M. le duc de Nivernois, dis-je, m'a fait les éloges les plus grands, et, j'ose l'assurer, les plus sincères de ce caractère mis à la place de l'ancien, qui n'est qu'une caricature. Il a trouvé comme moi que cette charge faisoit une dissonance cruelle avec le reste de la pièce, et que mon nouveau marquis, au contraire, rentroit exactement dans le ton noble et élevé de cette excellente comédie.

Cette raison et les couleurs nouvelles que j'ai employées pour peindre cet homme de la cour m'ont aussi donné les suffrages de M. le duc d'Orléans, de feu Crébillon et de M. Saurin, qui tous s'y connoissent et ne sont pas tendres. J'ai entendu dire que j'avois réuni les suffrages de tous les autres gens de lettres; je dis que je l'ai entendu dire, attendu que j'en vois peu, parce qu'ils sont ennuyeux et sans mœurs. Tous ceux qui m'ont lu ont exalté ce changement, et l'ont trouvé le plus heureux possible; les Comédiens seuls le trouvent mauvais probablement, puisqu'ils refusent avec obstination de jouer cette comédie avec ce changement. M. de Duras, qui s'est emparé lui seul des spectacles et des Comédiens, ne sait leur commander que ce qui leur plaît, et moyennant cette subordination monstrueuse, je suis privé du plaisir de voir l'effet de mon ouvrage. J'ai fait présent d'ailleurs

médie, qui n'a que ce défaut. Je me flatte d'avoir réussi dans mon projet. M. le duc d'Orléans m'en a paru très-content, ainsi que Crébillon, Saurin et plusieurs autres gens de lettres auxquels j'ai lu ce que j'avois fait. J'ai ennobli ce caractère du marquis, dont le fond, d'ailleurs, n'étoit nullement dans la nature; de poltron qu'il étoit, j'en ai fait un homme brave, de sang-froid, ce qui, dans son combat au cinquième acte, fait un contraste assez comique avec la fureur impétueuse d'Acante, qui est un amant au désespoir. J'ai remis aussi ce marquis au ton de ce jour et dans nos mœurs actuelles; j'en ai fait un singe des gens de la cour, et je lui en ai donné les manières et les ridicules, un peu en charge, mais sans trop m'éloigner cependant de la vérité. J'ai encore eu attention de fonder des choses que Quinault avoit négligé d'établir, comme la prédilection de Crémante et son aveuglement pour ce marquis, son neveu, et les raisons qui l'engagent à lui prêter de l'argent avec tant de facilité, action contraire à la nature des vieillards en général.

Si cette tentative réussit à Villers-Cotterets, je proposerai aux Comédiens françois de jouer cet hiver cette comédie avec ce changement; et quoique ce soit leur intérêt de faire cette affaire, je doute fort qu'ils s'y prêtent, et cela par la raison que cela est raisonnable.

J'ai rajusté ces jours-ci encore l'exposition de *l'Ile sonnante*, que j'ai rétablie à peu de chose près comme

---

de quatre pièces que j'ai retouchées à ces bâtiers d'histrions; ils les ont reçues, et ne les jouent point. En 1775, après les premières représentations de *la Partie de chasse de Henri IV*, je leur écrivis et leur offris mes honoraires à venir, à condition de jouer mes quatre pièces retouchées au printemps, en été et en automne, et par les meilleurs acteurs. Ils me firent une réponse polie par leur *souffleur*, qu'ils appellent à présent leur *secrétaire*; ils m'ont refusé, et m'ont forcé de recevoir depuis 2,000 livres, qui auroient dû monter à plus de 3,000 livres s'ils ne m'avoient pas volé. La pièce m'appartient encore, et tous les ans je dois recevoir au moins 7 à 800 livres. (*Note de Collé, écrite en* 1780.)

je l'avois faite d'abord. J'ai fait de plus une ariette à la place de celle qui finissoit par :

> Mais guérir une femme folle,
> C'est le chef-d'œuvre de l'art.

Les Comédiens italiens prétendent que ce mot révolte les femmes, ils m'ont prié d'en faire une autre; mais ce n'est point par ce motif que je me suis rendu à leurs prières, c'est que cette mauvaise plaisanterie est surannée, et que le fond en est pris dans *les Folies amoureuses*. Voilà ce qui m'a déterminé à faire une autre ariette, peut-être moins bonne que celle que j'ai ôtée. L'idée de la nouvelle est un éloge ironique et badin de la magie, qu'on traitera peut-être encore d'amphigouri; mais je m'en moque.

Voltaire a fait beaucoup de bruit ces deux mois-ci par des livres grossièrement impies qu'il a fait passer à Paris; *le Catéchumène* (1) et *le Dîner du comte de Boulainvilliers*. J'ai jeté les yeux sur ce dernier ; ce sont des injures de crocheteur vomies contre la religion chrétienne; ce n'est pas même un style d'antichambre, ce sont des expressions de palefrenier et de gens de la lie du peuple. M. de Choiseul lui avoit écrit sur ces énormes gaietés, qui ne sont point gaies; et il s'étoit même servi de l'expression polie : *Qu'il le prioit de ne point faire imprimer ces ouvrages*, qui ne pouvoient rien ajouter d'ailleurs à sa gloire. Voltaire n'en a tenu compte. M. le duc de Choiseul, lorsqu'ils ont paru, lui a donné une furieuse peur en lui marquant que le parlement de Dijon, et peut-être celui de Paris alloient le poursuivre pour ces livres; que tout son crédit ne seroit pas capable d'arrêter ces procédures, et qu'il n'entreprendroit pas de tenir tête pour lui aux parlements du royaume. Sur cette lettre on prétend que Voltaire s'est cru perdu; il a

---

(1) Le *Catéchumène* est de M. Bordes, de Lyon. (*Note de Barbier.*)

rompu sa maison, renvoyé tous les gens qui vivoient avec lui à sa terre; il a congédié même Mme Denis, sa nièce, qui étoit à la tête de sa maison, mais pour une autre cause : je sais qu'elle n'avoit aucun ordre et qu'il s'est cru dérangé dans ses affaires, ce qui a été vérifié n'être point; je tiens ce dernier fait de son notaire : il n'y avoit seulement que du manque d'ordre. *Eh! cõmment*, m'a dit ce même notaire, M. de Laleu, *comment pourroit-il être ruiné? Il a 80,000 liv. de rente viagère, 40,000 liv. de rente en biens-fonds, et un portefeuille de 600,000 liv.*, ce qui me persuade que sa brouillerie avec Mme Denis n'est qu'une fiction. Il a cherché un prétexte pour l'envoyer à Paris tenir pied à boule, et solliciter M. le duc de Choiseul, qu'elle voit effectivement très-souvent depuis qu'elle est ici.

Quoi qu'il en soit de toutes ces conjectures, il est certain du moins que Voltaire est resté seul à sa terre avec son aumônier, un certain prêtre nommé Adam, qu'on appelle plus communément le père Adam, ex-jésuite et scélérat, c'est presque termes synonymes. Voltaire, ne sachant à quoi s'amuser dans la solitude à laquelle il s'est réduit pour ce moment, il lui a pris fantaisie de faire ses Pâques, en présence de tous les paysans de sa terre; il leur a fait ensuite un *sermon* lui-même. Il l'a partagé en deux points, l'un sur l'ivrognerie, et l'autre sur le vol. Dans ce dernier il a insisté pour qu'on ne lui dérobât plus son bois; on ajoute qu'il a écrit une lettre hypocrite à M. l'archevêque de Paris sur son retour à la religion, et qu'en même temps il a fait une lettre badine pour M. le duc de Choiseul, dans laquelle il se plaint que ses ennemis ne cessent de lui donner des ridicules; qu'on pousse les choses jusqu'à l'accuser d'avoir fait ses pâques. Il est sûr que cette accusation n'a aucune sorte de vraisemblance; et cependant elle est très-vraie : c'est à lui une folie, mais une pure folie. A-t-il prétendu persuader quelqu'un?

n'a-t-il voulu que scandaliser? On ne peut deviner l'objet de cette démarche.

MAI ET JUIN 1768.

Le jeudi 5 du courant a eu lieu la treizième représentation de *l'Ile sonnante*, avec les changements dont j'ai parlé dans le mois dernier, à l'exception de l'ariette nouvelle, qu'il n'a pas plu à Monsigny d'ajuster pour la musique, dans un seul endroit qui le demandoit. Lui en ayant écrit mon sentiment avec quelque petit sarcasme, et lui ayant rappelé une autre impolitesse qu'il m'a faite en ne me donnant pas la musique d'un vaudeville que je lui avois composé, j'en ai reçu une réponse qui décèle bien que c'est un homme sans éducation, sans esprit en un mot un très-joli musicien. Cette aventure, de peu de conséquence, me procure l'avantage d'être brouillé avec un des hommes de France les plus ennuyeux; c'est une tête perdue : les éloges des sots la lui ont tournée, et lui ont donné un amour-propre de la force de celui de Molé et de Préville.

Le samedi 7 du courant je fus à la première représentation de *Beverley*, tragédie bourgeoise (1) en cinq actes et en vers libres; c'est *le Joueur* anglais, imité et traduit par M. Saurin, et qui avoit été représenté dans le mois de juin dernier à Villers-Cotterets, ainsi que je l'ai dit dans le temps.

---

(1) Ces mots de *tragédie bourgeoise* trouvèrent beaucoup de censeurs; un prince entre autres, dont le nom n'est pas parvenu jusqu'à nous, prétendait que cette alliance disparate le choquait autant que si un peintre s'avisait de représenter *Minerve* en *pet-en-l'air*. Quant aux hommes de lettres, ils se divisèrent en deux camps, comme toujours. (*H. B.*)

Cette pièce a eu un plein succès. Malgré cela, je crains fort qu'elle n'ait pas un fort grand nombre de représentations ; elle attache, mais elle n'intéresse nullement. On n'y est point attendri, mais oppressé; on n'y pleure pas, on étouffe; on en sort avec le cauchemar; j'en eus le soir mal à l'estomac, et il y a apparence que je n'y retournerai de ma vie. Je pense que je ne serai pas le seul à qui elle aura fait ce genre d'impression. Atrée est à mon sens moins déplaisant et moins révoltant, attendu que ce sujet, pris dans la Fable, ôte nécessairement et diminue beaucoup l'illusion. Mais celui de Beverley est pris au milieu de nous ; les personnages bourgeois et d'un ordre commun ne nous frappent pas dans l'éloignement, comme des héros pris dans la mythologie. L'action du dénouement est une peinture trop vraie, et par cette raison trop effrayante et trop révoltante.

Nec coram populo pueros Medea trucidet.

Le tableau, horriblement exact, d'un homme qui veut s'empoisonner, qui de fait s'empoisonne; qui après s'être empoisonné lève le poignard sur son propre fils, pour le délivrer, dit-il, du fardeau de la vie : ce tableau, peint avec la plus grande vérité, est répugnant à voir ; il laisse à l'âme une impression d'horreur, une tristesse sombre et cruelle, qui n'est point le plaisir douloureusement agréable que l'on ressent aux belles tragédies ; c'est le plaisir inhumain que goûte le peuple aux représentations de la Grève, c'est le goût anglais ; ce peuple mélancolique, cruel, et souvent atroce, veut être remué fortement. Jusqu'ici le François n'a pas eu besoin de ce *tragicatos* pour être ému et répandre des larmes à nos spectacles ; et il faut espérer que cette barbarie et cette ostrogothie ne s'établiront pas chez nous, malgré les efforts de nos philosophes, dont l'insensibilité a besoin de ces objets d'horreur pour être un peu émoustillée (1).

Tous les défauts qui m'ont blessé à la lecture et à la représentation de cette pièce paroîtront encore dans un plus gand jour lorsqu'elle sera imprimée ; et à coup sûr on en trouvera d'autres que le jeu des acteurs nous cache. On doit avoir été ébloui par celui de Molé ; je n'ai point vu de comédien rendre un rôle avec autant de vérité, de chaleur, de finesse et de perfection ; c'est la nature elle-même ; il ne laisse rien à désirer. Ce rôle est d'une violence qui fait craindre à chaque représentation qu'il ne se casse un vaisseau, ou qu'il ne lui arrive quelque autre accident qui mette sa vie en danger ; aussi ne le joue-t-il que deux fois par semaine, le mercredi et le samedi.

La mort de la Reine de France, qui ne peut pas être éloignée, interrompra vraisemblablement les représentations de la tragédie de Saurin, à laquelle on court avec fureur. Les loges ont été louées les quatre premières représentations, et l'on n'y trouvoit plus de places à trois heures et demie. Elle a eu, dans cette nouveauté-ci, treize représentations.

Le lundi 16 mai la quatorzième de *l'Ile sonnante*. J'y assitai pour voir les changements ; ils font l'effet que j'en attendois. On applaudit actuellement à la première ariette, à laquelle l'on n'avoit pas encore fait cette politesse. La chambrée étoit de beaucoup supérieure à celle du 5 mai, parce qu'ils l'avoient appuyée du *Peintre amoureux de son modèle*.

Le samedi veille de la Pentecôte la Reine reçut l'extrême-onction ; prières de quarante heures, interruption

---

(1) Les espérances de Collé ne se sont pas réalisées. La *comédie larmoyante* vit encore de nos jours sous le titre de *drame*, et ce genre, si bien approprié aux mœurs de la nation, a même tué la tragédie, Dieu merci ! (*H. B.*)

des spectacles. Si notre pauvre Reine ne languit point et meurt, nous en serons, je crois, pour vingt-huit jours de cessation de spectacles, à compter de celui de sa mort.

Les spectacles ont repris le mercredi 25, par la cinquième représentation de *Beverley*.

Le vendredi 27 l'on a donné la première représentation de *la Gageure*, comédie en un acte et en prose, par M. Sedaine. Elle étoit précédée du *Menteur*. Je n'ai pas assisté à cette première représentation, attendu que nous sommes à La Celle, ma femme et moi, depuis le 20 de ce mois. On m'écrit de Paris qu'elle a été mal reçue cette première fois; qu'à la fin même, lorsqu'on l'annonça, il y eut quelques huées. On l'a, dit-on, trouvée froide, sans action, sans ensemble, des longueurs; le nom de Gotte, femme de chambre, et celui d'un autre domestique, ont été trouvés bas et ignobles. On convient cependant qu'il y a des scènes vraiment comiques et charmantes, et que quelques personnages élevés de cette comédie ont un style bien supérieur et beaucoup plus noble que celui des personnages élevés du *Philosophe sans le savoir*. Je connois cette jolie comédie de M. Sedaine; je l'ai eue plusieurs jours entre les mains; j'ai pensé en la lisant que cette pièce resteroit au théâtre, et je le pense encore. Si elle ne reprend pas à la seconde représentation, avec les changements légers qu'y aura faits l'auteur, j'ose avancer qu'elle est dans la classe de ces sortes de pièces qui, n'ayant pas plu dans leur nouveauté, ont ramené par la suite des temps le public en foule à leurs représentations. Voici les raisons sur lesquelles j'appuie mes conjectures.

Le sujet de cette petite comédie est neuf, le fond en est fort comique, les caractères en sont dans la nature; tous sont variés; les personnages ont chacun le style qui leur est propre. Les acteurs qui doivent en avoir un noble s'énoncent avec une dignité et le ton du monde le plus convenable (1); tout en est vrai, c'est de la vraie comédie. J'excepte cependant un incident de cette pièce, qui manque absolument de vraisemblance, et auquel il eût été difficile, peu-être impossible, d'en donner : c'est la jeune pupille du marquis, qui arrive et que l'on cache dans son château à l'insu de la marquise, sa femme. Ces deux époux s'aiment et vivent trè-bien ensemble; est-il dans la vraisemblance d'ailleurs que ce mari soit tuteur d'une jeune personne qu'il tient dans un couvent, et que sa femme l'ignore? On ne voit pas non plus la raison qu'a eue le marquis d'élever en secret sa pupille, le motif qui l'a engagé à en faire mystère, même à sa femme, et enfin dans quelle idée il la fait cacher dans son château, en la retirant du couvent pour la marier, et dans quelle vue il risque de s'exposer, par cette démarche indiscrète, aux soupçons de sa femme, à laquelle il n'a pas dessein d'en donner et qu'il aime.

La Gageure a eu onze représentations, qui n'ont été interrompues, ainsi que celles de *Beverley*, que par la mort de la Reine, arrivée le 24 juin, à dix heures du soir. (2) Voilà donc, quant à *la Gageure*, mon sentiment justifié par le public. Les représentations n'en auroient pas tant langui, et son retour de succès auroit été mille fois plus brillant sans la réussite prodigieuse de *Beverley*, où l'on a couru avec fureur; il est étonnant

---

(1) Ce que j'avois pensé sur la jolie comédie de *la Gageure* est arrivé ; on en est venu à la juger moins rigoureusement. Il y a quelques légers défauts sans doute, nombre de petites invraisemblances; mais, outre que l'on doit être plus indulgent pour une petite pièce que pour un ouvrage, c'est qu'elle a la première beauté de toute vraie comédie : la peinture exacte des hommes. Les petits caractères qui sont dans cette comédie sont tous dans la nature, et une nature plaisante et comique. C'est la pièce de Sedaine la plus noblement écrite. (*Note de Collé, écrite en* 1780.)

(2) Marie Lecziuska, fille de Stanislas, roi de Pologne. Née en 1703, elle avait épousé Louis XV, en 1725. D'un esprit simple et résigné, cette princesse vécut, pour ainsi dire, étrangère à la cour. (*H. B.*)

même qu'elle ait tenu à ce rude choc, un très-grand succès devant éteindre et étouffer le moindre.

JUILLET 1768.

J'ai passé ce mois-ci à Grignon. J'y ai retouché et d'ailleurs beaucoup étendu les changemens que j'avois faits en mars dernier à *la Mère coquette*, de Quinault. Je n'y ai pas laissé un vers qui puisse choquer une oreille délicate. Je compte donner cet hiver une nouvelle édition de ce chef-d'œuvre avec mes changements, et une manière de préface modeste que j'ai aussi composée à Grigon. Je ne sais si l'amour-propre m'aveugle, mais je serois bien trompé si cette excellente comédie, dans l'état où je l'ai mise aujourd'hui, ne faisoit pas le plus grand effet théâtral et n'avoit pas tout le succès qu'on peut espérer d'une pièce rajeunie; les Comédiens ne demandent pas mieux que de la donner, comme je viens de l'arranger.

Le mercredi 27 les Comédiens françois donnèrent la première et la dernière représentation des *Deux Frères*, comédie en cinq actes et en vers de M. de Moissy. M. Sedaine, qui l'a vue, m'écrit qu'elle est tombée, et qu'elle mérite sa chute. *Requiescat in pace.*

AOUT 1768.

A commencer du premier juillet dernier *le Mercure de France* a changé de main. M. de Laplace s'est retiré avec 5,000 livres de pension. Il a cédé son privilége à

M. de Lacombe, libraire, qui en a traité à des charges bien onéreuses; il paye 30,000 liv. de pensions, que ce petit ministre, M. de Saint Florentin, a assignées sur le produit du *Mercure*. Quoiqu'ils disent que ce M. de Lacombe est un homme de lettres, je ne pense pas cependant que ce soit lui qui compose *le Mercure*; il y présidera; l'abbé de Laporte et quelques autres personnes qui ne se nommeront pas en seront sourdement les véritables auteurs.

Ils ont raison, au reste, de ne pas décliner leurs noms, car je vois par les trois premiers volumes qui ont déjà paru qu'ils ont le projet de s'éloigner du ton de panégyriste banal qu'avoient pris leurs prédécesseurs. Ils ont fait la critique sévère, mais honnête, de *la Gageure* et de *Beverley*. S'ils se renferment dans les bornes d'une critique judicieuse et polie, ils se feront à la vérité des ennemis de tous les auteurs qu'ils censureront, quelques mitaines qu'ils y mettent; mais d'un autre côté leur livre en deviendra plus piquant et se débitera davantage.

Qu'ils soient critiques mesurés et bienséants; qu'ils sachent mettre les doses, on en viendra à comparer leur *manière* à celle de Fréron; et cette comparaison, qui sera toute à leur avantage et à celui des lettres, doit nécessairement leur faire beaucoup d'honneur; mais la grande difficulté est de garder un juste milieu, de se permettre les raisons les plus fortes, et de se refuser la meilleure plaisanterie qui leur viendroit. C'est là, je crois, le point juste qui marqueroit une différence sensible de leur critique aux satires de Fréron. J'en causerai avec l'abbé de Laporte, et je tâcherai de lui faire goûter mes idées à cet égard.

Ce dernier m'avoit demandé quelque morceau de moi; je lui ai donné une *Dissertation sur le genre larmoyant*, qu'il a insérée dans *le Mercure* de ce mois-ci. J'y mets en pièces feu La Chaussée et ses fades drames; j'y ai joint une ode contre le genre larmoyant, qu'il lui a plu d'appeler des *stances*, que j'ai composée il y a plus de vingt ans, et dont je n'ai point voulu donner de copies du vivant de La Chaussée. Je n'ai point voulu qu'on mît mon nom à toutes ces drogues; je lui ai même demandé le plus profond secret, qu'il m'a promis. Mais j'ai été bien aise de plaider la bonne cause de la véritable comédie, et de protester contre le faux goût de cette bâtarde de Thalie, dont nous a *embâtés* cet animal de La Chaussée, l'homme le plus médiocre qu'ait jamais porté le théâtre.

Ils ont retranché, dans une note de cette Dissertation, un endroit qui étoit tourné assez gaiement, et dont le fond me paroît être de la plus grande vérité. Le voici :

« Combien de miracles nous faut-il croire, en ajoutant
« foi aux faits qui constituent les plans de *la Fausse*
« *Antipathie*, de *Mélanide*, de *l'École des mères*, de *la*
« *Gouvernante*, d'*Amour pour amour*, de toutes les rap-
« sodies de cet auteur romancier? Que d'événements mer-
« veilleux, fabuleux, miraculeux! que de contes bleus!
« que de caractères romanesques, gigantesques, tu-
« desques et pédantesques! »

Quoique je n'attaquasse que les ouvrages d'un auteur mort, et qui mourra encore davantage, ils ont trouvé apparemment cette sortie trop forte, et peut-être cette circonspection est-elle mieux placée que je ne le crois; je ne l'aurois pas eue.

Le 11 du courant la Reine a été enterrée et descendue dans la cave à Saint-Denis. Les spectacles ont été interrompus hier, mercredi, par les vêpres des morts, que l'on a dites pour cette princesse, et aujourd'hui jeudi, jour de son convoi. L'évêque du Puy, M. Le Franc, fait son oraison funèbre.

Le 25 du courant, jour et fête de Saint-Louis, l'Académie françoise fit la distribution ordinaire de ses prix dans une séance publique.

M. de Marmontel et quelques autres académiciens ses complices sont universellement accusés d'avoir manœuvré et réussi à faire adjuger le prix de poésie au petit abbé de Langeac, âgé de quinze ans.

On prétend, et c'est le sentiment général, appuyé sur les plus fortes conjectures, que M. de Marmontel, chef de la conspiration, et sans contredit l'homme le plus rusé de son siècle, a conduit sourdement toute cette intrigue. Il a commencé par faire éloigner tous les concurrents. M. de Rulhière avoit composé une pièce de vers dont le sujet étoit *les Disputes* : en retranchant six ou huit vers de cette pièce, qui en a deux cents, elle remportoit le prix sans aucune difficulté. M. de Marmontel a trouvé le secret de la faire rejeter, sous le prétexte qu'il y avoit des personnalités contre M. Daube, neveu de M. de Fontenelle; mais, comme j'ai dit, en supprimant six vers, ou bien en changeant deux vers, et substituant un nom latin, par exemple, *Baldus* à celui de M. Daube, l'ouvrage pouvoit être couronné. Point du tout, cette pièce excellente, que j'ai entendue, a été renvoyée à son auteur avec des compliments de l'Académie. D'autres pièces qui ont concouru encore, quoique mauvaises, l'étoient bien moins que celle à laquelle le prix a été adjugé.

Il est d'ailleurs de notoriété publique que la pièce qui a remporté le prix n'a pas été composée par l'enfant Langeac. Tout le monde sait qu'elle est de la façon d'un homme qui est mort, et dont j'ai oublié le nom, qui n'est nullement connu. On sait encore que Marmontel l'a retouchée; aussi en a-t-il fait la lecture comme un énergumène; ce qui parut d'autant plus ridicule, que la chaleur du lecteur faisoit paroître davantage la froideur de la pièce; c'étoit vouloir mettre le feu à la glace.

M. de La Condamine, qui, s'il n'est pas le premier des gens de lettres, en est sûrement le plus sourd, dormoit profondément pendant cette lecture. Un homme d'esprit, qui sans doute lui envioit son sommeil, dit tout haut : *Regardez donc La Condamine! il dort comme s'il y entendoit quelque chose.*

Le résultat de tout ceci est que Marmontel passe sans contradiction pour avoir tramé toute cette intrigue, pour avoir séduit les différents membres de l'Académie, et surpris leur jugement, le tout dans l'intention de faire sa cour à M. de Saint-Florentin. On ne peut, il est vrai, la faire d'une façon plus basse et plus servile; mais il n'ajoute rien par-là à l'idée que les honnêtes gens avoient de lui (1).

Quant à l'Académie, il est assez difficile de pallier sa faute, et d'en rejeter entièrement la cause sur les insinuations et l'adresse de M. de Marmontel, qui n'a point dû influer avec tant de force sur son jugement, quelque esprit qu'on lui suppose d'ailleurs. Il faut donc en venir à penser que les voix prépondérantes de messieurs les Académiciens jetonniers ont donné le prix à M. de Saint-Florentin, qui est chargé par le roi de leur faire payer leurs jetons. Dans un temps comme celui-ci, où l'argent manque, la distribution des jetons est quelquefois arriérée, et probablement ces messieurs aiment l'exactitude. Il est vrai qu'ils n'ont pas gagné la faveur du public; il y a longtemps que je n'ai vu conspuer l'Académie avec autant d'unanimité, d'amertume et de mépris. On a fait ces deux vers :

> Les quarante assemblés trouveront ces vers beaux.
> Signé Louis, et plus bas, Phelipeaux.

Le jour de cette séance inique l'affluence étoit si grande, que plusieurs gens de lettres trouvèrent les

---

(1) Pour avoir l'explication de ce tripotage académique, se reporter p. LXXXII et LXXXIII de l'Introduction qui précède les *Fastes de Louis XV*, par Bouffonidor, ainsi qu'aux *Mém. de Bachaumont*, — 26 juillet 1767, 8 octobre 1768, 7 octobre 1770. (*H. B.*)

portes fermées, et furent obligés de se tenir dans la pièce qui précède la salle d'assemblée de l'Académie. C'est la pièce où s'assemble l'Académie des inscriptions. MM. Colardeau et Dorat furent du nombre de ceux qui ne purent pas entrer. Quelqu'un de ces exclus, tirant de sa poche la pièce de vers que l'on devoit couronner, et qui étoit déjà imprimée, se leva et dit : *Messieurs, qui nous empêche de tenir ici notre séance particulière, puisque nous ne pouvons assister à la séance publique que l'on tient ici-contre? Voici l'ouvrage qui a remporté le prix; je vais vous en faire la lecture; vous jugerez, et vous applaudirez.* Ce qui fut dit fut fait. Il lut, et les applaudissements ironiques, les claquements de mains retentissoient jusque dans la salle de l'Académie, malgré les portes fermées; on ne savoit dans cette salle ce que le bruit de l'autre et ces rires perpétuels vouloient dire, et ce qui pouvoit les occasionner. Les épigrammes et les sarcasmes pleuvoient gaiement sur la pauvre Académie françoise et excitoient ces rires qui ne finissoient point. C'est ainsi que s'est passée l'histoire véritable, remarquable et honteuse de la séance publique de la Saint-Louis 1768.

SEPTEMBRE 1768.

Le mercredi 14 du courant les Comédiens françois donnèrent la première représentation de *Laurette*, comédie en deux actes et en vers de M. Dudoyer, jeune homme de trente-un à trente-deux ans, fils d'un auditeur des comptes, et frère d'un conseiller au parlement. Son père et son frère ont fait ce qu'ils ont pu pour l'empêcher d'être sifflé. Ils ont poussé les choses jusqu'à vouloir intéresser M. de Sartine à en défendre la représentation; il n'a pas été possible apparemment à ce magistrat de leur accorder l'objet de leur requête. La pièce étoit sue, approuvée du censeur des théâtres, et même affichée pour le lundi. M. de Sartine s'est fait apporter la pièce, l'a examinée lui-même, et quoique le fond du sujet, assez révoltant par les mœurs, eût pu lui fournir un prétexte assez spécieux pour ne pas permettre qu'on la jouât, il a craint sans doute d'être accusé de trop de rigorisme, et a mieux aimé laisser le public faire justice de ces mœurs dégoûtantes, que d'en porter lui-même un jugement qui eût toujours été soupçonné de pédanterie. Le public a prononcé, et le voilà disculpé des difficultés qu'il a faites, et d'avoir retardé de deux jours la représentation de cette rapsodie.

J'étois spectateur, et j'ose assurer que ce sont les mœurs dépravées et tristement vicieuses de cette comédie qui sont une des principales causes de sa chute. On a été, avec raison, étonné de voir un jeune libertin vouloir séduire une fille dont il a la fantaisie, et dont il est naïvement adoré, lui proposer en termes clairs de l'entretenir, et lui refuser très-clairement aussi de l'épouser. Il ne pouvoit se dispenser de rendre la petite personne intéressante, et plus il l'a rendue intéressante, plus on a été indigné du fond de son sujet.

L'auteur ne connoît nullement l'art dramatique. Ses scènes sont plutôt des dialogues que de véritables scènes; il ne se trouve aucune liaison entre elles; la plupart sont inutiles et maladroites; elles sont toutes prises, et même leurs détails, dans le conte de Marmontel; d'autres sont imitées de *Ninette à la cour* ou d'autres comédies, et conséquemment il n'y a rien à espérer par la suite de cet auteur. Il est sans imagination; tout est dit. *Laurette* avoit été annoncée pour le samedi suivant, et même affichée les deux jours d'après. L'auteur, mieux conseillé, l'a retirée; elle n'a eu qu'une représentation.

Le 15 Gueffier a commencé à imprimer *la Mère coquette* de Quinault telle que je l'ai arrangée. L'appétit m'est venu en mangeant : après avoir changé entièrement le rôle du marquis, je me suis déterminé à corriger beaucoup de vers dans le reste de la pièce. Je fais précéder l'édition de cette comédie d'un avertissement le plus modeste qu'il m'a été possible de faire. Cette édition ne paroîtra que lorsque M. le duc d'Orléans aura joué la pièce ainsi que je l'ai accommodée. La représentation s'en fera sur le grand théâtre de Saint Cloud ou sur celui de Livry, terre que M. duc d'Orléans vient d'acquérir ; il veut qu'on la nomme *le Raincy*. Depuis qu'il est amoureux de Mme de Montesson, qu'on assure qu'il n'a pas, ce qui paroît un miracle dans ce siècle de lumières, qui n'y croit pas ; depuis ce temps-là, dis-je, tout se passe sur un plus grand théâtre et à très-grands frais. Tous les gens de la cour de M. le duc d'Orléans jurent sur leur grand Dieu que ce prince est auprès de cette femme comme un novice, un amant transi, comme un écolier ; ils en sont confondus, et ils ne sont pas moins surpris de l'excessive coquetterie et de la prodigieuse adresse de cette Mme de Montesson, à laquelle ils n'ont jamais connu d'amant couchant : ce qui leur paroît un autre miracle, auquel pourtant ils sont, disent-ils, forcés d'ajouter foi malgré eux.

C'est dans ce mois qu'il y a eu du mouvement dans le ministère. M. le Chancelier Lamoignon de Blancmesnil s'est démis volontairement de sa charge, à condition que le Roi, qui a trop d'argent, acquitteroit les dettes de ce magistrat. On dit dans le public qu'elles se montent à six cent mille livres. M. de Maupeou, vice-chancelier et garde des sceaux, s'est aussi retiré volontairement ; on a eu toutes les peines du monde à le déterminer à se défaire des sceaux, quoiqu'on les ait fait passer à

---

(1) Voy. t. III, la note placée au bas de la p. 109. (*H. B.*)

M. son fils, premier président du parlement de Paris, et que le Roi vient de faire chancelier de France en même temps que garde des sceaux. Pendant le cours des négociations que l'on a été obligé d'entamer pour faire tous ces arrangements, les bruits de Paris ont été constamment que le sieur de Laverdi, contrôleur général, alloit être déplacé. Tout le monde le croyoit, excepté lui; il l'est cependant, ainsi que je le dirai après avoir parlé de sa sécurité et de l'ivresse que lui avoit inspirée son bonheur inouï. Il étoit si fort persuadé qu'il étoit encore en faveur, que pendant les mouvements de l'affaire de Maupeou, il a sollicité les sceaux avec une vivacité extrême et la plus intrépide confiance; on s'en est moqué à la cour. Je tiens de bonne part que le Roi a dit à Madame Adélaïde, sa fille : *Devinez un peu le personnage qui se met sur les rangs, et qui me fait solliciter davantage pour avoir la place de garde des sceaux?* Après que Madame Adélaïde eut nommé bien des gens, le Roi lui dit, *Non : non; c'est Laverdi.* — *Quoi!* reprit Madame Adélaïde, *ce polisson?* Depuis ce temps-là on ne l'appelle plus là-bas que le polisson. Le polisson donc (appelons-le ainsi pour être du bon ton) se croyoit si ferme dans ses arçons, que le jour que M. de Saint-Florentin vint lui apporter l'ordre du Roi qui le culbutoit, il le fit prier par son valet de chambre de vouloir bien attendre un petit quart-d'heure. M. de Saint-Florentin lui fit dire qu'il venoit de la part du Roi. Il entra, mit les scellés sur ses papiers, comme cela se pratique, et signifia les ordres du Roi à mon polisson, qui fut confondu; il ne s'y attendoit point, et peut-être est-il encore dans le plus profond étonnement que l'État puisse se passer d'un homme de son mérite. Son père, l'avocat, qui étoit un polisson aussi, mais dans un autre genre (c'étoit un rieur, un gausseur de mauvais ton), se tiendroit les côtes de rire, je crois, s'il revenoit au monde; je pense qu'il en diroit de bonnes en voyant toutes ces farces-là ; il eût fait de grosses plaisanteries sur ceux qu'il auroit vus faire de son fils un contrôleur général (1). Il appartient à l'histoire de détailler l'esprit, la capacité, l'étendue du génie, les connoissances d'administration, la bonne foi, le désintéressement, l'élévation d'âme surtout de M. de Laverdi. Il n'a point été le bas valet de M. le duc de Choiseul, il n'a point fait de bassesses : l'histoire le fera connoître ; mais ce que je crains, c'est que l'histoire n'en ait encore à dire davantage du sieur Mainon d'Invault, son successeur au contrôle général (2).

Quittons la figure de l'ironie, et disons tout brutalement qu'on ne sauroit être plus généralement prévenu qu'on l'est contre ce monsieur-là. Tout le monde se réunit pour en dire du mal. On publie sur les toits que c'est un homme paresseux, épicurien, encyclopédiste, *id est* homme à système : théoricien et point de pratique dans les affaires, qu'il abandonnoit à des commis, lorsqu'il étoit intendant d'Amiens. Il étoit invisible dans cette intendance : il avoit si fort mécontenté la province, qu'on fut obligé de le rappeler, et pour retraite on lui donna, avant l'âge et mal à propos, une place de conseiller d'État ; d'une hauteur et d'une fatuité insoutenables ; je l'ai entrevu dans sa jeunesse ; c'étoit un fat battu à froid. Ce que j'appréhende le plus de cet homme, c'est que, comme on le dit philosophe, et par conséquent sans principes d'équité, la cour ne l'ait choisi comme une manivelle de banqueroute. *Quod deus omen avertat!*

---

(1) Voy. dans les *Mém. de Bachaumont* (13 avril et 31 décembre 1764) des couplets piquants sur ce personnage. (*H. B.*)

(2) Rendons justice à M. d'Invault ; c'est un honnête homme, qui s'est jugé lui-même sans ressources, sans talents pour sa place ; il l'a remise, et s'est retiré en bon ordre, toutefois avec des pensions et des grâces. S'il n'a fait aucun bien, il n'a fait aucun mal. Ce n'est pas là un brigand, comme ce mauvais prêtre de l'abbé Terray. (*Note de Collé, écrite en* 1780.)

OCTOBRE ET NOVEMBRE 1768.

Le 4 octobre j'ai fini, à Grignon, où j'étois depuis le 18 septembre, le premier acte de *l'Andrienne*. Je mets cette comédie en vers libres; j'en ai retranché cent vers, et j'ajoute que malgré cela j'ai pourtant mis dans cet acte plus de quarante vers dont les idées n'étoient ni dans Térence ni dans Baron; de sorte que je pourrois dire que le premier acte est abrégé de plus de 140 vers. Je conserve ceux qui sont bons; je les ai comptés, je n'en ai gardé que 56, encore ai-je tout calculé jusques aux moindres hémistiches (1).

---

(1) Je ne parlerai que cette fois-ci seulement de mes comédies retouchées. Je suis sûr que le caractère du marquis que j'ai changé dans *la Mère coquette* de Quinault aura le plus grand succès, et sera mis un jour au théâtre; mais ce ne sera qu'après la retraite de Molé. Ce tendre ami, auquel j'ai rendu service, me hait de tout son cœur, parce que j'ai refusé à son oison de femme le rôle de Marianne dans *Dupuis et Desronais*.

Le Jaloux honteux a été représenté trois ou quatre fois pendant que j'étois à la campagne, et il a été très-mal mis. Feu Bellecourt, m'a-t-on dit, l'a joué indignement : dans les rôles d'amant jaloux, il y jetoit de la rudesse et de la brutalité; il avoit toujours l'air et le ton de la très-mauvaise compagnie dans ces sortes de rôles. Préville et sa femme y ont été très-bons, mais!.... mais les autres acteurs ont rendu cette comédie froide, tandis qu'il falloit la réchauffer.

Je ne sais si *le Menteur*, même bien rendu par les acteurs, réussiroit; mais *l'Andrienne* et *l'Esprit follet* feroient, je crois, quelque effet si elles étoient jouées par les meilleurs acteurs. Ces deux comédies, telles que je les ai refondues, sont meilleures, et par le fond et par les détails, qu'elles ne l'étoient. Cependant, je ne répondrois pas de leur réussite, vu les préventions où l'on doit être pour les anciennes, et d'autres raisons ennuyeuses à dire. Quoi qu'il en soit, j'aurois désiré voir l'épreuve de ces essais; les Comédiens s'y sont refusés. Si elle eût été heureuse, j'eusse poussé ce travail aussi loin que je l'aurois pu; je m'étois arrangé pour qu'il fît l'occupation de ma vieillesse. Il ne faut pas à ce travail grande imagination, et je me flattois que la connoissance du théâtre et un peu de goût suffisoient.

Plus notre théâtre vieillira, plus ce travail deviendra pour lui nécessaire, indispensable ; sans cela, de très-excellentes comédies par le fond deviendront insoutenables et injouables par les détails et par le style. J'ai écrit sur

Le 12 novembre je finis *l'Andrienne* entièrement. La promptitude avec laquelle j'ai fait et achevé cet ouvrage m'a fait craindre qu'il ne fût mauvais ; dans cette idée, je fus, en arrivant à Paris, consulter le censeur le plus vrai et le plus rigide que je connoisse : j'allai lire mon *Andrienne* à Crébillon, qui en a été on ne peut pas plus content. Mais voici une chose aussi singulière qu'il en puisse arriver ; c'est qu'ayant remis à la fin de ce mois mon manuscrit à Saurin, qui est aussi un excellent critique, il a trouvé mon ouvrage détestable, puisqu'il le met au-dessous de celui de Baron. Je sais bien et conviens qu'il y a peut-être quelques petits retranchements à faire, une soixantaine de vers à retoucher, et d'autres menus détails à soigner ; je savois tout cela avant que de lui avoir donné ma pièce, et c'étoit pour être éclairé que je la lui avois remise ; je m'attendois à ses critiques, à tous égards : mais j'avoue ingénuement que je suis tombé des nues quand il m'a dit et écrit qu'il trouvoit ma comédie froide, et qu'il lui préféroit *l'Andriënne* du Père La Rue. Je n'en reviens point encore, et je ne conçois pas comment il n'a pas senti la nouvelle chaleur que j'ai jetée dans les rôles de Pamphile, de Carin, de Cimon, de Chrémès et de Glycerie ; comment il n'a pas aperçu à quel point j'avois fortifié les caractères des deux pères et celui de Pamphile ; comment il n'a point vu le nouveau caractère que j'ai donné à Carin, et la façon dont je l'ai toujours mis en action dans le courant du drame ; comment il n'a point été échauffé par la scène entre le père et le fils, dans le cinquième acte. Enfin, je suis surpris qu'il n'ait point été frappé du changement fait au rôle de Glycerie, dans lequel j'ai mis tout le sentiment dont il étoit susceptible, et que la manière dont j'ai ennobli et rendu plus naturel le

---

cet objet une lettre imprimée dans *le Mercure* de février 1771 ; j'y renvoie, et ne parlerai plus de cette *bouillie* que j'ai faite *pour les chats*, ou plutôt pour ces ingrates vipères de comédiens. (*Note de Collé, écrite en* 1780.)

personnage de Criton ne lui ait fait aucun effet, car rien ne lui en a fait : il a tout blâmé sans restriction.

Il n'est entré dans un détail critique que sur la dernière scène du premier acte ; et heureusement si les observations qu'il doit me faire sur le reste ne sont pas mieux fondées que celles-là, j'aurai l'esprit bien tranquille sur ses remarques. Il m'est démontré que celles faites sur le premier acte viennent du défaut de sentiment dans Saurin ; de ce qu'il voudroit que l'on mît des épigrammes et de l'esprit à la place de la nature et de la vérité ; il désireroit apparemment des vers guillochés, tels que ceux des *Moissonneurs* de Favart. Dieu préserve jamais tout auteur dramatique d'en faire de pareils ! Quoi qu'il en soit, ou je radote, ou *l'Andrienne* telle que je l'ai arrangée, et avec la dernière main que je compte y mettre, est un bon ouvrage ; et si je me trompe, je renonce à travailler, même en vieux, à quelque sorte d'ouvrage dramatique que ce soit, et je reconnoîtrai de bonne foi que l'âge avancé où je commence à être m'a non-seulement ôté la faculté de bien composer, mais encore m'a privé du peu de goût qui auroit pu me rester ; mais je veux que la *gueule de mon juge en pète*, et je ne me rendrai à la décision de Saurin que lorsque le public l'aura confirmée et que j'aurai été bien et duement sifflé par ledit public.

On n'a parlé tout ce mois que du roi de Danemark. Ce prince, qui n'est âgé que de vingt ans et qui voyage pour s'instruire, emporte l'estime des nations chez lesquelles il voyage ; on cite de lui ici mille traits sensés et spirituels (1).

---

(1) Grimm n'a pas rempli moins de dix-huit pages pour rendre compte des fêtes et divertissements de toutes sortes auxquels fut convié le jeune monarque danois pendant les sept semaines qu'il passa à Paris. Peu de jours avant son départ, il courut dans le public le quatrain suivant ; c'est le jeune roi qui parle :

« Frivole Paris, tu m'assommes
« De tes bals, de tes opéras ;

Il revenoit ces jours-ci de Fontainebleau ; le peuple, dans l'endroit où il descendit, se mit à crier *Vive le Roi!* — *Mes amis*, leur dit-il, avec une présence d'esprit admirable, *je viens de le quitter : il se porte à merveille.* On m'a assuré qu'ayant dit un jour son sentiment sur Voltaire et combien il l'aimoit, une femme de la cour prit la liberté de lui faire observer que le roi de France n'aimoit pas Voltaire, et que s'il parloit de ce poëte devant Sa Majesté très-chrétienne, il seroit prudent peut-être de cacher l'estime qu'il avoit pour cet homme extraordinaire : *Eh, madame ?* répondit-il, *j'en parlerois devant le roi de France comme j'en parle devant vous : nous sommes une douzaine en Europe qui avons notre franc-parler.*

Sa conduite à la cour et à Paris a été très-sensée ; il avoit été annoncé en France comme un coureur de filles : celles de l'Opéra se partageoient déjà ses dépouilles avant qu'il arrivât ; elles ont été trompées dans leur attente : il a vécu ici dans la plus grande sagesse, du moins en apparence. Il s'est fait en France la plus grande réputation ; il y a été reçu avec la plus grande magnificence. M. le duc d'Orléans lui a donné au Palais-Royal une fête superbe. M. le prince de Condé l'a tenu trois jours à Chantilly, et l'y a aussi fêté dans le grand. Le Roi lui a fait des présents considérables : tapisseries des Gobelins, son portrait en tapisserie, un service de porcelaine de France à ses armes, tapis, paravents et écrans de la Savonnerie, etc., etc. ; sa médaille frappée devant lui, comme au czar Pierre. A propos de la manufacture de la Savonnerie, ce fut là que M. le duc de Duras, premier gentilhomme de la chambre, que le Roi lui a donné pour faire les honneurs de la France, lâcha un trait très-remarquable ; je ne le qualifierai pas. Le voici :

Après avoir reçu les présents de cette manufacture que le roi de France lui faisoit, le Danois vit encore une pièce

---

« J'étais venu pour voir des hommes :
« Rangez-vous, messieurs de Duras. (*H.-B.*)

de peu de conséquence, de la beauté de laquelle il parut émerveillé ; alors le poli et spirituel gentilhomme qui l'accompagnoit dit tout haut, de façon à être entendu de tous les étrangers qui étoient présents : *On n'a qu'à lui donner encore cela !* Dans ce peu de paroles, il n'y a pas un mot qui ne porte. Malgré cela, on dit que le roi de Danemark n'est pas content de M. de Duras. S'il a jugé de la politesse et de l'esprit des gens de la cour par M. de Duras, il est très-possible qu'il se soit mépris.

On n'a pas dit moins de bien de son ministre, M. de Bernstorf, qui étoit connu en France. Comme il a mis les finances du roi danois dans le plus grand ordre, on en parloit avec le plus grand éloge devant notre monarque. On l'appeloit le Sully du Nord ; Mme la comtesse de Chabannes, qui étoit présente à l'entretien, dit devant M. le duc de Choiseul, qui étoit là présent : *Un ministre comme celui-là, sire, vous devriez le débaucher.* On dit que cette femme est une hurluberlue qui dit tout ce qui lui passe par la tête.

C'est à la fin du mois dernier, ou dans le commencement de novembre, qu'est mort l'abbé d'Olivet, ancien jésuite, grammairien excellent, bon humaniste et méchant homme. Ses traductions de Cicéron sont fort estimées, son esprit ne l'étoit guère ; lourd et pesant, c'étoit une espèce de bœuf dans la conversation ; intrigant et bas valet de Voltaire, il exécutoit toutes les noirceurs littéraires qui lui étoient commandées par ce maître en méchanceté. On a élu en sa place à l'Académie M. l'abbé de Condillac, ancien précepteur du prince de Parme. C'est un pédant qui remplacera un autre pédant : l'Académie n'y perdra rien. Piron a fait son épitaphe, qui me paroît très-jolie, la voici :

> Ci-gît maître Jobelin,
> Suppôt du pays latin ;
> Juré-peseur de diphthongue,
> Rigoureux au dernier point

> Sur la virgule et le point,
> La syllabe brève et longue,
> Sur le tiret contigu,
> Sur l'accent grave et l'aigu,
> L'*U* voyelle et l'*V* consonne.
> Ce charme qui l'enflamma
> Fut sa passion mignonne ;
> Son huile il y consomma :
> Du reste, il n'aima personne ;
> Personne aussi ne l'aima.

C'est dans ce mois que M. Roussel a déclaré sa ruine ; mes sœurs y sont pour 10,000 livres, Langlois pour 18,000 livres, Boulogne pour 14,000 livres, et M. Devaux, d'Evreux, un de mes cousins, pour 40,000 livres. M. Roussel étoit fermier général depuis trente-deux ans (1) ; il a eu 400,000 livres de patrimoine, et il s'en faudra peut-être de plus d'un million qu'il n'ait un sou ; il faut qu'à bon marché faire il ait dilapidé douze millions dans ces trente-deux années : voilà sûrement la plus forte dissipation qui se soit encore vue. Sa place de fermier général a été donnée à M. Marchand, son beau-frère. Ce dernier a fait assembler les créanciers de Roussel, et leur a proposé de leur remettre les profits des deux cinquièmes de sa place, à condition que les affaires se termineroient à l'amiable et que l'on ne feroit point de frais. Il s'agit de faire signer un contrat d'union à tous les créanciers, et c'est ce dont je crains bien que l'on ne puisse venir à bout.

---

(1) « Roussel est de Paris, fils d'un notaire et petit-fils d'un fripier de la Halle, neveu de M. de la Garde. Il a épousé la fille de M. Maréchal, maître d'hôtel du Roi, qui lui a cédé sa place de fermier général. C'est un homme d'une belle figure, beau parleur, habile menteur, ayant de très-bonnes dispositions pour son métier. Criblé de dettes par son luxe immodéré, il a fait l'abandon de son bien à ses créanciers. Il est mort et s'est noyé. » Voy. *Vie privée de Louis XV*, par Mouffle d'Angerville, t. 1, p. 314. (*H. B.*)

DÉCEMBRE 1768.

Le samedi 10 du courant j'assistai à la première représentation d'*Hilas et Silvie*, pastorale en un acte et en vers, de M. Rochon de Chabannes. Je ne pense pas que cette drogue ait plus de six ou sept représentations. C'est un réchauffé de *l'Oracle* et des *Grâces* de M. Saint-Foix, mais grossièrement mis en œuvre. M. Rochon de Chabannes, en faisant imprimer sa pièce, nous promet, dans sa préface, qu'il va tâcher de mériter les faveurs du public par quelque grand ouvrage, après avoir jusqu'ici éprouvé son indulgence ; et moi, je lui prédis qu'il ne fera jamais de pièces de théâtre, attendu qu'il n'a point d'invention, qu'il ignore ce que c'est que caractères, et qu'en manquant de ces côtés, eût-il tout l'esprit qu'il se croit et qu'il n'a pas, il ne parviendra de ses jours à faire une comédie passable.

Le début de la demoiselle Dugazon, femme du sieur Vestris, dans les premiers rôles tragiques, a tenu le théâtre pendant la fin de ce mois-ci et tout le mois de janvier entier (1). On ne sauroit avoir un succès plus éclatant. Comme elle a encore les rôles du haut comique, dans lesquels elle doit jouer, il y a apparence que ce début ira jusqu'à la clôture du théâtre. Mlle Clairon n'a pas montré dans ses commencements autant de véritable talent que celle-ci en fait voir, et je lui en soupçonne encore davantage qu'elle n'en montre. Lorsque cette actrice aura battu le fer pendant quelques années encore, elle doit aller au plus grand, si elle s'applique à son métier et ne se persuade pas trop tôt qu'elle n'a plus de progrès à y faire.

---

(1) Connue au théâtre sous le nom de Mme Vestris. Mourut le 6 octobre 1804. (*H. B.*)

ANNÉE 1769.

JANVIER 1769.

Le premier jour de cette année les Comédiens françois donnèrent la première représentation des *Etrennes de l'Amour*, comédie en un acte, en prose, mêlée de chants et de danses, de M. Cailhava de l'Estendoux. Les sifflets étoient probablement occupés à faire leurs visites, puisque cette pièce ne fut pas huée d'un bout à l'autre. Il est bien singulier que l'auteur ne se soit pas voulu donner la peine d'écrire en vers une comédie de scènes à tiroir; il est vrai qu'il eût mieux fait de ne l'écrire ni en prose ni en vers.

Ce M. de l'Estendoux est l'auteur du *Tuteur trompé*; cette pièce, comme je l'ai observé lorsqu'elle parut, ne manque pas d'invention, et faisoit espérer de lui; ses *Etrennes* sont absolument sans imagination, et me font beaucoup rabattre de l'opinion que j'avois conçue de ce jeune homme. Cette dernière pièce me feroit penser qu'il n'a pas imaginé l'autre, et que son plan est peut-être une copie ou une imitation de quelque comédie espagnole, anglaise, italienne, ou tel autre larcin furtivement fait. Ces mauvaises étrennes de la Comédie n'ont eu que quatre représentations.

Le 18 ou le 21 je fus à la première représentation de *l'Orphelin anglais*, drame en trois actes et en prose, de

M. de Longueil, gentilhomme de M. le duc d'Orléans. C'est un drame qui veut être larmoyant, et qui n'est qu'ennuyeux, sans invention, sans caractère, sans vérité et sans esprit. L'imagination de l'auteur n'a pu trouver qu'un conte de Peau-d'âne, et encore ne nous fait-il jamais que le récit de ce qui s'est passé; il n'y a mis aucun incident qui se passe devant les yeux du spectateur. Les trois actes sont presque en entier en exposition; et je ne conçois pas la patience qu'a eue le public d'entendre perpétuellement la même histoire, sans voir arriver rien de nouveau. Je n'ai pu attribuer cet excès d'indulgence qu'à l'amour du public pour M. le duc d'Orléans, qui protégeoit cet ouvrage hautement. Cette petite indignité fut presque huée, et l'eût été à coup sûr sans un tableau que M. le duc d'Orléans indiqua à Molé, lorsqu'il lui lut la pièce, et que Molé a rendu supérieurement. Ce tableau est celui d'un père qui défend son fils, âgé de quatre ou cinq ans, contre des archers qui veulent le lui enlever. A moins que de l'avoir vu, on ne sauroit se peindre la beauté dont étoit Molé : l'air pâle, les cheveux hérissés et en désordre, les yeux égarés, sa fureur à chaque pas, à chaque mouvement violent : on n'a point, dis-je, d'idée de ce coup de théâtre, à moins que d'y avoir été présent. M. le duc d'Orléans m'a dit lui-même que c'étoit lui qui avoit persuadé à Molé de risquer ce tableau, en lui faisant remarquer, m'a-t-il ajouté, que si l'effet en manquoit, il paroîtroit à coup sûr l'excès du ridicule. Malgré l'effet singulier que fit Molé à cette première représentation, le public sortit fort ennuyé et fort mécontent. A la seconde, M. de Tourenpré, intime ami de l'auteur, et qui s'étoit chargé des détails de la représentation, jeta beaucoup de gens dans le parterre, entre autres quarante officiers irlandois du régiment de Fitz-James. Avec quelques retranchements et quelques changements, la pièce fut portée aux nues. Ils demandèrent l'auteur; Molé ayant répondu qu'il n'étoit point à Paris, ils demandèrent son nom; son nom célèbre leur fut dit, et voilà comme on devient illustre.

Cette pièce, au reste, n'a été jouée que parce que l'auteur en avoit abandonné les honoraires à Molé et à Préville; aussi ont-ils fait et font-ils encore l'impossible pour la soutenir. A la seconde, ils donnèrent, pour l'étayer, *Dupuis et Desronais*; à la troisième, *l'École des mères*; à la quatrième, *le Philosophe sans le savoir*; à la cinquième, *la Gouvernante*. Malgré cela, il y a eu peu de monde, excepté à cette dernière représentation, qui étoit un samedi, et quoiqu'ils se soient réduits, comme l'on voit, à ne la donner que comme une petite pièce; en sorte que s'ils suivent leurs règles, ceux qui reçoivent les honoraires de l'auteur doivent s'être restreints à ne recevoir qu'un dix-huitième, au lieu d'un douzième que rapportent les pièces en trois actes.

Cette manœuvre des Comédiens, ou plutôt de Préville et de Molé, pour faire jouer les pièces dont on leur fait présent; tous les petits ressorts dont ils se servent pour les faire passer avant tout, retardent et empêchent les représentations des tragédies et des comédies nouvelles qui leur sont données par des auteurs qui ont du moins quelque talent.

Ils ont reçu depuis deux ou trois ans une comédie de M. Colardeau; ils ont des tragédies de Lemierre; ils en ont deux de M. de Belloy: *le Chevalier Bayard* et *la Comtesse de Vergy*, etc., etc. Je sais qu'ils ont plus de vingt pièces à donner, et ils n'ont donné cet hiver que celles qui leur ont été données. Dans dix ou douze jours encore, ils font passer une comédie en cinq actes, qu'ils répètent actuellement, et dont il est très-probable que Préville seul aura les honoraires. C'est du moins lui seul qui a le secret de cette comédie, que l'on soupçonne être de la façon de l'auteur du *Bienfait rendu* (1).

---

(1) Dampierre, munitionnaire du Roi. V. T. II, p. 298. (*H. B.*)

Il faut encore ajouter à ces dégoûts que ces histrions donnent aux gens de lettres qui travaillent pour le théâtre, qu'ils ne reprennent point les pièces qui ont eu du succès : ils viennent de faire une chicane à M. de Belloy, pour la reprise du *Siége de Calais*. Les comédiens sont aujourd'hui plus injustes, plus intrigants et plus insolents qu'ils ne l'ont jamais été. Bien malheureux les auteurs qui vivent du théâtre !

FÉVRIER 1769.

La querelle de M. de Belloy et des Comédiens a été arrangée par M. le maréchal de Richelieu ; mais ces messieurs-là n'ont pas fait à M. de Belloy les excuses qu'ils lui devoient ; il a seulement eu la satisfaction de voir donner la reprise du *Siége de Calais* malgré eux. Cette pièce a été suivie avec fureur : on ne pouvoit y trouver de places à trois heures, et toutes les loges ont toujours été louées. Cette tragédie n'a pourtant eu que quatre représentations à cette reprise-ci, parce qu'ils ne l'ont donnée qu'à la fin de février, ou même au commencement de mars. Ils doivent la continuer à la rentrée ; cette interruption pourra peut-être nuire à la continuité du succès : c'est ce que les Comédiens demandent pour que la pièce leur appartienne. Ils emploient toujours toutes ces ruses sordides contre les auteurs.

Le 28 février je reçus, avec un billet de M. Lacombe, libraire, une lettre dont la teneur suit :

« Monsieur,

« Me permettrez-vous de vous offrir un exemplaire de
« la médaille de Henri IV que j'ai fait frapper ? C'est un

« foible échange des larmes délicieuses que je dois à
« votre *Partie de Chasse.*

« J'aime tant, monsieur, le bon Henri IV, que je ne
« puis me dispenser d'aimer ceux qui l'aiment et qui le
« font aimer.

« Que mon amitié pour votre héros me serve donc
« d'excuse auprès de vous sur la déclaration d'amitié
« que je prends la liberté de vous adresser. Je saisis cette
« occasion, monsieur, pour vous remercier de tout le
« plaisir que m'a procuré la lecture de vos ouvrages.
« Personne n'a badiné comme vous avec les grelots de la
« folie. On doit vous tenir pour l'héritier de feu Momus,
« dieu charmant, tout-à-fait bonhomme et ami de l'hu-
« manité. Il règne dans vos écrits une grande connois-
« sance des mœurs actuelles des sociétés du jour, une
« peinture très-fine des ridicules de la galanterie.

« Il ne tiendroit pas à vous qu'on ne fût à la fin moins
« trompé par ces femmes qui passent leur vie à nous
« donner des erreurs et des repentirs.

« J'aime à la folie votre Desronais, pièce unique et
« piquante, dont le fond est simple et les détails si in-
« téressants.

« Pardonnez, monsieur, cette franchise d'un provin-
« cial qui dit naïvement sa pensée, et qui se croit excusé
« par les sentiments d'estime avec lesquels j'ai l'honneur
« d'être, etc.

« *Signé,* Mercier Dupaty (1),

« Avocat général au parlement de Bordeaux. »

Le magistrat qui m'a fait l'honneur de m'adresser cette
lettre et le présent de la médaille en question est un
jeune homme de vingt-trois ans, qui paroît promettre
un très-excellent citoyen. Il ne peut mieux commen-

---

(1) Dupaty (F.-B. Mercier) devint président à mortier au parlement de
Bordeaux. Né à La Rochelle, en 1744, mort en 1788. *Lettres sur l'Italie.*
(*H. B.*)

cer qu'en montrant à quel point il s'est passionné pour la mémoire du plus grand et du meilleur de nos Rois après Louis IX, puisqu'il a dépensé dix mille francs à faire frapper la médaille de Henri IV. Directeur de l'Académie de La Rochelle, c'est lui seul qui a fait les frais de ce monument. Il avoit proposé ce prix pour l'éloge de Henri. M. Gaillard, de l'Académie des inscriptions et belles lettres, l'a remporté; M. de Laharpe l'eût obtenu, sans une considération politique qui, m'a-t-on dit, a empêché qu'on ne le lui adjugeât.

Comme il est d'usage de faire imprimer la pièce à laquelle on donne le prix, il s'est trouvé dans celle de M. de Laharpe une apostrophe du pauvre cultivateur aux riches inutiles à l'État, qui étoit de la dernière véhémence, et qui paroissoit une critique trop vive du gouvernement actuel. Il y a très-grande apparence que les applications qu'on en pouvoit faire ont été les motifs qui ont déterminé l'Académie de La Rochelle à ne pas couronner un discours dont les magistrats de la librairie n'auroient pu permettre l'impression. Ce discours de M. de Laharpe a été en effet imprimé à Paris au commencement de cette année; mais cette apostrophe ou prosopopée du pauvre n'a point été passée par M. Saurin, que M. de Laharpe avoit pris pour son censeur. M. Mercier Dupaty en adressant une médaille en argent à M. de Laharpe lui a fait entendre que le prix lui eût été donné s'ils eussent pu le lui donner.

A la tête de l'éloge fait par M. Gaillard, ce magistrat marque son regret de n'avoir pas fait statuer de donner des *accessits*, et désigne par son épigraphe le discours de M. de Laharpe d'abord et quelques autres qui en eussent mérité. On observera qu'il n'est pas de nécessité absolue de faire imprimer les discours qui n'obtiennent que des *accessits*, et que par là M. Dupaty peut vouloir faire entendre que ne pouvant pas couronner publiquement le discours de M. de Laharpe, on lui eût accordé un *accessit* qui, mentalement et dans le fond, eût été le véritable prix. J'ai ces deux discours imprimés, et à mon sens il me paroît qu'il n'y auroit pas eu à balancer d'adjuger le prix à M. de Laharpe, et l'*accessit* à M. Gaillard.

Quoi qu'il en soit, le discours qui précède celui de ce dernier, et qui est de M. Dupaty, est plein de cette éloquence du cœur que je préfère à toute autre éloquence. Je défie qu'on lise sans répandre des larmes ce morceau qui commence par : *O mes concitoyens! vos pères ont vu Henri IV dans ce lieu qui nous rassemble, dans celui où après deux siècles*, etc. Depuis cet endroit jusqu'à la fin, c'est le sentiment, c'est l'âme seule de M. Dupaty qui parle ; mais l'âme la plus tendre, la plus sensible, la plus chaude et la plus forte qui m'ait encore fait passer ses impressions ; j'aime mieux ce morceau lui seul que les deux discours de M. de Laharpe et Gaillard.

M. Dupaty dans le commencement de son discours ne m'a pas plu autant, à beaucoup près. Il a donné un peu dans l'éloquence bouffie des orateurs boursouflés de ce siècle ; il ressemble aux *vessies* de M. Thomas de l'Académie françoise. Par exemple que veut-il dire par : *Est-il parmi nous quelque âme forte et vigoureuse que la nature ait fatiguée de bonne heure du besoin de penser*, etc. Éloquence de Lycophron (1) ! au reste je crois voir clairement que les beautés de ce discours appartiennent entièrement à M. Dupaty, et que les défauts qui s'y trouvent sont les défauts des orateurs modernes, que ce jeune homme a eu la modestie de vouloir imiter, parce qu'il ne sent pas encore ses forces, et que son goût n'est pas encore formé ou assez consolidé pour mépriser ces phraseurs et ces pédants dogmatiques et sententieux. J'ai remercié M. Dupaty dans les termes les plus honnêtes, les plus forts et les plus affectueux qu'il m'a été possible d'imaginer. J'attends une réponse à ma lettre.

---

(1) Poëte et grammairien grec, célèbre pour son obscurité. Vivait vers l'an 300 avant J.-C. (*H. B.*)

MARS 1769.

On a achevé d'imprimer, dans les premiers jours de ce mois, *l'Andrienne* par moi nouvellement mise en vers libres. L'édition de cette comédie, ainsi que celle de *la Mère coquette*, de Quinault, où j'ai changé le carractère du marquis et quelques vers, ne paroîtront que lorsque les Comédiens auront donné quelques représentations de ces deux pièces dont je leur fais présent.

On me contoit ces jours-ci une facétie imaginée par M. le duc de Chartres il y a quelques mois. Voici le fait. M. le comte Fitz-James s'est marié au commencement de cette année. Ce jeune seigneur étoit de toutes les parties de plaisir de M. le duc de Chartres. Huit jours avant son mariage, il dit au prince : *Monseigneur, je veux être honnête homme, je veux bien vivre avec ma femme; je quitte ma petite maison et je renonce aux filles.* — *Cela est fort bien fait, mon cher Fitz-James*, lui répondit le Prince, *mais les noces ne sont que dans huit jours; il faut que tu viennes après-demain souper à ma petite maison avec moi, pour y faire tes adieux à nos coquines.* — *Cela est juste*, repartit M. de Fitz-James, *j'aurai l'honneur de m'y rendre*. Le jour marqué il partit effectivement après l'opéra; il est reçu d'abord par un valet de chambre en pleureuses. Il monte, il trouve l'antichambre tendue de noir, la chambre en noir, et trois demoiselles en crêpes et dans le plus grand deuil des veuves. Pour consoler ces pauvres affligées, ces Messieurs firent un souper très-gaillard, qu'ils poussèrent bien avant dans la nuit, etc.

AVRIL 1769.

Le 5 avril a été célébré le mariage de M. le duc de Chartres(1) avec mademoiselle de Penthièvre. Il n'y a point eu de fêtes; M. le duc d'Orléans a donné cinq cents louis aux pauvres de Saint-Eustache sa paroisse. Par ce trait de charité, sa politique épargne trois ou quatre cent mille francs.

Le lundi 10 du courant je fus à la première représentation du *Mariage interrompu* de M. Cailhava de l'Estendoux. C'est une comédie en trois actes et en vers; elle fut applaudie et on demanda l'auteur; il parut, et la pièce est mauvaise. Elle est dans le genre des pièces d'intrigues de la vieille comédie; c'est un valet fourbe qui conduit tout. Le reste des personnages sont bêtes à manger du foin. Un père Cassandre qu'on trompe tant qu'on veut, un amant imbécile, une amoureuse aussi sotte, etc., etc. Rendons cependant justice à l'auteur; il y a de l'invention, tant bonne que mauvaise, et du comique de situation, dont il a su tirer quelque parti. Si ce sujet a été imaginé par lui, et qu'il ne l'ait pas pris ailleurs, ainsi qu'il avoit puisé celui du *Tuteur trompé* dans une comédie italienne, *la Maison à deux portes*; enfin, si c'est bien l'auteur qui a créé et arrangé la fable du *Mariage interrompu,* il ne faudroit pas désespérer de lui. Il a vingt-six ou vingt-sept ans; s'il peut parvenir à connoître les hommes et à vivre dans le monde, il pourroit peut-être quelque jour faire de bonnes comédies; mais c'est un grand peut-être. Cette pièce a eu six représentations.

---

(1) Louis-Philippe-Joseph, duc d'Orléans, né le 13 avril 1747, marié à Louise-Marie-Adélaïde de Bourbon-Penthièvre, et mort le 6 novembre 1793. (*H. B.*)

Le mardi 26 du courant, à onze heures du matin, je fis lecture aux Comédiens de mon *Andrienne*. Ils étoient plus de la moitié de la troupe. Molé eut l'impertinence de ne s'y point trouver; sa fatuité augmente chaque jour. Le jour que je fus demander cette lecture, il me fit une impolitesse marquée en demandant lui-même à lire une pièce auparavant que je lusse la mienne. Je dis froidement aux Comédiens que je n'étois point pressé, et qu'il étoit juste de laisser lire M. Molé. Je dirai ici, par parenthèse, que cette pièce a été refusée; et je la crois de M. de Longueil, auteur de *l'Orphelin anglais*. Mais revenons à ma lecture.

Les Comédiens donnent actuellement leurs sentiments par écrit, dans des bulletins qui sont lus ensuite par le semainier.

Tous les bulletins furent obligeants et remplis de compliments, à l'exception de deux, dont le premier, en recevant la pièce, faisoit quelques critiques vagues; et l'autre s'opposoit à sa réception par une raison de politique dont je vais parler, et qui fut ensuite débattue par Mme Bellecourt; ces deux bulletins venoient sans doute d'elle et de son mari. Quoi qu'il en soit, voici cette raison.

Bellecourt et sa femme, et sans doute quelques autres Comédiens encore, prétendent qu'il peut leur être désavantageux que l'on retouche les pièces qu'ils appellent de l'ancienne comédie. Ils craignent que plus ces ouvrages seront bien faits, moins on puisse souffrir ceux que l'on n'aura pas retouchés; mais cette crainte me paroît vaine et ridicule même. On ne juge que la comédie raccommodée que l'on voit, et il n'est pas possible que le spectateur qui va aux pièces qui ne le sont pas s'en dégoûte, et pense assez fortement aux défauts de celles-ci qu'on ne lui a point fait apercevoir, pour ne point prendre le même plaisir à leurs représentations Dans ces instants où la chaleur de l'action et de l'acteur et tous les effets du théâtre font illusion, les spectateurs ont-ils le temps de faire la comparaison, par exemple, de *l'Andrienne* que j'aurai rajustée, au *Muet*, qui ne l'aura pas été? Cette comparaison peut-elle jamais dans ce moment se présenter à leur esprit? Ces deux pièces sont cependant à quelques égards dans le même genre; elles sont originairement toutes deux de Térence. C'est dans l'une et dans l'autre un esclave ou un valet qui conduit toute l'intrigue. Les amants sont dans les mêmes peines, ils veulent tous les deux épouser une femme qui n'est point citoyenne; les pères, dans les deux pièces, s'opposent également à ces mariages honteux; les dénouements de *l'Andrienne* et de *l'Eunuque* de Térence sont précisément les mêmes; ce sont les reconnoissances de Glycerie, fille de Chrémès, et de Zaïde, fille du marquis de Sardan, qui dénouent ces deux comédies.

Or, je demande encore, et que l'on soit de bonne foi, ceux qui verront représenter mon *Andrienne*, iront-ils songer au *Muet*?

Je pense donc que rien n'est moins fondé que la crainte de cet inconvénient. Je crois, au contraire, que l'exemple que je donne aux auteurs dramatiques qui avancent en âge sera fort utile aux comédiens, s'il est suivi; mais malheureusement j'ai une crainte qui est bien mieux fondée, c'est celle que mon exemple ne soit point suivi : 1° l'intérêt personnel des auteurs n'y est pour rien : quels honoraires ceux qui auroient besoin d'en recevoir pourroient-ils attendre de ce travail ingrat, même en cas de réussite, qui ne sauroit jamais être que très-médiocre? 2° l'intérêt personnel de l'amour-propre de ces messieurs n'y sauroit entrer, attendu que si l'ouvrage est bien fait, toute la gloire en sera attribuée à l'auteur original; on dira que le fond de la pièce étoit si excellent, qu'il n'étoit pas bien difficile d'en ôter les petites taches qui le déparoient. Si, au contraire, le raccommodage venoit à n'avoir aucun succès, on crieroit haro sur l'excès de témérité et d'amour-propre du barbouilleur qui auroit gâté le tableau d'un maître; et on éleveroit alors ce grand maître beaucoup plus haut qu'il n'a jamais été porté, afin de rabaisser son correcteur le plus qu'il seroit possible. Un auteur dans ce cas n'a donc en perspective qu'une chute, mais point de succès.

Voici des vers qui courent le monde, et que l'on vient de me donner. Ils sont de M. Dorat; ils sont jolis.

> Oui, quoiqu'au siècle dix-huitième,
> J'ai des mœurs, j'ose m'en vanter.
> Je sais chérir et respecter
> La femme de l'ami qui m'aime.
>
> Si sa fille a de la beauté,
> C'est une rose que j'envie;
> Mais la rose est en sûreté
> Quand l'amitié me la confie.
>
> Après quelques foibles soupirs,
> Je me fais une jouissance
> De sacrifier mes désirs;
> Et ne veux pas que mes plaisirs
> Coûtent des pleurs à l'innocence.
>
> Mais il est des femmes de bien,
> Femmes, qui plus est, d'importance,
> (Et dieu-merci, sans conséquence),
> Qui pour peu qu'on ait un maintien
> Vous traitent avec indulgence,
> Et vous dégagent du lien
> D'une gothique bienséance.
>
> De ces dames-là, j'en conviens,
> J'use ou j'abuse en conscience,
> Sans jamais me reprocher rien;
> Le mari même m'en dispense.
>
> Je sais trop ce que l'on leur doit
> Pour me permettre un sot scrupule;
> C'est une bague qui circule,
> Et que chacun met à son doigt.

MAI 1769.

Je suis parti le 14 même pour Grignon, dont je reviendrai le 21 ; j'ai attaqué dès le lendemain la comédie de *l'Esprit follet, ou la dame invisible*. Je la mets en vers libres ; je la récris presque entièrement. Il n'est guère possible de trouver de style plus plat que celui de *l'Esprit follet*; mais, en revanche, le plan de cette pièce est excellent, bien combiné, bien conduit, et il en résulte à chaque scène un comique de situation. Je suis convaincu que cette comédie rajeunie doit être d'un grand effet. *L'Esprit follet* est recueilli dans le théâtre d'Hauteroche, comédien. Je crois cependant que c'est Thomas Corneille qui en est l'auteur, ainsi que toutes les autres comédies contenues dans les trois volumes de ce théâtre.

Thomas Corneille, dans le temps de la grande réputation de Pierre, son frère, et pendant qu'il composoit lui-même des tragédies qui ne sont pas sans mérite, n'a pas voulu risquer de donner des farces sous son nom; il empruntoit celui du comédien Hauteroche. *Crispin médecin, le Cocher supposé*, en un mot, toutes les comédies de ce théâtre sont de la composition de Corneille de l'Isle. Je tiens cette anecdote-ci de Crébillon le père, qui a assuré plus d'une fois qu'au commencement de ce siècle-ci c'étoit un fait connu et dont personne ne doutoit.

Quoi qu'il en soit, *l'Esprit follet* est une pièce d'intrigue, dont le fond, pris des Espagnols et des Italiens, a été arrangé avec tout l'art possible par celui qui en a pris la peine; je n'ai trouvé rien à y changer, ajouter ou retrancher. Indépendamment de sa vétusté et de la variation de nos mœurs et de nos usages, les vers de cette comédie ont toujours été, dans l'original, mal faits et très-mal faits; il faut donc en faire d'autres, meilleurs. Y réussirai-je?

Je compte donner aux amants plus de chaleur, jeter dans les rôles des femmes plus de bienséance, et rapprocher les uns et les autres de nos mœurs actuelles, autant que le sujet pourra me le permettre.

Pour le rendre plus décent et plus vraisemblable, j'ai bien senti qu'il auroit fallu mettre la scène à Madrid. En conservant, comme je le fais, tous les personnages françois, et plaçant la scène à Paris, comme elle y étoit, je confesse que je laisse à cette comédie un défaut qu'il eût été facile et très-facile d'en ôter. Mais après y avoir mûrement réfléchi, j'ai mieux aimé ne point ôter ce défaut, auquel on est déjà accoutumé, que de présenter des caractères espagnols, qui n'auroient eu rien de piquant pour un spectateur françois, et priver ce même spectateur de la légère peinture de nos mœurs et de nos usages, que le sujet pourra me permettre d'esquisser.

JUIN 1769.

Le mercredi 14 du courant je fus à la première représentation de *Julie*, comédie en trois actes et en prose. Cette pièce n'est point celle qu'ils devoient mettre à la rentrée; des indispositions de plusieurs acteurs et actrices les ont empêchés de donner *les Deux Amis*, comédie en cinq actes et aussi en prose de M. de Beaumarchais, qui en a fait présent à Préville, comme l'auteur de *Julie* a fait à Molé de la sienne. Ces deux acteurs semblent être convenus de ne faire paroître que les pièces dont on leur laissera les honoraires.

Quoi qu'il en soit, *Julie*, refusée d'abord par les Comédiens, relue à eux une seconde fois par Molé, qui par ses petites intrigues la leur a fait enfin recevoir, l'a été du public avec un froid qui marquoit tout l'ennui que cette drogue a inspiré.

C'est un drame qui voudroit être larmoyant et comique, et qui n'est ni l'un ni l'autre; cela n'est ni plaisant ni intéressant : cela est fastidieux.

L'écolier de rhétorique qui a fait cette amplification mériteroit un *pensum*, et son régent doit l'avertir qu'il n'aura jamais ni talent ni génie, et qu'il doit absolument renoncer à composer. Cet écolier s'appelle M. Denon (1); il a vingt-deux ans; il est gentilhomme ordinaire du Roi, et aura quelque jour vingt ou vingt-cinq mille livres de rente; on le dit d'ailleurs un fort aimable enfant. S'il peut parvenir à se guérir de la fureur de bel-esprit, ce sera pour lui un grand bonheur, car il ne réussira sûrement pas dans cette carrière (2).

Son compagnon, le fade auteur d'*Eugénie* (3), ne doit pas réussir davantage. Ils sont tous deux sans invention,

---

(1) Denon (Le baron Dominiq. Vivant), directeur général des Musées, membre de l'Académie de peinture. Il accompagna Napoléon Ier en Égypte. Né en 1745, mort en 1825. (*H. B.*)

(2) M. Denon a réussi dans une autre carrière ; d'ailleurs son drame de *Julie* est resté au théâtre. (*Note de Barbier.*)

(3) Beaumarchais, auteur d'*Eugénie*, n'avoit pas encore de nom dans la littérature; il s'en est fait un très-grand par ses mémoires, qui le feront vivre dans l'histoire de notre nation. Je pourrois même assurer et prédire qu'ils seront imprimés comme des pièces justificatives, excellentes et très-curieuses, qu'on mettra à coup sûr dans le volume, et à la suite de celui qui rendra compte du honteux parlement composé par le chancelier Maupeou. La satire fine et couverte que Beaumarchais a faite de ces petits filoux parlementaires est un morceau comparable à la *Confession de Sancy*. Ces diatribes ingénieuses dureront autant que la monarchie.

Eugénie, au reste, est un mauvais drame; mais mon aversion, ma haine décidée contre ce genre bâtard, m'ont emporté trop loin ; il y a de l'esprit et du sentiment dans *Eugénie*, et même quelques scènes. Sa préface est du dernier ridicule, et n'a pas le sens commun; c'est ce que je soutiendrai jusqu'au dernier soupir. (*Note de Collé, écrite en* 1780.)

sans connoissance du théâtre et du cœur humain. Ces insectes du drame romancier ont pris, à la vérité, la route la plus aisée pour ramper dans le dramatique. Rien n'est si facile que de mettre un mauvais roman larmoyant en comédie. On a bientôt bâti un mauvais plan dans ce genre ; les personnages romanesques et les caractères outrés peuvent être peints par tout le monde.

S'il survenoit un homme de génie, tel que Molière, il couleroit bientôt à fond cette fausse Thalie. Les hommes ne demanderoient pas mieux que de rire encore : cela m'est bien prouvé par mes foibles productions. Je me rends justice ; je sais que mon talent pour la comédie est borné, c'est un très-petit talent (1) ; je vois cependant que depuis un an on se jette avec avidité sur les pièces de mon théâtre de société, et qu'on les joue partout cet hiver ; les Comédiens eux-mêmes les ont jouées entre eux pour s'amuser. Ils sont même mandés dans des maisons particulières, pour y représenter après souper, la *Vérité dans le vin*, la *Tête à perruque*, le *galant Escroc*, etc. M. Trudaine les a fait venir à sa campagne, par le moyen de M. le duc de Duras, son ami ; ils y ont joué toutes ces pièces successivement, et ces jours-ci ils doivent représenter *les Accidents, ou les abbés*, comédie de moi, que je leur ai prêtée, et dont le fond est si libre que je n'ai point osé la faire imprimer avec les autres. Ce qu'il y a de plaisant, c'est que les spectateurs sont des évêques. M. de J......, évêque d'Orléans, qui a la feuille des bénéfices, et l'évêque de Mâcon assisteront à ce spectacle, rendu par Préville, sa femme, la demoiselle Luzy, Feuilly et l'avocat Coqueley de Chaussepierre. Il y a encore deux autres évêques, que l'on ne m'a point nommés, mais je suis sûr des deux premiers.

---

(1) Collé serait bien penaud si on le prenait au mot ! (*H. B.*)

JUILLET 1769.

J'ai fini le premier de ce mois la comédie de *l'Esprit follet*. Je l'ai remise à Saurin, pour la critiquer à feu et à sang ; au total, il m'en a paru très-content, quand je la lui ai lue. Je n'ai employé à ce travail que sept semaines, trois heures à peu près par jour ; je suis surpris de la facilité que j'ai à cette sorte d'ouvrages et je m'en méfie. Ce ne sont pas seulement les vers que je refais, et que dans cette pièce notamment j'ai été obligé de faire en entier : je ne pense pas en avoir conservé une trentaine de l'ancien *Esprit follet*. Les vers ne sont pas tout mon travail, je m'attache encore à la marche de l'action, à la rendre plus vraisemblable. Je rapproche les caractères de nos mœurs actuelles ; je donne à des personnages une consistance et une vie qu'ils n'avoient point dans l'original. Par exemple : la Dame invisible, Léonor, Pontianan et Alcidor, sont dans la pièce d'Hauteroche des espèces de statues qu'il m'a fallu animer, et j'y ai mis le peu d'art que j'ai. Je n'épargne point ma peine, et je mets ma gloire et mon plaisir à pouvoir rendre ce travail estimable et digne des suffrage de la nation.

AOUT ET SEPTEMBRE 1769.

J'ai passé à la campagne le mois de juillet, et ne suis revenu de Grignon que le 20 du mois d'août. J'ai fait quatre actes du *Menteur* de Corneille. Je compte l'achever et faire toutes les corrections en octobre, que je retourne aux champs ; celles de *l'Esprit follet* sont faites. Je reverrai encore cette pièce à la campagne, et je ne ferai imprimer ces deux comédies que lorsqu'elles auront encore essuyé la critique de M. Duclos, quant à la grammaire ; car quant à la partie théâtrale, je n'ai aucune confiance en son jugement. Celui de M. Saurin, qui m'a déjà donné sa critique sur *l'Esprit follet*, à laquelle j'ai satisfait, est ma seule boussole quant au théâtre ; et je ne prendrai point d'autre Aristarque.

On m'a donné ces jours-ci une épigramme, faite il y a trois mois contre la comédie du *Déserteur* (1). La voici :

> Un pénitent, en bon chrétien,
> D'avoir hanté la comédie
> S'accusoit et promettoit bien
> De n'y retourner de sa vie.
> — Voyons, lui dit le Confesseur,
> C'est le plaisir qui fait l'offense :
> Que donnoit-on ? — Le *Déserteur*.
> Vous le lirez pour pénitence.

Cette épigramme n'est pas faite par quelqu'un accoutumé à faire des vers. On ne peut guère les faire plus mauvais ; et encore paroît-il qu'on a eu bien de la peine à les faire. Elle est d'ailleurs injuste comme ordinairement toute épigramme l'est. La comédie est plus faite pour la représentation que pour la lecture ; il seroit à souhaiter qu'il fût possible qu'on n'imprimât jamais aucune pièce de théâtre ; on se ménageroit des plaisirs d'une durée sans fin.

Quant au *Déserteur*, la pièce avec tous ses défauts est un drame singulier ; il est neuf, et d'un grand effet théâtral. Son style me paroît naturel et celui de la chose.

Le 8 septembre je fus l'après-midi à Fontenay-sous-Bois, à la maison de campagne de Préville, y voir jouer ma comédie des *Accidents* ou des *Abbés*, précédée du prologue de *la Lecture*. Il est presque inutile de dire que ces pièces furent rendues par les Comédiens dans la plus

---

(1) Comédie de Sedaine. (*H. B.*)

grande perfection ; il suffit de nommer les acteurs. Dans *la Lecture*, Mme Préville faisoit le rôle de la présidente ; Mme le Kain y joua très-bien le sien ; DaHainval, l'auteur ; Préville, le président ; Feuilly, le commandeur ; M. Comoran, l'abbé. Dans *les Accidents*, Préville, l'abbé de Corqueley ; Mme Préville, la comtesse ; Mme Bellecourt, la marquise ; Dallainval, Saint-Jean ; Mme le Kain, Mlle d'Amours ; Feuilly, Milor Tapp ; et M Coqueley, l'abbé Doux-Doux. M. Coqueley de Chaussepierre, avocat en parlement et conseil de la comédie en cette qualité, est lui-même un des meilleurs Comédiens que j'aie jamais connus. Il a un masque excellent, une intelligence supérieure, un comique et un naturel que je n'ai vus qu'à lui. Je ne crains point de dire qu'il est au-dessus et fort au-dessus de Préville. Ce malheureux talent et un amour forcené du plaisir le font vivre à pot et à rôt avec les comédiens et les comédiennes, dont il s'abaisse à être le camarade et le compère. M. Coqueley est d'une très-ancienne maison bourgeoise ; il a près de soixante ans, et rien ne peut l'excuser de l'avilissement dans lequel ce commerce flétrissant l'a jeté ; mais ses mœurs ne font rien à son talent, dont j'ai déjà profité plus d'une fois. Je lui ai vu jouer à ravir les rôles du président, dans la *Vérité dans le vin*, et de Gasparin, dans *le Galant Escroc* (1). Pour rendre le jeu des *Accidents* et du *Prologue* absolument parfait, il n'y manquoit qu'Auger à la place de Dallainval ; ce dernier est un acteur raisonnable, mais très-froid aussi, surtout pour le rôle du grison, dont il n'a tiré aucun parti.

Le 30 septembre je fus à la première représentation d'*Hamlet*, tragédie angloise arrangée pour notre théâtre par M. Ducis, ci-devant secrétaire du comte de Montazet,

---

(1) V. dans les *Causes amusantes et connues*, Berlin, 1769, 2 vol. in-18, deux *mémoires* très-plaisans rédigés par cet avocat, l'un en faveur d'un peintre à qui un apothicaire refusait de payer le prix de son portrait, l'autre contre Poinsinet, en restitution d'une montre en or. (*H. B.*)

pendant que ce dernier étoit à Vienne. M. Ducis est l'auteur d'*Amelize*, tragédie qui ne fut jouée, il y a un ou deux ans, qu'une seule fois. Si l'on eût rendu justice à *Hamlet*, il n'eût pas été achevé. M. Ducis a beaucoup d'esprit; il fait bien le vers, mais il ne fera jamais de pièces de théâtre. Il est né sans génie, sans talents et sans invention. Non-seulement il n'a rien imaginé lui-même dans le sujet d'*Hamlet*, mais il a même gâté cette tragédie brute. Rien n'est vrai dans ses caractères (1).

La reine, qui a empoisonné son mari pour épouser son amant, doit n'avoir rien de plus pressé que de faire monter ce dernier sur le trône, et jouir dès l'instant du fruit de son crime. Dans l'*Hamlet* de Shakspear, Claudius est roi, et a épousé la veuve du roi empoisonné, auparavant que l'action commence. M. Ducis dès la première scène donne des remords à la reine, la fait balancer sur son mariage avec Claudius, etc. Est-il dans la nature qu'une passion aussi forte que celle qui engage à se défaire de son mari et de son souverain vienne se ralentir aussitôt que le crime est commis? M. Ducis a été égaré en cela par M. de Voltaire, qui a donné des remords à sa Sémiramis; mais du moins M. de Voltaire a-t-il une petite excuse en ce que Sémiramis est poursuivie par l'ombre de Ninus. Quoiqu'à vrai dire ce soit un très-plat caractère que celui de Sémiramis, et qu'il eût mieux fait de nous donner Sémiramis comme nous la représente l'histoire, intrépide guerrière marchant à la tête de ses armées, politique, ambitieuse, cruelle, que de nous la peindre comme une femmelette qui craint les revenants.

---

(1) « Ducis remplaça Voltaire à l'Académie, mais non au théâtre. Il n'est rien au monde, on est bien forcé de l'avouer, de plus pitoyable que ces prétendues imitations de Shakpeare, véritables guet-apens dans lesquels le poëte anglais est assassiné avec une rare bonhomie. Indépendamment du sujet, toujours horriblement mutilé, des idées appauvries et des sentences énervées, les vers de Ducis ne peuvent être écoutés de sang-froid par quiconque possède la langue française de la façon la plus superficielle. » Voyez l'*Histoire philosophique du Théâtre français*, par Hip. Lucas. (*H. B.*)

Le caractère d'Hamlet me paroît tout aussi peu dans la nature, mais beaucoup plus monstrueux. C'est un fou enragé, un maniaque qui se croit poursuivi par un spectre que l'on ne voit ni que l'on n'entend! Dans Shakspear le spectre ridicule est du moins fondé ; dès la première scène des sentinelles s'en entretiennent, et il paroît à leurs yeux et aux yeux des spectateurs; dans *Sémiramis*, M. de Voltaire n'a pas manqué de même de faire paroître l'ombre de Ninus. Shakspear a plus fait, il a donné la parole à son spectre, et on a dans cette tragédie une scène entière entre Hamlet et ce spectre. Je ne déciderai point si ce revenant est un ressort qui convient à la dignité de la tragédie, mais je dirai hardiment que lorsqu'on l'emploie, il faut faire tous les efforts pour lui donner toute la vraisemblance qu'il est possible de lui donner. En supprimant la présence du spectre, l'auteur s'est privé de plusieurs scènes qu'il n'a remplacées que par d'autres scènes triviales et sans intérêt; disons encore que le défaut du spectre, diminuant ou même ôtant toute vraisemblance, rend le rôle d'Hamlet d'une monotonie insoutenable. Dès le second acte cet hypocondriaque se dit poursuivi par le spectre qui lui ordonne de tuer Claudius et sa propre mère. De déclamation en déclamation il rebat toujours la même chose, jusqu'au cinquième inclusivement, que sa mère se tue elle-même; Claudius se donne aussi lui-même la mort; ensorte que Hamlet, toujours harcelé par son spectre, toujours en fureur, toujours forcené, au point d'imaginer qu'il va tuer tous les passants, ne tue cependant personne, n'agit jamais, et hurle sans cesse les mêmes menaces qu'il a faites en entrant sur le théâtre. Dans une tragédie du genre terrible de celle-ci, je me flatte qu'il ne faut pas être trop anglomane pour convenir qu'il n'est pas gracieux de ne point voir répandre une seule goutte de sang par Hamlet.

L'urne où sont les cendres du père d'Hamlet ne fait aucun effet ; ce n'est qu'un remplissage froid, et qui sert à combler le vide d'un acte. Cette urne prise de l'*Électre* de Sophocle, et mal imitée dans l'*Oreste* de M. de Voltaire, loin d'ajouter à l'intérêt de la pièce de M. Ducis, ne feroit qu'y nuire, s'il y avoit la plus légère trace d'intérêt dans ce monstre dramatique.

Il est révoltant et même dégoûtant d'entendre cette vieille reine à remords nous parler froidement de sa passion élimée pour Claudius; c'est néanmoins cette passion glacée qui l'a portée à empoisonner son mari, dont elle est encore en deuil ou du moins si elle l'a quitté on s'en plaint dans le courant de la pièce : il n'y a que quatre mois que ce malheureux *cocu* est mort, et depuis qu'elle lui a donné le poison elle a recommencé à l'aimer.

Un trait révoltant et qui fut hué, c'est le moment où Hamlet lève le poignard sur sa mère, en se couvrant de sa robe, comme un bon fils qui veut la tuer sans la voir. Ma foi, cela est sublime!

Depuis que les tyrans sont tyrans, l'on n'en a pas mis au théâtre de plus froid et de plus plat que le nommé Claudius, tyran de cette tragédie.

Ce qu'il y a de moins mauvais dans cette pièce est le rôle de mademoiselle sa fille, Ophelia. Il m'a semblé que dans deux scènes qu'elle a avec Hamlet l'on y sent quelque chaleur momentanée; c'est aussi dans son rôle qu'il m'a paru qu'étoient les plus beaux vers et les plus neufs.

Molé est outré dans cette pièce ; il beugle son rôle, il y est forcené, il fait peur ; c'est une raison pour qu'on trouve admirable cette plate abomination, et pour que l'on y coure. Il a fait réussir *le Père de Famille* à force d'être enragé. Aussi ne joue-t-il Hamlet que deux fois la semaine, comme il jouoit le *Père de Famille*. Il est vrai que lorsqu'il va jouer en province, il donne deux représentations par jour de *Warwick*, et le rôle d'Harcourt est très-violent ; mais aussi on le paye pour deux fois. ***Hamlet*** a eu douze représentations.

J'oubliois de dire que, le mercredi 13 septembre, Mme la duchesse de Mazarin fit représenter devant Mesdames de France, par les Comédiens, *la Partie de Chasse*; elle y eut un succès singulier, à ce qu'on m'a dit, car je n'y étois pas.

OCTOBRE 1769.

Le 27 de ce mois j'ai fini *le Menteur*, de Corneille, et le 29 j'en ai adressé une copie à Saurin, pour avoir ses critiques, qu'il m'a promises. Comme il n'étoit pas à Paris, sa femme, très-poliment, m'a accusé réception de mon paquet, et pour l'en remercier je lui ai barbouillé ces petits vers-ci, qui m'ont paru assez drôles :

>Être fort jeune et fort jolie,
>Fort attentive et fort polie,
>Je trouve cela fort joli.
>
>Dans l'âge où j'étois fort poli
>Je vous aurois fait paroli,
>Et dans le temps de ma jeunesse
>J'aurois pour une politesse
>Pu fort bien vous en rendre six.
>
>Mais la vieillesse est si grossière,
>Qu'ici je reste à la première,
>Sans savoir si je réussis.

Je ne retourne à Paris qu'à la St-Martin ; j'espère qu'en arrivant Saurin me remettra ses observations sur *le Menteur*. J'imagine qu'elles ne seront pas fort étendues, car je me suis rendu sur cette pièce plus sévère à moi-même qu'à l'ordinaire. Quoi qu'il en soit, je m'apprête à la revoir encore avec la dernière rigueur.

NOVEMBRE ET DÉCEMBRE 1769.

J'ai fait, pendant les fêtes de la Toussaint, une préface à mon *Menteur*. J'en suis assez content, ma femme l'est beaucoup ; elle étoit d'une extrême difficulté. Il n'est pas aisé de se justifier de travailler sur une pièce du grand Corneille ; il est encore plus mal-aisé de parler de soi au public. Je me flatte que je m'en suis tiré assez adroitement et assez noblement ; j'espère encore qu'elle ne sera pas ennuyeuse ; j'y ai semé quelques petits riens assez piquants.

Hamlet n'a eu ses douze représentations qu'en deux fois ; il en a eu sept dans le mois de décembre. Molé y a joué comme un énergumène ; il devient outré ; il se gâte. Il a l'ambition de surpasser Le Kain dans le tragique, comme il a surpassé Bellecourt dans le comique ; c'est un projet insensé. Il y fait des efforts si violents, qu'ils pourroient bien le faire crever ; son organe foible est un obstacle insurmontable.

Hamlet vient d'être imprimé ; je n'eusse jamais imaginé que cette tragédie fût aussi mal écrite qu'elle l'est ; j'en suis confondu. L'auteur, à la reprise, l'a fait reparoître avec un nouveau cinquième acte très-vieux, car il est pris de tous côtés ; c'est le pont aux ânes des dénouements de tragédies. Je le répète, M. Ducis n'en fera jamais.

ANNÉE 1770.

JANVIER 1770.

Le samedi 13 les Comédiens françois donnèrent la première représentation des *Deux Amis* (1), comédie en cinq actes et en prose du sieur Caron de Beaumarchais. La jeunesse actuelle ne connoît plus d'autre espèce de comédie que le genre larmoyant; il lui faut ce qu'on appelle *de l'intérêt*. Le comique véritable, la comédie proprement dite, est absolument passée de mode; la nation est devenue triste. Les femmes, d'ailleurs, ont tellement pris le dessus chez les François; elles les ont tellement subjugués, qu'ils ne pensent plus et ne sentent plus que d'après elles. Les femmes veulent un spectacle qui les attendrisse, qui les fasse *pleurnicher;* elles ont, d'ailleurs, un éloignement naturel pour la critique et la satire de leurs ridicules et de leurs vices, même la plus permise et la plus mesurée, telle qu'elle peut et doit se trouver dans la véritable comédie. Elles aiment, au contraire, des drames où l'on ne cesse de dire des fadeurs à leur sexe, où l'amour tient toutes les places, où l'on élève la vertu, l'honneur, le désintéressement, la grandeur d'âme, les sentiments, la délicatesse de leur sexe d'une

---

(1) A l'époque où l'on jouait cette pièce, qui n'eut que onze représentations, Beaumarchais rencontra Sophie Arnoult au foyer de l'Opéra, et lui dit qu'il n'y avoit guère de monde à ce théâtre. — Il en viendra, répondit malicieusement l'actrice : vos *Amis* nous en enverront. (*H. B.*)

manière incroyable et romanesque; elles permettent qu'on accable des mêmes perfections les amants de ces pièces insipides; il leur faut des passions, je ne dis pas tendres, mais violentes, mais forcenées, où tout leur soit sacrifié; elles veulent occuper elles seules dans ces drames; elles ne sont intéressées à ces sujets qu'autant que l'intérêt roule sur elles absolument. Elles exigent que la comédie ne présente plus que des caractères nobles, généreux, vertueux, magnanimes, incroyables, romanesques, impossibles; rien ne leur paroît outré à cet égard. La vertu la moins vraisemblable, la plus gigantesque, celle qui est le moins dans la nature, est précisément celle qui les surprend et qui les frappe davantage : elles ne rebuteroient cependant pas dans ces drames un très-joli scélérat, pourvu qu'il ne commît ses crimes aimables que par un amour bien forcené, bien enragé, bien endiablé. Elles viennent au théâtre pour voir leur triomphe sur les hommes, et leur prodigieux ascendant sur notre sexe. Voilà l'intérêt qu'elles exigent dans les nouvelles pièces; plus de salut pour une comédie sans intérêt, et peut-être sans ce genre d'intérêt. *Le Misanthrope*, *l'École des maris*, le *Tartufe*, manquent d'intérêt; ce ne sont pas là des pièces! parlez-leur d'*Eugénie!* Elles ont fait passer leur goût à toute notre belle jeunesse; quelques gens de lettres même ont été séduits, et semblent concourir à accréditer cette erreur. Dans le Théâtre espagnol nouvellement traduit par M. Linguet, homme d'ailleurs de beaucoup d'esprit, on voit avec quelque surprise que cet auteur préfère en quelque sorte les pièces d'intrigue aux *Femmes savantes* de Molière, dans lesquelles il ne se trouve pas l'intérêt qu'il prétend être dans la comédie qu'il traduit. Il faut à M. Linguet de l'intérêt dans *les Femmes savantes!* il en doit dire autant de toutes les pièces du haut comique de Molière; cet auteur-là ne doit pas lui convenir autant que La Chaussée : il doit mettre ce dernier au-dessus de ce grand homme. Il est malheureusement vrai pourtant que le petit homme avec son petit intérêt, ses petits incidents impossibles, ses petits personnages romanesques, son petit style assez correct et sa perfection de médiocrité, est venu à bout de ressusciter un genre de drame que les véritables comédies de Molière avoient fait mourir de leur belle mort (1).

On sait et je l'ai souvent répété à ceux qui l'ignoroient, qu'avant Scarron et Molière nos comédies n'étoient autre chose que des romans mis en action. Molière vint : la vérité prit la place du roman. Souvenons-nous qu'à une représentation d'une des pièces de cet homme divin un bourgeois inspiré s'écria du milieu du parterre : *Poursuis, Molière, voilà la bonne comédie!* Toute l'Europe a confirmé les sentiments de ce bourgeois : c'étoit le cri de la nature; mais notre postérité dédaigne ce qui est naturel : malheur à elle et à son goût!

Ne désespérons pas cependant tout à fait des François. Tout est mode (2) dans notre pays; on la saisit et on la

---

(1) Tout ce morceau contre le genre larmoyant et les femmes, qui donnent faveur à ce très-petit genre, me paroît encore aujourd'hui de la plus grande vérité; je n'y trouve rien d'exagéré.

Je le dirois encore si j'avois à le dire! mais toutes les déclamations les plus fortes, les plus sages et les plus vraies, n'arrêteront point ce torrent du mauvais goût. Il faudroit un homme de génie, un second Molière, qui le tournât en ridicule sur le théâtre, et qui composât un grand nombre de véritables comédies, pour ramener les femmes et la nation à la nature. (*Note de Collé, écrite en* 1780.)

(2) *Tout est mode, etc.* J'ai eu occasion de récrire ce morceau; je l'ai soigné davantage, et il est mieux tourné comme il suit :

« Tout est mode en France; les modes influent jusque sur les sciences,
« sur les arts et sur le bel esprit! Nous imitons les modes; nous en créons
« sans cesse; nous en suivons de ridicules souvent; nous en changeons
« toujours!

« Nous avons abandonné les pantins pour la géométrie; les comédies
« riantes de Molière pour les pièces larmoyantes; le vaudeville plein de sel
« et de gaieté, pour l'insipide et triste ariette; le vin pour les femmes; les
« femmes pour les filles entretenues; les plaisirs de la table pour le luxe
« et l'ennui; la poésie pour l'anatomie, la chimie, l'agriculture, les arts d'é-
« conomie et la politique; le grand opéra pour la petite musique moderne;

16.

suit avec fureur, on l'abandonne avec la même légèreté, et on méprise avec excès celle dont on s'étoit engoué avec transport; flattons-nous que la métaphysique, qui attriste notre nation depuis vingt-cinq ans, passera comme la mode des rhingraves, que nous n'avons pas vue reparoître depuis qu'on l'a quittée (1); croyons aussi, pour notre bien et pour notre honneur, que l'anglomanie ne nous tiendra pas toujours. Revenons à la pièce des *Deux Amis.*

Le fond du sujet est un homme qui, par fantaisie d'amitié, se détermine à perdre son honneur pour sauver celui de son ami, qui fait banqueroute lui-même pour empêcher son ami de la faire. Peut-on bâtir une fable de drame sur un fondement plus absurde? Aussi n'en accuse-t-on pas M. de Beaumarchais lui seul. On regarde M. Diderot comme son premier complice, si même il n'est pas le chef de cette conspiration contre le bon sens. Bien des gens croient que ce génie de dictionnaire a le principal honneur dans ce bel ouvrage, et qu'il est payé pour cela. M. de Beaumarchais est riche et fat; il dépense beaucoup pour paroître bel-esprit, il n'épargne rien.

Dans le style, il est constant que l'on a reconnu la manière de Diderot, son style sentencieux, correct, et sa fausse chaleur. Dans l'invention, on y découvre le génie d'un lexicographe, d'un savant qui n'a vu la nature et les hommes que dans ses livres, et qui n'est point sorti de son cabinet.

Les *Deux Amis*, cette rapsodie éphémère, dont les ho-

« les romans pour les dictionnaires; la théologie pour la danse; l'amphi-
« gouri pour la métaphysique; la religion pour le déisme; Moïse pour
« Montesquieu; Corneille pour Voltaire, etc., etc. Et tout cela passera,
« comme tant d'autres modes folles ou raisonnables succèderont à celles-ci.
« C'est un vrai plaisir que la légèreté des Français! Flattons-nous du moins
« que la métaphysique, etc. » (*Note de Collé, écrite en* 1780.)

(1) Rhingrave, espèce de culotte, de haut-de-chausses emprunté aux Allemands. (*H. B.*)

noraires doivent être abandonnés à la troupe, n'a pu avoir que 11 représentations, presque sans spectateurs, quoique les Comédiens l'aient soutenue du mieux qu'ils ont pu par leurs meilleures petites pièces ; mais comme cette drogue manquoit absolument d'intérêt, les femmes l'ont abandonnée à son mauvais sort.

Le 26 les Comédiens donnèrent la première représentation du *Marchand de Smyrne*, comédie en un acte et en prose de M. de Chamfort, auteur de *la jeune Indienne* (1).

---

(1) L'auteur de *la jeune Indienne* et du *Marchand de Smyrne* a grandi, ou plutôt, il a voulu grandir ; il a pris le corps d'une grande tragédie dans lequel il a passé au moyen de la métamorphose d'une assez servile imitation, et d'une petite manière.

Quittons ce mauvais style figuré, pour dire d'une façon plus naturelle, plus claire et plus nette, que M. de Chamfort a pris le sujet d'une tragédie qui a pour titre *Mustapha et Zéangir*, et à laquelle il a donné le nom de *Soliman* ; pour dire que cette tragédie, d'un nommé Bélin, et que l'on trouve dans le recueil du Théâtre français en 12 volumes, a eu dans son temps un petit succès éphémère ; qu'elle est assez passablement arrangée, qu'elle a quelque chaleur, les caractères quelque force, et le style une grande foiblesse, à l'exception du premier acte, qui n'est point trop mal versifié ; pour dire : *O imitatores servum pecus!* que M. de Chamfort, *bétail imitateur*, n'a que de l'esprit pour tout potage, et n'a nulle espèce de génie, pas même le moindre talent pour le théâtre ; pour dire que *la jeune Indienne* est faite sans imagination et sans connoissance de la scène ; pour dire que son *Marchand de Smyrne*, déjà traité par Fuzelier comme je le dis ici, n'est ni comique ni intéressant ; pour dire, enfin, que son *Soliman* est infiniment au-dessous de la tragédie de Bélin, si l'on entend par esprit celui qui n'est pas l'esprit de la chose.

Un style élégant, des vers bien faits, des pensées fines et ingénieuses, le tout dénué de force et de c.....es, ne suffisent point et ne sont point de l'esprit de tragédie. Dans le *Soliman*, vous ne trouvez nul *vis tragica*, point de situations tragiques, point de caractères, excepté ceux des deux frères : encore l'un des deux est-il manqué. L'analogie que l'amitié de ces deux frères avoit avec celle que Louis XVI a pour les siens, donna d'abord faveur à cette odieuse tragédie, qui fut jouée à la cour avant d'être représentée à Paris. Les courtisans l'exaltèrent, que c'étoit une bénédiction ! Corneille et Racine devoient faire place à Champfort. On crioit de partout : *Gare! gare!* M. le Prince de Condé lui donna cent louis d'appointemens, le fit son secrétaire, et sur-le-champ le prit pour son valet, à cause de son flageolet. Pendant ce temps-là, l'amour-propre de l'auteur alloit un train de chasse ; c'étoit un vrai plaisir. Cette tant belle tragédie, si prônée à la cour, fut reçue assez froidement à Paris, et s'est traînée douze représentations sans beau-

Cette pièce est un rien; il a été accueilli comme tel, et il a eu un petit succès qui n'ira pas loin; cette pièce ne restera pas au théâtre, quoique l'auteur y ait faufilé une espèce d'intrigue. On pourroit peut-être, malgré cela, la ranger dans la classe des comédies à scènes épisodiques. Le comique de cette pièce n'est point du vrai comique; il n'est pas dans les situations; il n'est que dans le dialogue; quelques traits par-ci par-là, quelque gaieté, quelques saillies pas trop saillantes, même quelques plaisanteries usées. Cela est en total assez gentiment écrit, mais point d'invention. Le fond du sujet est l'histoire de Topalosman, que Fuzelier avoit déjà mise au théâtre dans un des actes de ses *Indes galantes*. J'observerai cependant que M. de Chamfort a fait quelques petits progrès dans la marche théâtrale; la fable de sa pièce est mieux arrangée que celle de *la jeune Indienne*. Ce mince progrès ne me fait pourtant rien espérer de M. de Chamfort; il n'a point d'imagination, il ne crée point; il fera joliment des vers, écrira bien en prose; il restera un homme d'esprit, et en demeurera là; il n'aura jamais le génie et le talent du théâtre. Sa comédie a eu neuf représentations.

FEVRIER 1770.

C'est dans tous les premiers jours de ce mois, ou à la fin de l'autre, que j'ai fait lecture aux Comédiens de *l'Esprit follet*, comédie d'Hauteroche, par moi remise en vers libres. C'est aussi à la fin de février que je leur ai lu *le*

---

coup de spectateurs, et a été jugée sans intérêt et mauvaise à la lecture. M. de Chamfort a de l'esprit; il est charmant dans de petits contes en vers, et où il réussit, mais voilà tout. (*Note de Collé, écrite en* 1780.)

Menteur, de Corneille, par moi remis encore en vers libres.

Ces deux pièces refondues ont été reçues, mais pas à l'unanimité, comme je le croyois. A la première, je n'ai eu que quatre ou cinq voix de plus ; à la seconde, je n'en ai eu que deux.

Il est vrai que dans les bulletins où on refusoit mon ouvrage on m'accabloit de compliments. On me répétoit, comme si on s'étoit donné le mot, que c'étoit bien dommage que je m'amusasse à rajuster les ouvrages des autres, au lieu d'en produire de mon propre fonds, qui ne pouvoient pas manquer d'être agréables au public.

Tous ces compliments, tous ces vains éloges ne me persuadent nullement ; je reste toujours ferme dans l'idée que j'ai, que passé soixante ans l'imagination de l'homme n'a plus de ressorts (1), et que lorsqu'on veut inventer à cet âge, on ne produit plus que de méchantes homélies, telles que les faisoit M. l'archevêque de Grenade dans sa vieillesse.

Je pense (et peut-être encore est-ce trop me flatter) qu'un goût exercé, la connoissance du théâtre, et quelques restes de chaleur suffisent pour l'espèce de travail que j'entreprends à l'entrée de ma vieillesse. Je me crois encore capable de donner quelques nouvelles couleurs à de vieux tableaux dont les fonds sont excellents et les caractères de tête bien frappés ; je pense que je suis encore en état de les débarbouiller et d'en faire ressortir les beautés ; cependant je ne voudrois pas répondre que mon amour-propre, réduit à cet égard, ne fût encore trop fort, et que je ne sois obligé d'en rabattre : c'est ce que le public m'apprendra lorsqu'on représentera ces pièces par moi retouchées.

---

(1) Nous laisserons Collé aux prises avec M. Flourens, qui veut à toute force doter l'homme d'une seconde jeunesse. (*H. B.*)

Quand les jouera-t-on? C'est ce que j'ignore. Quoiqu'elles soient reçues, les Comédiens n'en sont pas plus disposés pour cela à les jouer. Quoique je les leur donne en pur don, leur paresse et la difficulté, à la vérité très-grande, d'oublier l'ancien rôle et d'apprendre le nouveau, les arrêtent tout court. C'est ce motif unique qui à mes lectures a partagé les suffrages, et fait le nombre des opposants. Ces opposants sont probablement ceux qui ont des rôles à rapprendre dans ces pièces; et ces opposants dans leur scrutin m'ont fait eux-mêmes des compliments et m'ont comblé d'éloges. Je verrai à employer les gentilshommes de la chambre pour les contraindre à me jouer.

MARS 1770.

J'ai oublié, dans le mois dernier, de dire qu'à une représentation de *Gustave*, Dalainville, frère de Molé, fut sifflé scandaleusement, et au point qu'il a été obligé de prendre son parti et de retourner à Marseille.

Pour sauver l'honneur de son frère, le superbe Molé a fait chasser honteusement de la comédie un autre mauvais acteur nommé Chevalier; il a accusé ce dernier d'avoir ameuté une cabale contre Dalainville, ce qui au fond n'est pas vrai. C'est le public entier, indigné qu'un acteur tel que ce Dalainville, se donnât les airs de doubler Le Kain, et qu'il eût la prétention de lui succéder. C'étoit, quand on l'a sifflé, un déchaînement universel, et supposé qu'il y eût cabale réelle qui eût commencé la camisade, toute la salle a suivi les assaillants et les enfants perdus avec un courage universel. Quoi qu'il en soit, nous sommes défaits de ce même coup de deux mauvais acteurs. Ce Chevalier, aussi désagréable, mais moins glacial que Dalainville, a donc été chassé à la prière de ses confrères, qui ont représenté, d'ailleurs, qu'il étoit *bard*.... un peu trop ouvertement de S. E. Monseigneur l'ambassadeur de Naples.

Malgré cette réforme et le peu de comédiens prétendus tragiques qui nous restent, ils s'étoient arrangés pour donner *Gaston et Bayard* au commencement de ce mois. Bellecourt, qui ne joue plus la tragédie depuis quelques années, avoit consenti à prendre le rôle d'Urbain; mais une maladie feinte ou véritable de l'ennemi Le Kain, a arrêté tout-à-coup la représentation de *Bayard*. Tous messieurs les auteurs tragiques rendent justice à ce premier acteur, et, en convenant de ses talents supérieurs pour le théâtre, ils sont tous d'accord que personne n'a jamais su mieux *haïr*, n'a jamais eu de haine plus active, et plus de ressources dans l'esprit pour nuire à ceux qu'il n'aime pas. Il déteste M. de Belloy, et on ne doute pas qu'il n'ait joué le malade pour ne pas jouer *Bayard*.

Quoi qu'il en soit, il ne pourra se dispenser d'obéir après Pâques. Le maréchal de Richelieu, le gentilhomme le plus despote de son siècle, veut qu'on représente *Bayard*. Le Kain, par haine, se retirera ou mourra par méchanceté. Il aime pourtant bien l'argent et la vie; ces deux raisons le détermineront à prendre un parti mitoyen. Il ne demandera pas sa retraite, son avarice y perdroit trop; la vie lui est chère, il ne se décidera pas à faire enrager de Belloy, en se tuant lui-même, quelque tragique qu'il soit. Il se contentera seulement d'être un peu moins tragique dans *Bayard*. Il jouera ce rôle le plus froidement et le plus mal qu'il lui sera possible, sauf à lui à compenser la petite perte qu'il fera à cet égard, par de plus fortes recettes en jouant plus souvent dans des pièces anciennes où il réussit, et auxquelles il attire beaucoup de spectateurs.

Les auteurs tragiques font des histoires sans nombre

des noirceurs et des tours exécrables que leur a joués Le Kain. Je doute cependant qu'il réussisse à empêcher la représentation de *Bayard*. Le maréchal de Richelieu ne cédera pas. Il est d'ailleurs décidé et excité par un nombre très-considérable de gens de la cour, et notamment par le maréchal de Brissac, qui a mis dans ses pressantes sollicitations l'esprit de chevalerie qu'il a trop conservé et que la nation a trop perdu.

Les Comédiens nous ont donné le jeudi et le mardi gras, pour nous mettre en joie, deux représentations de *Beverley*, où l'on a couru avec fureur : chaque jour prouve que le François est devenu triste.

M. l'abbé Terray, actuellement contrôleur général, nous rendra peut-être notre gaieté en nous ruinant tous. Quand le luxe sera tombé, nous en reviendrons à rire. Après la banqueroute de l'État, en 1721, nous en fûmes plus légers et plus gaillards, je m'en souviens ; ce fut un effet très-prompt de la chûte du luxe. Il est vrai que dans ce temps-là la manie du raisonnement, l'esprit de discussion, ce cruel esprit philosophique ne s'étoit point encore emparé de nos cervelles. Cette ténébreuse folie est un puissant obstacle au retour de notre gaieté.

Elle reviendra ou elle ne reviendra pas, je suis trop avancé en âge pour voir ce qui en sera ; mais ce qu'il est très-probable que je puisse voir encore, c'est la banqueroute de l'État, que l'abbé Terray a commencée, et qu'en mon particulier je souhaite qu'il achève, pourvu qu'il la fasse avec une répartition égale sur chaque ordre de citoyens. Il est évident que l'État ne peut pas payer tout ce qu'il doit ; il faut donc que tout bon citoyen consente à perdre, avec la plus juste proportion qu'il sera possible d'y mettre, ce que le Roi est dans l'impossibilité physique d'acquitter. Le royaume à cet égard est dans la plus grande crise, et y sera encore quelques années. Dieu veuille encore que ce contrôleur général-ci ne diffère pas cette banqueroute nécessaire. Dieu veuille qu'il n'emploie pas des moyens palliatifs pour la reculer trop loin, ce qui ne feroit que la rendre plus considérable, et pourroit à la fin faire écrouler la machine. Il est indispensable que cette banqueroute soit faite ; mais il faut qu'elle le soit prudemment, imperceptiblement, *sensim, sine sensu*.

Il faut que ce ministre trouve des expédients pour égaler la dépense à la recette, et qu'il lui reste encore par an un jeu d'une vingtaine de millions. Cette opération ne peut être conduite à bien qu'en trois ou quatre ans, et qu'en retranchant petit à petit beaucoup d'objets qui nous font jeter les hauts cris. Mais nous sommes tous dans un vaisseau prêt à faire naufrage ; nous devons tous concourir à jeter à la mer chacun une partie de nos effets, pour nous sauver la vie, pour nous l'assurer. Je consentirois de tout mon cœur à perdre le quart de mon revenu, afin d'être certain de jouir paisiblement et sans inquiétude des trois autres quarts pendant le peu de jours qui me restent à vivre (1).

AVRIL ET MAI 1770.

Le lundi 30 avril, jour de la rentrée des spectacles, les Comédiens françois ont fait l'ouverture de leur théâtre dans la salle du château des Tuileries, qui avoit été ci-devant arrangée pour l'opéra, et que l'on a critiquée dans le temps avec beaucoup de raison. M. Soufflot y avoit fait des âneries qui sentoient trop l'écolier, et n'y

---

(1) On voit percer ici dans les paroles de Collé une pointe d'égoïsme qui ravale singulièrement son prétendu sacrifice. Nous l'avons expliqué ailleurs, Collé était un homme de loisir et de plaisir, un franc épicurien, qui ne comprenait absolument rien aux grands dévouements, non plus qu'au mouvement profond de rénovation qui s'accomplissait autour de lui. Voyez l'*Introduction* de sa *Correspondance inédite*. (H. B.)

avoit rien imaginé qui fît sentir le maître. Toutes nos anciennes salles ont la forme de l'origine du lieu où l'on établissoit nos spectacles, celle d'un jeu de paume ; M. Soufflot a eu le génie de conserver cette précieuse forme, et de la rendre même plus ridicule, en rendant cette salle beaucoup plus longue et beaucoup plus profonde que les anciennes. Cet artiste est un génie en architecture, comme Diderot l'est en pièces de théâtre ; ce sont des inventeurs de ce qui a été déjà inventé. On m'a assuré que son église de Sainte-Geneviève est faite sur un plan servilement copié d'une basilique de Rome. Cet architecte est d'ailleurs souple, adroit, intrigant, flatteur; il a fait sa cour bassement au Marigny, et en a obtenu toutes les grâces dépendantes de sa profession : il mourra riche.

M. Moreau, architecte de la ville, auteur de la nouvelle salle d'opéra, est un homme tout uni, tout simple, qui a fait un chef-d'œuvre, à ce que disent les connoisseurs. Il laissera une grande réputation, et sans doute une fortune très-modique, car on le dit fort honnête homme. Lequel vaut le mieux, vilains? Quoique vous pensiez que c'est l'or et l'argent, vous n'oseriez pourtant le dire tout haut, artistes qui ne travaillez pas pour la gloire!

Le mardi 24, le mariage du duc de Bourbon (1) et de Mademoiselle d'Orléans (2) s'est fait à Versailles. Une très-grande partie de ceux qui devoient assister à la célébration, et qui étoient priés au festin, n'ont pas voulu s'y trouver. M. le duc d'Orléans et M. le prince de Condé avoient décidé qu'ils ne feroient point part du mariage à ceux de la haute noblesse qui leur sont parents ou

---

(1) Louis-Henri-Joseph de Bourbon, prince de Condé, né le 13 avril 1756 ; il a été trouvé pendu dans sa chambre le 30 août 1830 ; père du duc d'Enghien. (*H. B.*)

(2) Louise-Marie-Thérèse-Bathilde d'Orléans, fille de Louis-Philippe, duc d'Orléans, née le 9 juillet 1750 ; elle fut frappée d'apoplexie dans l'église de Sainte-Geneviève, où elle étoit allée faire sa prière, le 10 janvier 1822. (*H. B.*)

alliés; ils en avoient excepté quelques maisons, comme les Rohan, les La Trimouille, les Lorrains, les Bouillon, etc. Mais les Noailles, qui sont parents de M. le duc d'Orléans par la femme de M. le régent, etc., les Maillé, qui le sont de M. le prince de Condé, etc., ont été avec raison choqués de la distinction que l'on a faite de ces maisons. La haute noblesse, d'ailleurs, à qui l'on n'a point fait part du mariage, quoique même elle ne fût ni parente ni alliée, a été révoltée de ce procédé. C'est une tracasserie bien en règle, bien établie, et tous ces seigneurs, piqués, se sont bien promis, dit-on, de ne plus mettre les pieds au Palais-Royal ni à l'hôtel de Condé.

Je ne me suis pas bien porté pendant les mois de mai et juin, une fluxion m'a tracassé; je l'avois dans la tête, et j'ai été assez honnêtement sourd durant six semaines. Je n'avois pas le courage de rien faire; j'ai abandonné ce Journal: il n'y a pas grande perte.

Je ne mettrai point de faits dans le mois de mai, que je supprimerai; j'observerai seulement que le *grand* Le Kain se meurt; que, ne pouvant plus presque donner de tragédies, les Comédiens auroient dû naturellement saisir cette occasion forcée de représenter les comédies que j'ai refondues. Mais leur paresse et leurs divisions sont portées à un excès que l'on a peine à concevoir. Le public s'en plaint; ceux qui louent des petites loges en jettent les 'hauts cris, quelques-uns même les ont déjà rendues; leur exemple sera suivi, et quelque fureur que l'on ait à présent pour les spectacles, si les Comédiens continuent à donner toujours les mêmes pièces, ils feront déserter leur salle. Depuis la rentrée de Pâques ils ont roulé sur vingt-cinq ou trente pièces au plus; ils ont remis *les Illinois* et *la jeune Indienne*, qui ont été abandonnées à leur mauvais et ennuyeux sort dès les premières représentations, qu'ils n'ont pas discontinuées pour cela.

Molé ne veut plus jouer que deux fois la semaine, et

il a un congé de deux mois ; il ne paroîtra point en août et septembre. Il a une maison de campagne à Antony : il faut bien qu'il aille s'y reposer cet été des travaux auxquels il ne s'est point livré cet hiver.

JUIN 1770.

Le samedi 23 du courant M. de Saint-Lambert fut reçu de l'Académie françoise (1). M. de Saint-Lambert a servi ; il a la croix de St.-Louis ; on le dit gentilhomme ; il a passé sa jeunesse en Lorraine, à la cour du roi Stanislas, qu'il farcissoit de ses madrigaux serviles. Il a cru avoir fait un poëme ; il a fait imprimer *les Saisons*. Il a donné ce nom et ce titre à un très-fastidieux amas de vers qui n'ont aucun sujet suivi, nulle chaîne, nul ordre, nulle méthode. Sans aucune exagération, c'est l'ouvrage le plus ennuyeux que l'on ait barbouillé depuis cinquante ans ; je n'en excepte pas même *Olympie*, *les Scythes* et *les Guèbres*. Je me suis égayé en critiquant *les Saisons* lorsqu'elles parurent ; j'ai griffonné quelques pages sur cette rapsodie ; elles sont jointes à un exemplaire des *Saisons*, dont M. le duc d'Orléans m'avoit fait présent. Je n'entrerai ici dans aucun détail sur ce chef-d'œuvre qui a valu l'Académie à M. de Saint-Lambert ; je me contenterai seulement de défier le plus intrépide des lecteurs de le lire en entier. Ce n'est pas que l'on ne puisse y trouver quelques vers bien faits et même

---

(1) Saint-Lambert (Ch.-F. marquis de), né en 1717, mort en 1803. Suivit d'abord la carrière militaire, puis s'enrôla parmi les philosophes, et forma successivement, avec la marquise du Châtelet et Mme d'Houdetot, des relations qui lièrent en quelque sorte sa vie privée à celle de Voltaire et de J. J. Rousseau. (*H. B.*)

quelques-uns de beaux; mais comme il n'y a aucun but à tout cela, aucune action, aucuns caractères, aucuns prétextes même; que ce ne sont que des descriptions glaciales, des réflexions qui voudroient être philosophiques, et qui ne sont que moroses et communes, les prétendus beaux vers que l'on rencontre de loin en loin ne sauroient sauver de l'ennui profond qu'inspire la lecture de ce très-insipide ouvrage, si tant est, comme je l'ai dit, qu'il soit possible de faire cette lecture (1).

M. de Saint-Lambert a vécu dans le monde, on ne peut lui en refuser le ton; il l'a très-bon, mais il ne s'y est soutenu que par sa servitude avec les grands. Il a voulu vivre avec les gens de la cour, il les a perpétuellement loués en prose et en vers : ils sont devenus ses partisans; il s'est appuyé, d'ailleurs, de la cabale des Encyclopédistes; il a loué M. leur général à en faire mal au cœur. Son éloge de Voltaire, dans son discours qui précède *les Saisons*, en est une preuve dégoûtante et révoltante. Il le met bravement, comme auteur tragique, au-dessus de Corneille et de Racine. Il se fait des compliments d'avoir été le premier qui ait osé risquer de dire cette grande vérité. Si cette Compagnie étoit aussi bien composée qu'elle devroit l'être, cette assertion fausse, cet éloge puant de Voltaire, le soupçon qui doit en naître naturellement, devoient l'engager à l'en exclure pour jamais. Cette impudente assertion est une preuve

---

(1) Je n'ai rien à ajouter à la sortie que l'on trouve ici contre M. de Saint-Lambert. Je n'ai rien non plus à en diminuer ; au contraire, il y manque la relation véritable et remarquable de son histoire avec M. Clément. Je renvoie à ce que j'ai écrit sur mon exemplaire du poëme des *Saisons*, de ce procédé honteux à tous égards, pour M. de Saint-Lambert, avec cet excellent critique des ouvrages de Voltaire. On y verra le détail de cette aventure, établi sur des pièces originales et authentiques. (*Note de Collé, écrite en* 1780.) Cette note fait allusion à l'abus d'autorité commis par Saint-Lambert, qui pour se venger d'une épigramme fit enfermer Clément au Fort Lévêque. (*H. B.*)

de mauvais goût, si M. de Saint-Lambert croit affirmer la vérité; s'il est de mauvaise foi, c'est une preuve de la bassesse de son âme. Quoi qu'il en soit, le voilà académicien. *Et nac, petetic, petetac, tic, torche, lorgne!* disoit Rabelais, il y a plus de deux cents ans.

M. de Saint-Lambert a fait un discours révoltant à ce qu'on m'a dit. Il a décroché les tableaux des grands hommes du siècle passé pour mettre à leur place ceux de Voltaire, de Buffon, et d'autres seigneurs bannerets de l'Encyclopédie. A genoux, canaille à préjugés, devant ces demi-dieux de la création d'un M. de Saint-Lambert!

JUILLET 1770.

Vers la fin du mois dernier et dans les premiers jours de celui-ci, les Comédiens français devoient donner la première représentation du *Satirique* ou de *l'Homme dangereux*, comédie en trois actes et en vers par un auteur qui se cachoit, et qui peut-être se cache encore, quoiqu'on attribue cette pièce à Palissot. Après avoir été refusée à la police, malgré les sollicitations impérieuses du maréchal de Richelieu, qui a dit même des choses assez dures à M. de Sartine, pour obtenir la permission qu'elle fût jouée, elle ne l'a point été, quoique les comédiens l'eussent apprise et fussent sur le point de la représenter.

Des personnes très-capables d'en juger, et qui en avoient entendu la lecture, m'ont dit que cette comédie étoit froide et sans nulle invention; que ce n'étoit que le plan du *Méchant* mal-adroitement retourné (il faut pourtant bien de l'adresse pour piller le fond du sujet du *Méchant* qui n'en a point); que, d'ailleurs, elle étoit bien fortement écrite. On en jugera par ces deux vers-ci :

> Beaux esprits en horreur à tous les bons esprits,
> Qui pensent par la haine échapper au mépris.

Ces mêmes personnes m'ont assuré que c'étoit une satire sanglante et cruelle contre Palissot, et qu'il y étoit traité comme Fréron l'a été dans *l'Écossaise*. La plupart des autres gens de lettres y sont aussi déchirés en détail; mais Palissot y est peint à ne pas le méconnaître, sous le nom d'un personnage de cette comédie, comme Fréron l'est sous celui de Wasp dans cette rapsodie de Voltaire. Quel est l'auteur du *Satirique*? Problème à résoudre.

Quelques jours après qu'il fut décidé que cette comédie du *Satirique* ne seroit point jouée, je dînois chez M. l'abbé de Breteuil. L'abbé de Voisenon y dînoit aussi; il nous lut une lettre, qui étoit très-bien signée *Palissot de Montenoy*, par laquelle ce dernier le pressoit d'employer tous ses amis pour empêcher la représentation du *Satirique*; qu'il savoit qu'il y étoit joué d'une manière calomnieuse et flétrissante; qu'on ne se contentoit pas d'y dénigrer son peu de talent, mais qu'on y attaquoit encore ses mœurs, sa probité et son honneur (1).

Après la lecture de sa lettre, l'abbé de Voisenon prit

---

(1) Palissot avoit écrit la lettre, Palissot est l'auteur de l'*Homme dangereux*. L'abbé de Voisenon étoit probablement dans la confidence de Palissot. Dans ce temps, cet abbé étoit le courrier de M. le duc de Choiseul, protecteur déclaré de Palissot. Ce petit abbé obéissoit comme un valet aux ordres de M. le duc, qu'il a trahi depuis sa disgrâce. Voilà le mot de l'énigme.

L'Homme dangereux se trouve imprimé dans les Œuvres de Palissot, et c'est bien l'ouvrage le plus détestable qu'il ait fait.

Ses *Courtisanes*, que les Comédiens ont empêché de même d'être jouées, quoique moins mauvaises, eussent été sifflées de même ; c'est un bonheur dans ces deux cas pour Palissot. (*Note de Collé, écrite en* 1780.)

la parole, et nous dit : *Avant-hier matin, Palissot vint chez moi; aussitôt que je l'aperçus, je lui criai : Votre affaire est faite; il est décidé irrévocablement que le Satirique ne sera pas représenté.* — *Comment!* dit Palissot, *elle ne sera pas jouée?* — *Non, sûrement et très-sûrement; soyez tranquille.* — *Et parbleu, tant pis*, reprit-il vivement, *car c'est moi-même qui en suis l'auteur.* Voilà le récit du fait tel que je l'ai entendu; je n'y ajoute pas un mot. Comment imaginer que l'abbé de Voisenon ait menti? Comment croire qu'il ait dit vrai?

Ce n'est pas que l'abbé de Voisenon mérite une grande créance; c'est un petit tracassier sans mœurs et sans caractère, que les grands font mentir et parler à leur gré, suivant leurs intérêts; mais l'abbé de Voisenon a de l'esprit, et dans cette occasion il seroit bête d'en imposer aussi grossièrement, pouvant être démenti par Palissot, et on prétend que ce dernier le dément tout net.

Encore un coup, cependant, on ne sauroit se figurer que ce petit insecte d'abbé, quelque impudent qu'il soit, ait poussé son audace tracassière jusqu'à mentir aussi stupidement. Auroit-il pu se flatter que vivant dans le plus grand monde et à Paris, il étoufferoit facilement la voix de Palissot, qui ne voit personne, et qui se retire à Argenteuil? Auroit-il espéré que Palissot, qui s'est fait des ennemis sans nombre, et qui passe pour un roué (je ne sais s'il l'est), ne seroit cru de qui que ce soit, et qu'on ajouteroit foi à sa nouvelle, quoique démentie par Palissot? Cet abbé prétend avoir culbuté cette négative par un témoin; il avance que Mondonville étoit en tiers dans leur conversation, lorsque Palissot se déclara l'auteur du *Satirique*.

Mais se feroit-il faute d'un second mensonge pour étayer le premier? Ce second fait rend l'histoire, au contraire, moins vraisemblable. Il paroît d'abord assez étonnant que Palissot, après s'être probablement donné toutes les peines imaginables pour empêcher qu'on ne le crût l'auteur de cette pièce, supposé qu'il le fût, vienne se dénoncer lui-même lorsque le secret lui est bien gardé; d'ailleurs, cela seroit trop imbécile. Mais l'imbécillité seroit hors de toute vraisemblance si l'on suppose vrai le second fait, et qu'il eût avoué sa turpitude devant Mondonville, devant un témoin!

On répond à cela que c'est un premier mouvement d'amour-propre d'auteur dont Palissot n'aura pas été le maître, quand on lui a annoncé que sa pièce ne seroit pas jouée; que dans un caractère aussi impétueux que l'est celui de Palissot, ce premier mouvement est dans la nature; qu'à toute rigueur, il est possible, quoiqu'il soit hors de toute vraisemblance. Il faut donc douter et suspendre tout jugement.

D'un autre côté, voici d'autres faits qui ne viennent point de Palissot, directement ni indirectement, et qui conduiroient à nous persuader que cette infamie n'est point de lui :

1°. M. l'abbé de Voisenon en a imposé plus d'une fois au public, et avec une impudence qui avoit bien son mérite. Il a donné à entendre que les ouvrages de Favart étoient de lui; et à cet égard il a si bien fasciné les yeux des gens du très-grand monde, qu'on ne viendroit pas à bout de leur persuader le contraire, malgré la notoriété publique de tous les gens de lettres, qui leur diroient vainement que M. l'abbé n'a jamais fait ni n'a été capable de faire un seul des ouvrages de Favart; il a donc pu mentir dans ce cas-ci;

2°. Il est constant que Palissot est joué personnellement, comme nous l'avons dit, dans la pièce du *Satirique*, et qu'il y est cruellement outragé. Un auteur qui, pour avoir le prétexte de déchirer les autres, voudra se déchirer lui-même en se cachant, n'ira pas sur lui jusqu'au sang, et se fera patte de velours. Par cette raison, il est difficile de croire que cette pièce puisse être de Palissot;

3°. La noirceur affreuse de cette comédie l'avoit fait refuser par les Comédiens, qui ont eu ordre de la jouer;

4°. C'est M. le maréchal de Richelieu qui a fait donner l'ordre, c'est lui qui a distribué les rôles; il est descendu jusqu'au détail des habits et des perruques. Une comédienne m'a dit qu'il avoit ordonné à Dalainville de se mettre en habit de velours et bas noirs, une veste d'étoffe et une perruque nouée très-allongée;

5°. Après que la permission de jouer cette pièce a été refusée, M. le maréchal de Richelieu a eu une prise très-vive avec M. le lieutenant de police à ce sujet.

Pour qui M. le maréchal de Richelieu se seroit-il donné tant de soins, auroit-il pris tant de peines? Se seroit-il compromis vis-à-vis de M. de Sartine? Auroit-il risqué d'en avoir le démenti, comme il l'a eu? Auroit-il hasardé cette mortification, comme il l'a réellement éprouvée, pour un homme comme Palissot, qu'il ne connoît pas? Cela peut-il s'imaginer?

Tout cela s'explique, au contraire, si cette comédie est de Voltaire, son ancien ami et son compère, celui auquel il a l'obligation d'avoir gagné la bataille à Fontenoy à la place du maréchal de Saxe. Service pour service; il l'a servi dans sa fabuleuse histoire; le maréchal de Richelieu le sert dans la comédie que ce premier a faite envers et contre tous.

Beaucoup de gens sensés, avant qu'il fût question de la représentation, soupçonnoient violemment que Voltaire étoit l'auteur de cette abomination; d'autres l'ont crue quelque temps de Palissot, jusqu'à ce qu'on ait su que ce dernier s'étoit immolé; mais après qu'on en a été sûr, tout le monde s'est réuni à accuser Voltaire lui seul de cette gentillesse. Tous les Comédiens qui y jouoient, et ceux qui ont entendu la lecture du *Satirique*, y ont reconnu le style de ce très-bel esprit, le plus méchant des hommes; sa manière, son défaut d'imagination dans le plan, son rôle de Palissot ressemblant à celui de Fréron dans l'*Écossaise*, etc., etc. Je tiens de plusieurs d'eux ce que je dis là ; mais l'histoire de l'abbé de Voisenon subsiste ; on ne nie point les faits! C'est donc encore un problème, comme je l'ai dit. Quand je serai revenu de Grignon, où je suis jusqu'au 18 d'août, je chercherai à Paris des lumières pour résoudre ce diable de problème (1).

Le lundi 30 les Comédiens françois ont pris la liberté de donner en mon absence la première représentation de *la veuve du Malabar*, tragédie de M. Lemierre. On m'a dit que, quoique donnée dans la canicule, elle avoit glacé les spectateurs (2). Je la verrai le 20 août si Dieu lui prête vie jusqu'à ce temps ; ce qui peut très-bien arriver, malgré sa mauvaise constitution, attendu que Molé l'aura soutenue par la *diète*. J'entends par là les privations de représentations. Quand ce petit monsieur joue un rôle dans une pièce, il ne la fait donner que deux fois la semaine ; cette espèce de diète est très-salubre alors pour l'auteur et pour les spectateurs, quand la pièce est d'un foible intérêt, et cette manière de la traiter fait grand honneur au grand médecin, de qui l'on admire l'adresse à la faire vivoter. Il prolonge son agonie et notre ennui ; cela fait une parfaitement belle opération!

Si, au contraire, la pièce a une constitution très-vigoureuse, ce savant médecin, qui n'a qu'un remède, se sert encore de la diète, qui affoiblit et qui énerve celui

---

(1) Le *Dictionnaire général des Théâtres* et les *Anecdotes dramatiques* attribuent *l'Homme dangereux* à Palissot. V. plus loin, p. 272. (*H. B.*)

(2) La *Veuve du Malabar*, avec des changements, vient d'être reprise en mai 1780 ; elle a réussi, toutes les femmes y courent, c'est un plein succès. Je ne l'ai point vue, je n'en puis rien dire. J'en suis charmé pour Lemierre ; c'est un galant homme, qui a des mœurs, qui a soutenu sa famille ; je ne le connois point, mais il a la meilleure réputation. MM. de l'Académie françoise, qui l'ont éloigné depuis nombre d'années, sont aujourd'hui forcés de le recevoir ; cela est décidé par la Reine, qui a dit des choses peu obligeantes pour ces messieurs. (*Note de Collé, écrite en* 1780.)

qu'il veut rendre malade et dont il veut se rendre maître. Par ce traitement, moins honnête qu'adroit, la pièce reste entre les mains de la faculté histrionique, et l'auteur se sauve s'il peut par l'impression. Le médecin se contente de l'avoir rançonné sur les représentations, ne pouvant pas faire mieux ; c'est par ce spécifique que ce *Bouvard* du théâtre est parvenu à amortir le feu des représentations de *Béverley*, dans les temps où ce traitement n'étoit pas encore trouvé. Cette pièce eût eu quarante représentations; elle n'en a eu que quatorze par ce beau secret, et l'on ne l'a pas encore reprise, quoiqu'il y ait plus de deux ans quelle a été donnée. L'on voit, pour suivre la même métaphore, que ce genre de diète est une saignée privative, qui affoiblit les corps les plus robustes et fait que le médecin hérite de celui qui vit comme de celui qui meurt. Les arts honnêtes se sont bien perfectionnés dans ce siècle-ci.

Au reste, pour parler sans figures, je dirai tout uniment que Molé veut trancher du grand comédien, et qu'il ne l'est pas; il est tout au plus au-dessus du médiocre dans le tragique; la foiblesse de ses organes l'empêchera d'aller plus loin. Dans le comique, il n'a qu'un rôle, celui d'amant emporté et plein de sentiment ; il y est supérieur. Otez-lui ce rôle, vous lui ôterez presque tout! Souvent il joue dans ce goût des choses qui n'exigent pas une aussi grande chaleur, et il a le talent de les défigurer par ce moyen-là; d'ailleurs, dans ses rôles d'amant impétueux, je trouve qu'il est parfois trop outré : il l'est à en faire mal dans le tragique. Pour lui rendre justice, je dirai que Molé est un joli acteur, mais qu'il n'est ni ne sera jamais un grand comédien. J'entends par acteur celui qui s'acquitte très-bien d'une seule espèce de rôle; j'entends par comédien celui qui les joue tous également bien : tel étoit Baron. Je lui ai vu jouer dans la dernière perfection Burrhus et Néron ; rôles vieux et rôles jeunes ; le Menteur et Simon, Phocas et Arnolphe, le Misanthrope et le Joueur des *Fâcheux*, etc., etc.; il avoit alors soixante-cinq ou six ans. Voilà ce que j'appelle un comédien! Quinault l'aîné, dans le comique, est celui que j'en ai vu approcher le plus; il n'avoit point d'âge non plus; il étoit à cinquante-cinq ans très-bien placé dans des rôles d'étourdis et de jeunes petits-maîtres; c'étoit un protée dans les autres rôles (comiques s'entend, car il étoit détestable dans le tragique). Préville est comédien comme ce Quinault.

AOUT 1770.

Je compte faire paroître sans faute au 15 novembre prochain une édition de *la Mère coquette*, de *l'Andrienne*, de *l'Esprit follet* et du *Menteur*. Je me suis occupé de ranger sur le papier, pendant mon séjour à la campagne, des idées sur l'utilité et la nécessité de refondre nos anciennes comédies : je communiquerai ces idées aux journalistes qui feront les extraits de mes pièces refondues; je désire, plus que je ne l'espère, que ces idées fassent l'impression qu'elles devroient faire ; je les crois très-vraies; je pense que l'on y viendra tôt ou tard, mais dans cent ans peut-être.

Si l'on ne rajeunit pas nos anciens chefs-d'œuvre, nos plus excellentes comédies, je dis même celles du sublime Molière, il m'est démontré qu'elles seront perdues pour le théâtre de la nation, tandis que traduites ou non traduites, ces anciennes pièces seront jouées sur tous les autres théâtres de l'Europe éclairée. Les étrangers ne sont pas sujets comme nous à une perpétuelle variation de modes, de manières et de langage, etc.; et ce sont de continuelles révolutions qui font une nécessité indispensable de rétablir d'âge en âge, à peu près tous les cinquante ans, et de rafraîchir nos anciennes comédies (1).

Les tragédies ne sont pas aussi sujettes, à beaucoup près, à ces sortes de révolutions; cependant celles de Corneille auroient un extrême besoin d'un poëte qui en rajeunît le style, qui en ébranchât les longueurs; ces longueurs n'en étoient pas dans les commencements de l'art dramatique. M. de Voltaire eût mieux mérité des lettres et de sa patrie si, aux approches de sa vieillesse, il eût voulu entreprendre cette besogne, qu'il eût pu porter à un très-grand point de perfection. Au lieu de faire son misérable et odieux *Commentaire* sur Corneille, qui ne fait que consigner à la postérité sa basse jalousie contre ce premier génie tragique, il devoit faire tous ses efforts pour faire valoir en les corrigeant, et mettre dans tout leur jour, les sublimes beautés des tragédies de Corneille; son temps eût été mieux employé que celui qu'il a perdu pour sa propre gloire, à composer des *Oreste*, des *Olympie*, des *Scythes*, des *Guèbres*, etc., et à nous assommer du rabâchage fastidieux de sa *tédieuse* et pernicieuse philosophie ! Il eût fait des chefs-d'œuvre dans un âge plus avancé, et il n'y a fait que des misères, où l'on trouve quelquefois *disjecti membra poëtæ*.

Sur ce que M. Saurin m'a prouvé que mon dénouement de ma comédie du *Véritable et Faux Amour* n'avoit de ressemblance avec le dénouement du *Philosophe sans le savoir* que par la seule idée du combat; idée générale, et qui se trouve dans nombre de pièces dramatiques, qui n'ont d'ailleurs aucune autre analogie entre elles; sur cette décision, dis-je, de M. Saurin, décision qu'il

---

(1) L'opinion exprimée ici par Collé est véritablement bouffonne. Cette espèce de *badigeonnage*, pour lequel il professe une si vive tendresse, serait tout simplement une profanation; et la littérature du XIXme siècle a bien assez de péchés sur la conscience sans aller encore porter la main sur les chefs-d'œuvre de nos grands maîtres. (*H. B.*)

a appuyée par des raisonnements qui m'ont paru de la plus grande solidité, et qui m'ont fait revenir du sentiment contraire à celui-là, j'ai fait un travail qui me mettra, à même de consulter à mon retour à Paris, des gens de lettres sur les idées que j'ai, pour donner la dernière main à cette comédie dans le mois d'octobre prochain, que je compte revenir à la campagne. Je tâcherai de la rendre digne du théâtre, ou tout au moins de l'impression.

J'ai fait aussi, dans les premiers jours de ce mois, la parodie et le vaudeville qui suivent :

- PARODIE D'UN AIR NOUVEAU.

Votre beauté
  M'a tenté;
J'en ai tâté
  Cet été;
Mais vos hivers
  Sont trop chers.
Vous avez les grands airs!

Je ne vous reproche pas
Trois robes de taffetas :
Mais les riches gros de Tours,
L'or dans les petits velours,
Mille autres brillans atours,
  Pour moi seroient lourds !

VAUDEVILLE NOUVEAU.

Sur l'air ancien : *Cela m'est bien dur !*

Je ne serois pas la plus forte,
Dit Jeanne, la fille à Thomas;
Quand Nicolas frappe à ma porte
Je n'ouvre point à Nicolas;
Je fais toujours à sa tendre semonce
  La même réponse;
Nicolas, vous perdez vos pas,
  Vous n'entrerez pas !

> Jeudi, la petite éveillée,
>   Ayant manqué de s'enfermer,
> Laissa la porte entrebaillée,
> Et Nicolas vint pour l'aimer.
> Elle, oubliant que sa porte est ouverte,
>   Elle lui dit : certe !
> Nicolas, vous perdez vos pas,
>   Vous n'entrerez pas (1) !

Ce vaudeville est-il encore passable, et n'a-t-il rien de vieux que l'air sur lequel il est?

Dès le samedi 18 du courant, que je suis retourné à Paris, il n'étoit plus question de la *Veuve du Malabar;* elle n'a eu, m'a-t-on-dit, que six représentations, dont trois dans les règles.

Les Comédiens donnoient ce jour-là même la première représentation des *Amazones modernes*, comédie en trois actes et en prose, que j'ai sifflée en personne il y a plus de quarante ans. Ils ont fait une grande dépense en habits pour la reprise de cette pièce, qui n'en valoit assurément pas la peine : le fond en est imaginaire, romanesque et maussade; les détails en sont grossiers et peu plaisants. Elle est tombée, comme de raison.

On trouve dans ce choix le goût exquis des Comédiens; ils ne doutoient pas du succès, puisqu'ils ont fait les frais de soixante habits assez chers; ils sont en taffetas couleur de rose et en argent. Les Comédiens en seront pour leur argent.

Molé a un congé de deux mois; Préville joue la comédie à Compiègne, pendant le voyage, et Le Kain, condamné par les médecins, et qui ne pourra jamais remonter sur le théâtre, reste à la Comédie, et empêche les débuts d'acteurs qui pouvoient le remplacer; voilà comme cela est mené! Ils se modèlent probablement sur nos ministres et notre gouvernement.

---

(1) V. le *Recueil des chansons de Collé.*

SEPTEMBRE 1770.

Le lundi 6 du courant les Comédiens ont remis au théâtre l'*École des bourgeois*, comédie en trois actes et en prose, de feu l'abbé d'Allainval. Je dois en avoir vu la première représentation en 1728, je ne m'en souviens pas; elle n'en eut pour lors que deux. C'est une rapsodie indigne; il n'y a ni sujet, ni obstacle, ni action. Les caractères en sont tous pitoyables, surtout ceux des gens de qualité. L'auteur les fait parler comme on parle dans les antichambres ou dans une écurie; cette pièce ne mérite pas une critique détaillée (1); ils l'ont accolée aux *Amazones modernes*, et personne n'y va; c'est un désert que leur salle. *L'École des bourgeois* n'a point été imprimée à Paris; je ne sais si elle l'a été dans les provinces, mais ce dont je suis sûr, c'est que Bellecourt en a trouvé soit une copie, soit un imprimé, à Bruxelles, et qu'il a joué dans cette charmante pièce, à Bruxelles même, le rôle principal, qu'il a cru très-bon et qui est très-misérable. Je suis encore certain qu'il ne l'a fait reprendre à Paris que pour se venger de M. Saurin, qu'il hait, parce que ce dernier ne lui a pas donné le rôle de Béverley.

Bellecourt m'a dit, il y a plus d'un an, que M. Saurin avoit pris toute sa pièce des *Mœurs du temps* dans *l'École des bourgeois*, et je n'y ai pas vu la moindre ressemblance, excepté dans une scène d'intendant de maison,

---

(1) *L'École des bourgeois* est une des meilleures pièces du théâtre du second ordre que nous ayons. Elle est restée au répertoire; et nous sommes parfaitement de l'avis de M. Hipp. Lucas quand il dit que « cette comédie a de l'esprit, de l'intrigue, des caractères, du style; qu'elle possède tout ce qui fait une bonne pièce; que le marquis de Moncade est le type des jeunes seigneurs d'alors, et que d'Allainval a vraiment tracé ce portrait de main de maître. » *Histoire philosophique du théâtre français*, p. 270. (*H. B.*)

dont l'idée est au fond la même, mais qui est une idée appartenant à tout le monde, et d'ailleurs tous les détails de cette scène sont différents, par bonheur pour le public, dans la comédie des *Mœurs*.

Indépendamment du tour que cet histrion comptoit jouer à M. Saurin, ce sont encore des raisons d'amour-propre qui engagent Bellecourt à faire remettre des pièces tombées et oubliées : il s'est persuadé qu'il étoit le premier homme du monde pour arranger des comédies ; il y fait des retranchements, il y ajoute des détails froids, de son cru, et il se flatte qu'en la gâtant encore, une mauvaise pièce doit réussir en sortant de ses mains.

Comme les auteurs des pièces nouvelles s'adressent tous à Molé, il s'est emparé du département des anciennes, et l'on peut remarquer au choix qu'il fait d'icelles son discernement et son goût supérieur; je n'en veux pour preuve que les *Amazones* et l'*École des bourgeois*. Du moins, en réduisant à un acte *l'Amour médecin* de Molière, *le Tambour nocturne* et *la Fausse Agnès*, de Destouches, il n'avoit pas été fouiller dans un tas d'ordures, comme le sont les *Amazones* et cette *École*.

Un nommé Dorsainville, gendre de Clavareau, a ces jours-ci débuté à la Comédie-Françoise. Jolie figure, assez bien fait, de l'intelligence, de la noblesse, du feu et même trop de feu : il a plu à tout le monde ; mais il déplaît à M. le duc de Duras et aux autres Comédiens : il ne sera pas reçu. Quand sera-t-on délivré de la tyrannie de MM. les gentilshommes et de leur despotisme sur la Comédie, et de leur mauvais goût, et de leur ignorance, et de leur libertinage avec les Comédiennes, qui leur fait accorder tout à ces femmes, ou pour ces femmes, ou à cause de ces femmes ?

Le jeudi 6 du courant on a reçu à l'Académie françoise M. l'archevêque de Toulouse ; M. Thomas lui a répondu, ou plutôt a répondu à un réquisitoire de M. Seguier, avocat général, que ce dernier a fait le mois passé contre les livres impies. M. Thomas a été applaudi par les encyclopédistes qui composoient cette assemblée, trouvé insolent par les gens du monde, diffus et long par les deux partis.

Le lendemain M. le chancelier a mandé M. Thomas et M. Duclos, secrétaire de l'Académie; il les a tancés, à ce que l'on présume, et a défendu l'impression du discours de M. Thomas (1) : ce dernier fait est certain ; le premier est douteux. M. Duclos a dit à un de nos amis communs que M. le chancelier les avoit très-bien reçus, que d'ailleurs ils n'avoient point été mandés, qu'ils avoient été d'eux-mêmes chez M. le chancelier, qui leur avoit fait beaucoup de compliments; qu'il avoit à la vérité voulu avoir et avoit en effet retenu le manuscrit du discours de M. Thomas, attendu, leur avoit-il dit, que le roi en avoit entendu parler et vouloit le lire. On saura par la suite la vérité de ce fait, que la discrétion à laquelle M. Duclos est obligé vis-à-vis de sa compagnie a dû lui faire déguiser le plus décemment et le plus vraisemblablement qu'il l'a pu.

Quoi qu'il en soit, comme il est clair que dans son réquisitoire contre les auteurs qui attaquent la religion et le gouvernement, M. Seguier n'a pas voulu ni pu raisonnablement englober tous les autres gens de lettres

---

(1) Dans sa *Correspondance littéraire,* — *septembre et octobre* 1770, — Grimm a consigné l'historique de cet incident. Nous emprunterons seulement quelques lignes à notre spirituel chroniqueur pour faire connaître la manière ingénieuse dont on procédait à la *destruction* des mauvais livres. « Le parlement, en conséquence du vœu du gouvernement et du clergé sur le réquisitoire de l'avocat général, a fait, le 18 du mois dernier, les frais d'un fagot, au bas de l'escalier du Mai, pour y faire brûler par le bourreau quelques *rôles de procureur* représentant sept ouvrages des plus déplaisants au clergé ; car, ne croyez pas que M. l'exécuteur des hautes œuvres ait la permission de jeter au feu les livres dont les titres figurent dans l'arrêt de la cour ; Messieurs seraient très-fâchés de priver leur bibliothèque d'un exemplaire de chacun de ces ouvrages, qui leur revient de droit, et le greffier y supplée par quelques malheureux *rôles de chicane,* dont la provision ne lui manque pas. » (*H. B.*)

qui ne sont pas dans ces deux cas, la déclamation de M. Thomas paroît tout-à-fait déplacée et même absurde, en ce qu'il n'a pu prendre parti et désigner, comme il l'a fait, l'avocat général et son réquisitoire, sans se déclarer lui-même être dans les sentiments de ces auteurs dangereux, en se déclarant aussi publiquement le défenseur des gens de lettres en général.

Je crois M. Thomas un fort honnête homme ; je lui crois du mérite, de l'esprit et des connoissances. Élevé dans l'université, je lui crois même un fonds de religion, quel qu'il soit et quoi qu'il en dise, et je pense en même temps que, faute d'usage du monde et de connoissance des hommes, on l'engage par amour-propre à faire des démarches dont il ne démêle pas toutes les conséquences ; c'est une machine dont les encyclopédistes font mouvoir les ressorts et qu'ils montent comme ils le veulent ; c'est un enfant perdu qu'ils jettent en avant et qu'ils feront tuer quelque jour dans une rencontre pareille, et le brave Thomas se trouvera, comme un vrai Suisse, dans le plus grand péril, sans avoir seulement imaginé qu'il y courût le moindre risque.

C'est ainsi que chez les jésuites autrefois les Pères qui avoient le régime de leur société, les Pères politiques, employoient les beaux-esprits de leur ordre à prêcher et à écrire, dans de certaines circonstances, la morale et les dogmes qu'ils jugeoient convenables à leurs intérêts présents ou futurs, sans être dans le secret du général. Ces automates spirituels agissoient aveuglément et sans se proposer d'autre but que de satisfaire bêtement leur amour-propre, en pensant qu'ils alloient être regardés comme de grands écrivains, et que leur hardiesse leur acquerroit à coup sûr une immortelle célébrité. C'est, du temps de la ligue, ce qui a fait pendre le révérend Père Guignard, qui en fut étonné ; je suis persuadé, au contraire, que le général des jésuites qui régnoit pour lors, et qui l'avoit fait longtemps servir à ses desseins, ne fut pas surpris de son supplice et qu'il ne s'en embarrassa guère : il l'avoit fait aller à ses fins.

Parmi les philosophes modernes, il en est qui ne se compromettent pas, et ils font bien et prudemment ; on est libre de penser comme on veut, mais il ne faut pas le dire, ou tout au moins l'écrire, dans les matières d'irréligion et de gouvernement. On se doute à peu près de la façon de penser de M. D'Alembert ; mais il n'a jamais donné de prise sur lui, soit par ses actions, soit par ses écrits. Il a laissé faire aux têtes exaltées des Voltaire, des Rousseau, des Diderot, des Helvétius, des Marmontel, et il n'en est que plus estimable et plus estimé ; il jouit d'une considération personnelle beaucoup plus grande que tous ces fous de haute gamme, qui ne veulent ou ne peuvent, à l'exception de Voltaire, acquérir de célébrité qu'à force de témérité et d'extravagances philosophiques. M. de Fontenelle étoit bien aussi philosophe que tous ces grands messieurs, et tout le monde sait comme il s'est toujours conduit : il ne s'est pas contenté d'être philosophe seulement, il a été sage.

Je viens dans l'instant d'apprendre comment s'est passée l'affaire de M. Thomas, et le voici :

M. Seguier en sortant de l'Académie fut porter ses plaintes à M. le chancelier, qui sur-le-champ envoya défendre d'imprimer le discours de M. Thomas ; ce dernier fut le lendemain avec M. Duclos chez le chancelier, auquel il remit son manuscrit ; M. de Maupeou le retint, et renouvela à M. Thomas la défense de le faire imprimer, sous peine de son exclusion de l'Académie ; on m'a assuré ce dernier fait, et que d'ailleurs ce premier magistrat avoit traité fort poliment ces messieurs.

Je sais encore, par un ami intime de M. Thomas, que son discours étoit fait auparavant le réquisitoire de M. Séguier, et je ne puis douter de ce fait, par la manière dont me l'a assuré celui qui me l'a dit, que j'estime, et qui avoit vu ce discours dès les premiers instants que M. Thomas le composoit (1). Mais en ce cas M. Thomas a fait une faute de ne pas rayer de ce discours tout ce qui avoit trait à ce réquisitoire, et tout ce qui pouvoit désigner ou faire allusion à M. l'avocat général. J'ai oublié de dire que ce qui aggrave et rend encore plus déplacé le discours de M. Thomas, c'est la personne à laquelle il est adressé : c'est en recevant à l'Académie un archevêque que l'on défend implicitement les auteurs irréligieux.

Enfin, l'on m'a tiré au clair l'histoire de la comédie du *Satirique*, ou *l'Homme dangereux*. Il est vrai que Palissot en est l'auteur. Il vouloit se cacher à toute la terre, et quoiqu'en apparence il s'attaquât lui-même dans sa comédie, il s'étoit flatté que tout les traits qu'il lançoit contre lui retomberoient sur les encyclopédistes, ou du moins contre quelques-uns d'entre eux. Voici la raison dont il se berçoit, qu'il a dite à M. l'abbé de La Porte, qui s'en moquoit et le lui a dit. Palissot prétendoit que le personnage de sa pièce ne faisant que des méchancetés anonymes, on ne pouvoit jamais dire que ce fût lui qui y fût joué : « attendu, disoit-il, que lorsque j'ai donné
« mes petites lettres sur les grands philosophes je me
« suis nommé; que je me suis déclaré l'auteur de ma
« comédie des *Philosophes*, et que je n'ai pas craint
« même de mettre mon nom à ma *Dunciade*, dans la-
« quelle j'ai déchiré généralement tous les auteurs. Il
« faudra donc nécessairement, concluoit-il, que le pu-
« blic adapte les noirceurs que fait et que compose mon
« Satirique, aux écrivains anonymes qui ont été con-
« vaincus de ces petites horreurs : ces traits ne porteront
« donc que sur Diderot, l'abbé Morellet, etc., qui ont
« été pris sur le fait, et contre lesquels on a eu des
« preuves de ces infamies clandestines, que le temps a

---

(1) Grimm affirme que la harangue de Thomas avait été composée en effet avant la publication du réquisitoire de M. Seguier; qu'elle avait même été communiquée à l'archevêque de Toulouse et à plusieurs autres académiciens. *Corresp. littéraire*, octobre 1770. (H. B.)

« révélées. » Il s'abusoit : ses ennemis et le public lui-même auroient à coup sûr pensé que c'étoit lui uniquement que l'on avoit voulu mettre au théâtre; ils n'auroient pas été chercher cette distinction alambiquée.

Quoi qu'il en fût arrivé, Palissot, persuadé que cela ne pouvoit pas tourner autrement qu'il l'avoit imaginé, avoit cherché des protections auprès de MM. les gentilshommes de la chambre, afin d'amener à bien cette noirceur; M. le maréchal de Richelieu lui parut le seul qui pût avoir assez de fermeté pour faire jouer sa pièce en dépit de tous ceux qui s'y opposeroient. Il connoissoit peu ce gentilhomme, mais Mlle Fauconnier, qui connoissoit l'abbé de Voisenon, choisit ce dernier pour agent intermédiaire de cette vilénie, et cette petite chenille se chargea volontiers de faire réussir cette affaire odieuse ; il n'y avoit dans la confidence que cet abbé, le maréchal et Molé. Tout alloit à merveille, et la comédie alloit être représentée, au moyen de quelques changements qu'avoit demandés M. de Sartine, et qui avoient été faits, lorsque Palissot lui-même déclara à M. de Sartine qu'il en étoit l'auteur. M. de Sartine le dit à sa femme; sa femme le dit à Mme Necker, son amie; Mme Necker, qui l'est de l'abbé Morellet et de tout le parti encyclopédique, fit faire de nouvelles observations, et requit de nouveaux changements, surtout celui du nom de *Moralès*. Palissot et surtout le maréchal ne voulurent point entendre à aucuns autres changements que ceux qui avoient été indiqués et faits d'abord pour M. de Sartine; il y mit de la hauteur vis-à-vis de ce magistrat, qui a tenu bon, et qui, heureusement, a empêché la représentation de ce drame satirique. Tous les honnêtes gens sont intéressés à ce que l'on ne joue jamais le citoyen; c'est l'abus de la comédie, et même ce n'est point là ce qu'on peut appeler la vraie comédie, dont l'adresse doit être telle, qu'elle nous fasse rire de nous-mêmes, lorsque nous pensons rire de notre voisin. Personne, assurément, ne méprise plus que moi les philosophes, surtout Rousseau, Diderot, Helvétius, l'abbé Morellet, Fréron, etc., etc., et cependant personne n'a été plus indigné de les voir mis au théâtre.

Il résulte de tout ce long narré que Palissot est plus chien enragé que jamais; que l'abbé de Voisenon est plus traître qu'il ne l'a jamais été. En se prêtant à la confidence de Palissot, et en facilitant la représentation de sa comédie, il sacrifioit et trahissoit en secret ses amis de l'Académie, et autres qui y étoient immolés.

Craignant ensuite qu'on ne crût qu'il s'étoit mêlé de cette vilaine affaire, il a trahi Palissot lui-même, et il a été le premier à découvrir et à publier partout son secret, en protestant qu'il avoit été bien surpris quand il avoit su qu'il étoit l'auteur du *Satirique*. Peut-on rien de plus faux, de plus bas et de plus infâme! MM. de l'Académie ont été instruits de ses petites menées; et on m'a assuré que ces jours-ci, à une de leurs dernières séances particulières, la plupart de ses confrères lui avoient tourné le dos, et avoient affecté de ne lui point parler.

Dans l'une des deux séances de l'Académie françoise, du 13 ou du 15 de ce mois, M. de Saint-Lambert, l'une des meilleures têtes du parti encyclopédique, proposa gravement à ses confrères d'exclure de leur assemblée M. Seguier : la raison qu'il donnoit, c'est que M. Seguier avoit trahi la compagnie en se plaignant à M. le chancelier du discours hétéroclite de M. Thomas. Il prétendoit que si M. Seguier avoit des plaintes à faire de ce grand orateur, il auroit dû les adresser à MM. de l'Académie, et non pas au premier magistrat de la justice. Il n'est pas nécessaire de faire remarquer la justesse d'esprit qui a produit cette idée; on doit sentir sans qu'on le prononce, le jugement profond, l'exactitude, la bonté et l'équité qui y règnent.

On attaque M. Seguier sur son réquisitoire, par des traits *allusifs* et piquants, dans une séance publique de l'Académie, qui paroît avoir avoué l'orateur, et c'est à l'Académie, qui a l'air d'en être complice, qu'il doit porter ses plaintes ! Comme avocat général, il n'en doit pas compte au roi et au parlement ; il n'en doit pas demander raison au chef de la justice ! On ne sauroit trop admirer la logique et la supériorité des lumières du grand auteur du grand poëme des *Saisons!* Voilà du génie !

Malgré les justes louanges que l'on ne peut refuser aux vues sublimes du nouveau confrère, les anciens se déclarèrent tous contre lui, ou du moins firent semblant de rejeter son *bill*, surtout lorsque M. Duclos, secrétaire de l'Académie, eut combattu avec chaleur et culbuté le sentiment de M. de Saint-Lambert. Ce dernier alla le voir le lendemain matin, et on m'a bien assuré qu'il en a reçu en particulier une très-vive réprimande, et telle qu'en sait très-bien faire M. Duclos quand il est animé. Je suis sûr très-positivement de tous ces faits.

OCTOBRE ET NOVEMBRE 1770.

J'ai passé le mois d'Octobre à la campagne ; j'y ai travaillé à rassembler des anecdotes de théâtre, que j'ai recueillies dans les volumes du présent Journal, et que j'ai données à M. l'abbé de la Porte, pour lui servir dans un ouvrage qu'il compose (1) ; il m'avoit prié de lui rendre ce petit office, et quoique ce travail ait été long, pénible et ennuyeux, j'ai encore mieux aimé m'y livrer que de composer pour des ingrats et des vilains ; on voit assez que je désigne par là les Comédiens françois, qui refusent de jouer les comédies que j'ai refondues et

---

(1) Il s'agit très-probablement ici du recueil connu sous le titre d'*Anecdotes dramatiques*, 3 vol. in-12, — publié en 1775 par Clément et l'abbé de la Porte, et où Collé est assez bien traité pour qu'on croie qu'il n'est pas resté étranger à la rédaction de cet ouvrage. (*H. B.*)

qu'ils ont reçues. Leur paresse et leur déraison me privent d'une occupation qui eût pu encore amuser quelques années de ma vieillesse. J'eusse tenté cette année de mettre *l'Avare* de Molière en vers libres, et de le rajeunir à quelques égards (1).

Je ferai paroître mes éditions de *la Mère coquette*, de *l'Andrienne*, de *l'Esprit follet* et du *Menteur*, le 14 janvier prochain. Si, par impossible, elles avoient une sorte de succès sans être représentées, je continuerois cette besogne, malgré les comédiens et leur mauvaise volonté.

Mais ce seroit une espèce de miracle que ces pièces pussent plaire à la lecture seule et sans leur représentation; c'est une folie et ce seroit avoir un amour-propre ridicule que de s'en flatter le moins du monde.

Le 10 de novembre les comédiens donnèrent la première représentation de *Florinde*, tragédie de M. Lefèvre, auteur de *Cosroès*. Cette représentation ne fut pas même achevée; on m'a dit que *Florinde* étoit le sujet du comte Julien, celui qui amena les Maures en Espagne.

Vers le milieu de ce mois est mort M. Paradis de Moncrif, l'un des quarante de l'Académie françoise. Il laisse plus de bien que de réputation littéraire; il étoit fort honnête homme; il a toujours rendu service à ses parents, les a avancés et leur a même souvent fait quelque part de ses richesses; j'appelle richesses, dans un homme de lettres, quarante mille livres de revenu dont il jouissoit, laissant à sa mort quinze ou dix-huit mille livres de rentes foncières, à ce que l'on m'a assuré. Il a joui pendant sa vie de deux biens très-rares, d'une santé robuste et de l'estime de tous les honnêtes gens, et il en jouit pendant quatre-vingt-trois ans. Il n'a d'ailleurs été qu'un mois malade, et est mort de la gangrène, sans presque souf-

---

(1) Molière l'a échappé belle! (*H. B.*)

frir : voilà le couronnement de tout son bonheur. Il est mort avec fermeté (1).

Son *Sylphe*, opéra en un acte, et la petite pièce du *Rajeunissement de Titon*, sont les seuls ouvrages supportables qu'il ait faits; encore la versification en est-elle très-foible. Ses chansons et ses romances sont lâches et ne valent rien : on auroit de la peine à y trouver un couplet entièrement bon. Il faut être très-patient lecteur pour soutenir la lecture de ses OEuvres, qu'il a fait imprimer et qu'il a recueillies en quatre volumes, il y a trois ou quatre ans. J'en excepte pourtant son *Essai sur la nécessité et sur les moyens de plaire*, qui m'a toujours paru un très-bon ouvrage.

Il avoit beaucoup vécu avec feu M. le grand-prieur d'Orléans, et défunt M. d'Argenson, ministre de la guerre, qui lui avoit fait sa grande fortune. Il ne l'abandonna point quand il fut disgracié, et quoique Moncrif fût courtisan et demi, il eut le courage de paroître affligé de l'exil de ce ministre devant madame de Pompadour, et de lui demander à elle-même la permission d'aller passer six semaines aux Ormes, terre de M. d'Argenson; et tant qu'a vécu ce dernier, il lui a donné tous les ans la même marque de sa reconnoissance.

C'est dans les sociétés de M. d'Argenson, de M. le grand-prieur et de M. de Maurepas, et pour elles, qu'il a composé quelques parodies assez jolies. Personne n'avoit eu plus de resources que lui pour l'amusement des sociétés, et, à l'apprécier à la rigueur, je croirois que son talent ne s'étendoit guère plus loin. Le public étoit un trop grand jour pour lui. Quoi qu'il en soit, pour être heureux on se contenteroit de moins que ce que la nature lui avoit donné.

---

(1) Moncrif (F. Augustin Paradis de), de l'Académie française; lecteur de Marie-Lesczinska, puis du duc d'Orléans; né en 1687. Ses œuvres complètes forment 2 vol. in-18, 1801. (*H. B.*)

A sa mort, M. de Moncrif a laissé vacante une place de secrétaire de M. le duc d'Orléans, qui me l'a donnée. Ces places ont toujours été remplies par des gens de lettres de la première classe; M. de Fontenelle en avoit une; M. de Mairan en a une encore actuellement; et quoique je sois bien éloigné de ces hommes illustres, je l'ai sollicitée avec vivacité, attendu que comme je ne me crois pas digne de l'Académie, j'ai cru, au moins, pouvoir porter mon ambition littéraire jusqu'à une place qui m'honorât, sans qu'on pût dire à la rigueur que je ne la méritois pas, comme on n'auroit pas manqué de le dire si j'avois obtenu une place à l'Académie françoise, ce qui, par parenthèses, ne m'eût pas été difficile à obtenir il y a cinq ou six ans, si je l'eusse voulu; j'appelle cette place de secrétaire ma *petite Académie* à moi.

Autre place vacante à l'Académie, par la mort de M. le président Hénault, fils d'un ancien fermier général, qui lui avoit laissé de grands biens et l'avoit fait président au parlement de Paris. Ses richesses, un peu de goût et un grand usage du monde, lui ont fait une réputation littéraire pendant sa vie, beaucoup au-dessus de celle qui lui survivra, et qu'il mérite véritablement. On trouve quelques remarques fines et spirituelles dans son *Abrégé de l'histoire de France;* mais personne n'ignore que le fond de ce travail lexicographique n'est point de lui : c'est l'abbé Boudot (1), homme assez érudit, qui a fait toute la disposition de ce livre, si même il ne l'a pas imaginée. La plus grande partie des recherches curieuses nécessaires a cet ouvrage a été aussi faite par ce même abbé. On ne peut nier que ce ne soit une table des matières de l'histoire de France,

---

(1) Boudot (l'abbé Pierre-Jean) était attaché à la bibliothèque du Roi. Il aida en effet le président Hénault dans ses recherches historiques, et publia même un *examen de quelques objections faites à son Abrégé chronologique,* 1764, in-8°. (*H. B.*)

utile, judicieuse, commode, ingénieuse, et excellente; il y auroit même quelque injustice à ne regarder ce livre que comme une table des matières pure et simple; il faut y ajouter qu'elle a été faite et écrite par un homme d'esprit, un homme de goût et un homme instruit; qu'elle est infiniment supérieure aux tables de matières proprement dites. Mais il faut convenir aussi que l'on a trop perdu de louanges cette supérieure, cette exquise, cette vraiment bonne table des matières de notre histoire. On a appelé son auteur le *célèbre* président Hénault : c'est être célèbre à bon marché! J'ai vécu dans ma jeunesse avec cet auteur, et j'ose dire que sans ses soupers, son opulence et ses prôneurs, le titre de célèbre ne lui eût jamais été jeté à la tête aussi lestement (1). Le président étoit connu il y a quarante ans par quelques petites chansons galantes et fades, que je ne me soucierois pas d'avoir faites, quoiqu'elles aient eu quelque vogue. Il étoit d'une assez belle figure, vivoit dans le grand monde, avec les ministres, les Maurepas, les d'Argenson; il avoit parfois quelques femmes de qualité et toujours un excellent cuisinier. On n'imagine pas à quel point toutes ces circonstances réunies en imposent machinalement aux hommes, même les plus éclairés; combien elles contribuent à rendre un homme illustre à peu de frais, lorsque d'ailleurs il a une espèce de mérite, d'esprit et de goût: or, M. le président Hénault n'étoit pas un sot; je ne dirois pas de même qu'il ne fût pas un fat, car j'ai vu le contraire dans la société; et dans ses autres ouvrages, tels que ses drames, il a suffisamment prouvé sa fatuité, et sa confiance intrépide dans des talents qu'il n'avoit pas. Pour s'en convaincre il ne faut que lire son *Réveil d'Epiménide* et son *François second*. Il n'avoit pas les premiers éléments de l'art dramatique; je sais cependant qu'il en avoit eu la fureur.

---

(1) V. t. I, p. 35 et suiv. (*H. B.*)

Fuzelier m'a dit que dans sa jeunesse ce président avoit fagoté quelques mauvaises comédies, que Fuzelier corrigeoit par complaisance, et qui furent données aux François avec le plus grand secret; elles y tomboient, comme de raison. Le président Hénault en a fait jouer incognito deux ou trois, dont on a oublié jusqu'aux titres; je me souviens pourtant d'un des titres de ces rapsodies : *l'oracle de Delphes*. Je crois même avoir vu cette pièce et y avoir bâillé étant encore écolier, en 1724 ou 1725.

Fuzelier m'a encore dit que M. le comte d'Argenson étoit le complice de ces productions, *que ces marauds-là*, ajoutoit-il, *lui renvoyoient pour les mettre en état de paroître au théâtre, et que c'étoit une f...... besogne*.

Les places d'académiciens de Moncrif et de Hénault sont demandées par MM. Gaillard, de Laharpe, Laujon, l'abbé Delille, l'abbé Coyer, l'abbé Leblanc, Lemierre et quelques autres messieurs, dont j'a ioublié les noms; nous parlerons des élus lors de leur réception.

DÉCEMBRE 1770.

Dans les douze premiers jours de ce mois est mort encore un membre de l'Académie, un de ces hommes célèbres que la nation ne connoît point, et dont le nom même est totalement ignoré dans l'Europe littéraire et savante. L'abbé Alary (1), accablé de vieillesse et de biens,

---

(1) C'est l'abbé Alary qui fonda chez lui ce fameux *club de l'Entresol*, espèce d'académie plus politique que littéraire, qui finit par porter ombrage au gouvernement. Voy. dans les *Mémoires du marquis d'Argenson*, édition de 1825, p. 229, 247, 272, des détails curieux sur ce cercle et sur l'abbé Alary. (*H. B.*)

est mort tout entier ces jours-ci ; il avoit été instituteur ou précepteur de Louis XV, et l'on sait que les pédants auxquels on confie l'éducation de nos rois et de nos princes ont, presque de droit, une place à l'Académie françoise. C'est pour cette raison, et non pour ses ouvrages, que personne ne lit et ne connoît, que feu M. l'abbé Alary étoit un des quarante. Il jouissoit, au reste, dans son obscurité littéraire, de trente-cinq mille livres de revenus, y compris ses bénéfices. L'abbé d'Olivet, Moncrif et lui, étoient *les mieux rentés de tous les beaux esprits* (1) ; il faut pourtant en excepter M. de Voltaire, qu'il faut regarder comme le Jacques-Cœur de la littérature. Feu M. d'Argenson, ministre de la guerre, donnoit un intérêt à Voltaire dans toutes les affaires et entreprises qui se faisoient dans son département. Ce dernier fait m'a été prouvé par M. Davoust, mon ami, qui a été l'associé de cet homme célèbre, et dans la viande et dans l'artillerie fournie dans la guerre de 1741 ; ajoutez à tout cela que M. de Voltaire a connu mieux qu'un banquier la *place*, et que personne n'y a fait des opérations et des spéculations plus utiles. Revenons aux petites tracasseries que la vacance de ces trois places à l'Académie occasionne parmi messieurs les gens de lettres.

Comme on sait communément dans le public le secret des élections avant qu'elles soient faites, le bruit s'est généralement répandu que la première place, celle de Moncrif, seroit remplie par l'historien Gaillard. On a assuré en même temps que M. de Laharpe étoit lui-même de ceux qui assuroient qu'il auroit la seconde, celle du président Hénault, au cas qu'il ne se présentât point de gens de qualité : il me l'a dit, et comme je ne suis nullement lié avec lui, il l'a dit probablement à tous ceux qu'il aura rencontrés. Cette confiance intrépide lui

---

(1) Vers de Boileau. (*H. B.*)

a d'abord attiré trois épigrammes très-dures qui sont le moindre de ses malheurs. Les deux premières sont si grossières et si mal fagotées, que je ne transcrirai que la dernière :

> « Est-ce moi qu'on refuse! Ingrate Académie!
> « que n'avois-je point fait pour dormir dans ton sein!
> « J'ai fabriqué *Warwick*, drame plein de génie,
> « Sifflé, honni trois fois d'un parterre inhumain.
> « J'ai, pour me dépiquer, très-bien lu *Mélanie;*
> « J'ai courtisé Thomas, que j'ai mordu sous main ;
> « J'ai feint d'aimer Voltaire et d'estimer Saurin.
> « D'Alembert pour m'aider se donne la torture;
> « Duclos sous le secret m'avoit promis sa voix ;
> « Mon extrait *des Saisons* est obligeant, je crois ;
> « J'ai loué Marmontel, et c'est forcer nature ;
> « L'anonyme a voilé mes petites noirceurs!
> « O ciel! que faut-il donc pour gagner tous les cœurs?

Cette épigramme a besoin de quelques éclaircissemens, et les voici : *Warwick* est une tragédie de son invention, pour le fond, et sans force dans les caractères; ainsi on a raison de l'*ironiser* sur son manque de génie. Ce qu'il y a de véritablement estimable dans *Warwick*, c'est le dialogue, dont les vers sont d'une simplicité élégante, et qui dit presque toujours ce qui doit être dit. M. de Laharpe est le meilleur lecteur que j'aie entendu ; aussi *Mélanie* n'a-t-elle réussi que lorsqu'il l'a lue et n'a-t-elle eu aucun succès quand on l'a lue soi-même ou qu'on l'a vu représenter. Dans son *Mercure*, il a attaqué indirectement M. Thomas, en parlant du genre des panégyristes (1). Il est vraisemblable aussi que, dans son *Mercure*, ce n'est qu'à la recomman-

---

(1) Diderot, comparant Thomas et Laharpe, disait : « Ils sont les revers l'un de l'autre : le premier met tout en *montagnes,* le second met tout en *plaine.* » De son côté, Voltaire a dit *galithomas* pour *galimathias*. Mais ce jeu de mots est plus plaisant que juste : car, à force d'honnêteté et de conviction, Thomas s'est souvent élevé jusqu'à l'éloquence. (*H. B.*)

dation de M. Duclos, ami de M. de Saint-Lambert, qu'il a pu faire un extrait favorable du poëme des *Saisons* de ce dernier, l'ouvrage le plus ennuyeux qui ait été fait de ce siècle. Le vers qui commence par *l'anonyme*, etc., est mal fait et obscur; ce vers veut dire qu'il a fait des noirceurs anonymes dans quelques pièces de vers ou de prose dans lesquelles il ne s'est pas nommé, et ce vers ne dit pas cela : Il faut le deviner.

Après ces notes, revenons au malheur de M. de Laharpe, qui, je crois, le mérite; mais ce malheur est cruel, et quelque coupable que Laharpe puisse être des vilénies qu'on lui impute, je ne crois pas que l'on en puisse être plus sévèrement puni; les épigrammes sont des roses en comparaison. Voici le fait :

Le 15 ou le 17 de ce mois, dans l'une de ces deux séances de l'Académie françoise, M. Seguier déclara à MM. ses confrères, en son nom et en celui de M. le maréchal de Richelieu, que si la pluralité des suffrages se trouvoit pour élire M. de Laharpe, ils demandoient l'un et l'autre d'être rayés du nombre des académiciens; qu'ils ne vouloient ni ne pouvoient être les confrères d'un homme déshonoré, d'un homme qui avoit été condamné à Bicêtre, et qui, dans le fait, avoit été réellement conduit jusqu'à la porte de cette prison flétrissante, et de là conduit par grâce au For l'Evêque, où il avoit été détenu quelque temps.

Cette déclaration de M. Seguier a été un coup de foudre pour le parti encyclopédique, qui veut dominer l'Académie; ils n'ont pu résister cependant à l'évidence de ce motif, et voilà M. de Laharpe exclu à jamais de l'Académie. Ces faux philosophes en sont en fureur; ils ne conviennent pas même de cette dénonciation faite par M. Seguier; ils voudroient faire entendre qu'ils donnent l'exclusion à M. de Laharpe pour de tout autres raisons.

Quant à M. de Laharpe, son malheur, comme l'on

voit, ne se réduit pas simplement à ne pouvoir de ses jours entrer à l'Académie; la manière dont il en est éloigné emporte une note d'infamie dont il faut qu'il se lave aux yeux du public, ou consentir à être déshonoré éternellement s'il ne prouve pas d'ici à un mois que c'est par méprise ou autrement qu'il a été conduit, contre toute raison et contre toute équité, jusqu'à la porte de Bicêtre; en un mot, s'il ne justifie pas pleinement les causes de sa détention au For-l'Evêque, et ne démontre pas évidemment qu'elles n'ont point été honteuses; c'est un homme perdu sans ressources du côté de sa réputation et de son honneur s'il ne fait pas imprimer promptement sa justification; son silence sera sûrement regardé comme un assentiment formel à ce dont on l'accuse. Son accusation a été publique, sa justification doit l'être.

Le 29 décembre les Comédiens françois donnèrent la première et dernière représentation de *la Veuve*, comédie en un acte et en prose, de ma composition; elle fut huée. Je n'y étois pas: on me l'a dit; elle ne fut pas entendue par le parterre, elle le fut trop par les loges. Je m'explique comme dans cette pièce, il faut supposer que la veuve couche avec le chevalier, sans quoi il n'y a point de sujet, le parterre ne comprit pas les choses légères qui fondoient cette supposition, et sur lesquelles je n'avois pu appuyer fortement sur un théâtre public; les loges, au contraire, qui la devinèrent, et à qui cette idée n'échappa point, trouvèrent cette comédie indécente et contre les mœurs; conséquemment la pièce est tombée, et pour n'avoir pas été assez claire, et pour l'avoir été trop.

Je n'appelle point du jugement du public; j'avoue d'ailleurs que cette pièce manque d'action; que le dénouement en est un peu machine, et qu'enfin, n'ayant pas été jouée supérieurement, elle a dû paroître froide et très-froide aux spectateurs.

Je me suis abusé lorsque j'ai cru Mme Préville capable de faire le succès de ma pièce; quant à Bellecourt, il ne m'a point trompé : j'attendois de lui qu'il joueroit aussi mal que l'on m'a dit qu'il a joué, mais je savois en même temps que son art ne pouvoit aller jusqu'à causer lui seul la chute de ma pièce, et en effet je ne la lui attribue pas; c'est à Mme Préville elle seule que je la dois, et voici sur quoi je me fonde. On a donné *la Veuve* à Bordeaux; une certaine demoiselle Émilie, actrice en cette ville, a si bien rendu le rôle que Mme Préville a manqué, que depuis deux ou trois ans cette petite comédie est une des pièces qu'ils donnent le plus fréquemment, et qui est la plus suivie; c'est un fait qui m'a été attesté ici par le comédien d'Allainval, qui jouoit lui-même le rôle du Chevalier à Bordeaux. Cette actrice de province a sans doute la partie du sentiment que la nature a refusée à la chère Mme Préville.

C'est ce rapport de d'Allainval qui m'a fait presser depuis deux ans Mme Préville de faire représenter ma pièce, dont je lui avois fait présent à elle personnellement. Je l'avois oubliée depuis la retraite de Mlle Dangerville, à qui j'en destinois le rôle, et qui l'avoit accepté; car *la Veuve* étoit reçue par les Comédiens en Janvier 1763, quelques jours avant la représentation de *Dupuis et Desronais*.

Une autre raison, moins forte que cette première à la vérité, avoit pourtant achevé de me décider à faire jouer cette comédie, et ajoutoit un peu encore à l'espérance que je concevois de son succès, c'est celui qu'elle avoit eu l'année passée, et qu'elle a eu encore davantage au mois d'octobre dernier sur un théâtre de société, à la Chevrette, chez M. de Magnanville, garde du trésor royal. Elle y a été jouée, je l'avoue, mieux que l'on n'a coutume de jouer la comédie entre particuliers; mais je me disois que, quelque bien que l'on fasse sur ces petits théâtres, les Comédiens leur sont toujours supérieurs.

Ce n'étoit point, au reste, sur ce succès dans une société que je fondois l'espoir du mien sur le théâtre public, mais sur la réussite que cette pièce a eue et continue d'avoir à Bordeaux.

Mes amis m'ont dit qu'il y avoit au parterre une cabale pour la faire tomber, mais comme je n'ai jamais cru aux cabales pour les autres auteurs, je n'y crois pas davantage pour moi ; je pense donc de très-bonne foi qu'elle est tombée parce qu'elle a paru froide et ennuyeuse, n'étant point vivifiée par une actrice qui y donnât cette âme, cette chaleur brûlante, cette sensibilité vive, tendre et impétueuse, qui seule pouvoit racheter le défaut d'action, le vice du dénouement, et d'autres défauts que je connois, sans compter ceux que je ne sais pas, et qui sont peut-être en plus grand nombre et de plus de conséquence.

Quoi qu'il en soit, j'oserois prédire que si les mœurs se relâchent encore davantage par la suite, comme il y a toute apparence, et qu'il vienne une actrice à sentiment, comme étoit feu Mlle Silvia, *la Veuve* auroit du succès, quoiqu'elle soit tombée dans sa nouveauté, comme sont tombés d'abord *la Surprise de l'Amour, le Legs*, etc., qui sont actuellement des pièces restées au théâtre. *La Veuve*, en un mot, est ce qu'on appelle *une pièce d'actrice*.

ANNÉE 1771.

JANVIER 1771.

Ces Journaux devroient être plus fournis, et cependant celui de 1770 est bien maigre; je n'ai pourtant rien produit l'année passée; non-seulement j'ai renoncé à tout ouvrage qui demande de l'invention, mais j'ai encore abandonné la suite du projet que j'avois formé de m'occuper dans le commencement de ma vieillesse, à retoucher les anciennes bonnes comédies de notre théâtre. Les Comédiens, loin de se prêter à mes idées, payent les soins que je me suis donnés de la froideur la plus humiliante, et probablement ne veulent pas se donner la peine de jouer les pièces qu'ils ont reçues et dont je leur ai fait présent (1) : *l'Andrienne, le Menteur, l'Esprit follet* et *la Mère coquette*.

Ils prétendent que rien ne fatigue plus la mémoire que d'apprendre d'une manière nouvelle des rôles que l'on sait anciennement d'une autre façon. J'avoue qu'il y a sans doute beaucoup plus de difficulté qu'à des rôles qu'on n'a jamais vus; mais on ne pourra jamais me prouver que ce soit chose impossible : cette raison est leur prétexte et ne sauroit être leur motif. Le vrai de tout cela est qu'ils sont d'une paresse et d'une négligence à

---

(1) C'était bien là le cas, pour les comédiens, de dire avec le poëte : *Timeo Danaos et dona ferentes!* (H. B.)

faire grincer les dents. Le public, et surtout les petites loges, se plaignent depuis plusieurs années du peu d'attention qu'ils apportent à les contenter. Leur trop grande aisance est la cause et le principe de leur inertie. Chaque Comédien qui a part entière retire 10,000 livres par an des petites loges seulement; il a outre cela le produit de la salle, qui lui donne encore 4 ou 5,000 livres. Comment se flatter après cela que ces messieurs voudront bien travailler? Au contraire, ils passent l'été dans leurs maisons de campagne, font jouer les doubles, et l'hiver même, sans se donner la peine d'apprendre des pièces nouvelles dont ils ont un magasin, ils paroissent deux ou trois fois la semaine, dans des pièces rebattues, presque toujours les mêmes, et dont le cercle est on ne peut pas plus étroit. Patience, patience! Lorsque la banqueroute de l'État deviendra mille fois plus sérieuse (ce qui malheureusement n'est que trop près d'arriver) on abandonnera leurs petites loges, on désertera leur salle, et la pauvreté les ramènera au travail, d'autant plus qu'aucun de ces histrions ne pense à l'avenir : ils mangent tout ce qu'ils gagnent; ils se retirent tous avec le mépris que l'on a pour leur profession et un très-mince revenu, surtout lorsqu'il est comparé à celui dont ils jouissoient étant en pied. L'habitude que, pendant une vingtaine d'années, ils ont contractée de dépenser 14 ou 15,000 livres par an leur fait sentir davantage leur misère lorsqu'ils se trouvent réduits à 3 ou 4,000 livres de rente, tout au plus; le brillant Grandval, ou du moins qui le fut jadis, et tant d'autres, sont des exemples bien frappants des malheurs qui les attendent dans leur retraite; mais ces exemples ne les corrigent point. Laissons-les pour ce qu'ils valent, c'est-à-dire pour rien : je ferai paroître ces quatre pièces le 21 de ce mois; le public jugera si les Comédiens ont tort de ne les pas jouer. Il est sûr cependant qu'elles seront jugées avec beaucoup plus de sévérité que si l'on en avoit vu la représentation, mais qu'y faire? Il y a deux ans qu'elles sont imprimées, et je les garderois encore dix ans qu'ils ne les joueroient pas davantage.

On m'a donné ces jours-ci deux vers caustiques faits par l'avocat Marchand, pour mettre, dit-il, au bas de la statue qu'on élève à Voltaire; les voici :

> « Dramatiques français, connoissez votre maître !
> « Il eut des envieux, sans dédaigner de l'être.

Ces deux vers m'en rappellent un de Piron, qu'il fit sur le champ, à l'occasion de ce que je vais dire. On causoit avec lui de l'ambition sans bornes du maréchal de Belle-Isle; il l'a poussée si loin, lui assuroit la personne qui lui en parloit, qu'il est certain qu'il n'a fait le roi son légataire universel que dans l'espérance et dans la vue que ce prince le feroit enterrer à St-Denis, à côté de M. de Turenne. Sur ce propos, Piron s'échauffe, et demande avec feu si cela a été exécuté? On lui répond que non. *Tant pis!* répondit-il avec saillie, *car voici son épitaphe qui me vient et qui lui eût été comme de cire, si le roi lui eût accordé cet honneur*:

> Ci-gît le glorieux, à côté de la gloire.

Le jeudi 24 du courant l'Académie françoise élut en la place de feu M. de Moncrif l'évêque de Senlis; j'en parlerai lors de sa réception. Je parlerai aussi du schisme déclaré de l'Académie, entre ceux qu'on appelle les philosophes et ceux qui, dans cette compagnie, sont opposés à la secte encyclopédique.

Le samedi 12 je fus à la première représentation du *Fabricant de Londres*, drame en cinq actes et en prose, par M. Fenouillot de Falbaire, auteur de *l'honnête Criminel* (1). Ce drame, puisque drame il y a, fut hué,

---

(1) M. de Falbaire ne fera jamais rien au théâtre; il n'a pas le moindre talent pour le dramatique. Son *Honnête Criminel*, quoiqu'on le joue dans les

berné, conspué, sifflé, depuis le premier acte jusqu'au dernier sans interruption, et il méritoit à tous égards cette réception ; c'est se moquer du public que d'avoir l'audace de lui présenter un pareil ouvrage. Le fond du sujet est un conte incroyable, un conte de Peau-d'Ane; les incidents sont si puérils et ont si peu de vérité qu'à peine les passeroit-on dans une féerie; deux enfants font le remplissage de ce poëme absurde. Les caractères sont si peu naturels qu'on les blâmeroit même dans le roman le plus romanesque. Un lord qui séduit une fille, qui lui fait un enfant, qui l'abandonne pour faire un grand mariage, et qui au bout de vingt ans ressent tant d'amour et de remords pour cette pauvre délaissée, qu'il prend la résolution de se jeter dans la Tamise du haut du pont de Westminster. Un Wilson qui est le héros de la pièce, celui pour lequel ont veut et on doit nous intéresser, et qui est le plus vil gredin que l'on puisse mettre sur la scène. Dès le premier acte ce bas coquin est en peine sur des lettres de change qu'il a à

---

provinces, et à Versailles, sur le théâtre de la ville, n'en est pas moins une mauvaise pièce, dont les situations et les scènes sont prises çà et là : nulle invention. Il tourne assez bien les vers ; on en trouve quelques-uns très-beaux dans son *Honnête Criminel,* et un fort grand nombre d'excellents dans sa tragédie des *Jammabos,* qu'il a fait imprimer et qu'il a débitée en janvier 1780. C'est un homme de beaucoup d'esprit que ce M. de Falbaire : je ne le croyois pas ; son *Fabricant de Londres,* son *honnête Criminel* et ses pièces à ariettes au Théâtre Italien, m'avoient prévenu contre lui ; mais cet écrivain est plein de chaleur et d'esprit quand il écrit en prose. L'épître dédicatoire qu'il a mise en tête des *Jammabos*, et ses remarques sur cette détestable tragédie, sont pleines de feu et d'énergie, surtout l'épître dédicatoire ; elle m'a paru de la plus grande beauté. Sa tragédie est du dernier mauvais ; c'est une pièce misérable et qui ne mérite pas qu'on la critique ; il s'y trouve cependant une grande quantité de beaux vers, *ad quid perditio hæc!* et j'en reviens toujours à dire que c'est un homme de beaucoup d'esprit. S'il trouve jamais un bon sujet à traiter, il fera un chef-d'œuvre. (*Note de Collé,* écrite en 1780.)

(1) Lorsque dans ce drame l'acteur annonça la banqueroute du fabricant, un spectateur du parterre s'écria plaisamment : « Ah! mon Dieu, j'y suis pour mes vingt sous! » (*H. B.*)

payer; il fait entrevoir qu'il craint d'être ruiné, et il précipite un mariage qu'il peut remettre, et qui entraîne la perte de tous les biens de celle qu'il épouse, et de sa mère; au second acte, et à différentes fois, il leur prend leurs effets pour acquitter ses traites. Des femmes imbécilement généreuses, qui se dépouillent pour ce maraud. Un David, qui n'est qu'une froide imitation de l'Antoine du *Philosophe sans le savoir.* Un Williams, ministre de son métier, qui n'est qu'une copie informe et plate de quelques traits du caractère du Tartuffe, sur lesquels il est calqué. Une petite amoureuse plus bête que l'auteur, et c'est je crois beaucoup dire. Aucune scène, point de fond suffisant pour faire un acte, et le drame est en cinq. Enfin, un style d'antichambre de la dernière platitude et de la plus grande grossièreté. Voilà ce qu'on peut dire en général de ce beau drame, qui ne mérite pas une critique plus détaillée. M. de Falbaire s'est proposé Sedaine pour son modèle, et il n'en copie que le mauvais style; il tombe dans des détails bassement puérils, en voulant suivre Sedaine dans les peintures qu'il fait de la petite nature, mais qu'il sait relever par des traits frappants de vérité et de sentiment.

J'avois jugé cet auteur incurable sur son succès de *l'honnête Criminel*, dans lequel on ne trouve ni invention de fond ni idées de caractères, où l'on ne voit pas même la plus légère connoissance de l'art dramatique. Porté par la cabale des encyclopédistes, ce prétendu drame avoit été élevé jusqu'au troisième ciel : il est actuellement tombé dans le mépris de tous ceux qui se connoissent au théâtre. Quand ces grands messieurs veulent donner des décisions sur cet art, leur esprit et leur faux goût ne leur servent qu'à donner des jugements plus déraisonnables et plus baroques que n'en donneroient des gens tout bonnement bêtes. En matière de pièces de théâtre, MM. Diderot, D'Alembert, Marmontel et leurs complices sont les gens les plus gauches qu'il soit possible de rencontrer. Ils n'ont aucune idée de la vraie nature; ce sont des déclamateurs qui ne connoissent que le style de Sénèque, les maximes, les sentences, les traits ampoulés, l'esprit; et l'esprit n'est qu'un défaut, quand il n'est pas l'esprit de la chose.

Les deux Avares sont une comédie mêlée d'ariettes que ce M. de Falbaire a donnée en décembre dernier, et qui n'a pas eu grand succès; j'y avois pourtant trouvé beaucoup d'invention, ce qui m'avoit fait un peu espérer de lui; cette invention, à la vérité, est tout-à-fait forcée et romanesque, mais enfin c'étoit au moins de l'invention, en supposant toutefois qu'elle fût de son cru et qu'il ne l'eût pas trouvée dans quelques contes de fées ou ailleurs. Dans les cinq actes de son *Fabricant* de Londres, au contraire, il n'y a pas l'ombre de création; c'est, je le répète encore, un homme sans génie et sans talents; en récompense, il a un amour-propre d'une si grande intrépidité que, sûr d'avance de la prodigieuse réussite de son prodigieux drame, il avoit fait d'avance la dépense de cinq planches pour l'édition de ce tant bel ouvrage; il pourroit bien en être pour les frais.

M. Fenouillot, son père, qui est Directeur des salines de Salins, et un homme de mérite dans son état, dit à qui veut l'entendre, qu'il est étonné que son fils soit un homme d'esprit, attendu qu'il l'a toujours cru et qu'il le croit encore une bête. Des gens qui connoissent particulièrement le fils, prétendent que le père est un homme de bon jugement à cet égard, et rempli de sagacité.

J'ai parlé de la statue que les fanatiques de Voltaire lui font ériger. Je ne sais à quoi cela en est, et si la collecte et les souscriptions ont été suffisantes pour faire commencer Pigal, qui doit être l'artiste de ce monument. En attendant, quelque mauvais plaisant, qui probablement n'a pas été un des souscripteurs, a fourni son contingent en faisant l'inscription suivante; le style lapidaire et lapidant y est bien observé :

En! tibi dignum lapide Voltarium

Qui

In poesi magnus, in historia parvus,
In philosophia minimus,
In religione nihil!

Cujus

Ingenium acre, judicium præceps,
Improbitas summa,

Cui

Arrisere mulierculæ, plausere scioli;
Favere prophani!

Quem

Irrisorem hominumque, deûmque,
Senatus populusque physico-atheus,
Ære collecto, statuâ donavit.
Anno Domini
M. D. C C. L X X I.

On veut que notre Dauphin ne soit pas un homme; les Princes ont bien des façons de n'être pas hommes, mais de toutes les façons de ne l'être point, les femmes disent qu'il a choisi la plus mauvaise, supposé toutefois qu'il ait eu le choix d'être impuissant ou de ne pas l'être. (1) Quoi qu'il en soit, on disoit ces jours-ci que Madame la Dauphine avoit dit en plaisantant : *que son cher mari savoit bien fermer les portes, mais qu'il ne pouvoit pas les ouvrir.*

Le 29 janvier, à trois heures et demie de l'après-midi, est morte une de mes sœurs, mademoiselle Pétronille Collé, âgée, je crois, d'environ cinquante cinq ans. C'étoit une fille de mérite à beaucoup d'égards, active

---

(1) Voyez les *Mémoires de Madame Campan*, t. 1, p. 60. (*H. B.*)

et intelligente en affaires, très-entendue aux soins d'un ménage; qualités utiles, préférables à des talents plus brillants; qualitésdont on n'estime pas assez le prix, et qui pourtant sont la source du bonheur et de la tranquillité des familles. Elle avoit une dévotion ardente, parce que son esprit l'étoit. Janséniste et instruite de ces matières, elle n'avoit pas pris cette opinion comme une bête; elle appuyoit ses préjugés de raisonnements, et connoissoit tout ce qui avoit été écrit de raisonnable par les gens de ce parti. Elle n'avoit point donné, par exemple, dans la folie des convulsionnaires, qui sont une subdivision de cette secte; mais elle avoit pris malheureusement tout le rigorisme des jansénistes, que l'on peut assimiler aux stoïciens du paganisme. Ses jeûnes, ses carêmes et ses autres macérations, ont avancé ses jours; elle s'est perdu l'estomac et brûlé les entrailles par des aliments maigres qui lui étoient très-contraires. Elle étoit très-charitable, sa charité étoit même trop active : elle poussoit tout à l'extrême; elle s'est tuée pendant quelques années qu'elle a été dame de charité de sa paroisse. Elle portoit l'ardeur et les fatigues dans cet emploi si loin, que ses sœurs la convainquirent qu'elle devoit y renoncer si elle vouloit vivre; elle se rendit à leurs prières de quitter cette place, et ce fut un grand sacrifice qu'elle leur fit. Elle étoit née orgueilleuse, ferme, ayant du caractère, mais peu tendre et peu sensible : elle rapportoit tout à Dieu ou à elle-même. Je l'estimois et l'aimois; elle ne faisoit que m'estimer, et son cœur n'a jamais senti l'amitié! Le mien la regrette. Ses sœurs font en elle une grande perte : elle étoit l'âme de leur maison : elle les a faites ses légataires universelles; mais comme elle ne laisse que des propres, son testament seroit sans nul effet si mes frères et moi ne le faisions valider, en renonçant tous les quatre à sa succession; c'est à quoi nous travaillons actuellement. Il est dans mes arrangements que le peu de biens que

mes sœurs laisseront ne revienne à nous autres mâles
qu'à la mort de la dernière de nos sœurs.

FÉVRIER 1771.

Voici des vers satiriques contre M. le maréchal de Richelieu. C'est une suite du schisme qui vient de s'élever à l'Académie françoise entre les seigneurs et les pieux de cette Société littéraire d'une part, et les prétendus philosophes et physico-athées de l'autre. L'on attribue ces vers cependant à M. le comte de Tressan, qui, dit-on, les a faits pour se venger du maréchal, qui a fait élire l'évêque de Senlis (Roquelaure) à la dernière place que M. de Tressan avoit sollicitée. En ce cas, ces vers ne seroient point la suite du schisme, comme je viens de le dire. De quelque main que partent ces traits, ils sont cruellement perçants. Ces vers ressemblent à ceux qu'Homère met souvent dans la bouche de ses héros qui outragent avec cruauté et grossièreté, les quidams auxquels ils donnent la mort :

> Vieux courtisan mis au rebut,
> Vieux général sous la remise,
> A la cour tu n'es plus de mise ;
> Il t'a fallu changer de but !

> Sans intrigues point de salut,
> Richelieu, c'est là ta devise.

> De ton squelette empoisonné
> Le temps a purgé les ruelles ;
> Du jargon d'un fat suranné
> Le temps a délivré nos belles.

> Confus de l'inutilité
> Où languit ta futilité,

> Ton petit orgueil dépité
> Dans un vain tracas se consume.
>
> Jusqu'au baigneur qui te parfume,
> Tout se rit de ta vanité;
> Tu n'as plus de grâce à prétendre,
> Tu n'as plus de rôle à jouer.
>
> Voltaire est las de te louer,
> Tout le monde est las de l'entendre :
> Que faire? A quel saint te vouer?
>
> Il te reste l'Académie,
> Et tu viens de t'imaginer
> Que ton importante momie
> Là du moins pourra dominer.
>
> Qu'il t'en soit venu la pensée,
> On n'en doit pas être surpris :
> Mercure avec son caducée
> Faisoit, dit-on, peur aux esprits (1).

Ces vers sont faits avec correction et une grande richesse de rimes. La fin, qui voudroit en être épigrammatique, n'est pas heureuse. La pensée en est fausse à tous égards. Mercure conduit les ombres aux enfers, sans les épouvanter. D'ailleurs, en cette acception, Mercure et son caducée ne peuvent donner et ne présentent pas l'idée du Dieu du m.......... que l'auteur a sûrement eu en vue que l'on saisit.

Je dois à l'acquit de ma conscience de dire ici que l'on a cru d'abord que ces vers étoient de M. de Laharpe, mais que je ne le crois pourtant pas : ce n'est pas là son *faire*. Il ne s'attache pas autant à la rime. S'ils ne sont point de M. Tressan, je soupçonnerois Marmontel d'en être l'auteur.

Le jeudi 7, MM. de l'Académie françoise élurent M. le prince de Beauvau et M. Gaillard en la place de M. le

---

(1) Madame Geoffrin disoit du maréchal de Richelieu et de l'abbé de Voisenon : « Ces deux hommes-là ne sont que les épluchures des grands vices. » (H. B.)

président Hénault et de l'abbé Alary. L'on assure qu'il y a eu beaucoup d'intrigues et de tracasseries pour ces deux élections. L'Académie est divisée. Plusieurs d'entre eux, las du sceptre de fer des philosophes, ont eu recours aux grands seigneurs qui sont de l'Académie pour ne recevoir à l'avenir que le moins qu'ils pourroient de ces sectaires impérieux, qui veulent dominer le corps dont ils sont ou dans lequel ils entrent. Depuis longtemps, D'Alembert, Marmontel, Thomas, Saurin et Duclos lui-même, tous ces messieurs-là, dis-je, s'étoient arrogé presque tous les droits des élections. Ce n'étoit que par eux et sous leur bon plaisir que l'on entroit à l'Académie. Quelques autres de leurs confrères foibles, auxquels leur réputation et leur ton décidé imposoient, étoient asservis à leur parti, et ce parti prévaloit toujours dans le choix de leurs candidats. Les gens raisonnables de l'Académie se sont enfin élevés contre ces tyrans, ils se sont joints aux gens de qualité leurs confrères; mais comme ils ne tiendront pas pied à boule, il y a beaucoup d'apparence que l'empire des autres se soutiendra. Dans cette élection-ci même, ils n'ont pas pu empêcher M. Gaillard d'être élu, et M. Gaillard est de la clique des soi-disant philosophes. L'on m'a dit que le chancelier avoit enjoint à M. Duclos, secrétaire de l'Académie, qu'il n'y fût prononcé aucun discours qu'auparavant il n'eût été approuvé par les académiciens en charge, leur chancelier et leur directeur, et qu'il n'y fût rien imprimé sans l'aveu de ces mêmes officiers. C'est une petite atteinte donnée aux priviléges de l'Académie. Le magistrat de la librairie n'avoit eu jusqu'ici nul droit sur eux, et ils n'en recevoient aucun ordre. Ce n'est que depuis le discours de M. Thomas que le chancelier de France a cru avec raison devoir empêcher par autorité l'éclat de leurs impertinentes déclamations.

Le vendredi 8 du courant je fus à la première représentation du *Persifleur*, comédie en trois actes et en vers libres de M. de Sauvigny (1). Le premier acte, quoique long et sans nulle espèce d'action, fut souffert; le second, avec une seule scène actionnée, mais qui l'eût pu être mille fois davantage, avec des détails d'ailleurs assez amusants, fut applaudi en nombre d'endroits, et de toute la salle; le troisième acte, sans mouvement, sans action et sans dénouement, arrêta tout court le succès : on s'y ennuya et on donna quelques légères marques de mécontentement.

Cette comédie, au reste, est l'ouvrage d'un homme de beaucoup d'esprit, qui écrit bien et avec force. On trouve même le ton du monde dans le style de cet auteur, ce que je n'eusse jamais pensé y rencontrer : mais cette pièce est totalement dénuée d'invention; ce ne sont que des dialogues, ce ne sont point des scènes. L'auteur a chargé sa pièce de cinq femmes, tandis que deux ou trois au plus lui suffisoient; dans des scènes de six ou sept personnages, il n'en fait parler qu'un ou deux, les autres restent muets; c'est n'avoir nulle notion de l'art, c'est être trop écolier.

Le caractère de son *Persifleur* n'est point assez défini, et il tient à plusieurs autres caractères. Il tient au *Méchant*; c'est même quelquefois un homme noir, c'est un petit tracassier, quelquefois un fat. Dans un autre endroit, c'est un philosophe moderne et manqué, sans principes, sans mœurs, sans probité, et débitant sur tout cela des maximes horribles. Dans un autre endroit,

---

(1) Il y a plus de vingt ans que j'ai eu bonne envie de traiter le sujet du *Persifleur*. J'avois même jeté sur le papier sept à huit situations comiques de ce sujet; j'en avois tracé le caractère principal, tel que je voulois le présenter; j'en voulois faire un homme gai, très-caustique, et qui ne fût point méchant : cela n'eût point été aisé.

Il y a sept ou huit ans que, ne me jugeant plus en état de composer, j'ai remis tout ce barbouillage à M. Sedaine, qui, je crois, me l'a rendu; il est entre les mains de M. de Rhulières, autant que ma pauvre mémoire peut me le rappeler. (*Note de Collé, écrite en* 1780.)

c'est un singe, un homme qui contrefait les gens. Tantôt c'est purement un médisant, etc., etc. Il falloit circonscrire ce caractère; l'annoncer dans l'exposition et le présenter tel que l'on vouloit le peindre, et surtout le mettre en action; car le Persifleur de M. de Sauvigny ne l'est que dans les propos, il n'est point en situation.

Indépendamment du peu d'incidents de cette comédie, le peu qu'il y en a est mal arrangé, mal combiné. L'on ne voit aucun nœud à cette pièce : il ne se trouve aucun obstacle à l'intrigue, ou pour mieux dire, il n'y a point d'intrigue du tout. Un mariage qui a été suspendu sur un simple propos, se conclut à la fin du troisième acte, sur un autre propos tout aussi simple, ce qui fait voir la grande simplicité de l'imagination de l'auteur, ou ce qui prouve plutôt tout simplement qu'il en manque totalement.

Quant au style et aux détails de cette comédie, je ne sais si je me trompe et si les acteurs m'ont fait une illusion qui se dissipera à la lecture, mais il m'a semblé que les vers en étoient bien faits, le style noble et du meilleur ton; une plaisanterie vive, des tours heureux, des sarcasmes de la dernière force; de l'honnêteté, de la hardiesse et de la vigueur dans les morceaux de la morale; de la gaieté et du badinage assez léger dans quelques endroits du rôle du Persifleur : avec tous les défauts de cette pièce, son second acte m'en a paru amusant.

Cette comédie ne restera sûrement pas au théâtre, mais elle aura, je crois, un succès d'estime. Elle fait à coup sûr honneur au cœur et à l'esprit de M. de Sauvigny; mais malheureusement cette comédie prouve qu'il est sans talent pour en imaginer. Je dois remarquer, auparavant de finir, que l'auteur a fait entrer dans sa Comédie les récits de quelques aventures de persiflage arrivées depuis trois ou quatre ans. Il les a déguisées, mais les gens au courant de ce qui se passe se les sont aisément rappelées, et en ont instruit ceux qui ne s'en souvenoient pas.

M. le comte d'Albaret, grand persifleur de son métier, à ce qu'il imagine, avoit mis en usage ce talent avec quelques succès, contre le médecin Tronchin. Ce dernier prit sa revanche très-avantageusement en persiflant à son tour M. d'Albaret. Il le berça d'un mariage de quatre millions, lui donna à dîner avec sa prétendue, qui paroissoit se prendre de belle passion pour lui. La femme qui jouoit ce rôle avoit de la figure, de l'esprit, contrefaisoit l'étrangère ; et au dénouement elle se trouva françoise au lieu d'être hollandoise, et mariée au lieu d'être veuve, comme M. Tronchin avoit annoncé à M. d'Albaret. Cette histoire, qui n'est qu'en récit dans la comédie de M. de Sauvigny, y eût été infiniment mieux en action. Elle auroit pu faire la punition du persifleur et le dénouement de la pièce. Cette scène s'est passée il y a quelques années, et je crois que M. d'Albaret n'a pas été enchanté de la voir racontée et renouvelée au théâtre.

L'auteur a fait usage encore de quelques autres anecdotes du temps. Les intéressés crient : *Tolle!* Le *Persifleur* a eu onze représentations, mais parce qu'elle a été donnée comme une petite pièce, après des tragédies et à la rentrée de Le Kain, que l'on n'avoit point vu depuis dix-huit mois. Sans cela elle n'en auroit pas eu plus de quatre.

MARS 1771.

Le jeudi sept mars les Comédiens françois donnèrent la première représentation de *l'heureuse Rencontre*, comédie en un acte et en prose ; c'est une *paysannerie*, c'est une farce qui m'a fait rire. J'y ai trouvé d'ailleurs de la naïveté, des choses fines et tendres dans les rôles des deux amants; c'est la nature et la vérité, quoique prises dans le petit : il y a de la franche gaieté. Le public, qui ne veut plus rire que dans le genre noble, a réprouvé cette pièce, qu'il a jugée trop basse pour sa dignité. Ce même public se permet pourtant tous les jours de rire à trente petites pièces anciennes, plus ignobles et moins plaisantes que celle-ci.

Mme Préville m'a dit que cette petite comédie étoit de deux femmes de libraire; que ces femmes l'avoient présentée aux Comédiens, qu'elles étoient venues aux répétitions, et qu'elles avoient leurs entrées pour un an; mais elle ne m'a pas pu dire leurs noms (1). L'*heureuse Rencontre* a eu cinq représentations; à la seconde, elle étoit tombée dans les règles.

J'ai oublié de mettre auparavant cet article la réception de M. de Roquelaure, évêque de Senlis, à l'Académie françoise, à la place de feu M. de Moncrif. Ce prélat, qui n'a fait qu'un mauvais discours, lorsqu'il présenta le cœur du dernier Dauphin, a été reçu parmi nos beaux esprits le lundi 4 mars. Il faut dire qu'il ne pensoit guère à cette folie, et que c'est M. le maréchal de Richelieu qui l'a violé pour la faire. Le maréchal, excédé des encyclopédistes qui sont de l'Académie, et désirant d'en éloigner ceux qu'on y veut encore faire entrer, s'est jeté à la tête, aux pieds même de cet Évêque, dit-on, pour qu'il voulût bien remplir cette place vacante. M. de Senlis s'est rendu, et le voilà bel esprit titré. J'ai lu son discours de réception : il est comme les autres, bien commun, bien rebattu, bien plat; il nous assure qu'Homère a enfanté Bossuet; je n'en crois rien : les hommes de génie comme Bossuet n'ont ni père ni mère; et si ce dernier eût été le prédécesseur d'Homère, il ne l'eût pas en-

---

(1) Elles se nommoient Rozet et Chaumont. (*Note de Barbier.*)

fanté; je ne sais pas par qui l'évêque de Senlis l'a été, car il a très-bien pu l'être. Son discours de réception prouve qu'il n'étoit pas difficile d'enfanter Monseigneur.

Un orateur de la force d'un avocat du second ordre a pu sans douleur enfanter M. de Roquelaure, son esprit, ses talents, etc., etc. Une éducation ordinaire a pu donner la vie à tout cela; la chose est si simple : mais enfanter Bossuet!..... Ah, Monseigneur!...

J'avoue cependant que la dernière phrase du discours de l'évêque de Senlis est honnête, sentie, et respire un air de bonhomie qui m'a fait plaisir; la voici :

« En m'associant à vous, Messieurs, vous m'avez donné
« le droit de partager vos lumières; quelque grand que
« soit cet avantage, je l'avouerai, cependant, un intérêt
« plus cher est l'objet de mes espérances et de mes dé-
« sirs : assuré de trouver parmi vous des maîtres éclai-
« rés, je serois plus flatté encore si je pouvois mériter
« un jour d'y rencontrer des amis. »

La réponse de M. l'abbé de Voisenon n'est pas dans l'ordre commun. Cet indécent personnage, qui depuis vingt ans se laissoit appeler *l'archevêque de la Comédie-Italienne*, va ajouter à ce nom celui d'*arlequin de l'Académie françoise* (1). Sa réponse à M. de Senlis, n'est qu'une pantalonnade. Voici comme il la finit, en parlant d'un petit ouvrage de M. de Moncrif.

« Je me rappelle encore une autre lettre sur la prédi-
« cation : il y recommande aux prédicateurs de ne pas
« faire des sermons trop longs. Je crois que cet avis re-
« garde tous ceux qui ont l'honneur de parler en public.
« Je me hâte d'en profiter, afin que ceux qui m'écoutent,
« peut-être depuis trop longtemps, lui aient obligation,
« même après sa mort. »

---

(1) Claude-Henri Fusée de Voisenon, né le 8 janvier 1708, mort à Paris le 19 décembre 1775. La comtesse de Turpin, légataire des manuscrits de Voisenon, a publié en 1781 ses *Œuvres complètes*, 5 vol. in-8°; mais elle en a éliminé avec soin les *agréables ordures* de cet abbé. (*H. B.*)

D'après le choix que ces messieurs ont fait de leur abbé de Voisenon, l'on peut conjecturer et craindre qu'ils ne reçoivent bientôt Carlin (arlequin actuel), à l'Académie françoise. Je leur demande si Carlin ne les harangueroit pas aussi bien que ce vieil archevêque de la Comédie-Italienne? Rien au reste n'est plus décousu que le discours de cet abbé. Il s'y trouve plus de prétention à l'esprit que d'esprit. Ce ne sont que des bluettes et du verbiage. On y voit aussi un persiflage assez marqué contre l'évêque de Senlis, qui probablement ne s'en est pas aperçu, puisque le discours lui a été communiqué et qu'il n'a pas fait rayer la phrase que je vais rapporter. Il faut qu'on se rappelle que ce prélat est conseiller d'État, et qu'en cette qualité il siége aujourd'hui au prétendu parlement, institué par le chancelier pour tenir la place du véritable, qu'il a fait exiler. Il faut ajouter que ce fantastique parlement ne fait rien, ne juge rien, ne sert à rien; qu'il a essuyé de la part du public toutes les avanies possibles, qu'il en est hué, conspué, honni et vilipendé. Dans cette circonstance, voici l'impudent persiflage que l'arlequin de l'Académie françoise adresse à M. de Roquelaure, qu'il est chargé par sa troupe d'y recevoir :

« Vous avez l'éloquence de tous vos emplois. En qua-
« lité d'évêque, vous instruisez, vous consolez, vous se-
« courez. En qualité de magistrat que le roi a jugé né-
« cessaire d'admettre en son conseil, vous répandez des
« lumières sur les causes les plus compliquées; votre en-
« tretien ne se sent pas de la sécheresse des affaires, vous
« plaisez et vous imposez. »

Autre persiflage d'une autre espèce :

« Vous savez allier des choses presque incompatibles :
« attaché à la cour par votre place, vous n'en veillez pas
« moins exactement sur le Diocèse fortuné qui vous est
« confié. Vos talents pour la parole se sont manifestés
« dans votre oraison funèbre de la Reine d'Espagne.
« Vous habitez ce séjour orageux (la cour), ce pays de

« manœuvres cachées, de haines sourdes et caressantes,
« et vous y avez *introduit l'amitié*, etc. »

Peut-on risquer une flatterie pour l'évêque et pour la cour aussi évidemment fausse et absurde? peut-on même en public hasarder cela comme persiflage? Il est trop clair, il est trop cru, il manque de toute vraisemblance. Il finit cette belle tirade par une comparaison arlequinique; la voici :

« Vous êtes essentiel et franc, au milieu de ceux qui
« sont tout le contraire; et vous ressemblez aux médecins
« qui semblent avoir la prérogative de vivre dans le mau-
« vais air sans gagner la maladie.

« L'académicien auquel vous succédez le respira
« longtemps, sans être attaqué. M. de Moncrif eut le
« secret de *se faire du bien, sans faire de mal à per-*
« *sonne.* »

Je ne rapporte cette dernière phrase que pour donner un modèle du style bas et platement antithétique. *Se faire du bien, ne faire de mal à personne*, c'est être un bon garçon! Tout cela est noblement exprimé!

Autre persiflage. Il fait des compliments à son récipiendaire, qui d'ailleurs est évêque, sur ce qu'il sait le latin. Voici le morceau, qui est curieux :

« Vous ne vous êtes pas borné à la *langue latine*,
« vous avez voulu connoître les richesses de la langue
« *italienne* et de la langue *anglaise*; vous vous êtes mis
« à portée de découvrir tous les larcins, et vous êtes aussi
« instruit *que des princes étrangers qui voyagent.* »

Je sais au reste que plusieurs des confrères de ce vilain petit abbé ont été indignés de son discours (1).

---

(1) Voisenon avait beaucoup d'esprit, et la critique plus ou moins fondée de Collé n'empêchera pas que notre abbé n'ait dit, dans une circonstance, un mot des plus heureux et d'une grande justesse, savoir, que « Henri IV fut un grand roi, et Louis XIV le roi d'un grand règne. » A la vérité, Chamfort, qui rapporte ce mot, ajoute « qu'il passe la portée ordinaire de Voisenon. » (*H. B.*)

Le lundi 18, à ce que je crois, ont encore été reçus à l'Académie, MM. le prince de Beauvau et Gaillard. Je me suis trop ennuyé à critiquer les discours précédents pour me rembarquer à analyser ceux-ci. Ils ont été trouvés mauvais, à l'ordinaire. On a observé dans le discours de M. le prince de Beauvau, que sous le nom du Roi, il avoit fait l'éloge de M. le duc de Choiseul, en préconisant, peut-être mal à propos, toutes les innovations qui se sont faites dans les troupes pendant le ministère de cet homme, qui a achevé de ruiner la France. Et en mon particulier, je ferai observer ici que la chute de M. de Choiseul n'a fait généralement tant de peine aux gens de la plus grande qualité que parce qu'ils se flattoient que le gouvernement leur étoit dévolu pour toujours, et que l'on ne placeroit plus par la suite dans le ministère, et surtout dans les charges de secrétaire d'État, que la haute noblesse. Ce que j'avance là est fondé sur ce que j'ai entendu dire moi-même à Mme la duchesse de Praslin, en parlant des places de secrétaire d'État et des gens de robe : *C'en est fait*, disoit-elle, *ces charges ont passé entre nos mains*, désignant par là les grands seigneurs, *ces petits bourgeois n'en tâteront plus!* Tant pis pour l'administration si cela a lieu. Les gens de robe sont plus instruits que les gens de qualité, et ils sont moins voleurs. Revenons à ces deux nouveaux académiciens.

M. le prince de Beauvau est reçu comme seigneur. Il est dispensé d'avoir le mérite académique ; c'est la règle, il n'y a rien à en dire.

M. Gaillard a fait une histoire de François Ier, qui est peu estimée. On a pris la liberté de la trouver mauvaise par la forme et par le fond. Dans la forme, c'est un historien qui cherche continuellement l'esprit, les oppositions, les antithèses ; c'est un phrasier dont le style est toujours précieux. Quant au fond et à l'arrangement de ses matières, on l'a blâmé avec raison d'avoir mis celles de la guerre tout de suite, les affaires de l'église séparément, celles de la politique et les traités en un autre monceau ; les galanteries et les anecdotes dans un autre tas ; enfin, la liste et les traits des gens illustres et des gens de lettres dans un autre coin de cette *gazette*. En effet, comment peut-on appeler autrement une histoire où un auteur s'épargne toutes les transitions, s'ôte à lui-même tout l'intérêt et la chaleur que devoit avoir sa narration s'il se fût donné la peine de la suivre selon l'ordre des temps et d'en faire un ensemble? Au lieu d'un tout, il nous a donné tout l'ennui que doit nécessairement causer le récit non interrompu des batailles, des combats, des siéges dans l'article de la guerre ; il en est de même des autres articles. Cette histoire, informe pour le fond, spirituellement mauvaise par les détails, auroit dû exclure M. Gaillard de l'Académie, au lieu de l'y faire entrer. Mais il a été appuyé de la cabale des encyclopédistes ; il l'est lui-même, tout est dit.

M. Le Beau, auteur de l'*Histoire du Bas-Empire*, qui est un ouvrage d'un très-grand mérite à beaucoup d'égards, n'entrera jamais à l'Académie ; c'est un galant homme, sans manége, et il croit en Dieu le père tout puissant, et en son fils Jésus-Christ : tout est dit.

AVRIL 1771.

Nous voyons actuellement une espèce de guerre dont nous n'avons point d'exemples depuis le commencement de notre monarchie ; je veux dire la guerre à toute outrance déclarée et faite avec la dernière fureur par un chancelier de France au corps entier de la magistrature du royaume. Sa haine personnelle contre le parlement de Paris lui fait entreprendre de le renverser de fond en comble, et d'envelopper dans sa chute tous les autres parlements du royaume. Probablement son dessein est d'établir sur leur ruine de simples juridictions qui jugeront les procès seulement, mais qui ne seront pas admis à enregistrer les édits; ou s'ils les enregistrent encore, l'on veut apparemment que cet enregistrement ne soit plus que la publication et non la sanction de la loi. L'on veut ôter ce frein au despotisme de nos Rois, ou plutôt de nos ministres. Le Roi, en France, en sa qualité de monarque, est législateur, mais il n'est législateur qu'avec le concours de ceux désignés par la nation pour enregistrer la loi qu'il promulgue et qu'il fait; c'est ce concours qui fait la sanction de la loi que le monarque nous dicte. C'est un principe que soutiennent tous les légistes qui savent notre droit public fondé sur les faits historiques de la nation.

Ils ne croient pas que le parlement de Paris soit le corps représentatif de la nation; ils pensent que ce sont les états généraux; mais ils disent que dans le temps où il n'y a point d'états (ce qui est presque toujours), le parlement de Paris est le dépositaire des lois; que c'est lui qui les enregistre et y donne la sanction; et qu'enfin si l'enregistrement n'étoit qu'une vaine formalité pour faire publier la loi dans toute l'étendue du royaume, et non la sanction même, il y auroit des moyens plus courts de faire cette publication et avec plus de célérité; que d'ailleurs si ce n'étoit qu'une forme d'usage et de pure cérémonie, le parlement n'auroit pas le droit de remontrances et, qui plus est, celui d'arrêter les édits, de leur refuser l'enregistrement et de les empêcher de passer comme loi, ce qui est arrivé fréquemment, ainsi qu'on peut le voir dans l'histoire, et encore mieux dans les registres du parlement.

Le Maupeou fils, actuellement chancelier de France, et l'horreur de la nation, a entrepris de rendre nos Rois despotes de droit; il n'a pas jugé suffisant qu'ils le fussent de fait, ou, pour mieux dire, il veut se rendre despote sous le nom de son maître, et satisfaire en même temps sa haine particulière contre le parlement de Paris, dont il fut toujours méprisé et détesté aussitôt qu'il en devint le premier président.

Je ne rapporterai aucun des faits historiques par lesquels il tente de parvenir à son but : l'exil du parlement (1), les atrocités commises contre les exilés, l'érection des conseils supérieurs dans les provinces, les persécutions dioclétiennes contre la cour des Aides, etc., etc., et tout ce qu'il faut s'apprêter à voir de cruel et de tyrannique dans la suite de cette affaire : tous ces faits ne sont pas du ressort de ce journal; je me bornerai à une petite anecdote qui doit y trouver sa place.

Ce vindicatif *Séjean* disoit ces jours-ci, avec son sang-froid ordinaire, devant Mme Pelletier de Beaupré, femme du premier président du grand conseil, et femme honnête et de beaucoup d'esprit; il disoit donc, d'un air froid et ironique, qu'il étoit bien singulier que des hommes qui n'avoient aucunes notions des lois et de la magistrature, des hommes qui n'avoient aucune idée de l'administration et des affaires d'État s'ingérassent de raisonner, et d'improuver ce qu'il vouloit faire pour le bien du Roi et du royaume; mais, ajoutoit-il, avec un air de mépris et de pitié, qu'il étoit encore plus extraordinaire que des femmes........ des femmes !....... Mme de Beaupré, l'interrompant : *Des oisons, vous voulez dire?.... Mais un homme aussi instruit que vous, monsieur, devroit se souvenir que ce sont les oies qui jadis sauvèrent le Capitole.*

L'on peut appliquer au chancelier, à cet ambitieux forcené qui renverse toutes les lois fondamentales du royaume, pour être premier ministre et despote sous le nom du Roi, deux vers de Virgile, que voici :

> *Vendidit hic auro patriam, dominumque*
> *Potentem imposuit, fixit leges pretio atque refixit.*

---

(1) Voy. le chapitre LXIX de l'*Histoire du Parlement de Paris*, par Voltaire. (*H. B.*)

Mettez à la place de *auro* et *pretio* l'intérêt personnel de Meaupeou, et l'application de ce passage du sixième livre de l'Enéide lui va comme de cire ; car Virgile, dans cet endroit, parle d'un méchant puni dans les enfers pour avoir assujetti et trahi sa patrie.

Je joins ici quelques couplets faits à l'occasion de cette grande affaire, contre la du Barry, le Roi et quelques seigneurs bas et royalistes ; je ne copie pas tous ceux que l'on m'a remis, ils n'en valent pas la peine ; je transcris les moins mauvais et les plus méchants.

AIR : *des Trembleurs d'Isis.*

Eût-on pensé qu'une clique,
Se moquant de la critique,
Sût d'une fille publique
Faire un nouveau potentat ?
Eût-on cru que sans vergogne
Louis, à cette carogne
Abandonnant la besogne,
Laisseroit perdre l'Etat ?

Par elle on devient ministre :
C'est sur son ordre sinistre
Que d'Aiguillon tient registre
Des élus et des proscrits.
Le public indigné crie;
Mais du Roi l'âme avilie,
Fière de son infamie,
Est insensible au mépris.

Tous nos laquais l'avoient eue,
Lorsque, trottant dans la rue,
Vingt sous offerts à sa vue
La déterminoient d'abord.
Quoique Louis ait pu faire,
La cour à ses vœux contraire,
Moins lâche qu'à l'ordinaire,
Pour la fuir est bien d'accord.

J'en excepte les espèces
Qui pensent que leurs bassesses

Leur vaudront quelques caresses
Des commis et des valets.
Objets de notre risée,
Que leur troupe méprisée
Par nous soit tympanisée
Ici dans quelques couplets.

Commençons par le plus digne,
Le public nous le désigne :
B...y, cet honneur insigne
Ne peut regarder que toi :
Ton esprit faux et maussade,
Toujours triste, toujours fade,
T'eût valu quelque ambassade
Si tu n'ennuyois le Roi.

Peu délicat sur l'honnête,
Plat courtisan, flatteur bête,
Sans caractère et sans tête,
D'Aumont, voilà ton portrait;
De ta petite existence,
Content jusqu'à l'insolence,
Tu crois que sans indulgence
On doit te trouver parfait.

Qu'as-tu fait de ta prudence,
Condé, dans cette occurrence?
De ton nom cher à la France
Tu viens de ternir l'éclat (1).
Abandonne la partie,
Efface l'ignominie;
Viens défendre ta patrie,
Rends un héros à l'État.

Maillebois sut être infâme;
Et dans le fond de son ame
Avoit conduit une trame
Pour perdre son ennemi.
Du même crime coupable
Voir que de Broglie l'accable,
Et le déclare incapable.
Cela paroît inouï.

---

(1) Il a fait sa cour à la du Barry. (*Note de Collé.*)

Pourvu que Choiseul détale ;
La jésuitique cabale
Dit que le Roi sans scandale
Peut vivre avec du Barry
Que le ciel choisit l'impure
Pour prouver à la nature
Qu'il n'est vile créature
Dont il ne tirât parti.

La maîtresse de Soubise (1),
Comme une femme de mise,
Dans les cabinets admise,
Croit faire des envieux.
Aujourd'hui, même en province,
On trouve cet honneur mince ;
Du Barry fait voir au prince
Les aveugles, les boiteux.

D'un vieux reste de v.....
V.......... resta folle,
Et cette insipide idole
A du Barry se donna.
Près d'une jeune princesse,
Pour modèle de sagesse,
Le Roi met cette comtesse :
Le beau choix qu'il a fait là !

Voici encore une épigramme contre le chancelier et le parlement-grand-conseil, ou le grand-conseil-parlement :

En voyant ce tas de vermine
Que l'on érige en parlement,
Je les pendrois tous sur leur mine,
Disoit le bourreau gravement ;
Mais d'honneur, sur une sentence
De ce tripot irrégulier,
Je n'oserois en conscience
Pendre même le chancelier.

Autre épigramme contre la du Barry, car ils n'en finissent point, c'est une fureur :

France, c'est donc une femelle
Qui fera toujours ton destin :

---

(1) La Marquise de l'Hôpital.

Ton salut vint d'une pucelle,
Ta perte vient d'une c.....

Le 18, l'Académie françoise élut M. l'Abbé Arnaud, à la place de feu M. de Mairan. Ce choix, qui nous vient encore de la cabale encyclopédique, paroît au public très-singulier. Cet abbé n'a fait aucun ouvrage qui lui donne de la célébrité. Il a travaillé au *Journal Étranger*, qu'il a fait tomber. Il est auteur de quelques dissertations inconnues, recueillies dans quatre volumes aussi inconnus, imprimés en 1768, chez Lacombe, sous le titre de *Variétés Littéraires*. Il ne s'est pas même nommé dans ces volumes pour les pièces qui sont de lui. J'ignore moi-même quelles elles sont. Il est vrai que je m'embarrasse très-peu de connoître les auteurs qui m'ont donné de l'ennui, en lisant ces variétés pédantesques et opposées au bon goût. Je crois d'ailleurs, quoique je ne l'aie pas exactement vérifié, que toutes les pièces de ce recueil portatif sont les mêmes que celles qui nous avoient endormis dans le *Journal Étranger*, fait par cet abbé Arnaud et M. Suard, qu'ils feront aussi bientôt sans doute entrer à l'Académie.

Il est incroyable que l'Académie s'associe des gens ignorés, tandis qu'elle ne songe pas à des gens de lettres célèbres dans l'Europe savante par leurs ouvrages. Tels sont MM. de Crébillon, de la Place, Lemierre, de Belloy, et Le Beau. On en pourroit encore nommer une douzaine, qui mériteroient mieux l'Académie que M. l'abbé Arnaud ; mais il seroit difficile d'en nommer qui la méritassent moins, pas même M. Leblanc, qui se présente toujours, et qu'on refuse toujours.

Le même jour, 18 avril, les Comédiens italiens donnèrent la première représentation de *l'Amoureux de quinze ans*, comédie en trois actes, en prose, mêlée d'ariettes, musique de M. Martini, officier allemand, paroles de M. Laujon, secrétaire des commandements de M. le comte de Clermont.

Cette comédie a eu le succès le plus éclatant, et le mérite à tous égards. Il n'est aucun ouvrage de ce genre qui puisse lui être comparé. J'irai même jusqu'à dire que cette comédie en elle-même est d'un genre qui ne ressemble à aucun de ceux que nous avons vus jusqu'ici sur le théâtre Italien. C'est un genre gracieux, agréable, sans que rien y soit forcé. Tout est dans la nature, dans la plus grande vérité. C'est un tableau de l'Albane; c'est une miniature charmante! Tous les personnages en sont aimables, et cependant ils sont tous vrais, ils sont vivants, ils sont remplis de sentiment, mais c'est un sentiment naturel et point alambiqué, un sentiment pris dans le fond du cœur et d'un cœur tendre et délicat. Dans cette précieuse et rare comédie, l'amour et les hommes sont peints tels qu'ils sont ou qu'ils peuvent être.

Cette comédie est d'ailleurs très-bien conduite; tout y est bien motivé, bien fondé, sans que ces précautions prises par l'auteur jettent dans l'exposition ni froid ni langueur. Les incidents sont agréables et dans la plus exacte vérité; ils sont amenés naturellement et avec une adresse infinie. C'est un intérêt tendre, vif, qui commence à la première scène, qui augmente d'acte en acte; de scène en scène, et qui se soutient jusqu'à la dernière.

J'avoue ici qu'à sa représentation j'ai eu un plaisir doux, tendre, très-affectant, une autre sorte de plaisir en un mot que celui que j'ai éprouvé au théâtre depuis cinquante ans que j'y vais, ce qui me fait dire que cette pièce est d'un genre à part de tout ce que j'ai vu. Il y a une originalité et une vérité de sentiment vif et très-vif, que je n'ai trouvé que dans cette comédie.

Je ne sais si la lecture me détrompera; mais voici la première comédie que de ma vie j'aye trouvée à la représentation sans aucun défaut qui m'ait frappé.

M. Laujon avoit composé cette pièce pour M. le duc de Bourbon et la princesse sa femme; c'est leur histoire qu'il a mise en poëme (1). Elle eût été jouée chez M. le prince de Condé avant d'être donnée au théâtre, sans les troubles qui ont suivi l'exil du parlement, et qui ont brouillé les princes du sang avec la cour. Sans ces malheurs publics cette pièce eût commencé par faire le divertissement des princes, et l'effet en eût dû être divin pour eux.

Le mercredi 24 du courant je fus à la première représentation de *Gaston et Bayard*, tragédie par M. de Belloy (2). Elle a été reçue avec les plus grands applau-

---

(1) Louis-Henri-Joseph de Bourbon, prince de Condé, et Louise-Marie-Thérèse-Bathilde d'Orléans. Le duc d'Enghien est issu de ce mariage. (*H. B.*)

(2) De Belloy est un auteur tragique qui restera longtemps au théâtre et qui ira à la postérité. Aucun de ses contemporains tragiques n'a eu autant d'imagination et d'instruction que lui; il a très-bien rendu, et surtout dans Bayard, les caractères des héros français. Il est bien supérieur à Voltaire dans ces deux parties, qui sont les deux plus essentielles parties des tragédies. Une grande partie de celles de Voltaire sont des sujets que d'autres avoient traités : les tragédies qui sont de l'invention de Voltaire ont des défauts d'invraisemblance énormes dans le plan, et ses caractères ne peignent pas les personnages qu'il a voulu mettre sur la scène; le plan de Mahomet est absurde, et Mahomet un vil scélérat qui commet des crimes petits et inutiles.

De Belloy est prodigieusement inférieur à Voltaire pour le style; il a voulu l'imiter dans ses vers : c'est un de ses plus grands défauts! Il pouvoit se passer de cette imitation; qu'on le lise et qu'on l'examine attentivement, on verra par les vers de sentiment et naturels qu'on trouve en grand nombre dans les tragédies de cet auteur, qu'il pouvoit se faire une versification qui lui fût propre et point imitatrice. Il a péché en suivant les traces de Voltaire et en voulant donner le faste poétique et non tragique des tirades de Voltaire; j'ai en vue dans ce que je dis là la description de la Mine par le pauvre De Belloy, etc., etc., et une quantité de vers à prétention qu'il ne soutenoit pas. De Belloy n'avoit pas la monnaie de ce défaut-là comme Voltaire; la magie de la poésie de ce dernier en faisoit presque une beauté, du moins aux yeux foibles de la multitude.

Si cet auteur est très-blâmable d'avoir imité le style de Voltaire, auquel il ne pouvoit atteindre, on ne sauroit trop le louer d'une autre imitation : celle des tragiques grecs, qui ne prenoient les sujets de leurs tragédies que dans les *fastes de leur nation*. De Belloy a fait revivre nos héros français, gloire lui en soit rendue !

Il a vécu plein d'honneur et d'honneurs, et il a été réduit exactement à la mendicité, qu'il cachoit. Le Kain et ses confrères, en refusant de jouer ses pièces, l'ont fait mourir de misère; à la lettre, il est mort de chagrin. Le

dissements; tous les coups de théâtre ont produit les plus grands effets. Quoique cette tragédie ne soit pas intéressante par son propre fond, attendu que l'intérêt est divisé entre trop de personnages, il y en a un cependant qui saisit tous les bons Français, c'est l'intérêt national. L'on voit avec un plaisir sensible les héros de notre pays sur le théâtre de notre pays. Il y a d'ailleurs dans cette tragédie et de très-beaux moments et de très-belles choses. Le caractère du chevalier Bayard est bien traité et d'une façon très-analogue aux mœurs de son temps; l'on est vraiment transporté au siècle de Louis XII; il a même la galanterie romanesque encore en usage alors. Le caractère de Gaston est beau, mais d'une générosité outrée en quelques endroits. La pièce est finie au troisième acte; c'est une autre action qui commence au quatrième, pour ainsi dire, quoiqu'elle soit fondée au premier acte. Le second est long et ennuyeux. Il se trouve aussi d'autres longueurs dans le reste de la pièce; si l'on en ôtoit deux cents vers, on allégeroit le corps de ce vaisseau, et il n'en iroit que mieux. En général, la disposition et l'arrangement des incidents de cette tragédie me paroissent mal faits; il eût fallu finir par l'incident du troisième acte, pour renvoyer le spectateur content; et donner à la pièce un autre intérêt que l'intérêt national. Il seroit à désirer aussi que les vers en fussent plus soignés.

Telle qu'elle est cependant, ce sera toujours une pièce qui doit faire grand honneur à son auteur; son zèle patriotique est très-louable, et il y a beaucoup d'imagination et d'invention, qui eût fait un bien plus grand effet s'il eût mis plus de combinaison dans les incidents qu'il a créés, et s'il les eût mieux arrangés.

Il y a au moins six ans que cette tragédie est reçue, et

Sage, dans son roman de Gil Blas, a peint les mœurs abominables de ces hommes et leur conduite envers les auteurs; c'est la même chose aujourd'hui, tant cette peinture est vraie et de main de maître. (*Note de Collé écrite en* 1780.)

que les odieuses tracasseries de Le Kain ont empêché de la jouer. M. de Belloy, mourant de faim, a été forcé de la faire imprimer l'année passée, ce qui a fait tort nécessairement à la représentation, qui n'a pas eu le piquant de la nouveauté. Si elle n'eût pas été mise au théâtre cette année, M. de Belloy se voyoit réduit à un tel excès de misère, qu'il songeoit à reprendre le métier de comédien, qu'il a eu le malheur de faire dans sa jeunesse. *Bayard* a eu douze représentations.

MAI ET JUIN 1771.

Je suis parti le 8 mai pour le Plessis-Saint-Père, maison de campagne qu'a louée M. de Saint-Amand; nous y avons passé jusqu'au 22 juin. C'est là que s'est rétablie la santé de ma femme, qui avoit eu la plus cruelle maladie la semaine de Quasimodo : je crus la perdre le 8 avril, jour de la Vierge, et tout étoit fini pour moi. Mais heureusement, elle se porte mieux actuellement qu'elle ne s'étoit portée dans le cours de l'année dernière.

Je me suis occupé à cette campagne à lire et à continuer le *Commentaire* (1) que je fais sur les tragédies de M. de Voltaire. C'est ma besogne que je me suis taillée, ayant renoncé, à cause de mon âge, depuis plusieurs années, à rien composer; et à cause des mauvais procédés des Comédiens, renonçant à recrépir à présent d'anciennes comédies.

Le dimanche 16 juin, à six heures du soir, mourut à Paris Louis de Bourbon, comte de Clermont, prince du

---

(1) Ainsi qu'il a déjà été dit, nous avons publié une partie de ce *Commentaire* dans la *Correspondance inédite* de Collé, p. 389 à 469. (*H. B.*)

sang et l'un des quarante de l'Académie françoise (1). On a vu dans les premiers volumes de ce recueil que ce prince m'avoit marqué quelques bontés; mais il ne m'a jamais rendu le plus petit service; il est vrai que je ne lui ai jamais rien demandé. Mais il a eu des occasions de m'obliger sans que je le lui demandasse, et notamment lorsque par sa protection Pelletier fut fait fermier général; ce dernier avoit des intérêts dans des affaires qu'il ne pouvoit plus garder, et que M. le comte de Clermont fit passer à Laujon sans penser à moi. J'avoue que c'est trop exiger des hommes, et surtout des princes, que d'en attendre quelque chose sans le leur demander et sans même les importuner. Les grâces des princes sont comme le royaume de Dieu : *violenti rapiunt illud.* Ce n'est pas au reste que je misse une gloriole bête à me laisser prévenir par ce prince; mais je savois que la princesse, la très-avide et très-avare mademoiselle Le Duc, jadis mauvaise danseuse de l'Opéra, étoit à sa cour, *rapax omnium beneficiorum.* Cette créature envahissoit tout et l'empêchoit d'employer son crédit pour d'autres que pour elle et ses bas vassaux. C'est cette demoiselle sans esprit, sans mœurs, sans principes, sans âme, et avec l'éducation qu'elle avoit prise chez son père, suisse d'une porte du palais du Luxembourg, et que les coulisses de l'Opéra avoient perfectionnée; c'est, dis-je, cette demoiselle qui avoit subjugué Monseigneur. L'on n'imagine pas le tort qu'elle lui a fait; elle l'avoit ruiné deux fois, c'est le plus léger; elle l'avoit avili aux yeux de la nation, voilà ce qui est affreux et qui a été irréparable (2)!

---

(1) Voyez le livre curieux de M. Jules Cousin, intitulé : le *Comte de Clermont, sa cour et ses maîtresses.* — Paris, Académie des Bibliophiles, 1867, 2 vol in. 18. (*H. B.*)

(2) Voyez, sur Mlle Le Duc et Louis XV, une anecdote très-piquante racontée par feu Sélis dans la *Décade philosophique,* année v, t. 4, p. 483 et suiv. (*Note de Barbier.*) — Voy. aussi les notes au bas des pages 235 et 409 du t. I. (*H. B*)

Ce prince avoit de très-bonnes qualités; quoique mauvais général, il étoit d'une bravoure reconnue. Aussi ignorant dans les arts et dans les lettres que dans la guerre, il les aimoit cependant et les protégeoit : né avec de la bonté et de la sensibilité, la foiblesse de son caractère l'empêcha toujours de faire le bien qu'il pouvoit faire et qu'il souhaitoit de faire.

> De tels princes l'on voit assez!
> Prions Dieu pour les trépassés!

et notamment pour l'âme du défunt, qui laisse une place à l'Académie françoise, qu'il accepta par foiblesse, et qu'il dédaigna ensuite par la même cause de foiblesse (1).

M. le comte de Charolois, et tous messieurs ses parents lui ayant fait envisager cette acceptation comme une équipée, il n'eut pas la force de les contredire : en cas que ce fût une sottise, la sottise faite, il devoit la soutenir; il n'en eut pas le courage. Après s'être fait recevoir à l'Académie dans une assemblée particulière, ce qui étoit bien; après y avoir pris son jeton, et avoir caressé tous ses confrères, le jour qu'il y fut, il l'abandonna ensuite foiblement, et n'y remit pas le pied depuis ce jour-là, au lieu de tenir à la démarche qu'il avoit faite, en honorant le plus qu'il eût pu l'Académie et quelques académiciens qui l'eussent mérité. Au fond, tout préjugé à part, cette action étoit-elle méprisable en elle-même?

La Dunciade de Palissot vient de paroître en dix chants, avec des *Mémoires* sur beaucoup de gens de lettres, et sa comédie de *l'Homme dangereux*. Sa *Dunciade* est sans nulle force d'imagination et d'invention, sa comédie en est encore plus dénuée. Il se rencontre quelques vers heureux dans la *Dunciade*, mais la satire en est trop grossière, elle est même brutale. L'on y voit cepen-

---

(1) A la p. 138, t. 11 de son ouvrage, cité d'autre part, M. Jules Cousin relève avec une juste sévérité le peu de convenance du langage de Collé. (*H. B.*)

dant quelques morceaux plaisants. *L'Homme dangereux* est parfaitement bien versifié et complétement ennuyeux. Cette pièce est nulle quant au talent dramatique.

Les *Mémoires* sur les gens de lettres sont très-bien écrits, et avec beaucoup d'esprit naturel; il y règne un goût exquis de littérature : tout ce qui regarde la comédie y est traité d'une façon supérieure et avec une grande justesse. L'article de Molière et celui de La Chaussée sont excellents : ils ramènent au goût de la bonne et de la véritable comédie.

Palissot est fort éloigné dans ses jugements sur les auteurs vivants, d'être impartial; au contraire, il donne des éloges aux gens qui ne mériteroient que de la critique ou de l'oubli, comme à un M. Le Brun, et il en dénigre d'autres qui ne sont pas sans mérite. J'en parle d'une façon fort désintéressée, puisqu'il m'a bien traité dans ses *Mémoires* et même dans sa *Dunciade*. Je ne le connois pourtant point, je ne me suis jamais trouvé avec lui qu'une seule fois dans ma vie; je n'ai point cherché à le connoître. Il m'avoit paru trop dur et trop critique : les liaisons avec les gens de cette espèce sont toujours dangereuses, et je les ai évitées tant que j'ai pu.

Il n'est point d'homme dans la littérature dont on ait dit et dont on dira par la suite autant de mal. Il s'est fait un monde d'ennemis, et d'ennemis qui ne pardonnent point. Les auteurs sont encore pires que les théologiens, pour savourer la haine. Ses satires ou critiques n'attaquent cependant que les ouvrages de ces messieurs, et nullement leurs mœurs; mais la plupart préféreroient d'être appelés des coquins plutôt que des bêtes.

Dans la satire, il n'a pas été si loin que Boileau; ses critiques ne sont point des libelles et des injures atroces et des personnalités comme celles du poëte Rousseau et de Voltaire, qui a surpassé ce dernier dans ses Philippiques contre l'abbé Desfontaines, Fréron, Nonnotte, etc. Mais il faut avouer que Palissot est d'une dureté anglaise et grossière dans la critique des ouvrages de ceux qu'il attaque, et que ses traits sont cruels et sans aucuns ménagements dans les idées et dans les expressions.

JUILLET 1771.

Nous sommes arrivés le 3 à Grignon, où nous comptons passer ce mois-ci et une grande partie de l'autre. Je continue mon *Commentaire* sur les tragédies de Voltaire. J'ai déjà fait *OEdipe* et *Marianne*. Je continuerai tant que cela m'amusera. Je n'y mets pas beaucoup de travail et de soin, peut-être même pas assez; mais comme ce n'est qu'une besogne de cabinet, et que je ne la destine pas au grand jour, je me laisse aller à ma propre impression : gai, raisonneur, polisson, ou didactique, suivant l'assiette de mon esprit et la situation où il se trouve : cela deviendra ce que cela pourra. Il y a des choses dont je suis content, d'autres que je corrigerois, d'autres que je rayerois entièrement, si cette composition devoit passer au public. Aussi ai-je mis à la tête de *Marianne* les petits vers suivants, parodiés de Voltaire lui-même, dans une de ses pièces fugitives. Je dis donc en parlant de mon *fouillis* de commentaire :

> Après ma mort, si tout ce fatras-ci
> Tomboit ès mains d'un écrivain habile,
> C'est bien raison qu'il ait quelque souci
> De l'arranger et d'en soigner le style.

J'ai relu ici le *Cyrus*, de M. de Ramsay; il y avoit quarante ans que je n'avois vu cette rapsodie, je serai cent ans au moins, sans la relire. Je me suis vengé de l'ennui qu'elle m'a causé, par les vers qui suivent et que j'ai

mis à la tête de mon exemplaire de ce fastidieux ouvrage.
En fait de romans, de poëmes et de poésies,

>Prions notre doux créateur
>De ne créer jamais d'auteur
>Qui n'imagine et qui ne crée !
>   Amen.

>J'aime mieux la muse égarée
>De Cyrano de Bergerac ;
>J'aime mieux même un almanach,
>Qui ment en inventant, et d'un ton satyrique
>Nous prédit au hasard un volcan dans l'Afrique,
>Qu'un roman sans invention,
>Qu'un poëme sans fiction,
>Que la narration étique,
>Théologique et narcotique
>Des voyages du grand Cyrus,
>Où la morale est encaissée
>Dans des récits froids et trop crus.

>Les vieux contes de l'Odyssée,
>Quoique la mode en soit passée,
>Plaisent et plairont cent fois plus
>Que toute instruction glacée
>Qu'on donne aux rois malgré les rois,
>Malgré leurs peuples qu'on ennuye !

>Au diable soient ces auteurs froids,
>Dont la raison tourne et s'appuye
>Sur des lieux communs, leurs pivots.

>Au diable Cyrus et Séthos,
>Et le moderne Bélisaire ;
>Tout ce magasin de pavots ;
>Fût-il dans le fond de l'Isère,
>Qui vient ici fort à propos
>Pour rimer à cette misère :
>Cyrus, Séthos et Bélisaire.

J'ai acheté et lu ces jours-ci un livre intitulé : *Tableau philosophique de l'esprit de Voltaire*. Toutes les noirceurs qu'il a faites, soit par ses actions, soit par ses écrits, y sont rassemblées. Toutes ses histoires scandaleuses, jusqu'à sa communion, qui en fait le dernier chapitre, y sont recueillies. L'auteur ne présente presque que les faits, il y joint peu de réflexions, qui ne sont pas même d'un style trop mordant; mais l'ouvrage est sanglant par lui-même, attendu qu'il est impossible de nier des faits aussi connus et aussi constatés; et ces faits, dits et gestes de Voltaire sont atroces. J'en savois la plus grande partie, et je n'ai point attendu ce livre pour regarder Voltaire comme un des plus méchants hommes que la nature ait encore produits. Il ne lui a manqué que du courage pour se porter aux plus grands crimes.

L'on dit que l'auteur de ce livre est un nommé l'abbé Sabatier (1); je le croyois de La Beaumelle. J'avois trouvé, il est vrai, le style de cet ouvrage un peu foible, mais j'imaginois que La Beaumelle n'avoit voulu exposer que les faits et s'étoit retranché les traits et les réflexions trop satiriques.

Le mardi 9 juillet, à une heure après-midi, est morte Marie-Magdeleine Collé, ma sœur, veuve de Michel Foucault. Une rougeole boutonnée l'a enlevée en trois ou quatre jours; je perds en elle une bonne amie : elle étoit tendre et sensible; c'est celle de mes sœurs que j'ai le plus aimée après feu Madame Pelletier. Madame Foucault avoit beaucoup d'esprit ou plutôt de raison; elle avoit eu une belle mémoire, aussi étoit-elle plus instruite qu'une femme ne l'est communément. C'est pour moi une perte très-cruelle. Je regardois cette sœur comme la plus tendre ressource que j'eusse après ma femme pour ma vieillesse : c'est chose affreuse d'avancer en âge, c'est avancer dans le malheur. Je porte envie à ceux qui meurent et qui surtout meurent comme cette bonne amie vient de mourir. Elle a franchi ce passage sans en avoir les horreurs. *La mort n'est rien*, dit Montaigne,

---

(1) Il s'agit de l'auteur des *Trois siècles de la Littérature française*. Né à Castres en 1742, mort en 1817. (*H. B.*)

le mourir est tout. Il ne me reste plus que ma sœur Marie-Anne Collé, que j'estime et que j'aime, mais mille fois moins que j'ai aimé ses sœurs Pelletier et Foucault.

Nous allons tous renoncer à la succession de cette dernière morte, en faveur de la dernière survivante. J'irai dans quatre jours à Paris pour prendre langue avec mon frère Boulogne sur cet arrangement, et pour consoler, moi qui suis inconsolable.

J'ai appris à Paris que le samedi 6 du courant les Comédiens françois avoient donné la première représentation des *Amans sans le savoir*, comédie en trois actes et en prose, qui n'a eu que quatre représentations. Cette drogue est d'une demoiselle Mazarelly, aujourd'hui marquise de Saint-Chamont, si tant est que son mari, M. de Saint-Chamont, soit marquis. Ce qu'il y a de bien plus certain, c'est qu'il s'est déshonoré en épousant cette créature, qui avoit été entretenue publiquement. Il faut encore ajouter : si tant est que l'on se déshonore actuellement par de semblables mariages. Quoi qu'il en soit, M. Barthe, qui s'y connoît, dit que cette comédie-là n'en est pas une, qu'il ne s'y trouve pas même une seule scène ; mais qu'il y a de l'esprit en place de tout ce qui y manque ; et l'esprit, à mon avis, dans ce cas-là et dans tous ceux où il n'a que faire, l'esprit est une *f.....* bête !

AOUT ET SEPTEMBRE 1771.

Il y a eu cette année exposition de tableaux au vieux Louvre. Les grands maîtres n'ont rien donné. On n'a parlé que de quelques morceaux de Vernet et de Lagrenée ; on a dit pis que pendre du reste. Le portrait de la du Barry, peinte presque toute nue, a révolté et scandalisé le public entier, au point que l'on s'est cru obligé de le soustraire à sa vue. D'autres croient que c'est moins par respect pour ce pédant de public que pour un propos qu'un mauvais plaisant a tenu sur ce tableau, que l'on a privé ce collet-monté public de cette pierre de scandale. Voici le propos :

Un jeune étourdi, en regardant attentivement le portrait de Madame du Barry, s'est écrié qu'il étoit fort ressemblant, qu'il la reconnoissoit *à ses cuisses.* Ce mot a couru Paris; il court à présent les provinces : ce mot a probablement fait retirer ce tableau.

Le 22 septembre, M. le marquis de Gouffier maria sa fille (qui est une héritière) à M. le comte de Choiseul, qui prend le nom de Gouffier. Comme je suis lié depuis longtemps avec M. l'abbé comte de Gouffier, chez lequel j'ai souvent vu la nouvelle mariée, j'ai fait pour cette dernière les mauvais petits vers qui suivent, et qui lui ont été remis par M. le marquis son père. Les voici.

Madame,

J'ai peint en petit Henry Quatre
Et son sévère ami Sully;
Si mon âge avancé ne m'avoit fait combattre
Le désir dont je suis rempli,
J'aurois voulu me mettre en quatre,
Et mon pinceau dans ce jour eût choisi
Et François premier et Boisy.

J'eusse crayonné la vaillance
Du bel amiral Bonnivet.
(J'aurois glissé sur sa prudence,
Dont il n'eut jamais de brevet).

Ce galant chevalier des dames,
Qui toujours en fut le vainqueur,
Parmi le grand nombre de femmes
Qu'il eut, n'auroit donné son cœur,
Dans mon poëme, à la rigueur,
Qu'à celle vraiment estimable

Que j'eusse peinte trait pour trait
Sur un modèle inimitable :
Car j'aurois fait votre portrait.
J'eusse fait parler vos ancêtres,
Sur la scène avec quelque fruit.

Le gouverneur de Charles huit
Eût paru préférable aux prêtres,
Qui, cent ans après, ont instruit
Quelques héritiers de nos maîtres,
Dont je me tais de peur de bruit.
Cette pièce eût été mon seul présent de noces.

Mais Saturne qui me poursuit
Rend mon Pégase des plus rosses ;
Je donnerois dans quelques bosses,
Ainsi, madame, bonne nuit.

Le samedi 28 septembre j'assistai à la première représentation du *Fils naturel*, de M. Diderot. J'y admirai la patience coriace du public à se laisser ennuyer pendant les cinq actes de cette rapsodie. Je ne connois aucun ouvrage aussi ennuyeux que ce *Fils naturel*. Le sermon le plus maussade n'est point aussi insipidement ennuyeux. *Le Père de Famille* est bien mauvais, assurément, mais le *Fils naturel* l'est encore davantage ! Quand on auroit pris à tâche, dans ces deux coquineries, de mettre des personnages et de dire des choses entièrement opposées à la nature, l'on ne pouvoit point pousser cela plus loin ! C'est, pour me servir d'une expression légère, ce que l'on pourroit appeler de la *sodomie théâtrale*. Je voudrois trouver quelques termes plus énergiques pour rendre cette opposition directe à la vérité et à la nature, il ne se'n trouve point d'assez violents dans la langue ! Ce beau Fils, si peu naturel, n'a eu qu'une seule représentation ; Diderot l'a retiré à lui.

C'est le comédien Molé qui seul a voulu et est venu à bout, malgré tous ses camarades, de faire représenter cette indigne rapsodie. M. Molé, qui a un amour-propre sans fond et sans rives, s'est flatté qu'il feroit réussir tout ce qu'il entreprendroit ; M. Molé s'est trompé cette fois ; il se trompera souvent, d'autant plus que M. Molé est d'une ignorance crasse, qu'il n'a point fait ses études, qu'il ne sait ni latin ni français; qu'il ne connoît rien à l'art de la comédie, qu'il n'a pu en prendre les vraies notions dans les sources. Il est coiffé des principes hérétiques sur la comédie de MM. Diderot, Marmontel et de leurs complices : tous ces impuissants dramatiques se sont faits *dramatistes*, c'est-à-dire compositeurs de ce que leur cabale appelle des drames.

OCTOBRE ET NOVEMBRE 1771.

Le lundi 4 novembre les Comédiens françois donnèrent la première représentation du *Bourru bienfaisant*, Comédie en trois actes et en prose, de M. Goldoni. Je n'ai été qu'à la quatrième ; c'est à mon avis une mauvaise pièce et, qui pis est, fort ennuyeuse. Le caractère du Bourru n'est point nouveau, de la manière dont l'auteur l'a traité. Il tient du Grondeur, de l'Impatient, du Brutal ; il est d'une grossièreté insoutenable ; c'est un fort de la halle auquel on fait cependant tenir des propos qui ne s'accordent pas avec ses manières et son ton de porte-faix. Il devroit parler comme eux, puisqu'il agit avec moins d'égards et de bienséance que les gens de la lie du peuple.

Les situations de cette comédie n'ont rien de comique et de neuf, rien qui fasse ressortir plaisamment le caractère du Bourru, rien qui le mette en action d'une façon nouvelle et comique.

Préville a soutenu cette comédie, qui sera insoutenable à la lecture. Le jeu seul de cet excellent comique a empêché qu'elle ne fût sifflée. Si Bellecourt eût joué ce rôle, elle n'eût pas eu deux représentations; elle en a cependant eu treize, à la honte du goût.

Si un auteur françois eût présenté une pareille drogue, il eût été hué. L'*étrangéromanie* dont nous sommes possédés actuellement a bien servi à M. Goldoni. Cet auteur italien n'est pas aussi merveilleux que ses prôneurs nous l'ont annoncé. Semblable aux dramatiques anglais, espagnols, ce dramatique italien paroît avoir dans toutes ses comédies beaucoup d'imagination et d'invention; mais comme c'est aux dépens de la raison, de la vérité et de la vraisemblance que tous ces auteurs étrangers sont inventifs, les critiques françois sont fondés avec justice à mépriser cette invention.

Le 16 novembre on devoit donner *Dupuis et Desronais*; mademoiselle Doligny y devoit succéder à madame Préville dans le rôle de Marianne. Molé a prétendu que ce rôle appartenoit à son imbécile de femme : j'ai prétendu le contraire; il n'a pas voulu jouer, et dit qu'il ne jouera plus Desronais; je lui ai fait dire que d'autres se chargeroient de ce rôle. Grande tracasserie à ce sujet; je ne céderai point.

Le lundi 25 Molé a cédé. Il parut dans la respectable assemblée des Comédiens, et les harangua à ce sujet. Il les fit d'abord frémir en leur avouant qu'il avoit été sur le point, lui et sa femme, de quitter et de prendre parti dans une troupe en Allemagne, à Vienne ou à Bareuth; mais qu'ayant fait quelques réflexions, il s'étoit dit :
« Que vas-tu faire, Molé! t'expatrier? Ce parti violent
« est souvent suivi du repentir. Souviens-toi des bontés
« que le public t'a toujours témoignées, tâche de lui en
« marquer ta reconnoissance en les méritant davantage!
« M. Collé te manque essentiellement en refusant de
« donner le rôle de Marianne à ta femme; tu as dit, et
« tu devrois dire encore que tu ne jouerois plus celui de
« Desronais : mais as-tu oublié que c'est M. le duc d'Or-
« léans qui t'a donné ce rôle? Non, messieurs, je m'en

« souviendrai éternellement; et malgré l'injustice que
« l'on me fait, je jouerai toujours ce rôle avec la pre-
« mière actrice qui se présentera. »

Voilà la forme et la figure de rhétorique avec lesquelles ce sublime orateur a repris le rôle de Desronais. Je laisse au lecteur à en qualifier le ridicule.

DÉCEMBRE 1771.

Mme la comtesse de Provence (1) a eu la petite vérole, elle s'en est bien tirée; elle passe le temps de ses rougeurs au château de la Muette. Mme la duchesse de Valentinois, qui a une fort belle maison à Passy, s'est crue obligée, à cause de sa proximité de la Muette, de donner une fête à cette princesse. Elle a chargé Favart et l'abbé de Voisenon de l'arranger. Elle a été donnée, et voici ce qu'on m'en a dit. Ils n'ont rien cru de plus propre à réjouir la comtesse de Provence que la plus foible des pièces de Favart, *la Fête du Château*, et un autre méchant opéra-comique. Ils ont fait précéder ces vilenies, ces vieilleries, d'un prologue mêlé de danses, dont voici le plan, que l'on m'a dessiné. On voit une belle rose fraîche, épanouie et dont vous sentez d'ici l'odeur admirable. Le furieux Borée paroît, il danse, flétrit la rose; il est prêt à la faire expirer. Vénus tombe des nues, chasse Borée, ranime la rose, la rend plus belle que jamais; et sur cela, tous les paysans de Passy prennent tous le parti d'entrer dans le régiment de Provence. Mais ce n'est point du fond de cette fête commune et plate que je prétends discourir, c'est de l'événement

---

(1) Marie-Joséphine de Savoie, mariée à Louis-Stanislas-Xavier, comte de Provence, depuis Louis XVIII. (*H. B.*)

désastreux qu'elle a occasionné à ce petit abbé de Voisenon. Voici le fait :

Le très-méprisable et très-méprisé chancelier de France, Maupeou, assistoit à cette fête. Feu M. d'Aguesseau, l'honneur éternel de la feue magistrature, n'a jamais assisté à des fêtes; il regardoit la dignité de chancelier comme une espèce de sacerdoce le plus vénérable. Le chancelier d'à présent n'est point si délicat; la décence n'entre pas dans ses arrangements. Favart avoit composé, parmi les couplets de flatterie, un couplet qui finissoit par ces mots :

> A la chicane on a rogné les serres,
> Et Thémis n'a plus de bandeau.

Ce couplet, fait pour louer le chancelier, ne fut applaudi de personne; tous les spectateurs le laissèrent passer dans un silence morne et triste.

Après que la fête fut finie, l'abbé de Voisenon s'approcha de Mme la duchesse de Valentinois, et lui dit en ricanant que ce couplet dont je viens de parler *lui étoit arrivé de Chanteloup*. Cette agréable plaisanterie contre M. le duc de Choiseul n'est pas tombée à terre. Elle a perdu l'abbé de réputation, si tant est que quelque horreur que ce soit puisse dans ce temps-ci perdre de réputation quelqu'un, et si tant est que la réputation de ce vil abbé eût encore quelque consistance. Cependant, il y a eu des mortifications à ce sujet, qui ont dû lui paroître fort amères.

M. le duc d'Orléans lui a défendu sa maison; il s'est voulu justifier, le prince s'est moqué avec froideur de ses justifications. Mon abbé a insisté, il a dit à Son Altesse que si elle lui retiroit ses bontés, *il n'avoit plus d'autre parti à prendre que de se faire capucin*. M. le duc d'Orléan lui a répondu d'un ton ironique et sévère : *Qu'il ne pouvoit pas en être réduit à cette extrémité, ayant pour protecteur le chef de la justice.* C'est de M. le duc d'Orléans lui-même que je tiens les détails de cette conversation. M. le prince de Condé et M. le prince de Conti, chez lesquels il étoit reçu, lui ont aussi fait fermer leur porte. Il a dû même avoir une scène très-humiliante, depuis, chez M. le prince de Conti, qui doit l'avoir traité comme un maraud, à l'occasion du fait que je vais conter, et qui n'est pas encore connu du public. Je tiens encore ce fait de la bouche même de M. le duc d'Orléans.

M. le prince de Conti avoit donné à ferme, il y a déjà plusieurs années, à un intrigant nommé d'Hoimel, des droits anciens et litigieux du grand prieuré de France. Le sieur d'Hoimel en avoit déjà fait rentrer pour la somme de 150,000 livres; mais comme il ne payoit pas le prince, ce dernier se crut obligé de le faire mettre en prison, il y a environ trois ans. Ces bonnes façons le gagnèrent; il compta au prince 25,000 écus, et il fut élargi. On le pressoit pour payer l'autre moitié, mais il alléguoit des raisons bonnes ou mauvaises pour s'en dispenser, prétendant prouver en justice qu'il ne les devoit pas. Sur ces entrefaites, le chancelier a passé et le parlement n'est plus.

Le sieur d'Hoimel avoit une maison de campagne à Belleville, où le cher abbé de Voisenon fait sa résidence. D'Hoimel a cru pouvoir prendre conseil d'un aussi bon voisin sur son affaire. Il lui a conté sa chance, fait voir l'injustice prétendue de M. le prince de Conti, et lui a dit que pour comble de malheur il n'avoit pu trouver d'avocats ni de procureurs qui voulussent entreprendre de défendre sa cause au nouveau parlement. Sur cela, le charitable ecclésiastique Voisenon lui a offert ses services auprès de M. Maupeou; il les a réalisés, et en effet M. le chancelier a nommé d'office un procureur au sieur d'Hoimel, pour poursuivre M. le prince de Conti, qui sera obligé de plaider à ce tribunal qu'il ne reconnoît pas. Voilà où en est cette affaire. M. le prince de Conti, qui a toujours accueilli et bien reçu chez lui M. l'abbé de

Voisenon, est, comme on le juge bien, furieux contre ce petit traître. J'ignore et je ne crois point que le prince de Conti ait rendu des services essentiels à cette vipère; mais je ne serois cependant pas fort surpris que cela fût, et qu'il les eût payés de cette ingratitude. Celle qu'il vient de marquer à M. le duc de Choiseul par son prétendu bon mot est révoltante et d'une bassesse à faire mal au cœur.

Sans M. le duc de Choiseul M. l'abbé de Voisenon seroit aujourd'hui sans pain : c'est M. le duc de Choiseul qui a fait réduire à 1,000 liv. par l'évêque d'Orléans la somme de 10,000 liv. que l'abbé de Voisenon n'eût pu se dispenser de payer pour les réparations auxquelles il étoit tenu pour un prieuré qu'il avoit. C'est d'ailleurs ce ministre disgracié qui lui a fait avoir 6,000 liv. de revenus sur les affaires étrangères, que le ministre actuellement en place (M. d'Aiguillon) lui a conservées.

Cette ingratitude offensive et exécrable a soulevé tout le public contre ce serpent. Il eut l'effronterie d'aller la semaine dernière à l'Académie françoise : ses confrères n'en approchèrent pas plus que d'un pestiféré. En sortant de cette séance, qui eût dû être accablante pour lui, on lui demanda, dans une maison où il alla, s'il n'avoit point appris de nouvelles à l'Académie; il répondit en se plaisantant lui-même : *Ils ne m'ont rien dit!* Si jamais on met au théâtre le caractère du gredin, ce mot sera un des traits les plus marqués de ce caractère. L'on y pourra joindre la plaisanterie qu'il a faite après avoir été chassé des maisons des princes : *Eh bien!* a-t-il dit, *je ne les verrai plus : ils n'en seront pas plus gais, et je n'en serai pas plus triste.*

J'apprends dans ce moment qu'il a eu encore le front de retourner à l'Académie. On ne lui a pas parlé davantage qu'à la séance que j'ai dite. Il s'en vengera sur l'Académie et sur les académiciens qui y étoient, par des noirceurs souterraines. Il leur jouera quelque mauvais tour par le crédit de M. Maupeou; ils doivent s'y attendre. Je ne serois point surpris que le destructeur de l'ancienne magistrature ne supprimât lestement l'Académie françoise.

Je me trouvai ces jours derniers tête à tête avec M. le duc d'Orléans, qui me demanda ce qu'on disoit de lui et des princes dans le public. *Monseigneur*, lui répondis-je, *j'aurai le courage de vous dire la vérité, j'ai l'honneur de vous en prévenir.* — *C'est précisément ce que je vous demande, et je le demande à vous parce que je vous connois pour un homme vrai; parlez.* — *Monseigneur, tous les princes, et surtout vous, Monseigneur, vous êtes adorés du public; on vous regarde comme les derniers citoyens qui soutiennent la liberté. L'on se persuade que jamais vous ne vous désisterez des protestations que vous avez faites. La seule crainte que l'on ait, c'est que les gens qui vous environnent et qui n'obtiennent plus de grâces de la cour depuis que vous y êtes brouillé, ne vous amènent par lassitude à vous raccommoder avec elle, et à faire tout ce qu'elle exigera de vous.* — *Ce que vous dites là, Collé, des gens de nos maisons, est fondé en raison et est déjà arrivé. Quant à moi, je ne me rendrai jamais.*

Il me dit ensuite qu'il alloit perdre 800,000 liv. de rente, et qu'il travailloit à faire de grands retranchements dans sa dépense. En effet, il a déjà réformé son équipage du cerf, une grande quantité de chevaux, et probablement il prendra le dixième sur tout ce qu'il paye dans sa maison. J'y serai compris comme un autre, mais mon deuil en est déjà fait. L'économie de ma femme et la mienne ont pourvu d'avance aux pertes que nous nous attendions depuis longtemps d'essuyer.

J'ai fait ces jours-ci le Vaudeville suivant (1) :

---

(1) J'estime aujourd'hui et j'honore plus que jamais ces trois nobles couplets, que j'eus la hardiesse de lâcher dans le public sous le ministère du Séjan de la magistrature, le chancelier Maupeou. Le premier à qui je les

Air : *Ma raison alloit faire naufrage*.

1er couplet.

Chantons dans un badin vaudeville
Le retour des vertus qu'on aura !
Le vieux honneur, à la cour, à la ville,
Les sentiments qu'on trouve de vieux style,
 Cela reviendra !

2e.

François, ne perdez pas l'espérance,
Tout va bien, tout encor mieux ira !
La liberté, le crédit, l'abondance,
La candeur, les jésuites, l'innocence,
 Cela reviendra ! etc. (1).

Le lundi 23 décembre j'assistai à la première représentation de *la Mère jalouse*, comédie en trois actes et en vers, par M. Barthe. Elle n'eut point de succès, j'en fus confondu; j'avoue ingénuement que j'en avois jugé autrement : j'eusse parié cent louis pour la réussite complète; j'ose même croire encore que si les Comédiens la vouloient reprendre dans quelques années et la laisser sur leur répertoire, on la reverroit de temps en temps avec plaisir, malgré ses défauts : on en a repris qui en ont davantage et qui n'ont pas autant de beautés.

Je confesse ici que je n'avois point vu le véritable obstacle à son succès. Une mère jalouse de sa fille, sans objet, est un caractère idéal et qui n'est point dans la

---

donnai fut M. le duc d'Orléans, sous la sauve-garde duquel je les mis; ils sont jolis; j'en ai peut-être fait de meilleurs, mais il n'en est aucuns que j'aime autant d'amitié. J'ai toujours préféré la réputation d'honnêteté et de bonhomie à celle de bel esprit. J'étois citoyen auparavant que d'être auteur, et j'ai toujours plus aimé ma patrie que les lettres. (*Note de Collé, écrite en* 1780.)

(1) Voyez dans le *Recueil* des *Chansons* de Collé, la suite de celle-ci, qui a quatre couplets, bien que dans la note précédente Collé ne lui en attribue que trois. (*H. B.*)

nature. Les seules prétentions à plaire plus que sa fille ne sont pas un objet suffisant dans une mère ; il faut qu'elle ait un attrait infiniment plus déterminant, il faut qu'elle soit rivale de sa fille, comme dans *la Mère Coquette*, de Quinault.

Un autre défaut dans cette comédie, que j'avois entrevu mais que je n'ai point combattu assez fortement, c'est la scène où la mère se méprend, et dans laquelle elle croit que Ferville est amoureux d'elle, tandis qu'il adore sa fille. Indépendamment du manque de préparation de cette scène, qui n'est point assez fondée, j'avois représenté à l'auteur que le fond en étoit dans nombre de comédies ; je me rendis mal à propos à la réponse qu'il me fit que cette scène étoit tellement des entrailles de son sujet, qu'on lui passeroit qu'elle ne fût pas neuve.

Je suis fâché de n'avoir pas insisté opiniâtrément, car c'est de cette scène usée au théâtre que l'on est principalement parti pour accuser l'auteur de manquer d'invention.

Le provincial Jersac est aussi un personnage grimaçant, et qui ressemble à ceux des anciennes comédies médiocres. Le dénouement de cette comédie est mauvais et trop précipité ; il manque de vraisemblance. J'en avois fait plus d'une fois l'observation à l'auteur, qui n'a pas pu trouver mieux ; mais ce n'est point ce dénouement qui a fait tomber la pièce : il occupe si peu de terrain et il est si rapide, qu'il n'y auroit point nui sans les autres défauts essentiels que je viens de rapporter. Je ne les ai peut-être pas tous vus, mais je tâcherai du moins de marquer ici toutes les beautés qui m'ont frappé et qui me paroissent annoncer à la nation un bon faiseur de comédies (1).

---

(1) Le seigneur Barthe ne sera jamais un bon faiseur de comédies : il n'en a point le génie. Je réforme aujourd'hui le jugement saugrenu que j'ai porté à son sujet ; je soutiens pourtant encore que son premier acte a du mouvement et de l'action, et que le caractère de la tante est neuf et bien inventé ;

Le caractère de la bonne tante, qui devoit peut-être servir de titre à cette comédie, est un coup de maître, de l'aveu de tous ceux qui se connoissent au théâtre; ce caractère est de la plus grande vérité, du meilleur comique, et il approche de bien près de ceux de Molière lui-même. On ne sauroit trop s'étonner qu'un homme de trente-deux ans ait pu le saisir aussi bien, le traiter avec autant de régularité et le voir aussi profondément.

Une partie très-précieuse de la véritable comédie, et que ce jeune auteur me semble posséder dans le degré le plus éminent, c'est la partie du dialogue; personne ne fait mieux la scène que lui; il ne s'écarte jamais de ce qui en fait l'objet. Quoiqu'il ait beaucoup d'esprit, et même l'esprit épigrammatique, il n'en donne à ses personnages que lorsqu'il est relatif à leur caractère et aux situations où ils se trouvent.

Son style est pur, élégant, serré, noble, du ton le plus excellent, et du plus grand naturel. Quand il doit s'élever, son style devient fort et nerveux, éloquent même; on trouvera des preuves de cette éloquence dans le rôle du père de cette comédie, dans ceux de la tante et de la mère jalouse; mais l'on sera plus convaincu de cette vérité dans une comédie en cinq actes, dont il m'a fait voir le plan et à laquelle il travaille. Je serai bien étonné si l'on n'y voit pas des morceaux de la plus vive et de la plus brûlante éloquence, dans le rôle d'un oncle de cette comédie.

Je ne puis finir cet article sans faire mention de la bévue du public, qui a reçu avec une énorme bonté *le*

---

mais à ce dernier égard je rabats beaucoup de l'enthousiasme avec lequel j'en ai parlé dans ce journal et à la tête de mon exemplaire de sa *Mère Jalouse*.

Je ne rabats rien sur la bonté de son dialogue et sur ses vers dramatiques et comiques; mais, comme je l'ai dit, son *Homme personnel* m'a ouvert les yeux. Cet homme n'a ni n'aura jamais le génie de la comédie, et même du talent proprement dit pour la comédie. (*Note de Collé, écrite en* 1780.)

Bourru bienfaisant de Goldoni, et qui un mois après traite avec une rigueur imbécile *la Mère jalouse*; il ne faut que lire et comparer ces deux comédies pour se convaincre que le public n'est pas plus infaillible que monsieur le pape. Personne n'a plus de respect que moi pour le public, mais ses jugements ont quelquefois besoin d'être confirmés par le temps. On feroit un livre entier des sottises qu'il a admirées pendant vingt, trente, cinquante ans, pendant plusieurs siècles, et qu'une autre génération a ensuite anathématisées. Il a admiré la *Phèdre* de Pradon, sifflé celle de Racine, préféré *Esther* à Athalie, etc.

Le Bourru bienfaisant a eu treize représentations; *la Mère jalouse* n'en a eu que six, dont deux sont tombées dans les règles.

Le caractère de la Mère jalouse, et les traits lancés en détail dans cette comédie contre les femmes, la leur ont fait abandonner sur-le-champ et sans retour. Voyez à ce sujet l'extrait de cette comédie fait dans le *Mercure de France*, en janvier 1772; il a été envoyé à M. de Laharpe par M. Thomas, qui en est l'auteur. Je ne l'eusse jamais cru capable de composer un morceau aussi excellent dans toutes ses parties; je ne soupçonnois pas à cet académicien une aussi grande connoissance du théâtre, et surtout un goût aussi sûr pour la véritable comédie.

ANNÉE 1772.

JANVIER 1772.

> Des chansons et des parodies,
> Quelques légères comédies,
> Ont fait jusques ici toujours
> Ma plus heureuse rêverie ;
> Et bientôt ma veine tarie,
> Se sentant des fins de mes jours,
> En vient déjà borner le cours.

Ces vers de Chapelle qui commencent par :

> Que j'aime la douce incurie
> Où je laisse couler mes jours,

et dont je n'ai copié que la fin, que j'ai un peu changée, ces vers, dis-je, semblent avoir été faits pour me peindre.

Je crois que Chapelle n'est pas mort vieux (1), et à cet égard il est plus heureux que moi. C'est une science que de savoir vieillir, et une assez sotte science à apprendre ; elle est plus pénible que les autres, à mon avis (2).

S'instruire à se passer petit à petit de tout, même de son esprit et de ses minces talents, les voir dépérir chaque jour et vous abandonner entièrement ensuite ;

---

(1) Né en 1626, Chapelle est mort en 1686. (*H. B.*)
(2) *Peu de gens savent être vieux*, a dit La Rochefoucauld. (*H. B.*)

malgré cela se tenir gaillard au milieu des privations et des infirmités physiques, c'est, je pense, le plus grand des arts et le plus insupportable.

J'ai soixante-trois ans presque accomplis ; jusqu'ici je me porte assez bien, je ne désire point ma fin ; mais si des douleurs aiguës, continues et irrémédiables, s'emparoient de votre serviteur, la mort la plus prompte lui seroit la plus agréable ; voilà mes sentiments, quant au physique.

A l'égard du moral, je soutiendrai gaiement le déchet sensible de mon esprit, et je ne me ferai point accroire à moi-même que la vieillesse ne m'en fait rien perdre, lorsque j'éprouve journellement le contraire. Il y a plus de trois ans que j'ai renoncé à composer ; je végète le plus qu'il m'est possible. J'ai cependant fait encore, comme on l'a vu, au mois de décembre dernier, trois couplets de chanson, que le public a trouvés jolis, parce qu'ils étoient malins.

Ces trois damnés couplets ont couru et courent encore ; c'est sur une seule et unique copie que j'en avois donnée à M. le duc d'Orléans, que tout Paris les a actuellement. Ma femme, par amitié pour moi, a eu grand'peur qu'on ne me fît des affaires pour cette joyeuseté ; je n'ai point eu cette frayeur, mais cependant j'eusse mieux aimé que ces couplets n'eussent pas été répandus avec la fureur qu'ils l'ont été ; l'acharnement que l'on a marqué pour les avoir et pour les chanter pouvoit donner de lui seul de l'humeur à quelques ministres, plus que la chanson en elle-même.

Les Comédiens n'ont point donné de nouveautés dans ce mois-ci ; ils se préparoient à représenter *Pierre le Cruel*, tragédie, par M. de Belloy. Mlle Vestris est dans la crainte de perdre un œil ; on ne sait encore ce qui en sera, et ils ont été arrêtés à cet égard avec raison. Mais si leur paresse indigne n'étoit pas poussée à l'excès, ils eussent pu faire passer dès les premiers jours de ce mois *les Druides*, tragédie de M. Le Blanc; ils la donneront à peine vers le milieu de février. Ils ont repris *Gaston et Bayard*, qui a eu huit représentations.

FÉVRIER 1772.

Les Comédiens s'étoient mis à l'étude du *Jaloux honteux*, de Dufresny, en trois actes, et tel que je l'ai arrangé. Molé s'étoit enfin déterminé à y jouer le rôle de l'amant, qu'il refusoit depuis trois ans, par la raison que Bellecourt avoit le premier rôle dans cette pièce. A la première représentation qui s'en devoit faire, la dame Préville s'est trouvée avoir une perte; cette maladie sera longue, pourvu encore qu'elle ne l'empêche pas de jouer jamais la comédie. Cette chère dame s'est échauffé le sang à aller jouer dans toutes les maisons des proverbes et mes comédies de société : elle n'a point fait d'autre métier depuis le mois de novembre, et cela presque tous les jours, jusqu'à des deux et trois heures du matin. Avec son travail de comédie, est-il de santé qui pût y résister? Son mari, Feuilly, Bellecourt et sa femme, Dugazon et Dallainval, ont été les associés de Mme Préville dans ces divertissements qu'ils donnent. Si ces exercices violents n'altèrent pas aussi considérablement leur santé à tous, il faut que ces gens-là en aient une de fer ou de diamant.

Messieurs les premiers gentilshommes avoient, il y a quatre ans, défendu aux Comédiens d'aller représenter en ville, sous peine de cent écus d'amende; ils se sont relâchés : ils ont raison sans doute. Chantons donc :

Tout va bien, tout encor mieux ira!

Il a paru dans les derniers jours de ce mois-ci une satire contre Voltaire; M. Clément en est l'auteur. Cette épître de l'ombre de Boileau me semble composée dans le goût et dans le ton de ce fameux satirique du siècle dernier; j'y ai trouvé de la méthode, de la chaleur et de la véhémence; une grande simplicité de style, point de petites oppositions, point d'antithèses, point de clinquant, de faux brillant; mais de la force et du nerf, des vers très-naturels et des rimes soignées. On ne peut pas mieux saisir la manière et le faire du grand peintre dont M. Clément fait parler l'ombre; je pense que si Despréaux revenoit au monde, il ne désapprouveroit pas cet ouvrage (1).

Cette épître est une véritable satire, qui lance de temps en temps des traits contre d'autres gens de lettres que Voltaire; ceux qui y sont attaqués ne trouveront pas cette pièce aussi bonne qu'elle me le paroît. Je ne sais si je présume trop de mon équité, mais je crois que si M. Clément (2) m'y eût critiqué comme les autres, cela ne m'eût pas empêché cependant de lui rendre justice, attendu qu'il est impossible de se refuser à la justesse du goût exquis qui règne dans cette épître, à la force de ses raisonnements, et à la beauté mâle de sa versification. Tout ce qu'on pourroit y reprendre, ce sont des négli-

---

(1) Les louanges par moi données à l'épître de Boileau sont trop outrées; j'en rabats aujourd'hui les trois quarts, et peut-être n'est-ce pas en rabattre assez. Le fond des choses est bon; les principes en sont excellents; mais la verve, les tournures, le sel et le comique des satires de Boileau ne s'y trouvent point. M. Clément manque de feu et de gaieté; il a fait les critiques les plus judicieuses et les plus remplies de goût de quelques ouvrages de Voltaire, mais il est diffus, mais il est lourd, mais il n'a pas l'art d'amuser son lecteur chemin faisant. Son chemin est semé de principes exquis, mais la longueur de son chemin ennuie. (*Note de Collé, écrite en* 1780.)

(2) Jean-Marie-Bernard Clément était de Dijon; il acquit une certaine célébrité comme critique, et se déchaîna surtout contre Voltaire, qui l'appelait *Clément l'inclément*. Né en 1742, il mourut en 1812. Il y avait un autre Clément, également ennemi de Voltaire, que ce prince des moqueurs désignait sous le nom de *Clément Maraud*. (*H. B.*)

gences, mais en très-petit nombre, trois ou quatre expressions qui pourroient être ennoblies, et en général un ton un peu dur; à ce dernier égard même, je crois cette observation portant à faux : dans cette épître c'est l'ombre de Boileau, et son ombre outragée, qui répond à Voltaire qui l'a insulté, et l'on sait que Boileau n'étoit pas tendre.

M. Clément s'est d'ailleurs contenu dans les bornes de la satire permise ; il n'attaque que les ouvrages, il n'attaque point les personnes, excepté celle de M. de Voltaire, qui s'est permis de mordre les autres comme un chien enragé, qui a dit les injures les plus grossières à droite et à gauche, qui envoie Fréron aux galères, qui appelle ceux-ci des fripons, ceux-là des sodomites, etc., etc.

Ce même auteur vient de faire paroître un second volume d'observations critiques sur les *Nuits* d'Young, sur la manière de traduire les poëtes en vers, et sur la satire en général. Ces morceaux sont précédés d'une introduction qui m'a paru un petit chef-d'œuvre ; ce volume que j'ai joint au premier, respire le bon goût, tant de la littérature ancienne que de la moderne ; ce jeune homme est un critique du premier ordre; il donnera de la tablature aux auteurs présents, et à ceux qui arriveront de son temps, d'autant plus que c'est avec des raisons qu'il combat le mauvais goût : c'est moins par des plaisanteries que par des preuves sans réplique qu'il fait sentir les défauts des ouvrages qu'il reprend.

MARS 1772.

Le samedi 7 mars les Comédiens françois donnèrent la première représentation des *Druides*, tragédie par

M. Le Blanc, auteur de *Manco-Capac*. Cette pièce fut huée, et à peine put-elle être achevée, à ce que l'on me dit, car je ne pus pas y trouver place.

J'y fus le lundi; MM. Thomas et Watelet y avoient retouché environ quatre cents vers. A cette seconde représentation, elle fut applaudie avec frénésie. On demanda l'auteur; Molé eut beau dire qu'il n'étoit pas à la comédie, le parterre cria qu'on fût le chercher; il interrompit la petite pièce et ne cessa de brailler, jusqu'à ce que l'actrice qui y jouoit eût été derrière le théâtre donner ordre à un gagiste de l'aller quêter, et fût revenue assurer ce bruyant parterre qu'on lui obéissoit.

M. Le Blanc obéit en effet, et vint au beau milieu de la petite pièce présenter au public sa lourde figure; il fut claqué et reclaqué avec fureur.

J'imaginois, sur l'impression personnelle d'ennui que m'avoit faite cette tragédie, qu'il en seroit comme de nombre d'autres pièces que j'ai vu sifflées à la première représentation, portées aux nues à la seconde, et abandonnées à la troisième; mais les choses n'ont point tourné ainsi : on en a donné douze représentations, qui ont été suivies et auxquelles on a couru en foule.

J'attribue ce miracle au goût dominant de ce siècle-ci pour le déisme. Ils ont vu avec transport un grand-prêtre tolérant, qui établit la religion naturelle au lieu du culte ancien du pays. Ils ont vu avec ravissement ce pontife, qui a un caractère opposé à celui d'un prêtre, et qui n'est nullement dans la nature, déclamer contre les vœux religieux, les délier, en absoudre, et agir exactement dans le sens contraire aux sentiments d'un homme dont l'intérêt est de soutenir la religion dont il est le chef; toute vérité et toute vraisemblance sont actuellement ôtées de tous les ouvrages de théâtre.

Cette tragédie a révolté à Versailles; on a été sur le point d'en arrêter la représentation à Paris; elle a fait scandale à la cour. Cet incident peut encore avoir réenflammé la ville.

M. l'archevêque s'en est mêlé aussi; il a tancé M. Bergier, docteur de Sorbonne, qui avoit donné son approbation par écrit à cette pièce; ce dernier s'est défendu assez malhonnêtement en accusant avec injustice MM. Thomas et Watelet d'avoir inséré à la seconde représentation des vers qui n'étoient pas dans le manuscrit par lui approuvé : ce qui est de la dernière fausseté, et ce dont se doit plaindre M. Watelet, dans une lettre qu'il adressera ces jours-ci à l'auteur du *Mercure français;* il donnera un démenti formel à l'infidèle théologien Bergier.

Cependant on prétend que notre métropolitain, de peur de donner trop de célébrité à cette rapsodie, étoit de concert avec la cour pour n'en pas avoir interrompu les représentations sur-le-champ. On l'a laissée aller presque jusqu'à la clôture des spectacles; mais on assure que les Comédiens recevront l'ordre de ne plus la représenter, et l'auteur celui de ne la pas faire imprimer. C'est autant d'ennui qui m'est épargné, et au théâtre et à la lecture, quelque bien qu'en disent les ennuyeux apôtres de l'irréligion.

Ce très-fade ouvrage ne m'a fait nulle impression; il ne m'a point remué du tout, il m'a fait bâiller; d'ailleurs, cela peut être très-beau, puisque le public en raffole.

J'ai fait ces jours-ci un vaudeville contre les Philosophes de nos jours. Une tracasserie qu'ils m'ont suscitée pour avoir loué Clément, qui a fait une satire contre Voltaire, leur capitaine général; un morceau de M. Thomas, car c'est ainsi qu'ils appellent l'*Essai sur le caractère, les mœurs et l'esprit des Femmes,* qui vient d'être imprimé, qui s'est débité et que l'on a méprisé tout de suite, après avoir été enlevé assez rapidement; ces deux objets, dis-je, m'ont donné de l'humeur, et m'ont fait composer un vaudeville contre ces charlatans de philosophie, ces gens sans goût dans les arts agréables; en un mot, contre ces animaux tristes comme des lièvres, et qui sont les éteignoirs de la gaieté de la nation.

Ce tant beau morceau de M. Thomas n'est, au reste, que la brochure brochée d'un pédant (1).

Il est bien singulier qu'un homme de collége, qui ne connoît pas plus les femmes et le monde que ce régent émérite, essaye pesamment, pédagogiquement et superbement, de nous donner des idées sur le caractère, les mœurs et l'esprit des femmes. Je le compare à un aveugle de naissance qui entreprendroit de nous donner un traité sur la lumière.

Ce gros Thomas parle d'ailleurs comme un gros philosophe de ce temps-ci, des femmes célèbres de celui de Louis XIV; il préfère à toutes ces femmes illustres une Mme Necker, qui a été jadis maîtresse d'école à Genève, et qui régente à présent à Paris la nouvelle philosophie, qu'elle n'entend pas. C'est une femme, à la vérité, un peu plus instruite que les autres, mais sans esprit, sans sentiment à elle, et qui jure sur la parole de ses maîtres, messieurs les encyclopédistes, auxquels elle donne souvent à manger, car son mari est un riche banquier. Elle tient chez elle un bureau subalterne d'esprit; très-ridiculement précieuse, au demeurant (2). C'est

---

(1) Thomas n'était pas un pédant, mais l'habitude d'écrire sur des sujets philosophiques lui faisait mettre de la gravité un peu partout. Pour finir, rapportons une anecdote où Sophie Arnould lui donna une plaisante leçon. La spirituelle actrice ayant besoin d'une autorisation de la police pour faire réparer une de ses cheminées, pria Thomas de s'en occuper. — Mademoielle, lui dit-il à quelques jours de là, j'ai eu l'occasion de voir le lieutenant de Police et de lui parler de votre cheminée; je lui en ai parlé d'abord en citoyen, ensuite en philosophe. — Eh! monsieur, lui répondit-elle malicieusement, ce n'était ni en citoyen ni en philosophe, mais en ramoneur qu'il fallait lui parler ! (*H. B.*)

(2) Mme du Deffand a dit de Mme Necker : « Elle a de l'esprit, mais il est d'une sphère trop élevée pour que l'on puisse communiquer avec elle. » De

cette femme dégagée des sens, à ce qu'elle prétend, qui trouve à redire à la manière que le créateur nous a donnée pour créer nous-mêmes des hommes : elle ne la trouve pas assez pure, assez propre; elle voudroit une autre manière, une autre façon d'amener la génération; elle l'a dit, et tous nos jeunes amoureux sont dans des transes mortelles que Dieu n'aille suivre ses conseils, et ne change ses anciennes lois, que les amants trouvent très-agréables et très-gracieuses, et que j'ai eu moi-même la bêtise, ainsi que tout le monde, de trouver très-délicieuses dans le temps que j'étois soumis à ces tant bonnes lois.

Pour en revenir au gros et au grand Thomas, j'ai été encore choqué, entre plusieurs autres bévues, de celle qu'il commet en parlant dans son *Essai*, de la comédie des *Femmes savantes* de Molière; il le réforme et le critique *mono-magistralement*, et avec un goût qui ne peut être puisé que dans Diderot et ses complices (1).

Ce grand ou gros juge décide aussi impérieusement de Quinault, et aussi mal. Pour sentir le génie et la délicatesse de cet auteur unique, il faut une âme, et par malheur M. Thomas et tous nos philosophes modernes n'en ont point, à ce qu'ils disent.

Toutes ces arrogantes inepties de M. Thomas, et quelques autres circonstances, m'ont remué la bile, que j'ai

---

son côté, Mme de Genlis a raconté avec complaisance dans ses *Mémoires* l'histoire des *tablettes* sur lesquelles Mme Necker écrivait à peu près tout ce qu'elle devait *improviser* à ses dîners. Quoiqu'il en soit, Mme Necker était une femme fort distinguée, à qui l'on doit plusieurs ouvrages estimés, entre autres des *Mélanges,* dont la publication a eu lieu après sa mort. N'est-il pas étrange que les femmes nous accusent de sévérité dans les jugements que nous portons sur leur compte, quand elles montrent elles-mêmes si peu d'indulgence en pareil cas? Mme de Genlis et Mme du Deffand ont fait passer au crible de leur amère critique à peu près toutes les femmes composant leur société. (*H. B.*)

(1) Plus haut, page 336, Collé dit que Thomas avait « une grande connais- « sance du théâtre, et surtout un goût sûr pour la véritable comédie.» Quelle opinion faut-il adopter, en présence d'avis aussi contradictoires? (*H. B.*)

répandue le plus gaiement que j'ai pu dans la chanson que je vais copier ici.

VAUDEVILLE NOUVEAU,

Très-peu philosophique, mais un peu comique, contre ce triste siècle de lumières et ses principaux illuminés; par un aveugle assez gaillard.

Air : *Tout est dit.*

1er couplet.

Quel est ce siècle de lumières
Qui croit éclairer tous les arts,
Et sur les vérités premières
Qui répand ses épais brouillards?
Astres nouveaux, si brillants, si célèbres,
Si lumineux, vos clartés n'ont produit
    Que les ténèbres
      De la nuit!

2e.

Mais qu'ai-je dit? quelle bévue!
Pauvre aveugle, me donner l'air
D'accuser d'avoir la berlue
Les beaux yeux d'un siècle aussi clair!
Allons, messieurs, je prendrai vos besicles
Pour voir, dans vos in-folio concis,
    Les grands articles
      Éclaircis (1).

3e.

Dans leurs volumes, qu'ils entassent,
Et qu'ils n'estiment point assez,
Ils ont passé, passent, surpassent,
Les auteurs des siècles passés (2);

---

(1) Il faut avant de mourir se donner encore le léger plaisir de relire dans l'Encyclopédie les grands articles *ame, épingle, morale, étrille,* etc. (*Note de Collé.*)

(2) On lit dans l'*Essai sur les Femmes,* par le docte Thomas : *Montaigne,*

Ils se plaignent que ces derniers les pillent,
Qu'ils leur ont pris tous leurs systèmes creux,
    Et qu'ils ne brillent
      Que par eux.

4ᵉ.

Montaigne avoit volé d'avance
Tous nos philosophes vivants;
Et c'est un vol qu'on laisse en France
Impuni depuis deux cents ans.
Montaigne a pris cependant le sophisme,
La profondeur, le cachet et le sceau,
    Et l'égoïsme
      De Rousseau.

5ᵉ.

Tout est dans la métaphysique (1)!
J'en fais mon étude et mon but;
Et sans l'esprit philosophique
Je sens qu'il n'est point de salut.
Je prends le parti d'éclairer le monde :
Il faut, dans leurs travaux et dans leurs lois
    Que je seconde
      Tous les Rois.

6ᵉ.

C'est à l'esprit philosophique,
Qu'on doit la gaîté d'aujourd'hui;
C'est à sa modestie unique
Qu'il doit notre respect pour lui.
Mais quel produit ont donné sa morale,
Ses grands morceaux, fort souvent pris d'autrui?
    Somme totale :
      De l'ennui.

---

qui a si bien connu ou deviné la nature, et qui nous a volé, il y a deux cents ans, une partie de la philosophie de notre siècle, etc. Montaigne a eu grand tort..... (*Note de Collé.*)

(1) Quoique incertaine, la métaphysique est la première des sciences; partout ailleurs on vous abuse. Il faut en revenir à être une des lanternes sourdes de la philosophie, si l'on veut se faire une réputation lumineuse; et me voilà décidé à écrire dans ce genre brûlant, pour le bien de l'humanité, des rois, des ministres et des chefs des républiques. (*Idem.*)

7ᵉ.

Lorsque sur la théologie
Ce saint esprit est descendu,
Sa voix, sans amphibologie,
Prononça : Moïse est tondu!
Détruisant tout, et le ciel et les ombres,
N'élevant rien, ses utiles travaux
    Sont des décombres,
      Un chaos.

8ᵉ et dernier.

Lorsque sur les arts agréables
Ce paraclet descend encor,
Il fait des drames incroyables,
Innocents comme l'âge d'or.
De l'Arétin, veut-il suivre les traces?
L'on trouve alors un vilain style ardent,
    Orné des grâces
      D'un pédant (1).

AVRIL ET MAI 1772.

Messieurs les Comédiens françois ont été à leur ordinaire faire leur cueillette dans les provinces, pendant la semaine de la Passion. A leur retour, ils se sont retirés dans leurs maisons de campagne; ils n'ont rien préparé de neuf pour la rentrée, mais ils ont bien fait leurs affaires et se sont amusés, et le public doit être content.

Ils ont décidé dans leur première assemblée de donner *Pierre le Cruel*, tragédie nouvelle, de M. de Belloy;

(*) Lisez, si vous le pouvez, *Thérèse philosophe* et *les Bijoux indiscrets!* Jugez par ces vilenies dégoûtantes de l'atticisme de messieurs les philosophes. (*Note de Collé.*)

ils se sont mis lentement à l'étude, et quand ils se sont trouvés prêts, madame Vestris a été réaffligée de son mal sur les yeux : il a fallu donner le rôle à Mlle Dubois, et ce ne sera vraisemblablement qu'à la fin du mois prochain que l'on aura la première représentation de cette nouveauté.

J'ai fait ces jours-ci le vaudeville du soliloque de la femme à Pierre Le Roux, en en cherchant un autre; j'avois dessein de faire un vaudeville gaillard contre le suicide, mais le sujet ne s'est point prêté à mes vues : je n'ai rien trouvé. Au revoir.

Le jeudi 7 mai, messieurs de l'Académie françoise élurent, en la place de MM. Bignon et Duclos, MM. l'abbé Delille et Suard. Le vendredi, M. le maréchal de Richelieu porta au Roi, protecteur de l'Académie, l'élection de ces messieurs, et le Roi répondit qu'il ne vouloit ni de l'un ni de l'autre, et ordonna qu'on procédât à une nouvelle élection.

Le samedi, M. le maréchal de Richelieu rapporta cette réponse discourtoise du Roi à messieurs de l'Académie. Comme ce grand maréchal jugeoit bien que cette réponse porteroit l'alarme dans une partie des académiciens, et pourroit leur faire prendre quelques résolutions bizarres, il chercha à se munir de quelque tête excellente qui pût être de son avis : il écrivit le matin à M. l'abbé de Voisenon.

Ce dernier, fatigué de ses propres ridicules, au point de ne pas risquer d'en prendre un nouveau, fit dire au maréchal qu'il lui étoit impossible de se trouver ce jour-là à l'Académie; qu'il étoit engagé à dîner à Auteuil, chez M. de Beaumont, intendant des finances; et mon petit vilain abbé, pour n'être plus tarabusté par les messages du maréchal, sortit sur-le-champ, et se rendit une grande heure plus tôt qu'il ne falloit, chez Mme de Vernage, qui s'étoit chargée de le mener à dîner.

Ce singe timide balançoit cependant encore, dans la crainte de déplaire au vieux renard, qui croyoit avoir besoin de lui; Mme de Vernage le décida et leva tous ses scrupules, en lui disant : *Je suis sûre, l'abbé, que vous avez fait déjà suffisamment de sottises dans toute cette affaire-ci; je veux vous épargner celles que vous feriez immanquablement encore ce soir, ainsi je vous emmène.* Ils partent. A peine sont-ils à table à Auteuil, qu'on voit arriver le coureur du maréchal; l'abbé lit tout bas, d'abord, la lettre qu'on lui apportoit; il dit ensuite tout haut qu'il lui étoit impossible de ne pas se rendre à l'Académie, et que s'il y manquoit, il se feroit un ennemi cruel de M. de Richelieu. *Mais, peut-on voir,* lui dit-on, *ce qu'il vous écrit?* — *Des injures, des duretés*, répondit-il, *tenez, lisez vous-mêmes!* et il a la bêtise, la lâcheté et la bassesse d'âme, de laisser lire tout haut ce qui suit :

« M. l'abbé, vous êtes une vieille c...., qui n'avez
« que les vices de ces créatures, sans en avoir conservé
« aucun des agréments. Si vous ne venez pas, comme
« vous me l'aviez promis, à l'Académie, je ne veux
« vous voir de ma vie; je vous ferai fermer la porte de
« mon hôtel, et vous serez le seul à qui j'aye fait cet af-
« front, etc., etc. »

Après cette lecture, que cet abbé avoit probablement jugée honorable et gracieuse pour lui, le voilà qui se démène et se montre très-empressé d'aller à son *Musée;* Mme de Vernage lui refuse nettement sa voiture; elle le plaisante; elle veut engager le coureur du maréchal à le porter à Paris, attendu qu'il n'a ni corps ni âme, qu'il ne pèse rien.

M. de Beaumont traite un peu bêtement cette affaire d'un ton plus sérieux. Il fait dîner à la hâte M. l'abbé, lui donne un carrosse, et M. l'abbé arrive à l'Académie après la barre tirée, mais auparavant que le maréchal eût exposé l'ordre du Roi à ces messieurs, et que ces derniers eussent délibéré en conséquence.

Le hasard avoit placé ce petit homme justement après M. l'archevêque de Toulouse, qui opina le premier; l'abbé conséquemment devoit opiner le second; et voilà mon prélat encyclopédiste qui pérore sur l'affliction de l'Académie, qui préconise l'excellence des sujets élus, qui déplore la liberté des suffrages enlevée à l'Académie, qui réclame cette liberté, et qui finit par ouvrir l'avis suivant : « Qu'en vertu du titre et du droit que « l'Académie en a, il sera demandé audience à Sa Ma- « jesté; que M. le duc de Nivernois, l'un de ses membres, « sera chargé de lui représenter que l'Académie est « dans la plus grande douleur de n'avoir pas vu con- « firmer son choix, de lui prouver que ces deux sujets « en sont dignes; que c'est les déshonorer aux yeux du « public, que de les exclure de cette façon, mise par le « Roi, pour la première fois, en usage; et qu'enfin « pour attendre l'effet de ces très-humbles remontrances « à Sa Majesté il sera sursis à l'élection nouvelle par « elle ordonnée, jusqu'au samedi 23 mai. »

C'étoit, comme je l'ai dit, à mon petit Voisenon à opiner après M. de Toulouse; il est embarrassé, déconcerté, troublé. *Vous voyez bien, Monsieur l'abbé,* lui dit l'académicien qui étoit à sa gauche, *que vous ne pouvez, et qu'on ne peut pas être d'un autre sentiment que de celui que vient d'ouvrir M. de Toulouse.*

Alors cet arlequin de l'Académie, oubliant la leçon que lui avoit faite M. de Richelieu, ne se souvenant plus qu'il revenoit forcément de la campagne exprès pour la répéter en spirituel perroquet, enfin ayant probablement perdu la tête, le petit vilain dit en balbutiant *qu'il étoit de l'avis qu'avoit ouvert M. l'archevêque de Toulouse.*

Cet avis, qui passa presque tout d'une voix, a été suivi. M. le duc de Nivernois a porté au Roi les doléances de l'Académie; le Roi les a écoutées avec bonté, mais il a persisté à ordonner une nouvelle élection, en disant cependant qu'il n'entendoit pas exclure pour toujours ces deux sujets; qu'il se feroit rendre compte de leurs principes et de leurs ouvrages, et que par la suite ils pourroient se présenter.

J'ajouterai ici les sentiments du public et des gens sensés sur cet événement, qui mortifie cruellement l'Académie françoise (1). En général, on pense d'abord que l'Académie françoise s'est attiré par ses fautes tous les désagréments qu'elle éprouve depuis quelques années de la part de la cour. Les 'choix qu'elle a affecté de faire des écrivains que les philosophes appellent seulement hardis, et que la ville et la cour nomment *déistes* et *frondeurs*, cette affectation, dis-je, a révolté le gouvernement et le public.

C'est, par exemple, contre toutes règles de politique, de prudence et même d'honnêteté, que le parti des prétendus philosophes a choisi anciennement pour un de ses membres M. de Marmontel, et qu'il a forcé, pour ainsi dire, la main de la cour pour s'associer cet homme, réprouvé nommément par un des statuts de l'Académie, qui défend de recevoir un écrivain qui a fait des libelles. La scène parodiée de Cinna en est un. Marmontel s'en étoit déclaré, et bêtement et impudemment, l'auteur. Il a été mis à la Bastille pour cette gentillesse; et c'est presque en sortant de cette prison que ces messieurs le font entrer à l'Académie, dont cette punition publique

---

(1) Il faut convenir que le rôle de cette pauvre Académie française était alors bien difficile. Placée entre la crainte de déplaire au maître et celle de froisser les sympathies du public intelligent et lettré, elle ne savait souvent comment se recruter, sans compter le ridicule dont la couvraient tour à tour les partis dédaignés par elle. Toutefois, sous ce dernier rapport Fontenelle a tâché de la venger par ces deux vers, qui sont toujours d'une vivante application, grâce à nos petites vanités :

« Quand nous sommes quarante on se moque de nous;
« Sommes-nous trente-neuf, on est à nos genoux. » (*H. B.*)

devoit l'exclure pour toujours. Ce sage, comme ils l'appellent entre eux, devenu membre de ce corps jadis si respectable, a composé depuis qu'il en est son ennuyeux Bélisaire, qui a tant fait crier l'archevêque; et la sottise, ou tout au moins l'imprudence de cet académicien, a retombé en partie sur l'Académie entière. Je rends d'ailleurs justice à Marmontel : c'étoit un sujet vraiment académique à tous égards, à l'exception des bonnes mœurs. Tout le monde le connoissoit pour un bas flatteur, qui avoit fait des couplets pour la Popelinière, pour Bouret, qu'il comparoit à Alexandre, etc., etc.; et en même temps on le soupçonnoit d'avoir fait anonymement des couplets contre Favart et sa femme, qui étoient encore des libelles : voilà quelles sont ses mœurs !

Leur dernier choix de l'abbé Arnaud a lassé la patience de la cour et du public; il n'y a personne qui n'ait été surpris de voir appeler cet homme à *l'immortalité*, devise de l'Académie.

L'abbé Arnaud n'a rien fait, comme je l'ai dit, que le *Journal étranger*, qui est tombé tout à plat. C'est un forfante avantageux, un bas intrigant, qui n'a eu d'autre mérite que d'être agrégé à la secte philosophique, d'en être le prôneur, et d'afficher publiquement l'incrédulité, sous le prétexte qu'il est abbé et qu'il possède un joli bénéfice.

Dans son discours de réception à l'Académie, ce bon et modeste ecclésiastique, et qui mérite autant des lettres que de l'Église, a eu la mâle assurance d'appeler à l'Académie son compère Suard; le grand Corneille en y appelant Racine, le très-célèbre Racine, n'eût pu oser davantage. Cette insolente fatuité de l'abbé Arnaud avoit merveilleusement scandalisé le public; mais la confirmation de cet appel par l'Académie a indigné la cour et la ville, et messieurs les entrepreneurs philosophiques ont soulevé tout le monde par ce dernier trait d'imprudence et d'impudence.

Ce n'est pas que M. Suard ne soit un homme de mœurs irréprochables ; ce n'est pas qu'on ne doive point le respecter, à cause du manque de fortune où le laisse la disgrâce qu'il a essuyée l'année passée. Mais la Gazette qu'on lui a ôtée marquoit avec évidence le mécontentement et l'indisposition du gouvernement contre lui ; n'y a-t-il pas, au moins dans ce cas, une imprudence extrême à messieurs de l'Académie d'élire un sujet désagréable à la cour, qui est *in reatu?* N'est-ce pas vouloir la braver que de faire un pareil choix?

M. Suard, d'ailleurs connu dans les lettres seulement par sa traduction de Robertson, qui a beaucoup réussi, ne peut pas compter comme un titre pour l'Académie cette histoire de Charles-Quint. Une traduction de l'anglais n'est point, dans les lettres, un titre, comme le seroit celle d'un auteur grec ou latin. Les autres ouvrages de M. Suard, son *Journal étranger*, ses *Variétés littéraires*, etc., etc., n'ont fait aucune sensation, et sont tombés ; le public étoit donc bien éloigné de l'appeler à la place à laquelle l'Académie le nommoit.

Ce même public étoit un peu plus déclaré en faveur de M. l'abbé Delille ; les gens du monde, les femmes et les ignorants, avoient regardé sa traduction en vers des *Géorgiques* de Virgile comme une petite merveille ; cet ouvrage a eu du moins un succès prodigieux, et cette réussite, qui ne devoit cependant pas séduire messieurs de l'Académie, les justifioit en quelque sorte d'avoir élu ce petit abbé, auquel, d'ailleurs, on connoît de bonnes mœurs et un caractère assez aimable ; malgré cela, cette grande partie du public qu'il avoit pour lui et ses partisans même trouvoient encore qu'il étoit trop jeune pour le placer d'emblée à l'Académie. L'élection trop précipitée de ce jeune régent de troisième a donc paru ridicule aux gens de lettres sensés et sans préventions ; l'Académie s'est donné un ridicule aux yeux de ces derniers de n'avoir pas su discerner *l'or de Virgile du clinquant* de M. l'abbé (1).

Ce ne sont pas là tous les torts de ce corps, jadis si respectable, et qui aujourd'hui semble prendre à tâche de s'avilir lui-même. Indépendamment de cette conjuration qu'il a formée pour n'y recevoir que ceux qui sont de la clique des philosophes, ce corps, affoibli par les membres même dont il se renouvelle, ce corps glorieux a fait plusieurs sottises. La plus frappante, c'est d'avoir dans une assemblée publique attaqué, par la voix de M. Thomas, M. Seguier, avocat général alors du vrai parlement et leur confrère. Le crime de ce grand magistrat contre la confrérie des sophistes étoit d'avoir fait son devoir, d'avoir sévi dans un réquisitoire contre des livres impies et séditieux.

Leurs derniers choix, qui sont autant de sottises, et surtout leur élection de l'abbé Delille et de Suard, lui ont encore attiré une lettre d'animadversion du duc de la Vrillière, qui lui a enjoint d'être plus circonspecte dans le choix qu'elle fera des sujets, et d'avoir attention à leurs mœurs, à leurs principes et à leurs ouvrages, pour les admettre dans son corps.

Le samedi 23, l'élection ordonnée par le Roi s'est faite. C'est un M. Beauzée, grammairien et pédagogue à l'École militaire, et qui n'a jamais rien écrit; c'est un M. de Bréquigny, de l'Académie des Inscriptions, qui, dit-on, a donné des *Mémoires* et des *Vies des orateurs grecs*, ouvrages aussi inconnus que son nom, que j'ignore ainsi que la plus grande partie du public.

Si, dans l'état où se trouve réduite actuellement l'Académie, les gens de la cour ne se soucioient plus, pendant cinq ou six ans, d'y entrer, on peut, sans être prophète, prédire la ruine de ce bel établissement, par l'avilissement total où il tomberoit. La division et les partis

―――――――――――――――――

(1) Réminiscence d'un vers de Boileau. (*H. B.*)

qui déchirent à présent ce corps, empêcheront les gens de lettres honnêtes de penser à y entrer. Je ne m'en suis jamais cru digne; mais, dans le trouble où la voilà et le peu de considération qu'elle a au temps que j'écris ceci, on me donneroit toutes les choses au monde pour en être, que je le refuserois; ce n'est plus qu'une pétaudière et une caverne de tracassiers et de tracasseries! Car c'est une tracasserie du maréchal de Richelieu qui a fait casser l'élection de Suard et de l'abbé Delille par le Roi, fort éloigné d'ailleurs de s'occuper de ces minuties; lui que son indolence porte naturellement à négliger les affaires les plus essentielles de son royaume. On dit que ce vieux courtisan, habitué à l'intrigue, ne trouvant plus à manœuvrer à Versailles, par le discrédit où il y est tombé, vient faire de menues tracasseries à l'Académie, pour ne pas laisser perdre tout à fait ses anciens talents dans cette partie. Il s'est appuyé à l'Académie d'un M. l'abbé Batteux, homme sans mérite, mais intrigant, faisant le dévot, et qui a secondé le maréchal du petit nombre de dévots véritables qui sont de l'Académie. Cet abbé s'est fait donner par la cour, il y a deux mois, une pension de deux mille livres, et probablement par la protection du maréchal, et cet abbé en bénit le Seigneur!

Qu'on regarde l'Académie françoise, dans le point de vue du bavardage très-véridique que je viens de faire, et que l'on y entre ensuite, c'est ce qui m'étonneroit un peu, quoiqu'il y ait longtemps que j'aye passé l'âge des étonnements.

Le mercredi 20 mai, les Comédiens donnèrent la première représentation de *Pierre le Cruel*, tragédie, par M. de Belloy (1). Je ne pus pas m'y trouver; j'allai dîner

---

(1) *Pierre le Cruel* fut joué avec succès à Rouen peu de temps après qu'il eut été sifflé à Paris. En relisant cette tragédie, je trouve que j'en ai assez bien jugé. Il ne peut y avoir d'intérêt et il pourroit y avoir beaucoup moins d'invention; du moins, il faudroit qu'elle fût moins indigeste. L'imagination de ce poëte n'est pas réglée; mais il a de trop de ce que les autres

ce jour-là à Saint-Cloud, chez M. l'abbé de Breteuil. Le lendemain, j'entendis dire que cette pièce avoit été sifflée outrageusement. Elle étoit affichée pour le samedi suivant; mais M. de Belloy l'a retirée sagement, malgré les instances des Comédiens, qui me dirent quelques jours après qu'effectivement ils n'avoient jamais vu de cabale plus infernale que celle qui étoit ce jour-là au parterre.

Des gens sensés qui ont vu cette représentation sont convenus que le parterre étoit orageux; mais ils pensent que sa chute est méritée : ils disent que cette tragédie est absolument sans intérêt, à force d'être divisée entre plusieurs personnages, dont quelques-uns sont inutiles, et que les détails en sont d'une longueur insoutenable.

Le rôle unique de femme qui est dans cette tragédie étoit rendu par la demoiselle Dubois, actrice très-médiocre et sans nulle intelligence. Le Kain joua, dit-on, avec une lenteur et une froideur si grandes, qu'on l'a soupçonné d'avoir des ordres de Voltaire pour contribuer à la chute de l'ouvrage. De l'aveu de tout le monde que j'ai vu, Molé ne déclama pas, mais beugla son rôle. Bri-

---

tragiques n'ont point eu assez. Il présente des situations en abondance, mais ses plans manquent dans l'arrangement de ces mêmes situations. Dans *Pierre le Cruel*, les héros françois ont du caractère et de l'énergie, sans faire d'effet, parce qu'ils ne sont pas le fond du sujet, et qu'ils ne sont que seconds personnages : ils y sont trop épisodiques. En ne regardant cette tragédie que comme un morceau d'histoire, et non pas comme un poëme dramatique, j'y vois un très-beau tableau des événements qui se passèrent à l'époque des jours brillants du Prince Noir et du connétable du Guesclin Cette *non-tragédie* me paroit ressembler, par le plan mal conçu, à la non-tragédie de *Catilina*, par Crébillon. Cette dernière est de même une belle peinture de l'état de la république romaine à l'époque du commencement de sa décadence; mais ce n'est pas non plus un poëme dramatique. *Gabrielle de Vergy* a été jouée avec le plus grand succès après la mort de ce très-estimable poëte; elle est restée au théâtre, et y restera toujours. C'est une trop véritable tragédie, celle-là; on aime ce genre affreux, actuellement : il n'est pas de mon goût; mais si l'on ne peut souffrir ces scènes, ces situations dignes de Tyburn ou de la Grève, on m'a dit qu'il n'en falloit pas dégoûter les autres. (*Note de Collé, écrite en* 1780.)

zard fut le seul qui rendit comme il le falloit le rôle de Duguesclin.

J'avois entendu la lecture de *Pierre le Cruel*; je l'avois jugée trop compliquée, trop chargée d'événements et sans intérêt. Édouard ou le Prince Noir et Duguesclin, ces deux héros, ne sont dans cette tragédie que des médiateurs; ce n'est point sur eux que roule l'intérêt; ils ne sont que des personnages seconds. Ce défaut lui seul a dû rendre l'ouvrage froid; ce vice de fond a dû nécessairement révolter le spectateur.

D'ailleurs, lorsque M. de Belloy, dans ses pièces, pèche par le défaut d'intérêt, comme sa manière est de montrer la lanterne magique, je veux dire de multiplier les événements, les personnages et les tableaux, il doit arriver que lorsqu'il manque à l'intérêt il prête infiniment plus le flanc à la critique et au ridicule qu'aucun autre auteur tragique. Ses poëmes sont toujours composés de parties incohérentes, où la vraisemblance est rarement observée, et qui ne forment jamais un tout qui soit un; on trouve toujours plusieurs tragédies dans une des siennes; aussi quand l'intérêt ou les effets de ses tableaux manquent, il doit tomber de plus haut qu'un autre.

JUIN 1772.

[Le fils aîné de M. de Meulan, qui est, ainsi que son père, receveur général des finances à Paris, aime beaucoup la comédie. Il a même du goût, et juge assez bien des pièces de théâtre.

Peut-être ce goût l'eût-il mené plus loin, et aurait-il eu quelque talent pour composer dans ce genre, s'il n'avait pas deux cent mille livres de rente. Mais le moyen qu'avec ces richesses on se donne de la peine, que l'on étudie, que l'on travaille et que l'on se cherche des talents, qui paraissent au moins inutiles aux yeux de gens de cette opulence-là?]

Quoi qu'il en soit, il m'a écrit le 12 de ce mois, qu'enfin les Comédiens françois avoient donné le jeudi 11 juin la première représentation du *Jaloux honteux*, de Dufresny, en trois actes, et de la façon dont je l'avois arrangé pour le théâtre de M. le duc d'Orléans. Il me marque que ce sera une pièce de plus à ajouter au répertoire des Comédiens. Il me détaille assez judicieusement les défauts de cette comédie, et qui frappent davantage à la représentation.

Ce qui la fit tomber en 1708, ce fut probablement la répétition de la même situation qu'on lui reproche encore aujourd'hui, quoiqu'elle soit moins fastidieuse dans le cours de trois actes qu'en cinq; ce retour de la même situation jette dans cette pièce nécessairement un peu de froideur, que l'on pardonne moins à présent que jamais, depuis que l'on ne veut plus au théâtre que des situations outrées, et un intérêt, dans la comédie, pareil à celui de ces drames surnaturels dont on infecte aujourd'hui notre scène.

Je vois par la lettre de M. de Meulan que les Comédiens m'ont tenu parole. Ils ont donné cette comédie sans trop l'annoncer et sans paroître y mettre la moindre prétention; aussi me dit-il qu'à cette première représentation il n'y avoit personne! Rien au monde n'est plus froid qu'une salle de spectacle tant soit peu déserte. Cette circonstance a dû augmenter encore la froideur de cette pièce à sa première représentation.

On m'a écrit d'un autre côté que *le Jaloux honteux* fut donné pour la seconde fois le samedi 13, précédé du *Mercure galant*, et quoique cette comédie très-gaie, et jouée presque entièrement par Préville, eût dû naturellement nuire au succès du *Jaloux honteux,* qu'il avoit été cependant fort applaudi, et par une assemblée très-nombreuse.

Ils ne devoient le donner que le dimanche, mais une très-jeune actrice nommée Sainval, et dont, par parenthèse, le début a réussi prodigieusement, s'étant trouvée indisposée le samedi, les Comédiens furent obligés de s'accrocher à ce qu'ils purent trouver.

Au principal rôle près, les autres sont bien distribués. Bellecourt fait le Jaloux, j'eusse mieux aimé Molé; cependant on s'est réuni pour m'écrire que Bellecourt ne s'en tire pas mal; je pensois qu'il feroit siffler la pièce, et je pense encore qu'entre ses mains elle l'a échappé belle.

Voici la distribution des autres rôles de cette comédie :

La femme du jaloux,	Mme Préville.
L'amant,	Molé.
Le jardinier,	Préville.
La petite niaise,	Mlle Deligny.
Le valet de chambre,	Feully.[1]

J'avois donné ce dernier rôle à Auger, il y a quatre ans; depuis ce temps Feuilly a fait des progrès incroyables, et Auger est devenu incroyablement froid et mauvais. Je saurai, en arrivant à Paris, par quel malheureux hasard les Comédiens ont fait ce changement essentiel. Je dis essentiel, attendu que comme ce rôle est le plus nécessaire et le plus froid de cette comédie, il étoit de la plus grande conséquence qu'il fût donné à un acteur chaud, intelligent, très-naturel et très-comique, tel qu'est actuellement Feuilly.

J'avois bien prévu, et l'on me confirme très-fort dans l'opinion où j'ai toujours été, que Mlle Deligny seroit supérieure dans le rôle innocent d'Hortense : on me l'écrit de tous côtés.

Préville joue le rôle du paysan à merveille; Molé doit

sûrement animer le rôle de Damis; et Mlle Hue a des scènes si jolies, qu'il seroit bien adroit à elle de les manquer.

Mme Préville aura mis à son rôle toute la noblesse ordinaire de son jeu, et comme il n'y a ni sentiment ni chaleur extrême, elle doit le remplir à la satisfaction du public.

Si jamais, après la retraite de Bellecourt, le rôle du Jaloux étoit joué par Molé (en supposant que ce dernier ne se gâte point et ne devienne pas trop outré), cette comédie acquerroit alors toute la chaleur qu'on peut raisonnablement exiger dans une comédie. S'il survenoit un acteur du haut comique, tel que j'ai vu Quinault l'aîné, cette comédie de Dufresny ne seroi pas reconnoissable.

On vient de me donner à la campagne, où je suis, une noirceur caduque de M. de Voltaire contre M. Clément, intitulée : *les Cabales, œuvre pacifique*. Excepté trois vers excellents que j'ai remarqués à la fin, dont l'idée est assez neuve et assez agréable, on ne trouve dans cette odieuse satire ni naïveté, ni vraisemblance, ni goût : ce sont des longueurs insoutenables, des vers lâches et prosaïques, une continuelle impropriété dans les expressions; ce sont des interlocuteurs qui disent d'eux-mêmes ce qu'il n'est pas dans la nature qu'ils disent. C'est son rabâchage éternel et fastidieux contre la religion; c'est une profession de foi du déisme, qui ne revient à rien et qui n'est bonne qu'à ennuyer. Ce sont des sentimens révoltants sur les affaires présentes; une manière de penser de mauvais citoyen sur les parlements, ou plutôt sur les droits de la nation, qu'il veut tourner en ridicule de la façon la plus basse et en vil esclave. C'est une rage cachée contre M. Clément et tous ceux qui le critiquent. Il reproche avec outrage à M. Clément sa pauvreté, au sein de la richesse où il nage; le lâche!

Au reste, le commencement de cette gaieté, qui n'est

pas gaie, est d'un ridicule incroyable dans M. de Voltaire; lui qui a attaqué Homère, Pascal, Fénelon, Corneille, Bossuet, Shakespeare, La Fontaine, Molière, Quinault, Boileau; lui qui a critiqué généralement tous les auteurs de ce siècle, à l'exception de ceux qu'il a satirisés et outragés cruellement, ce que je sépare d'une critique littéraire et permise. C'est cet odieux Arétin, cet Archiloque enragé, qui crie comme un diable qu'on lui veut nuire, quand on critique honnêtement ses ouvrages; lui qui appelle gredin, garnement, sodomite, etc., etc., etc., qui vomit les injures les plus grossières contre les censeurs littéraires, qui les renvoie à l'hôpital, qui les invective de ce qu'ils ne sont pas aussi riches que lui, etc., etc. Ce procédé est bien équitable.

JUILLET 1772.

Le 6 du mois je partis pour Grignon. J'ai retrouvé la campagne de la plus grande beauté; nous aurons une excellente année, sauf les hasards qui peuvent encore arriver à la vigne, qui promet tout; le reste est à couvert des accidents et abondant : nous n'avons à craindre cette année que les ministres d'État; mais c'est un fléau de tous les ans, qui affligera actuellement sans relâche les François asservis sous le despotisme le plus décidé.

L'on m'écrit de Paris que l'Académie françoise a reçu MM. de Brequigny et Beauzée. Un grammairien, un dissertateur! deux hommes inconnus presque à Paris, inconnus sûrement au reste de la France. Ce n'étoit point ainsi que se faisoient les élections dans le siècle de Louis XIV (1). Les récipiendaires étoient connus de toute

---

(1) La petite colère de Collé lui fait oublier qu'un assez grand nombre d'hommes de talent, même de génie, — Molière en tête, — ne firent point par-

l'Europe savante, et ils avoient la plupart une grande célébrité. Quels ouvrages ont illustrés ces deux *Colas*, qui viennent pour toucher les jetons de l'*immortalité!*

On ne me parle point de leurs discours de réception; on loue celui de M. le prince de Beauvau, qui a répondu à un de ces obscurs; j'en fais mon compliment à celui qui l'a composé.

On me marque aussi que le Roi, après s'être fait rendre compte des mœurs, des sentiments et des ouvrages de MM. l'abbé Delille et Suard, avoit déclaré qu'il ne s'opposoit plus à ce qu'ils fussent reçus à l'Académie françoise aux premières places vacantes.

M. le duc de Nivernois a fait revenir le Roi : M. le maréchal de Richelieu l'avoit fait aller trop loin; je laisse à faire sur ce petit événement les réflexions convenables. Je ne rabâcherai rien là-dessus, je me contenterai de dire que je suis charmé pour Suard que le dénouement de cette comédie le renvoie content.

L'on m'écrit encore que Mlle Deligny a eu un succès prodigieux dans le rôle de Mariane, et que Monvel a été applaudi généralement dans celui de Desronais. On m'a ajouté que Molé en est en fureur; tout cela me fait plaisir à tous égards. Je suis très-satisfait de la réussite de l'actrice, que je croyois trop jeune pour ce rôle; je suis enchanté que Molé soit convaincu que ce n'est point lui qui a fait le succès de ma comédie; charmé qu'il soit humilié comme un fat qu'il est; et enfin mon amour-propre est sensiblement flatté que dans la dixième année de ses représentations, ma comédie, en changeant d'acteurs, ne fasse pas changer de sentiment au public; voilà mon but rempli, je désirois rester au théâtre!

---

tie du docte corps, qui sous Louis XIV ouvrit complaisamment ses rangs, — comme il les ouvre encore aujourd'hui, — à des vanités titrées, à des nullités de toutes les couleurs. (*H. B.*)

AOUT 1772.

Le 1ᵉʳ de ce mois les Comédiens françois donnèrent la première représentation de *Roméo et Juliette,* tragédie par M. Ducis. Il est singulier que celui qui a fait la seule scène qui soit dans cette tragédie, celle du quatrième acte, ait fait le reste de la pièce, ou bien il est également étonnant que l'auteur d'une scène qui m'a paru aussi belle, ait eu assez peu d'invention pour n'en pas imaginer une seconde, ait manqué de lumière au point de ne pas voir qu'il n'y avoit que cette scène uniquement, ou ait été pourvu d'un amour-propre assez aveugle, et d'un jugement assez perclus, pour ne pas se rendre la justice que son ouvrage devoit être sifflé universellement.

Il ne s'en est guère fallu qu'il le fût le premier jour; tout le monde, m'a-t-on dit, s'y ennuya merveilleusement, jusqu'à cette scène du quatrième acte, qui fut applaudie avec fureur et qui fit demander l'auteur à la fin de la pièce. Il parut, et il s'est encore montré à la seconde et à la troisième représentation. Que Dieu l'en absolve !

SEPTEMBRE ET OCTOBRE 1772.

C'est dans le mois d'octobre que l'on a donné la première représentation des *Chérusques,* tragédie par M. Boivin, auteur, dit-on, âgé de soixante-neuf à soixante-dix ans, et qui mouroit exactement de faim (1).

---

(1) L'auteur de cette tragédie est Bauvin (Jean-Grégoire), avocat, et non *Boivin*. Il était né à Arras, en 1714, et avait travaillé à l'*Observateur* avec Marmontel, ainsi qu'au *Mercure*. (*H. B.*)

Ce vieillard, fort à plaindre s'il n'étoit pas malheureux par sa faute, a été obligé pour faire recevoir sa pièce, qui à la vérité n'étoit pas admissible, d'essuyer les hauteurs, les rebuffades et, qui pis est, la compassion des Comédiens. J'ai su sur cela des détails qui font grincer les dents! entre autres, que cet homme pauvre à l'excès n'ayant pu parvenir à obtenir une audience du charmant Molé à Paris, avoit été le relancer à Antony, où ce jeune seigneur a une maison de campagne : c'étoit pendant la chaleur du mois d'août. Il y arrive à une heure et demie; Molé ne peut point se faire celer; il le reçoit en lui annonçant qu'il va dîner en ville avec sa femme, ce qui n'étoit pas vrai.

On prétend encore que ce client ignoble, sollicitant, cet hiver, ce patron superbe comme Tarquin, en avoit obtenu cette agréable réponse : *Eh! monsieur, cessez de m'excéder! l'on jouera votre pièce, soyez-en sûr! et ne venez plus, de grâce, traîner dans mon antichambre.*

Voilà les grâces qu'un Comédien met aux plaisirs qu'il fait aux auteurs assez bas pour lui faire la cour : et voilà comme quelques-uns d'eux, ou peut-être malheureusement le plus grand nombre, avilissent les gens de lettres honnêtes qui travaillent pour le théâtre! Ce sera, avec bien d'autres raisons, une des causes de sa chute en France.

M. de Belloy, qu'ils ont accablé de mauvais procédés, et auquel ils ont fait des injustices atroces, a été forcé par eux d'abandonner cette carrière. Depuis sept ans qu'ils ont reçu *Gabrielle de Vergy*, ils l'ont tant fatigué de leurs délais, qu'il a été obligé de renoncer à la faire représenter ici. Cette tragédie a été jouée dans les provinces avec succès, parce qu'ils l'ont contraint de la faire imprimer sans avoir été représentée à Paris. L'on observera que M. de Belloy est on ne peut plus mal à son aise, qu'il a besoin du théâtre pour vivre, qu'il en a bien mérité, et qu'à cet égard les Comédiens lui ont des obligations.

Je ne mets point d'humeur dans ce que j'écris ici contre la troupe actuelle. Ils ont eu, à la vérité, de mauvais procédés avec moi ; mais ils ont glissé sur moi, ils ne m'ont pas affecté; et je m'appliquerois volontiers vis-à-vis de cette abjecte compagnie les vers de Callisthène (1) :

> A force de mépris je me sentois paisible :
> L'artisan de mes maux m'y rendoit insensible.

Je ne crois donc rien outrer quand j'avance ici que les Comédiens deviennent et sont depuis quinze ans absolument impraticables pour les auteurs honnêtes.

En voici une preuve évidente :

Si l'on veut se donner la peine de comparer le petit nombre de pièces nouvelles donné pendant les dix ou douze dernières années, avec celui qu'ils donnoient autrefois, ce journal-ci, qui ne remonte que jusqu'à 1748, fera foi de la différence prodigieuse avec les années antérieures.

Ils en représentoient jadis une douzaine par an; à présent cela ne va guère qu'à trois ou quatre, et cependant il y en a des trente et quarante de reçues. Ils en font magasin, et elles n'en sortent point. Leur paresse et leur négligence est portée au dernier excès : elle a sa source dans leur aisance. Les petites loges, comme je l'ai dit, rendent par chaque part, 10,000 fr.; leur salle, sans travailler nullement, 3 ou 4,000 fr.; ils se croiroient des insensés de se donner la plus légère peine; ils n'en prendront qu'à la mort du Roi, lorsque son successeur fera une banqueroute affreuse, qu'il n'est pas malaisé de prévoir et de prédire. Alors, comme dit Daniel, dans ce temps de désolation et d'abomination, les petites loges

---

(1) Tragédie de Piron, jouée en 1730. Piron nous apprend qu'à la première représentation de cette tragédie, le poignard qu'on présentait à Callisthène et dont il devait se percer le sein, se trouva en si mauvais état, que le comédien se poignarda d'un coup de poing. (*H. B.*)

cesseront d'être louées, les spectacles seront abandonnés, ainsi que dans mon adolescence je les ai vus désertés après la banqueroute des billets de banque et des actions de la Compagnie des Indes.

Les colléges eux-mêmes le furent à Paris.

Je ne m'amusois à écrire ce mauvais Journal que pour juger principalement, tant bien que mal, les nouveautés qui paroissent au Théâtre françois : aujourd'hui que ces indolents et insolents messieurs se sont décidés à n'en presque plus donner, j'abandonne ce radotage, et je finis ici cette besogne mal bâtie de mes souvenirs, la matière me manquant entièrement (1).

Cette digression terrible m'a fait oublier de parler de la tragédie oubliée des *Chérusques*, et elle ne mérite pas qu'on s'en souvienne.

---

(1) C'est en finissant ma soixante et onzième année, et même ayant déjà mangé sur ma soixante-douzième, que j'ai fait la revue et la réforme de ces Journaux. On y aura vu combien j'ai travaillé ; mais on n'y aura pas vu combien j'ai eu de plaisirs à travailler, et ceux surtout que j'ai goûtés pendant vingt ans et plus, que le théâtre de M. le duc d'Orléans a subsisté de mon ravail : ce théâtre ne m'a donné que des agréments et point de dégoûts. Quand quelques-unes de mes pièces y sont tombées, j'en voyois leur chute en riant, et ce n'étoit que par des badinages agréables qu'on me le faisoit sentir ; c'étoit même si légèrement que j'eusse pu ne pas m'en apercevoir, si je n'avois pas mis de l'amour-propre à n'en avoir qu'un raisonnable. Vive le théâtre de société ! Le théâtre public m'a donné plus de dégoût que de satisfaction. Quoique *Dupuis et Desronais*, et surtout *la Partie de Chasse* y aient eu des succès au-delà même de mes espérances ; quoique je n'y aie vu tomber que *la Veuve*, qui même a été mal jouée (diroit un autre auteur que moi), je passe condamnation et ne voudrois avoir que cette plainte à faire sur les Comédiens. Si l'on n'avoit pas pour soi le mépris qu'on fait d'eux et de leurs procédés, on seroit inconsolable. Heureusement j'ai aimé les lettres pour les lettres ; elles n'ont pas été pour moi un métier, mais un amusement ; elles font encore tout mon plaisir dans ma vieillesse, où il n'est pas possible d'en avoir d'autres ; mais il y a longtemps que j'ai renoncé à ce que les hommes appellent *plaisirs*; il y a longtemps que le bonheur a pris leur place chez moi. Depuis que je suis marié, je l'ai senti dans toute sa plénitude, je le sens encore. Que le Ciel ne m'ôte rien, que ma femme se porte bien, et que je sois en santé ! Je ne demande rien à Dieu que ma mort avant celle de ma femme, mais une mort sans souffrances, une mort et gracieuse et honnête, car.... *dicique beatus ante obitum nemo, supremaque funera debet*. (*Note de Collé, écrite en* 1780.)

C'est une copie informe de l'*Arminius* de Campistron ; ce qu'il y a de remarquable, c'est que tout y est en récits et en déclamations, et qu'il ne s'y trouve de situation et d'action que dans le cinquième acte seulement. C'est une tragédie qui n'a pas figure humaine.

Je terminerai ce Journal par deux anecdotes sur notre Dauphine actuelle. Les voici :

Feu M. le duc de la Vauguyon, ayant trouvé sur la cheminée de la Dauphine (1), un exemplaire de la *Correspondance*, se crut obligé en conscience, comme pédant royal titré (2), d'aller en avertir le Roi, qui en fut furieux. Ce prince ne tarda pas à en parler à la Dauphine, et lui ordonna même assez durement de lui apprendre par qui cet exemplaire lui étoit parvenu. Mme la Dauphine eut beau se défendre, il falloit obéir ; enfin, poussée à bout, et pour ne compromettre personne, elle lui dit que c'étoit l'impératrice sa mère qui le lui avoit envoyé. Ce trait marque à la fois dans cette princesse du caractère, de l'esprit, de l'humanité. Voici la seconde anecdote :

Une mère dont le fils avoit tué un homme bravement et loyalement fut se jeter aux pieds de cette princesse, pour avoir sa protection, qu'elle lui accorda.

Une de ses femmes de chambre, pour faire sa cour bassement ou bêtement, lui dit que cette mère avoit été aussi se jeter aux genoux de Mme la comtesse du Barry.

Mme la Dauphine l'interrompt vivement, et lui dit : *Si j'étois mère, je me jetterois aux pieds de Zamore, pour avoir la grâce de mon fils* (3).

Je trouve encore dans cette réponse beaucoup de caractère et de force : elle est d'ailleurs pleine de sentiment et d'élévation.

---

(1) Marie-Antoinette. (*H.B.*)
(2) Il était gouverneur du Dauphin et de ses frères. (H. B.)
(3) Zamore est le petit nègre de la comtesse du Barry. (*Note de Collé.*)

FIN.

TABLE

ALPHABÉTIQUE ET ANALYTIQUE

DES NOMS ET DES MATIÈRES

CONTENUS

DANS LES TROIS VOLUMES

DU

JOURNAL HISTORIQUE ET LITTÉRAIRE

DE COLLÉ

TABLE
ALPHABÉTIQUE ET ANALYTIQUE.

A

Abeille (l'abbé), de l'Académie française. Épigramme dirigée contre lui, II, 62.

Académie dramatique. Titre que Mlle Clairon voulait qu'on donnât à la troupe des comédiens du Théâtre français, III, 83, 84.

Académie française. Épigramme sur l'absence de concours pour le prix de l'—, II, 56. — Autre épigramme dirigée contre elle, III, 282. — Intrigues et tracasseries occasionnées par l'élection du prince de Beauveau et l'historien Gaillard, III, 297. — Elle admet dans son sein des gens ignorés, des nullités, tandis qu'elle dédaigne des gens de lettres célèbres, etc., III, 312. — Elle nomme l'abbé Delille et Suard; refus du roi d'approuver ce choix et ordre de procéder à une élection nouvelle, III, 349. — Humiliation qu'elle en éprouve; elle députe le duc de Nivernois auprès du roi, III, 351. — Elle reçoit une lettre d'animadversion du duc de La Vrillière, qui lui enjoint d'être plus circonspecte dans le choix qu'elle fera de ses membres, III, 355. — La division et les coteries qui déchirent ce corps savant empêchent les gens de lettres honnêtes de penser à y entrer, III, 356. — C'est par suite des intrigues du maréchal de Richelieu que la double élection de l'abbé Delille et de Suard a été cassée par le roi, *ibid.*

Académie royale de musique (Opéra). Dépossession des directeurs en vertu d'une lettre de cachet, I, 93. — Réforme dans les entrées de ce théâtre, laquelle a pour effet l'exclusion de Collé, I, 151. — Anarchie qui règne à ce théâtre depuis que la ville l'a dans ses attributions, II, 67. — Ce théâtre va être donné à bail à Revel et à Francœur, II, 86. — Incendie de l'Opéra, II, 295 et suiv.

Acante et Céphise. Première représentation de ce ballet, I, 375.

Accidents (les) ou *les Abbés*, comédie graveleuse de Collé, jouée devant des évêques, III, 232.

Adélaïde (Madame), fille de Louis XV. Elle appelle Laverdi *polisson*, III, 207.

Adèle de Ponthieu. Réception de cette tragédie, II, 63. — Analyse de cette pièce, II, 64. — Première représentation, II, 88.

Adieux du Goût (les). Première représentation de cette comédie de Portelance et Patu, I, 396.

Agrippa ou le faux Tibérinus. Reprise de cette tragédie de Quinault, I, 220.

AGUESSEAU (le chancelier d'). Donne sa démission, I, 257. — Sa mort; son éloge par Collé, I, 284.

Ajax. Reprise de cet opéra, II, 20.

ALARY (l'abbé), de l'Académie française. Répond au discours de réception de l'abbé de Boismont, II, 36. — Sa mort; son *Oraison funèbre* par Collé, III, 280 et suiv.

ALBARET (le comte d'). Grand persifleur; mystifie Tronchin qui le mystifie à son tour, III, 300.

ALBERMALE (Milord), ambassadeur d'Angleterre. Sa recommandation à Lolotte, sa maîtresse, au sujet d'une étoile qu'elle admirait, I, 324.

Alceste. Reprise de cet opéra, II, 116.

Alcionne. Reprise de cet opéra, II, 67.

ALEMBERT (J. Le Rond d'), géomètre, littérateur, philosophe. Approuve *Mahomet*, tragédie de Voltaire, dont Crébillon refusait d'autoriser la représentation, I, 349. — Est élu à l'Académie française, I, 440. — Sa réception. Gresset lui répond, I, 443.

ALLAINVAL (Soulas d'), auteur comique. Reprise de *l'École des Bourgeois*, comédie, III, 267. — Sévérité du jugement de Collé à l'égard de cette pièce et de son auteur, III, 267.

ALLIOT, auteur du *Muet par amour*, comédie, I, 355.

Amalasonthe. Première représentation de cette tragédie, I, 422.

Amant déguisé (l'). Première représentation de cette comédie de La Morlière, II, 145.

Amant précepteur (l'), comédie de M. Duvaure, connue d'abord sous le titre du *Faux savant*, I, 91.

Amants inquiets (les), parodie de *Thétis et Pélée*, I, 300.

Amants sans le savoir (les). Première représentation de cette comédie de Mlle Mazarelli, III, 323.

Amateur (l'). Première représentation de cette comédie de Barthe, II, 341.

Amazones (les), tragédie de Mme Dubocage. Sa première représentation, I, 86.

Amazones modernes (les). Première représentation de cette comédie, III, 266.

Amelise. Première représentation de cette tragédie de d'Ussy, III, 182.

AMELOT (Jean-Joseph), ministre des affaires étrangères. Il meurt en laissant une place vacante à l'Académie française. Trois candidats se mettent sur les rangs pour l'occuper; leurs noms, I, 78.

Aménophis, tragédie de Saurin, qui charge Collé de la présenter à Grandval, I, 96. — Elle est refusée par les comédiens, I, 100. — L'auteur veut que Mme Tencin la fasse jouer d'autorité, *ibid.* — Première et dernière représentation de cette pièce, I, 243.

Amour (les *Caractères de l'*), ballet héroïque de l'abbé Pellegrin, musique de Blamont, I, 82.

Amour architecte (l'), ballet joué à Bellevue, I, 279.

Amoureux de quinze ans (l'). Première représentation de cette comédie de Laujon, III, 312 et suiv.

Amphion. Première représentation de cet opéra, III, 167.

ANDRÉ, perruquier poète. Sa tragédie du *Tremblement de terre de Lisbonne* jugée par Collé, II, 78.

Andrienne (l'). Collé refond cette comédie de Térence, III, 209.

Anglais à Bordeaux (l'). Première représentation de cette comédie de Favart, II, 292 et suiv. — Reprise de cette pièce, II, 310.

Antipater. Première représentation de cette tragédie, I, 376.

ALPHABÉTIQUE ET ANALYTIQUE. 373

Aquitaine (duc d'), fils du Dauphin. — Sa mort I, 397.

Argenson (Marc-Pierre de Voyer, comte d'), surnommé *la Chèvre*; Ministre de la guerre. Sa présence d'esprit, ses bons mots. I, 39, 40. — Son démêlé avec M. de Montbarré, lieutenant général, I, 45. — Ne veut pas que l'on joue par an plus d'un opéra de Rameau, I, 82. — Expulsion qu'il veut faire des pauvres du royaume et les envoyer au Mississipi, pour peupler, I, 112. — Mot plaisant de lui sur Voltaire et Polichinelle, I, 130. — S'adjoint son neveu au secrétariat de la guerre, I, 353. — Est exilé dans ses terres des Ormes, II, 68.

Argenson (Antoine-René de Voyer d'), marquis de Paulmy, neveu du précédent. — Est adjoint à son oncle au Secrétariat de la guerre, I, 353.

Argental (le comte d'). Vers satiriques dirigés contre lui, contre le duc d'Aumont et Le Kain, par Marmontel et ses amis, II, 204 et suiv.

Argouges (M. d'), lieutenant civil. — Couplet de Gallet le concernant, I, 364.

Arioste. Comparaison faite par Collé de ce poëte avec Voltaire, à propos du poëme de *la Pucelle*, II, 34.

Aristomène. Première représentation de cette tragédie de Marmontel, I, 71.
— Représentations interrompues par la mort de Roselly, acteur, I, 76.

Armand (François-Huguet). Jugement porté par Collé sur cet acteur de la Comédie-Française, I, 145.

Arnaud (l'abbé) est élu à l'Académie française, III, 312. — Examen critique de ses ouvrages par Collé, *ibid*. — Est signalé par ce dernier comme un bas intrigant, III, 353.

Arnaud (Baculard d'), littérateur. Vers que lui adresse le roi de Prusse, I, 184, 185. — Sa réponse, I, 186. — Est congédié par le roi de Prusse, I, 261.

Arnould (Sophie). Ses débuts à l'Opéra, II, 147.

Artaxerce. Première représentation de cette tragédie de Lemierre, III, 104.
— Reprise de cette pièce, III, 174.

Artois (comte d'). Prière plaisante qu'il adresse au diable pour que celui-ci le débarrasse de son précepteur, qui l'ennuyait, III, 117.

Arts (Ballet des), de La Motte. — Est reproduit dans l'opéra de *Pymaglion*, I, 4.

Astarbé. Première représentation de cette tragédie, II, 42.

Astianax. Première représentation de cette tragédie, II, 42.

Astruc (J.), médecin. Mme de Tencin lui donne 240,000 livres. Il est soupçonné de spoliation au sujet de la succession de cette dernière, I, 111.

Atrée et Thyeste. Reprise de cette tragédie de Crébillon, I, 359.

Auger, comédien, remplaçant Armand, II, 304. — Débute à la Comédie-Française, III, 186.

Aumont (duc d') se fait le protecteur de la jeune Laballe, actrice, I, 20. — Son nouveau règlement pour la Comédie-Française soulève des récriminations, II, 191. — Une députation des auteurs se rend auprès de lui ; sa réponse, II, 192. — Vers satiriques dirigés contre lui et qui sont attribués à Marmontel ; comment il se venge de ce dernier, II, 203. — Singulières étrennes qui lui sont envoyées par les Mousquetaires, II, 210.

Automate soi-disant *parlant* et que Vaucanson va voir à Versailles, I, 417.
— Réponse plaisante du duc d'Ayen au roi concernant cet automate et le chancelier, *ibid*.

Autreau (Jacques), auteur dramatique. — Son opéra de *Platée* rajusté par Balot, I, 23. — Première représentation de *Platée*, I, 49. — Reprise de cet opéra, I, 134.

AUTRICHE (LA REINE ANNE D'). Plaisanterie gaillarde faite devant elle par Beautru touchant la différence qu'il y avait entre la duchesse de Châtillon et la princesse de Montbazon, III, 54 et suiv.

AYEN (duc d') refuse de se battre avec M. de Meure, I, 369. — Sa réponse plaisante au Roi concernant un automate, I, 417.

AYEN (comte d') prétendait que la tragédie du *Siége de Calais* n'était bonne que pour les cordonniers, III, 21. — Sa réponse au Roi sur le même sujet, *ibid.*

B

B** (Mme D**). Tour plaisant joué à cette dame par son amant, qui la surprend chez elle avec un rival, I, 238 et suiv.

Bagnolet. Fête donnée par le duc d'Orléans à sa maîtresse et organisée par Collé et Laujon, II, 329 et suiv. — Autre fête donnée par le même, la veille de la Saint-Philippe, II, 353 et suiv.

BALOT DE SOVOT, auteur dramatique. Son opéra de *Pygmalion* est emprunté au ballet des *Arts* de Lamotte, I, 4. — A rajusté les paroles de *Platée*, opéra d'Autreau, I, 23. — Il avait la manie des comparaisons. Celle qu'il fit à l'occasion du cancer dont Mme de la Popelinière était atteinte, *ibid.* — Prétend que M. de la Popelinière a payé les frais de la fameuse plaque de cheminée trouvée chez sa femme, I, 31.

BAR (Mlle de), femme de Piron. *Voy.* l'article qui la concerne, après celui de son mari.

Barbarin ou le Fourbe puni, comédie dont le comte de Clermont se disait être l'auteur, I, 235, 236. — Jouée avec des arrangements de Collé, I, 382.

Barnewelt, tragédie anglaise, traduite par Clément. Opinion de Collé sur cette pièce, I, 21.

Barnewelt. La police s'oppose à la représentation de cette tragédie de Lemierre; pourquoi, III, 76.

BARON (Michel BOIRON, dit), surnommé le grand Baron. Opinion de Collé sur ce comédien célèbre, I, 139. — Anecdote le concernant, I, 140.

BARON (François), petit-fils du grand Baron. — Jugement de Collé sur cet acteur, I, 148.

BARTHE (N. Th.), poëte dramatique. Première représentation de *l'Amateur*, comédie de lui, II, 341. — Première représentation des *Fausses infidélités*, III, 183. — Première représentation de sa comédie de *la Mère jalouse*, III, 333.

BARTHÉLEMY (l'abbé). Il obtient le privilége du *Mercure*, qui est ôté à Marmontel, II, 206.

BASTIDE (J. F. de), auteur dramatique. Première représentation du *Jeune homme*, comédie de lui, II, 365.

BAUVIN (J. Grégoire), auteur dramatique. Première représentation des *Chérusques*, tragédie de lui, III, 364. — Ses démarches humiliantes auprès des comédiens pour faire jouer sa pièce, III, 365.

BEAUBOURG (Pierre Trochon, dit), acteur de la Comédie-Française. Mot naïf de lui au sujet de la constitution *Unigenitus*, I, 114.

BEAUMARCHAIS (CARON de). Ses démêlés avec les comédiens pour obtenir un règlement des honoraires dus aux auteurs, III, 24 (*Note*). Première représentation d'*Eugénie*, drame, III, 122. — Opinion de Collé le concernant,

ibid. — Il a de la voix, le goût du chant et joue de la harpe ; se fait congédier de chez Mme Adélaïde, fille du roi ; ce qu'il dit à ce sujet, III, 123.
— Est persiflé au bal de l'Opéra par une femme masquée, III, 130. — A la reprise d'*Eugénie* fait jeter de l'argent dans le parterre, III, 137 et suiv.
— Première représentation de sa comédie des *Deux Amis*, III, 242.

BEAUMENARS (Mlle), dite Gogo, actrice de la Comédie-Française. Son jeu critiqué, I, 69. — Duclos la met en concurrence avec Mlle Dangeville pour jouer un rôle dans *Cénie*, I, 197. — Prend sa retraite, II, 58.

BEAUMONT (Christophe de), archevêque de Paris. Il indispose le public contre lui par suite de son intolérance envers les protestants, I, 87. — Sa hauteur à l'égard des administrateurs de l'hôpital, I, 88. — Son mandement *désespérant* à l'occasion du *Jubilé*, I, 304.

BEAUTRU (comte DE DOGENT). Plaisanterie gaillarde faite par lui en présence d'Anne d'Autriche au sujet de la princesse de Montbazon et de la duchesse de Châtillon, III, 54 et suiv.

BEAUVEAU (le prince de) se présente pour l'Académie française ; opinion de Collé sur ce candidat, I, 432. — Est élu à l'Académie française, III, 296. — Son discours de réception, III, 305.

BEAUZÉE (N.), grammairien. Est élu à l'Académie française, III, 355. — Sa réception, III, 362.

BELLECOUR (COLSON dit). Débuts de ce comédien, I, 263.

BELLE-ISLE (maréchal de). Candidat à l'Académie française, il veut se dispenser de faire les visites d'usage. Mot courageux de Duclos à cette occasion, I, 79. — Incident de la boule *noire* trouvée dans l'urne lors de son élection, *ibid.* — Discours de réception, I, 82. — Épitaphe satirique que Piron lui fait, III, 289.

BELLISSANT, comédien. Ses débuts, II, 87.

BELLOY (P. Laur. BUIRETTE de), de l'Académie française. — Première représentation de la tragédie du *Siége de Calais*, III, 9. — Examen de cette pièce par Collé, III, 10 et suiv. — Reçoit du Roi une médaille d'or et mille écus de récompense, III, 12. — Sa biographie par Collé, III, 13 et suiv. — La médaille dramatique lui est décernée, III, 15. — Sa tragédie est jouée *gratis,* par ordre, III, 16. — Est nommé *citoyen* de la ville de Calais, *ibid.* — Suite des honneurs dont il est l'objet, III, 17 et suiv. — Sa querelle avec les comédiens, III, 220. — Le Kain se fait son ennemi, III, 249. — Première représentation de *Gaston et Bayard*, tragédie de lui, III, 314 et suiv. — Première représentation de sa tragédie de *Pierre le Cruel*, III, 356. — Accueillie par une cabale, cette pièce est sifflée, III, 357. — Vice que présentent, en général, selon Collé, les ouvrages de De Belloy, III, 358.

Bergère des Alpes (la). Première représentation de cette comédie attribuée à Daubigny, III, 68.

BERGIER, docteur de Sorbonne, est réprimandé par l'archevêque de Paris pour avoir donné son approbation à la tragédie des *Druides*, III, 342 et suiv.

BERNARD (Pierre-Joseph, surnommé *Gentil*). — Son ballet des *Surprises de l'Amour* est joué dans les petits appartements, à Versailles, I, 29. — Première représentation de *Castor et Pollux,* opéra, I, 391. — Première représentation des *Surprises de l'Amour*, opéra ballet, II, 93. — Compose une pièce de vers sur *le Cantique des cantiques*, II, 185. — Reçoit à dîner Collé et Dorat, III, 151.

BERNIÈRES (la présidente de). Son aventure avec un jeune officier suisse qui se disait impuissant, I, 326 et suiv.

BERNIS (l'abbé, depuis cardinal de). Il adresse une épître à Duclos, I, 102. — Piron met en huit vers cette épître, qui en a vingt et un, I, 153. — Prête son concours à Collé pour entrer dans des affaires d'intérêt, II, 128. — Sa disgrâce; causes qu'on lui attribue, II, 158 et suiv.

BERNSTORF, ministre du roi de Danemark, surnommé *le Sully du Nord*, III, 213. — Bon mot de la comtesse de Chabannes sur ce ministre, *ibid.*

BERNY, château du comte de Clermont. Collé y voit jouer *Barbarin ou le Fourbe puni*, comédie dont le comte se disait être l'auteur, I, 235.

BERRYER (Nicolas-René), lieutenant de police. Il ordonne l'enlèvement des enfants sans aveu; émeute dans laquelle un agent de police est tué, I, 170 et suiv.

BESENVAL (le baron de). Collé lui adresse des vers, II, 106, 118.

Beverley. Première représentation de cette *tragédie bourgeoise* de Saurin, III, 194. — Analyse de cette pièce, III, 195 et suiv.

Bienfait rendu ou le négociant (le). Première représentation de cette comédie, II, 298.

Billet perdu (le). Première représentation de cette comédie de Desmahis, I, 218.

BISSY (comte de), de l'Académie française. Traduit les *Lettres sur l'esprit de patriotisme*, de Bolingbroke, I, 133. — Omission volontaire d'un passage du texte; pourquoi, I, 134. — Sa candidature à l'Académie; son démêlé avec La Place, I, 250 et suiv. — Épigramme de Piron contre lui, I, 260. — Est reçu à l'Académie, I, 268. — Sobriquet qui lui est donné, ainsi qu'à son frère, *ibid.* — Son discours de réception, *ibid.* — Mystifié par le duc de la Vallière, II, 324.

Blaise le Savetier, comédie de Sedaine, II, 165.

BLAMONT (François-Colin de), surintendant de la musique du Roi. — Reprise de son ballet *les Caractères de l'Amour*, I, 82.

Blanche et Guiscard. Première représentation de cette tragédie de Saurin, II, 318.

BLOT, baron de CHAVIGNY, célèbre chansonnier de la Fronde. Couplet de lui sur le *Jubilé*, I, 306.

BOISMONT (l'abbé de) est reçu à l'Académie française. Son discours à ce sujet, II, 36. — Un mauvais procédé de lui envers l'abbé Ozanne, I, 37.

BOISMORAND (l'abbé de). Épigramme de Piron contre lui, I, 312. — Son caractère, son esprit, ses jurements, qui lui valurent le surnom de l'abbé *Sacredieu*, *ibid.* — Traduit *le Paradis perdu* de Milton pour Dupré de Saint-Maur, qui est reçu à l'Académie à raison de cette traduction, *ibid.* — Anecdotes facétieuses sur ses jurements, I, 313.

BOISSY (Louis de), membre de l'Académie française. Première représentation de sa comédie *la Comète*, I, 80. — Première représentation du *Retour de la paix*, comédie, I, 56. — Sa comédie du *Prix du silence*, I, 293. — Est élu à l'Académie, I, 430. — Sa réception, I, 432. — Sa mort, II, 136.

BOISTEL D'UVELLES, auteur dramatique, auteur de *Cléopâtre*, tragédie, I, 168. — Citation de deux beaux vers de cette pièce, *ibid.*

BOLINGBROKE (Saint-Jean, depuis lord), auteur des *Lettres sur l'esprit de patriotisme*, I, 133.

BONNEVAL (J.-J Gimat de). Opinion de Collé sur cet acteur de la Comédie-Française, I, 148.

BORDES (M. de), auteur du *Catéchumène*, livre impie attribué à Voltaire, III, 192.

BOSCAWEN, amiral anglais, s'empare de deux vaisseaux français, II, 23.

BOUDREY (M.), secrétaire de M. de Machault. Son indiscrétion à l'égard de Mme de la Popelinière, I, 379.

BOUEXIÈRE (M.), fermier général. Amant de Mlle Laballe, actrice de la Comédie-Française, I, 20.

BOUEXIÈRE DE GAGNY (de la), receveur général des finances à Grenoble. Devient fou en entendant prêcher la *Passion* aux Capucins, I, 149.

BOUFFLERS (le duc de), gouverneur des Flandres, mort à l'âge de vingt ans, I, 349.

BOUFFLERS (Madeleine de Neuville-Villeroi, duchesse de), depuis maréchale, duchesse de Luxembourg. Bon mot d'elle au sujet de la tragédie de Mme Dubocage et de l'accouchement de Mme du Châtelet, I, 96.

BOUFFLERS (Marie-Françoise-Catherine de Beauveau, marquise de), devient maîtresse du roi Stanislas après l'avoir été de son chancelier, M. de la Galaisière. Allusion railleuse qu'y fait le Roi, I, 38. — Réplique piquante que lui fait son fils sur son humeur galante, II, 304.

BOUFFLERS (Stanislas, chevalier de), fils de la précédente, de l'Académie française. Un couplet impromptu de lui adressé à la comtesse de Montauban, III, 106. — Sa réplique piquante à sa mère sur la galanterie de celle-ci, II, 304.

BOUGAINVILLE (J. P. de). Sa réception à l'Académie française, I, 421. — Sa mort, II, 313. — Son *Oraison funèbre*, par Collé, *ibid*.

BOUILLON (duchesse de), belle-sœur du duc de Richelieu. Son observation impertinente à Le Sage, qui s'était fait attendre pour lire une pièce chez elle. Réponse de Le Sage, I, 187.

BOULAINVILLIERS (M.). Question moqueuse qui lui est faite à l'Opéra sur les trois noms qu'il avait successivement portés, I, 58.

BOURDONNAIS (Mahé de La), ancien gouverneur des Iles de France. Est mis à la Bastille, jugé et absous. Réflexions à ce sujet sur Dupleix, son adversaire, I, 282 et suiv.

BOURET, fermier général. Collé prend conseil de lui en vue d'obtenir un plus grand intérêt dans les sous-fermes du duc de Chartres, I, 154. — On frappe un médaillon à son effigie, III, 6.

BOURET d'HÉRIGNY, depuis fermier général. Il épouse Mlle Poisson, cousine de Mme de Pompadour, I, 215.

BOURET DE VALROCHE, depuis receveur général, I, 215.

BOURET, comédien. Sa réponse mordante à Mlle Luzy, comédienne, II, 324.

BOURGOGNE (duc de), fils du Dauphin. On attente à ses jours; personnes compromises à ce sujet, I, 354.

Bourru bienfaisant (le). Première représentation de cette comédie de Goldoni, III, 326 et suiv.

BOUVARD (M. P.), médecin. Sa réponse railleuse au comédien Molé, qui lui parlait de sa gloire, III, 116. — Antagonisme entre lui et Tronchin, III, 132.

BOYER, évêque de Mirepoix et précepteur du Dauphin. Sa querelle avec l'évêque de Metz, I, 70. — Le cardinal de Rohan lui demande un bénéfice pour une abbesse qu'un abbé a rendue mère. Méprise singulière de l'évêque. Anecdote à ce sujet, I, 106. — Sa mort, son fanatisme, ses menées, etc., II, 25.

BRASSAC (le chevalier de). Première représentation de l'opéra des *Fragments*, dont il a composé la musique, I, 218.

BRÉQUIGNY (L. G. Oudard Feudrix de). Est élu à l'Académie française, III, 355. — Sa réception, III, 362.

BRET (Ant.), auteur dramatique. Première représentation de sa comédie *la Double Extravagance*, I, 210 et suiv. — Dernière représentation de cette pièce, I, 217. — Première représentation de sa comédie du *Jaloux*, II, 17. — Première représentation du *Faux Généreux*, comédie, II, 126. — Première représentation de *la Confiance trahie*, comédie de lui, II, 330. — Première représentation du *Mariage par dépit*, comédie, III, 33. — Première représentation des *Deux Sœurs*, comédie, III, 169.

BRETEUIL (l'abbé de). Fait nommer l'abbé Marquet à l'emploi de secrétaire ordinaire du duc d'Orléans, II, 313. — Lettre singulière d'excuse que lui écrit Poinsinet de Sivry, au sujet d'affaires d'intérêt, III, 7.

BRIENNE (Loménie de), archevêque de Toulouse. Sa réception à l'Académie française; Thomas lui répond; sensation produite par ce dernier discours, III, 268 et suiv.

BRILLANT (Marie Lemaignan), actrice. Ses débuts à la Comédie-Française; son caractère; elle est protégée par le maréchal de Saxe, I, 200, 204. — Fait quelques progrès, au sens de Collé, I 237.

Briséis. Première représentation de cette tragédie de Poinsinet, II, 186.

BRISSAC (le duc de), gouverneur de Paris. Mot de lui au comédien Brizard, concernant *le Siége de Calais*, tragédie, III, 17.

BRIZARD, comédien, joue dans *le Siége de Calais*, tragédie; mot du duc de Brissac à ce sujet, III, 17.

BROU (M. de), intendant à Rouen. Collé lui adresse une épître pour obtenir un débit de tabac, II, 117.

BRUÈRE (M. de la). Sa mort à Rome, I, 435. — Ses legs, I, 436 et suiv.

BUCHELEY (Savalette de), fermier général, veut donner un entrepôt de tabac au neveu du grand Corneille, II, 219.

BURNABY, ministre du roi d'Angleterre près le corps helvétique. Sa lettre impertinente au canton de Fribourg relativement au fils du Prétendant, I, 10. — Réponse hardie qui lui est faite, I, 12.

C

CAHUSAC (L. de), auteur dramatique. Première représentation de son ballet de *Naïs*, I, 69. — Son opéra de *Zoroastre*, I, 110.

CAILHAVA de L'ESTENDOUX, auteur dramatique, de l'Institut. Première représentation de sa comédie du *Tuteur dupé*, III, 44. — Première représentation des *Étrennes de l'Amour*, comédie, III, 217. — Première représentation du *Mariage interrompu*, comédie, III, 225.

CAILLOT (Joseph), chanteur du Théâtre Italien. Assiste, chez le duc d'Orléans, à la répétition de *l'Ile sonnante*, opéra comique de Collé, III, 139.

Caliste ou la Belle Pénitente, tragédie de M. de Maupié, I, 156, 164.

Caliste. Première représentation de cette tragédie de Colardeau, II, 265.

Calotte, en prose, dirigée contre Voltaire, I, 129 et suiv.

CAMOUCHE (Mlle), comédienne. Ses débuts, II, 163. — N'a point de protecteurs et est enviée par les comédiennes, II, 170.

CAMPRA (André), maître de la chapelle du Roi. Reprise de son opéra de *Tancrède*, I, 135.

CAMUZET (notaire). Est nommé fermier général en récompense de ses complaisances envers Mme de Châteauroux, lors de son retour de Metz, I, 13.

Capitoul, de Toulouse, se fâche contre Piron à l'occasion de deux vers de *la Métromanie*, I, 287.

CAPRON, arracheur de dents. A quoi il occupait ses loisirs, I, 325.

ALPHABÉTIQUE ET ANALYTIQUE. 379

Capucin (un). prêchant la Passion à Grenoble, rend fou M. de la Boüexière, receveur général, I, 149.

CARLIN (Bertinazzi), célèbre arlequin de la Comédie-Italienne. Opinion de Collé le concernant, I, 328.

Carnaval de la Folie. Reprise de ce ballet, II, 22.

Carnaval du Parnasse (le). Opéra de Mondonville et de Fuzelier, I, 98. — Reprise de cet opéra, I, 134.

Carrosses d'Orléans (les). Reprise de cette comédie, I, 281.

Castor et Pollux. Première représentation de cet opéra de Gentil Bernard et de Rameau, I, 391.

Catilina, tragédie que Crébillon mit vingt ans à composer. Il va la lire à Mme de Pompadour, I, 5. — Sous le prétexte qu'elle est grosse, Mlle Gaussin lui rend le rôle de Tullie, I, 29. — Première représentation de *Catilina*, I, 32. — Analyse critique de cette pièce, I, 33, 34. — Plaisanterie du maréchal de Saxe sur la médiocrité des comédiens qui avaient joué *Catilina*, I, 40. — Retranchements faits dans cette pièce sur les observations de Mme de Pompadour, *ibid.* — Dernière représentation, I, 48.

Catilina ou Cicéron vengé, tragédie de Voltaire, I, 103. — Sous prétexte de lire cette pièce à ses amis, Voltaire leur lit *Electre*, autre tragédie de lui, I, 108. — Représentation de *Catilina* ajournée, I, 151.

Cénie. Première représentation de cette comédie de Mme Graffigny, I, 188 et suiv. — Dernière représentation, I, 205. — Reprise de cette comédie, I, 257, 261.

CÉROU (le chevalier de), auteur dramatique. Première représentation de sa comédie du *Père désabusé*, II, 147.

CHABANNES (comtesse de). Bon mot d'elle au sujet de M. de Bernstorf, ministre du Roi de Danemark, III, 213.

CHALLES, homme de lettres, auteur des *Illustres Françaises*, ouvrage d'où Collé a tiré sa comédie de *Dupuis et Desronais*, II, 277. (*Note*).

Chamberlane, fête donnée dans la petite maison du duc d'Orléans et organisée par Collé et Laujon; description de cette fête, III, 87 et suiv. — Explication du mot *Chamberlane*, III, 95. (*Note.*)

CHAMFORT (S. R. Nicolas, dit), poëte et littérateur. Première représentation de *la Jeune Indienne*, comédie de lui, II, 364. — Il refuse de se montrer au parterre, qui le demande à grands cris, *ibid.* — Première représentation du *Marchand de Smyrne*, comédie, III, 245.

CHAMPMESLÉ (Marie Desmares), célèbre comédienne. Mot d'elle au sujet de l'*Ancien Testament*, I, 114.

CHAPELLE (LUILLIER, dit), poëte. Un sonnet inédit de lui sur le carême, II, 61. — Vers de lui parodiés par Collé, III, 337.

CHARLES VI, empereur d'Autriche. Fait chanter le *Te Deum* à l'occasion de la perte d'une bataille, II, 129.

CHAROLAIS (comte de). Ses violences envers le sieur Ménage, sous-fermier, dont il avait convoité la fille, I, 108, 110, 345.

CHARTRES (Louis-Philippe, duc de), depuis duc d'Orléans. Recommande Collé au contrôleur général, I, 30. — Collé continue de lui faire sa cour, I, 58. — Collé lui lit sa comédie de *la Vérité dans le vin*, I, 82. — Se démet la rotule, I, 90. — Donne à souper à Collé dans sa petite maison, I, 103. — Demande à Collé copie de sa chanson des *Savoyards*, *ibid.* — Va dîner à Choisy-le-Roi avec Louis XV et Mme de Pompadour, *ibid.* — Obtient pour Collé un intérêt dans la sous-ferme du duc d'Orléans, I, 124. — Fait jouer à Saint-Cloud *le Philosophe marié*, comédie dans laquelle il remplit un rôle, I, 133. — Refuse de signer un placet présenté par Collé, I, 204. — Joue un rôle dans la comédie de *l'Homme de fortune*, I, 277. — Menace milord Meilfort, amant de sa femme, de le jeter par les fenêtres, I, 366. — N'a aucun talent pour jouer la comédie, III, 99. *Voy.* ORLÉANS (duc d').

CHARTRES (Louise-Henriette de Bourbon, duchesse de), femme du précédent; milord Meilfort la compromet à la chasse, I, 366. *Voy.* ORLÉANS (duchesse d').

CHARTRES (Louis-Philippe-Joseph, duc de), depuis duc d'Orléans, donne à souper au comte de Fitz-James, qui, à la veille de se marier, fait ainsi ses adieux à la vie de garçon; description de ce repas singulier, III, 224. — Son mariage avec Mlle de Bourbon-Penthièvre, III, 225.

CHASSÉ (H. L. Domin. de), chanteur à l'Opéra, I, 52. — Sa présence d'esprit à l'occasion d'une chute qu'il fait sur le théâtre, I, 395.

CHATEAUBRUN (J. B. Vivien de), de l'Académie française. Première représentation des *Troyennes*, tragédie, I, 399. — *Idem* de *Philoctète*, II, 5. — Est élu à l'Académie, II, 9. — Il y est reçu; l'abbé d'Olivet lui répond, II, 17. — Première représentation d'*Astianax*, tragédie, II, 42.

CHATEAUROUX (Marie-Anne de Mailly, duchesse de), maîtresse de Louis XV. A son retour de Metz, M. Camuzet, notaire, lui fait des offres de services. Elle l'en récompense plus tard en le faisant nommer fermier général, I, 13.

CHATEL (M. du) attribue à Pont-de-Vesle les chansons qui courent, I, 62.

CHATELET (le marquis du). Grossesse, accouchement et mort de sa femme, I, 68, 96, 98. — Voltaire cherche à le consoler, *idem*.

CHATELET (Gabr. Émilie Le Tonnelier de Breteuil, marquise du), femme du précédent, maîtresse de Voltaire. Grossesse de cette dame, I, 68. — Ses couches, I, 96. — Mot de la maréchale de Boufflers sur cet accouchement, *ibid*. — Sa mort, I, 98.

CHATILLON (la duchesse de). Plaisanterie de Beautru la concernant, III, 54 et suiv.

CHAULNES (duchesse de). Couplet licencieux à son adresse, I, 182. — Épigramme dirigée contre elle et l'abbé de Boismont, II, 8.

CHAUMONT (Mme). Première représentation de *l'Heureuse Rencontre*, comédie faite par elle en collaboration avec Mme Rozet, III, 300.

CHAUVELIN (l'abbé). Anecdotes facétieuses le concernant, I, 352.

CHAUVELIN, fils unique du garde-des-sceaux, est tué en duel par M. de La Grange, I, 257. — Son oraison funèbre par Collé, *ibid*.

Chérusques (les). Première représentation de cette tragédie de Bauvin, III, 364.

CHEVALIER, comédien, est chassé du théâtre; pourquoi, III, 249.

CHEVALIER (Mlle), actrice de l'Opéra, s'associe avec Roger pour l'entreprise du *concert spirituel* donné au château des Tuileries, I, 15. — Collé critique son jeu, I, 52.

CHIABRAN, violon de la musique du Roi de Sardaigne, joue au *concert spirituel*, où son talent donne lieu à un engouement passager, I, 307.

CHICANNEAU de NEUVILÉE, auteur dramatique. Première représentation de sa comédie de *la Feinte supposée*, I, 181.

CHIMÈNE (Aug. Louis, marquis de), auteur dramatique. Mot ironique qui lui est adressé à l'occasion de l'Académie française, I, 256. — Première représentation d'*Amalazonthe*, tragédie, I, 422. — Se présente pour l'Académie I, 429. — Veut parier de faire une tragédie en trente-six heures, II, 307.

CHIMÈNE (madame de) donne à souper à Périgny et à Dangé, qui se querellent, I, 47. — Elle les réconcilie, I, 48.

CHOISEUL (le comte de) se marie avec la fille du marquis de Gouffier et ajoute ce nom au sien; vers de Collé adressés à Mlle Gouffier, III, 324 et suiv.

CLAIRAUT, géomètre célèbre. Sa mort, III, 3.

CLAIRON (Cl. Jos. Legris de La Tude, dite Mlle), actrice célèbre. La douleur que lui cause la mort de la petite Mélanie, son élève, l'empêche de jouer son rôle dans *les Fils ingrats*, de Piron, I, 20. — Joue le rôle de Fulvie dans *Catilina*, I, 29. — Vit avec Linant, I, 96. — Opinion de Collé sur cette comédienne, I, 142. — Joue très-bien le rôle de Cléopâtre dans la tragédie de ce nom, I, 168. — Réforme les costumes au théâtre, II, 33. — Elle prétend savoir orthograp*her*, II, 340. — On fait frapper une médaille à son effigie, III, 6. — On lui donne le sobriquet de Frétillon, III, 7. — Son attitude dans l'affaire scandaleuse du comédien Dubois, III, 27 et suiv. — Est mise au For-l'Évêque, III, 31. — Se retire du théâtre, III, 83. — Voudrait que sa troupe reçût le titre fastueux d'Académie dramatique, *ibid.*

CLAVAREAU. Débuts de ce comédien au Théâtre-Français, II, 16.

CLÉMENT (J. M. Bernard), célèbre critique, fait contre Voltaire une épître dans laquelle il évoque l'ombre de Boileau, III, 340. — Publie un second volume d'observations critiques sur *les Nuits d'Young*, III, 341.

Cléopâtre. Première représentation de cette tragédie de Marmontel, I, 164. — Dernière représentation, I, 181.

Cléopâtre, tragédie de M. Boistel d'Uvelles, comparée avec celle de Marmontel, I, 168.

CLERMONT (comte de), abbé de Saint-Germain-des-Prés, fait représenter à Berny *Barbarin ou le Fourbe puni*, comédie dont il dit être l'auteur, I, 235. — Lit sa comédie à Collé, qu'il retient à dîner, I, 270 et suiv. — Collé lui lit un opéra-comique, I. 308. — Petite fête arrangée par Collé à l'occasion de la Saint-Louis, I, 337 et suiv. — Obtient le gouvernement de Champagne, I, 349. — Échange avec Collé une lettre en langage poissard, I, 373. — Restera l'élu de l'Académie, mais n'y sera pas reçu; pourquoi, I, 391. — Va prendre sa place à l'Académie sans en avoir prévenu les académiciens; motif de cette abstention, I, 409. — Fait jouer dans sa petite maison de la rue de la Roquette *les Amants déguisés*, comédie de Collé, I, 438. — Reprise du *Rossignol* sur son théâtre, II, 9. — Invite Collé à dîner, II, 23. — Ferme son théâtre et renvoie sa musique pour arranger ses affaires, II, 45. — Couplets satiriques sur lui, II, 193. — Sa mort; son oraison funèbre par Collé, III, 316 et suiv.

Cocatrix, parade de Collé, citée à propos de la tragédie de *Catilina*, I, 41. — Collé a un faible pour cette parade, I, 44.

COLARDEAU (C. P.), membre de l'Académie française. Première représentation d'*Astarbé*, tragédie II, 131. — Se rend complice de Le Kain dans une mystification faite à Marmontel, II, 169. — Première représentation de sa tragédie de *Caliste*, II, 265.

COLLÉ (Charles), chansonnier et auteur dramatique. Retour d'Étioles; assiste à la troisième représentation de *Sémiramis*, tragédie de Voltaire; critique de cette pièce, I, 1 et suiv. Habite chez son ami, M. de Meulan; il y compose sa comédie de *la Vérité dans le vin*, I, 1 (*Note*). — Dîne chez son ami Monticourt, avec son frère, Piron et des dames de leur connaissance. Le frère de Collé s'y enivre *correctement*, I, 9. — Soupe chez Cury, où La Bruère leur lit sa comédie *les Congés*, I, 14. — Mot plaisant de La Reynière concernant la mort de son frère, *ibid*. — Le duc de Chartres désire que Collé aille lui lire sa comédie de *l'Évêque d'Avranches*. Condition que met Collé à cette lecture, I, 16 et suiv. — Va voir jouer *le Cid* et *la Nouveauté*, I, 19. — Reprise des *Fils ingrats*; son opinion sur cette comédie de Piron, I, 20. — Jugement qu'il porte sur *Barnewelt*, tragédie anglaise, traduite par Clément, I, 21. — Va remercier le duc de Chartres de ses bontés, I, 23. — Dîne chez Roussel avec Crébillon, qu'il plaisante sur quelques vers de *Catilina*, I, 41. — Il a un faible pour sa parade de *Cocatrix*, I, 44. — Son opinion sur *le Comique larmoyant*, I, 54, 55; sur *le Préjugé à la mode*, comédie, *ibid*.; sur les acteurs et danseurs du Théâtre Italien, I, 56; sur les comédiens du Théâtre-Français, I, 57; sur *l'Esprit des lois*, *ibid*. — Il va à Étioles, d'où il revient pour faire sa cour au duc de Chartres, I, 58. — Ses réflexions sur l'arrêt prononcé par le Conseil au préjudice des créanciers de Crébillon père, I, 65. — Bon mot d'une poissarde sur les arrêts du Conseil, *ibid*. — Ce qu'il pense d'*Aristomène*, tragédie de Marmontel, I, 71 et suiv. — L'abbé de la Galaizière lui raconte le tour joué à Mme de la Porte par Mmes de Murville et de Lutzelbourg, I, 74. — Ses couplets contre une abbesse, I, 76. — Sur les observations du duc de Chartres, il substitue milord Syndérèse à l'évêque d'Avranches dans sa comédie de *la Vérité dans le vin*, I, 77. — Jugement porté sur *Nanine*, comédie de Voltaire, I, 80. — Il lit de nouveau sa comédie au duc de Chartres, I, 82. — Apostrophe adressée par Voltaire au parterre, lors de la première représentation de *Nanine*, I, 83. — Opinion de Collé sur la brochure de Voltaire, relative à *l'Éloquence et à la Poésie*, I, 83. — Ce qu'il pense de Mme Dubocage et de ses écrits, attribués par lui à Linant et à l'abbé du Resnel, I, 85. — *Le Faux Savant*, comédie de Duvaure, I, 92. — Fait la gageure de composer en un mois une tragédie meilleure que celle de Mme Dubocage, et, dans ce but, fait *Tragiflasque*, I, 94. — Impression que lui produit la lecture de la tragédie de Mme Dubocage, I, 96. — Présente à Grandval *Aménophis*, tragédie de Saurin, *ibid*. — Ses couplets sur l'air des *Savoyards*, I, 98. — Son appréciation sur Mme Favart comme femme et comme actrice, I, 99. — Il est chargé de porter *Aménophis*, tragédie, à Mme Tencin, pour qu'elle la fasse jouer d'autorité, I, 100. — Jugement porté sur Rousseau, de Toulouse, et sur sa comédie *la Ruse inutile*, I, 101, 102. — Critique de l'épître adressée à Duclos par l'abbé de Bernis, I, 102. — Assiste à un souper donné par le duc de Chartres dans sa petite maison de la rue Cadet, I, 103. — A son avis Crébillon a fait de Catilina un sot homme, *ibid*. — Analyse de *la Colonie* et du *Rival supposé*, comédies de Saint-Foix, I, 104. — Anecdote relative au cardinal de Rohan et à l'évêque de Mirepoix, au sujet d'une abbesse qu'un abbé avait rendue mère, I, 106. — Autres anecdotes relatives à Beaubourg et à la Champmeslé, I, 114. — Analyse d'*Oreste*, tragédie de Voltaire, I, 120 et suiv. — Il obtient deux sous dans la sous-ferme du duc d'Orléans, intérêt qui, de son aveu, lui a valu 100,000 livres, I, 124, 125. — Deux couplets de lui contre Voltaire, I, 128. — Ce qu'il pense de *la Force du naturel*, comédie de Destouches, I, 130 et suiv. — Voit jouer à Saint-Cloud *le Philosophe marié*, comédie dans laquelle le duc et la duchesse d'Orléans remplissaient chacun un rôle, I, 133. — Ses couplets inédits pour la duchesse d'Orléans, I, 137 et suiv.

ALPHABÉTIQUE ET ANALYTIQUE.

— Son opinion sur chacun, individuellement, des acteurs et des actrices de la Comédie-Française, I, 139, 140 et suiv. — Il perd ses entrées à l'Opéra, I, 151. — Ses réflexions au sujet du refus que font les comédiens de jouer *le Provincial à Paris*, après avoir reçu cette comédie, I, 152. — Il voudrait que deux ou quatre académiciens fussent adjoints aux comédiens pour juger de la bonté des pièces, etc., I, 153. — Remet à M. de Montauban un placet destiné à être apostillé par le duc de Chartres, *ibid.* — Il prend conseil de Bouret, fermier général, I, 154. — Son placet en vers au duc de Chartres, I, 154, 155. — Piron lui donne son épitaphe, I, 156. — Assiste à la première représentation de *Léandre et Héro*, tragédie, I, 157. — Critique de cette pièce, I, 157 et suiv. — Voit jouer *Caliste*, tragédie, dont il fait l'analyse, I, 158 et suiv. — Critique du *Provincial à Paris*, comédie jouée aux Italiens, I, 162. — Sortie contre les comédiens français, qui avaient refusé de jouer cette pièce, I, 163. — Rend compte de *Cléopâtre*, tragédie de Marmontel, I, 464 et suiv. — Il compare cette tragédie avec celle d'un M. Boitel et lui préfère cette dernière, I, 168. — Assiste à une nouvelle représentation de la *Cléopâtre* de Marmontel, qu'il juge avec la même sévérité, I, 172 et suiv. — Voit jouer *la Feinte supposée*, comédie, I, 183. — Analyse du *Sommeil de Thalie*, autre comédie, *ibid.* — Vers contre Voltaire adressés à d'Arnaud par le Roi de Prusse, I, 184, 185. — Réflexions que lui suggèrent ces vers, I, 186, 187. — Deux anecdotes relatives, l'une à Le Sage, l'autre à Danchet, I, 187, 188. — Fait la biographie de Mme de Graffigny et l'examen de sa comédie de *Cénie*, I, 188, 189. — Digression à ce sujet, I, 190 et suiv. — Ses réflexions sur la liberté abusive laissée aux acteurs d'accepter ou de refuser un rôle, I, 197. — L'abbé Mangenot lui communique une fable de sa composition intitulée : *le Chimiste*, I, 201, 202. — Va à la première représentation de *Tibère*, tragédie du père Folard ; il siffle cette pièce. Épigramme la concernant, I, 203. — Accouchement clandestin et mort de Mme d'Hennery, dans la petite maison de M. l'Escalopier, son amant, I, 203, 204. — Le duc de Chartres refuse d'apostiller le placet qu'il lui avait présenté, I, 204. — Son opinion sur le talent et les mœurs de Roy, poëte, I, 205, 206. — Critique de *la Double Extravagance*, comédie de Bret, que le public a eu le mauvais goût d'applaudir. Il regrette la critique d'autrefois, les Feuilles hebdomadaires, les Fréron, les Desfontaines, etc., I, 210 et suiv. — Chute de *l'Étourdi corrigé*, comédie, I, 215, 216. — Boutade contre les courtisans, qui étaient consternés de ce que la Dauphine venait d'accoucher d'une princesse, I, 217, 218. — Examen du *Billet perdu*, comédie de Desmahis, I, 219 et suiv. — Description de la fête donnée par lui à la famille de M. de Meulan, à Étioles, I, 220 et suiv. — Rend compte des débuts de Le Kain, qu'il juge très-sévèrement, I, 232. — Voit jouer, à Berny, une comédie dont le comte de Clermont disait être l'auteur, I, 235, 236. — Assiste aux débuts de Mlle Lully ; son avis sur cette actrice, I, 237. — Première représentation du *Tribunal de l'Amour*, comédie, I, 238. — Mot ironique du Dauphin à la Dauphine, *ibid.* — Prend texte d'une aventure arrivée à Mme d* B** et du conte du *Rossignol* pour composer un opéra-comique, I, 240. — Appréciation d'*Aménophis* et des acteurs, I, 243. — S'élève contre la censure, I, 247. — Dîne chez Helvétius, où il est fort question de Crébillon, I, 248. — Son opinion sur le comte de Bissy, I, 250 ; — Sur le comédien Bellecourt, I, 263 ; — Sur la moralité du duel entre Roselly et Ribou, comédiens, I, 264 et suiv. — Le comte de Clermont lui lit sa comédie de *Barbarin* et le retient à dîner, I, 270 et suiv. — Son opinion sur *l'Homme de fortune* et sur La Chaussée, I, 277 et suiv. — Dîne chez la comtesse de Raymond, I, 279. — Ses réflexions sur le procès de la Bourdonnais et de Dupleix, I, 282. — Éloge du chancelier d'Aguesseau, I, 284. — Finit son opéra-comique, qu'il montre à Saurin et à Monticourt, *ibid*. — Ses réflexions sur le départ de Voltaire pour la Prusse, I, 290. — Revient sur le compte de Le Kain, I, 294. — Réflexions sur l'ingratitude dont Rameau est l'objet, I, 300. — Son avis sur la parodie en général, *ibid*. — Revient encore sur le compte de Le Kain, I, 303. — Son avis sur l'archevêque de Paris, I, 304. — Va à Berny lire un opéra comique au comte de Clermont, I, 308. — Ses réflexions sur la garde militaire établie aux Comédies Française et Italienne, I, 310, 311. — Fait à sa manière l'oraison funèbre de M. Orry de Fulvy, intendant des finances, I, 314. — Rend compte de la mort de la femme de Piron; ses réflexions, ses appréciations à ce sujet, *ibid*. — Réponse que lui fit une fille publique dans un souper où il passait pour un Anglais, I, 326. — Dîne chez Helvétius, I, 329. — Dîne chez M. de Brou avec Fontenelle, I, 330. — Une ode de lui contre le genre larmoyant, I, 331. — Dîne avec Garrick, qui joue devant lui une scène d'une tragédie de Shakspeare, I, 332. — Jugement sévère qu'il porte sur Gallet, son ami, *ibid*. — Il obtient, en faveur de son frère, un bon pour un entrepôt de tabac à Saint-Junien, I, 334. — Son opinion sur *les Philippiques*, I, 335, 336. — Proteste de son attachement à la famille de M. de Meulan, *ibid*. — Description d'un petite fête qu'il arrange pour le comte de Clermont, I, 337 et suiv. — Ses vers à Mme l'Escarmotier, I, 339 et suiv. — Termine *l'Espérance*, prologue, I, 358. — Son avis sur Moissy, auteur, I, 363. — Fait la biographie de son ami Gallet, I, 365, 366. — Va à Berny pour voir jouer sa pièce du *Rossignol*, I, 369. — Détails curieux sur ce voyage; il échange avec le comte de Clermont une lettre en langage poissard, I, 370 et suiv. — Fait l'oraison funèbre de M. de Tournehem, I, 375. — Ses couplets adressés à la maîtresse de l'un de ses amis, I, 319 et suiv. — Complainte de lui sur une *femme à sentiments*, I, 380. — Son opinion sur le chevalier de La Morlière, I, 382. — Fait jouer l'*Espérance* et *Arcagambis*, I, 385. — Observation spéciale de lui sur son *Journal*, I, 387 et suiv. — Répétition du *Rossignol* dans la petite maison du duc d'Orléans, rue Cadet, I, 389. — Chante un canon en l'honneur de ce duc, I, 390. — Couplets sur la petite vérole de la duchesse d'Orléans, qui se grattait, I, 399. — Rend compte de la mort de La Chaussée, I, 408 et suiv. — Fait jouer *Nicaise* et *Léandre étalon* sur le théâtre du duc d'Orléans; longs détails à ce sujet, I, 411 et suiv. — Met *Joconde* en vaudevilles, I, 418. — Son avis sur Mlle Davaux, de l'Opéra, I, 421. — Lit au duc d'Orléans sa comédie du *Galant escroc*, I, 424. — Rend compte de la mort de Destouches, I, 427. — Lit au duc d'Orléans *les Adieux à la Parade* et *Joconde*, I, 430. — Fait jouer à Bagnolet, devant la duchesse d'Orléans et les dames de sa cour, *les Deux Gilles*, *Tragiflasque* et *Isabelle précepteur*, I, 431. — Met *Tanzaï* en tragédie, I, 434. — Rend compte de la mort de La Bruère, I, 435. — Fait jouer sa comédie des *Amants déguisés* dans la petite maison du comte de Clermont, I, 438. — Lit au duc d'Orléans *la Lecture*, prologue, I, 444. — Dîne chez Helvétius avec Fontenelle, I, 447. — Ouverture du théâtre du duc d'Orléans au faubourg du Roule, où l'on joue quatre pièces de Collé, II, 2. — Rend compte de la mort de Montesquieu, II, 4. — Dîne chez le comte de Clermont, à qui il lit sa tragédie de *l'Écumoire*, II, 9. — Fait une comédie pour les enfants de M. de Meulan, II, 10. — Sa chanson de *Marotte*, II, 11. — Rend compte de la mort de Fagan, II, 14. — Il envoie sa chanson de *Marotte* au duc d'Orléans, II, 19. — Dîne chez le comte de Clermont ; il lui lit *Joconde*, II, 23. — Se croit évincé de la ferme du duc d'Orléans ; ses démarches, ses regrets, etc., II, 24 et suiv. — Rend compte de la mort de Boyer, évêque de Mirepoix, dont il fait l'oraison funèbre, toujours à sa manière, II, 25. — Critique de *l'Orphelin de la Chine*, et par suite de Voltaire, II, 28 et suiv. — Pleure en voyant jouer *l'Orphelin de la Chine*, II, 33. — Son opinion sur le poëme de *la Pucelle*, II, 34. — Va voir Gallet, qui lui communique un couplet de sa façon, II, 37. — S'abstient de revoir Gallet ; singulier motif de cette abstention II, 40. — Reçoit trois couplets de lui, va le voir et le trouve à l'extrémité, II, 41. — Il le croit mort quand il reçoit un billet de Gallet lui annonçant sa guérison, II, 42. — Travaille à sa comédie de *la Veuve philosophe*, II, 43. — Rend compte de *la Coquette corrigée*, comédie, II, 46. — Son opinion sur Tronchin, II, 48 — Sa chanson sur la prise de Port-Mahon, II, 51, 52. — Autre chanson sur *les Chansonniers d'à-présent*, II, 53, 54. — Lit aux acteurs *la Fille d'Aristide*, comédie de Mme de Graffigny, II, 55. — Compose sa chanson du *Moine de Citeaux* ; il l'envoie à Monticourt, II, 59. — Réponse de Monticourt, II, 60. — Son opinion sur les comédiens actuels, *ibid*. — Critique d'*Adèle de Ponthieu*, tragédie, II, 63. — Éloge d'*Iphigénie en Tauride*, autre tragédie, II, 64. — Rend compte de la mort de Fontenelle, II, 66. — Fait jouer chez Mme de Meaux sa comédie de *la Vérité dans le vin*, II, 72. — Critique du *Fils naturel*, drame de Diderot ; sortie violente contre les Encyclopédistes, II, 74 et suiv. — *La Vérité dans le vin* est jouée de nouveau, II, 80. — Couplet sans rimes en forme d'annonce aux spectateurs, *ibid*. — *La Veuve philosophe*, jouée chez Mme de Meaux, ainsi que *Joconde*, II, 87. — Il classe ses comédies dans l'ordre de leur mérite, II, 88. — Rend compte d'*Adèle de Ponthieu*, tragédie, *ibid*. — Il se marie ; éloge de sa femme, II, 91. — Éloge de la famille de Meulan, II, 92. — Ce qu'il pense de Gentil-Bernard comme poëte dramatique, II, 93 et suiv. — Première représentation d'*Iphigénie en Tauride*, II, 96 et suiv. — Il mande au baron de Besenval la chute d'une comédie de Poinsinet, II, 106. — Rend compte de la mort de Vadé, II, 107. — Ses vers contre les philosophes, II, 109. — Compose une scène de la comédie de *la Fille d'Aristide*, II, 111. — Son épître à M. de Brou pour obtenir un débit de tabac, II, 117. — Autres vers au baron de Besenval, *ibid*. — Bouquet en vers adressé à Mme La Milière, II, 119. — Termine sa comédie du *Père défiant*, II, 123. — Critique du *Faux Généreux*, comédie, II, 126 et suiv. — Met en campagne l'abbé de Bernis et Duclos pour entrer dans des affaires d'intérêt, II, 128. — Propose à Duclos, qui refuse, une part dans les bénéfices, *ibid*. — Il perd ses entrées à la Comédie-Française, II, 128. — Voit jouer *Astarbé*, tragédie, et *la Nouvelle École des femmes* ; son avis sur ces pièces, II, 133 et suiv. — Rend compte de la mort de Boissy, II, 136. — Son opinion sur Marmontel, II, 140 et suiv. — Ce qu'il pense de Sainte-Palaye, II, 144 et suiv. — Critique des *Fêtes de Paphos*, opéra, et du *Père désabusé*, comédie, II, 146. — Continue de travailler au *Père défiant*, comédie, II, 149. — Ce qu'il pense du livre d'Helvétius intitulé : *de l'Esprit* ; sensation que cause cet ouvrage, II, 150 et suiv. — Analyse d'*Hypermnestre*, tragédie, II, 155 et suiv. — Rend compte de la mort de Mme de Graffigny, II, 160 et suiv. — Son opinion sur son *Journal*, II, 163. — Se plaint d'un plagiat fait à son préjudice par Favart, II, 164. — Son appréciation sur Philidor comme musicien et joueur d'échecs, II, 166; — Sur *Venceslas*, tragédie de Rotrou, *arrangée* par Marmontel, II, 167 et suiv. — Expulsion des spectateurs de la scène du Théâtre Français, II, 170. — Voit jouer sa comédie du *Vieux Dupuis*, chez Mme de Meaux, II, 171. — Revient sur l'expulsion des spectateurs de la scène du Théâtre-Français, II, 172. — Parle de nouveau de la tragédie de *Venceslas*, II, 172 et suiv. — Critique *la Suivante généreuse*, comédie, II, 180 et suiv. — Parle encore des changements opérés sur la scène du Théâtre-Français, II, 182. — Lettre par laquelle Gresset déclare renoncer au théâtre; ce qu'il en pense, II, 182. — Rend compte de la mort de Maupertuis, II, 188 et suiv. — Rend compte de celle de la duchesse d'Orléans, II, 193. — Critique de *Namir*, tragédie, II, 199. — Soumet *le Vieux Dupuis* à Grandval, II, 200. — Querelle du duc d'Aumont et de Marmontel, II, 201 et suiv. — Ses pièces sont jouées chez le duc d'Orléans, à Bagnolet, II, 207. — Sa chanson des *Dindons de Cythère*, *ibid.* — Nouvelle appréciation de Rameau, II, 212. — Sa comédie de *Joconde* est jouée chez le duc d'Orléans, *ibid.* — Rend compte de la mort de La Touche, II, 213. — Discours de réception de Lefranc de Pompignan, II, 220. — Est nommé lecteur du duc d'Orléans, et se plaint de ce prince, malgré ses libéralités à son égard, II, 221. — Plusieurs de ses pièces sont jouées chez le duc d'Orléans, II, 223. — Critique amèrement Laujon, II, 225. — Description d'une fête qu'il donne au duc d'Orléans, à Bagnolet, II, 227 et suiv. — Appréciation du caractère et du talent d'Helvétius, II, 238 et suiv. — Son opinion sur Panard, II, 245. — Refond la comédie du *Jaloux honteux*, de Dufresny, II, 246. — Compose sa comédie du *Roi et du Meunier*, II, 247. — Critique de *l'Écossaise*, comédie, II, 251 et suiv. — Travaille au *Dervis*, opéra-comique, II, 255. — Lit au duc d'Orléans *le Roi et le Meunier*, II, 256. — Règle le spectacle d'hiver du duc d'Orléans, II, 257. — Prétend être également éloigné de la satire et de la louange, II, 258. — Lit son *Dervis* au duc d'Orléans, II, 263. — Critique de *Caliste*, tragédie, II, 265 et suiv. — Modifie son opinion sur Laujon, II, 273. — Fait l'ouverture du théâtre du duc d'Orléans, à Bagnolet, II, 275. — Soupçonne Voisenon de lui être hostile, II, 276. — Première représentation de *Dupuis et Desronais*; craintes à cette occasion, II, 277 et suiv. — Soupçonne Monticourt de manquer de franchise à son égard, II, 278, 284. — Rend compte du discours de réception de Voisenon à l'Académie française, II, 286, 287. — Accuse ce dernier de lui avoir fermé les portes de l'Académie, *ibid.* (*Note*). — Rend compte de la mort de Marivaux et de l'élection à l'Académie de l'abbé de Radonvilliers, II, 288. — Fermeture du théâtre du duc d'Orléans, II, 294. — De concert avec Laujon il organise une fête pour le duc d'Orléans, II, 300. — Le duc d'Orléans lui envoie en cadeau copie d'un portrait de Henri IV, II, 303. — Finit sa comédie de *l'Amour véritable*, II, 310. — Rend comte de la mort de M. de Bougainville, II, 313. — Demande la place de secrétaire ordinaire du duc d'Orléans, *ibid.* — Le duc d'Orléans le complimente sur le succès de *Dupuis et Desronais*, II, 323. — Fait l'oraison funèbre de l'abbé Prévost, II, 325. — Réception de Marmontel à l'Académie, II, 326 et suiv. — Il organise une fête nouvelle pour le duc d'Orléans, II, 329 et suiv. — Fait imprimer et vendre *la Veuve philosophe*, II, 337. — Critique d'*Olympie*, tragédie,

II, 343 et suiv. — Lettre grotesque au duc d'Orléans à ce sujet, II, 345.
— Mort de Mme de Pompadour; son oraison funèbre, II, 318 et suiv. —
S'élève contre Lally-Tollendal, II, 350. — Autre fête arrangée pour le duc
d'Orléans, II, 353 et suiv. — Termine *le Bouquet de Thalie* et le lit au
duc d'Orléans, II, 370. — Compose ses commentaires sur le théâtre de
Voltaire, II, 371. — Rend compte de la mort de Rameau et fait son orai-
son funèbre, II, 372 à 375. — Examen de *la Soirée à la mode*, comédie,
II, 376 et suiv. — Son jugement sur Goldoni, II, 379 et suiv. — Mort du
poëte Roy ; ses talens, ses mœurs, etc., II, 383 et suiv. — Compare La
Harpe à Voltaire, II, 388. — Nouvelle fête organisée pour le duc d'Orléans,
II, 388 et suiv. — Il accuse Mme de Pompadour d'avoir empêché que *la
Partie de chasse* ne fût jouée à Paris, II, 389 et suiv. — Donne à dîner
à Garrick, qui se montre maussade pendant le repas et impertinent le sur-
lendemain chez lui, où Collé va le voir, III, 2 et suiv. — Examen du *Siége
de Calais*, tragédie, III, 9. — Digression biographique à propos de Belloy,
III, 13 et suiv. — Se plaint de Mme de Pompadour, qui indisposa le Roi
contre *la Partie de chasse de Henri*, IV, III, 17 et 18. — Analyse du
Siége de Calais, qui venait de paraître imprimé, III, 18 et suiv. — Soumet sa comédie du *Véritable Amour* à Mlle Quinault, à Saurin, au duc de
Nivernois, ainsi qu'à sa femme, qui vaut mieux encore, dit-il, que tous ces
juges-là, III, 34. — Rend compte de la mort de Panard, dont il fait connaître les mœurs, le talent et le caractère, III, 34 et suiv. — Retouche *le
Véritable Amour*, sur les représentations de Saurin, III, 39 et suiv. —
Mort du jeune Dutartre, fils unique de son ami, III, 50, 51. — Cherche à
s'expliquer pourquoi de bonnes comédies sont tombées à leur première re-
présentation, qui ont eu ensuite du succès lors des reprises, et *vice versa*,
III, 56 et suiv. — Accuse l'abbé de Voisenon de vouloir s'attribuer tous
les ouvrages de Favart, III, 62 et suiv. — compare Goldoni à Sedaine,
III, 68 et suiv. — Rend compte des derniers moments et de la mort du
Dauphin, III, 68 et suiv. — Met en vente la *Partie de chasse de Henri IV*,
III, 77. — Organise avec Laujon une nouvelle fête à Bagnolet pour le duc
d'Orléans ; description de cette fête, III, 87 et suiv. — Le duc d'Orléans lui
commande une fête semblable pour Mlle Le Marquis, sa maîtresse, III, 95.
— *La Partie de chasse de Henri IV* est jouée aux Menus-Plaisirs et à
Villers-Coterets, chez le duc d'Orléans, III, 97, 99. — Distribution des
rôles, *ibid.* — Dîne chez Mme de Meulan, III, 101. — Corrige *les Fausses
Infidélités*, comédie de Barthe, III, 102. — Son opinion sur cet auteur,
III, 103. — Il est chargé d'arranger une petite fête pour le mariage du fils de
M. de Meulan, III, 104. — Lit au duc d'Orléans *les Balances du mérite*,
III, 105. — Compose *l'Ile sonnante*, III, 107, 109 — Nouvelle fête à
donner au duc d'Orléans ; vaudeville à ce sujet, III, 114. — Raconte la
première représentation d'*Eugénie*, drame de Beaumarchais ; ce qu'il
pense de cet auteur, III, 122 et suiv. — Son opinion sur Thomas, III,
126. — Analyse de *Bélisaire*, roman de Marmontel, III, 127 et suiv. —
Fait imprimer *le Galant Escroc* et *les Adieux de la Parade*, III, 131.
— Rend compte de la mort de la Dauphine, dont il fait l'oraison funèbre,
III, 132. — Lettre que lui adresse un religieux de l'ordre de Cîteaux au
sujet de *la Partie de chasse*, III, 136. — Répétition à Bagnolet de son
opéra-comique *l'Ile sonnante*, III, 139 et suiv. — Reçoit ses entrées au
Théâtre-Italien, III, 141. — Dîne à part chez le duc d'Orléans avec les
musiciens de l'orchestre de Monsigny ; son dépit mal déguisé à ce sujet,

III, 145. — Refuse d'aller chez le duc d'Orléans, à Villers-Coterets, où l'on voudrait le faire manger à la table du maître d'hôtel, avec Grandval et Carmontelle, III, 146. — Dialogue amoureux composé pour le duc d'Orléans, III, 148. — Dîne chez Gentil-Bernard avec Dorat, qui leur lit de ses poésies, III, 151. — Son *Ile sonnante* tombe à plat chez le duc d'Orléans, III, 156. — Sa lettre à M. de Sartine pour faire jouer *la Partie de chasse de Henri IV* à Paris, III, 159. — Se promet, passé soixante ans, de ne plus travailler à des ouvrages d'imagination, III, 161. — Le Roi défend de jouer à Paris *la Partie de chasse*, III, 163. — Première représentation de *l'Ile sonnante*, III, 177. — Examen de cette pièce de Collé, III, 178 et suiv. — Publie son *Théâtre de société*, III, 187. — Refait *la Mère coquette*, de Quinault, III, 190. — Se brouille avec Monsigny, III, 194. — Publie dans *le Mercure* une dissertation contre le genre larmoyant, III, 200. — Retouche *l'Andrienne*, comédie de Térence ; il lit son travail à Crébillon, qui en est content, et à Saurin, qui le trouve détestable, III, 210. — Reçoit une lettre de félicitations de Dupaty, III, 220. — Fait l'éloge de cet homme de lettres, III, 222 et suiv. — Lit aux comédiens son *Andrienne*, III, 225. — Résultat de cette lecture, III, 226. — Met en vers libres *l'Esprit follet*, comédie d'Hauteroche, III, 229. — Il se trouve un *petit talent* pour la comédie, etc., III, 232. — Retouche *le Menteur*, comédie de Corneille, III, 233. — Va à Fontenay-sous-Bois, chez Préville, y voir jouer *les Accidens* et *la Lecture*, III, 235. — Ses vers à Mme Saurin, III, 239. — Première représentation d'*Hamlet*, tragédie de Ducis ; juge l'auteur et la pièce, III, 235 et suiv. — Fait à la comédie du *Menteur* une préface dont il est assez content, III, 240. — Il pense que la véritable comédie est passée de mode ; pourquoi, III, 241 et suiv. — Lit aux comédiens *l'Esprit follet* ainsi que *le Menteur*, comédies qu'il a retouchées, III, 246. — Est d'avis qu'à soixante ans l'imagination de l'homme n'a plus de ressort, III, 247. — Il est urgent, selon lui, que l'État fasse banqueroute, III, 250. — Son désintéressement à cette occasion, III, 251. — Rend compte de la réception de Saint-Lambert à l'Académie française, III, 254 et suiv. — Il voudrait qu'on retouchât la plupart des chefs-d'œuvre de notre théâtre pour les approprier aux convenances modernes, III, 263. — Deux vaudevilles de lui, III, 266. — Fournit à l'abbé de La Porte des anecdotes pour être insérées dans la publication que prépare cet abbé, III, 275. — Il a la velléité de mettre en vers libres *l'Avare* de Molière, III, 276. — Il fait paraître les diverses comédies anciennes qu'il a retouchées, *ibid*. — Rend compte de la mort de Moncrif, III, 277. — Examen critique des œuvres de ce dernier, etc., *ibid*. — Il est nommé secrétaire du duc d'Orléans en remplacement de Moncrif, III, 278. — Fait l'oraison funèbre du président Hénault, III, 278 et suiv. — Oraison funèbre de l'abbé Alary, III, 281 et suiv. — Première représentation de sa comédie de *la Veuve*, III, 284 et suiv. — Se plaint des comédiens, qui refusent de jouer les pièces qu'il a retouchées, III, 287 et suiv. — Vif dépit qu'il en éprouve, III, 288 et suiv. — Analyse du *Fabricant de Londres*, drame de Falbaire, III, 289 et suiv. — Mort de sa sœur Pétronille Collé, III, 294. — Critique vivement la réponse faite par Voisenon au discours de réception de l'évêque de Senlis à l'Académie française, III, 302 et suiv. — Réception à l'Académie du prince de Beauveau et de l'historien Gaillard, III, 305. — S'élève contre l'Académie française relativement au choix des personnages qu'elle admet dans son sein, III, 312. — Travaille à un

Commentaire sur les tragédies de Voltaire, III, 316. — Fait l'oraison funèbre du comte de Clermont, dont il annonce la mort, III, 316 et suiv. — Examen critique des œuvres de Palissot, III, 319 et suiv. — Continue son *Commentaire* sur les tragédies de Voltaire, III, 320. — Vers de lui contre la littérature nouvelle, III, 321. — Mort de sa sœur, Marie-Madeleine Collé, veuve de Michel Foucault, III, 322. — Vers qu'il adresse à Mlle Gouffier à l'occasion de son mariage, III, 324 et suiv. — Dit au duc d'Orléans, sur la demande de ce prince, ce qu'on pense de lui dans le public, III, 332. — Couplets de lui, III, 333. — Il trouve que c'est une science que de savoir vieillir, III, 337. — La mort la plus prompte lui serait la plus agréable, si des douleurs aiguës s'emparaient de lui, III, 338. — Fait un vaudeville contre les philosophes, III, 343. — Critique amèrement l'*Essai sur le caractère, les mœurs et l'esprit des femmes*, III, 343 et suiv. — Vaudeville de lui contre les philosophes, III, 346 et suiv. — Il voulait faire un vaudeville gaillard sur le suicide, mais il n'a rien trouvé, III, 349. — Première représentation du *Jaloux honteux*, comédie de Dufresny, arrangée par Collé, III, 359. — Distribution des rôles de cette comédie, III, 360. — Exprime son avis sur *les Cabales*, satire de Voltaire, III, 361.

Collé, dit Vigny, frère du précédent, assiste avec son frère et Piron à un dîner chez Monticourt, où il s'enivre *correctement*, I, 9. — Collé lui obtient un entrepôt de tabacs à Saint-Junien, I, 334. — Son ingratitude à l'égard de Collé, I, 335. — Pension que lui fait son autre frère, Philippe, II, 148.

Collé, dit Pelletier, autre frère du chansonnier, I, 76, 199.

Collé, dit Mignot, autre frère du chansonnier, cède à son frère Philippe l'emploi qu'il occupait à Marseille, II, 148.

Collé (Philippe), autre frère du chansonnier, conseiller au conseil supérieur de Pondichéry. Achète à son frère Mignot l'emploi qu'il occupait à Marseille, II, 148.

Collé (Pétronille), sœur des précédents ; sa mort, III, 293.

Collé (Marie-Madeleine), veuve de Michel Foucault, sœur des précédents ; sa mort, III, 322.

Collet, auteur dramatique, première représentation de sa comédie : *l'Ile déserte*, II, 149.

Colonie (la), comédie de Saint-Foix, I, 104.

Comédie-Française. Prélèvement du quart des recettes destiné au droit des pauvres, I, 112. — Cet impôt a été supprimé au moyen de l'expulsion que M. d'Argenson veut faire de tous les pauvres du royaume, *ibid*. — Les gentilshommes de la chambre font abattre les petites loges existant dans les coulisses du théâtre, I, 309, 310. — Protestation des comédiens ; conflit, *ibid*. — Bon mot de Saint-Foix à cette occasion, *ibid*. — Par ordre du Roi une garde militaire est établie à la Comédie-Française, I, 310, 311. — Suite de la suppression des loges, I, 320. — Le comédien La Noue est mis au For-l'Évêque, *ibid*. — Mauvaise situation financière de ce théâtre, etc., II, 16. — Réforme introduite dans les costumes par Le Kain et Mlle Clairon, II, 33. — Le comte de Lauraguais offre 12,000 livres pour changer la forme de la salle, afin d'exclure les spectateurs de la scène, II, 170. — Opinion de Collé à ce sujet, II, 170, 172.

Comédie Italienne. Les recettes baissent à vue d'œil ; haine de Collé contre ce théâtre, III, 32.

Comédiens français. Opinion de Collé concernant ces acteurs pris collectivement, I, 57. — Jugement porté par Collé sur chacun des comédiens individuellement, I, 139 et suiv. — Donnent une représentation au profit des petits-neveux de Corneille, II, 218. — Par suite de leur mauvaise conduite et du délabrement de leurs affaires ils ont été forcés de recourir aux gentilshommes de la chambre, II, 338. — Digression de Collé sur les droits et les indignités des comédiens français, III, 83 et suiv. — Leurs mauvais procédés envers les auteurs, III, 219 et suiv. — Ils motivent actuellement par écrit la réception ou le rejet des pièces par des bulletins que lit le semainier, III, 226. — Leur paresse et leurs divisions, III, 253. — Hésitent de jouer les pièces que Collé a retouchées, III, 287. — — Dépit qu'en éprouve ce dernier, III, 288 et suiv. — Ils vont jouer en ville, bien que les premiers gentilshommes le leur aient défendu, III, 339. — Rebuffades qu'ils font essuyer aux auteurs en général, III, 365 et suiv.

Comédiens italiens. — Opinion de Collé touchant ces acteurs pris collectivement, I, 56. — Par ordre du Roi une garde militaire est établie au théâtre, I, 310. — Début d'un nouvel Arlequin, I, 328.

Comète (la). Première représentation de cette comédie de Boissy, I, 80.

Comique larmoyant. Ce que pense Collé de ce genre de littérature au théâtre, I, 54, 55.

Comte de Warvick (le). Première représentation de cette tragédie de La Harpe, II, 320.

Concert spirituel. Chiabran, violon de la musique du Roi de Sardaigne, s'y fait entendre avec succès, I, 307. — On y exécute sans succès un ancien *Motet* de Rameau, I, 308.

CONDÉ (L. Henri-Joseph de Bourbon, prince de). Son mariage avec Louise-Marie-Thérèse-Bathilde d'Orléans, III, 252.

CONDÉ (Louise-Marie-Thérèse-Bathilde d'Orléans, princesse de). Femme du précédent, III, 252.

CONELL (Marg.-Louise Daton), comédienne. Sa mort, I, 138.

Confiance trahie (la). Première représentation de cette comédie de Bret, II, 330.

Conseil d'État du Roi (le) rend un arrêt au préjudice des créanciers de Crébillon, I, 64. — Bon mot d'une poissarde sur les arrêts du conseil, I, 65. — Texte de l'arrêt rendu en faveur de Crébillon, I, 66 et suiv.

CONTI (Louise-Élisabeth de Bourbon, princesse de). Réponse plaisante qu'elle fait à son mari, I, 23. — Bon mot d'elle au sujet de l'arrestation du Prétendant, I, 32.

Contrôleur général (le), en vue d'écarter les puissances et les protections, fait publier que les sous-fermes seront adjugées au plus offrant enchérisseur, et, sous main, arrange les choses dans son cabinet, I, 101, 111. — Bon mot sur lui à ce sujet, *ibid.*

COQUELEY DE CHAUSSEPIERRE, avocat au Parlement. Avocat des comédiens, III, 97. — Joue très-bien la comédie, III, 235.

Coquette corrigée (la). Première représentation de cette comédie de La Noue, II, 46. — Reprise de cette pièce, II, 58.

CORNEILLE (Pierre), cité à propos de la tragédie de *Catilina*, I, 41.

CORNEILLE, petit-neveu du précédent. Représentation donnée à son bénéfice au Théâtre-Français, II, 218.

Cosroës. Première représentation de cette tragédie de M. Lefèvre, III, 157.

COSTE (l'abbé de La). Ses intrigues, etc.; avait négocié le mariage de La Popelinière, II, 261.

Couplets et chansons sur *Sémiramis*, tragédie de Voltaire, I, 7 ; — Sur Mme de Pompadour, I, 50, 62 et suiv.

Courcillon (M. de). Sa réplique hardie à Louis XIV, I, 249.

Crammer, libraire à Genève. Lettre supposée et contenant un libelle contre Voltaire, II, 260 et suiv.

Crébillon (Prosper Jolyot de). Lit sa tragédie de *Catilina* à Mme de Pompadour, I, 5. — A un dîner, chez M. de Meulan, raconte une anecdote sur la naïveté du Père Latour, I, 28. — Mlle Gaussin lui rend le rôle de Tullie, I, 29. — Première représentation de *Catilina*, I, 32. — Examen critique de cette tragédie, I, 33, 34. — Conseillé par Mme de Pompadour, il fait des retranchements à sa tragédie, I, 40. — Assiste à un dîner chez Roussel avec Collé, qui le plaisante sur quelques vers de *Catilina*, I, 41. — Adresse une Épître dédicatoire à Mme de Pompadour, I, 42. — Fait imprimer *Xerxès*, tragédie, sans attendre son édition du Louvre, et il obtient un arrêt du conseil pour ne pas payer d'anciens créanciers, I, 64. — Texte de cet arrêt, I, 66 et suiv. — Étant malade, il cite à son médecin un vers de *Rhadamiste*, I, 78. — Censeur de la police ; manière dont il remplit cet emploi, I, 244 et suiv. — Refuse son approbation à la tragédie de *Mahomet*, dont d'Alembert autorise subsidiairement la représentation, I, 349. — Reprise d'*Atrée et Thieste*, I, 359. — Anecdotes curieuses sur Crébillon ; il entre en qualité de clerc chez M. Prieur, procureur, qui l'engage à écrire pour le théâtre ; ses premiers travaux, etc., I, 360 et suiv. — Compose *le Triumvirat* à quatre-vingts ans, I, 421. — Lit cette tragédie aux comédiens, I, 431. — Première représentation de la même pièce, I, 445.

Crébillon (Claude-Prosper de), fils du précédent, connaissait Collé depuis l'âge de dix-sept ans, I, 1 (*Note*). — Fait l'éloge de *Catilina*, tragédie de son père, 1, 5. — Perd l'enfant unique qu'il avait eu de Mlle de Stafford, avant d'épouser cette dernière, I, 124.

Créole (la). Première représentation de cette comédie, I, 429.

Cromwell. Première représentation de cette tragédie de Duclairon, II, 366.

Curé de Saint-Sulpice (le), successeur de M. de Gergy, n'a succédé ni à son esprit ni à ses talents. Anecdotes à ce sujet ; naïvetés, I, 305, 306.

Cury (de), intendant des Menus-Plaisirs du Roi, auteur dramatique, donne à souper à Collé et à La Bruère, qui leur lit sa comédie *les Congés*, I, 14. — Est visité par le duc de Luxembourg, qui lui raconte un mot plaisant de M. de La Reynière relativement à la mort de son frère, *ibid.*

D

Dalainville, comédien, frère de Molé, est sifflé scandaleusement et chassé du théâtre, III, 248.

Damiens (R. F.). Son attentat contre la vie de Louis XV ; son procès, son supplice, II, 81. — Bruits qui circulent sur lui, sur ses complices, etc., II, 82 et suiv. — Compassion naïve de Mme Préandeau pour les chevaux qui écartelaient Damiens, II, 86.

Dampierre, auteur dramatique. Première représentation de sa comédie *le Bienfait rendu*, II, 298 et suiv.

Danchet (Ant.), membre de l'Académie française. Reprise de son opéra de *Tancrède*, I, 135. — Plaisante réminiscence d'un Allemand qui croit le reconnaître, I, 187.

DANCOURT (Florent Carton), comédien et auteur dramatique, est menacé de cent coups de bâton par le comte de Livry, amant de sa femme, I, 295. — Sa réponse ironique au Père Larue, *ibid.*

DANGÉ, fermier général. Son duel avorté avec Périgny, I, 46, 47. — Tour que lui jouent de jeunes seigneurs chez une proxénète, I, 137.

DANGEVILLE (Charles Botot, dit). Opinion de Collé sur ce comédien, I, 146.

DANGEVILLE (Marie-Anne Botot), sœur du précédent. Jugement porté par Collé sur cette comédienne, I, 145. — Duclos la met en concurrence avec Mlle Beaumenars pour jouer un rôle dans *Cénie*, I, 197.

Daphnis et Alcimadure. Première représentation de cette pastorale languedocienne, II, 1.

DAUBIGNY (M.). Première représentation de *la Bergère des Alpes*, III, 68.

DAUPHIN (Louis de France), fils de Louis XV. Mot ironique de lui à la Dauphine, I, 238. — Est transporté mourant à Fontainebleau, III, 52. — Malgré son état affreux, les spectacles continuent, au grand scandale des honnêtes gens, III, 54. — Ses qualités, ses vertus, sa mort, III, 68 et suiv.

DAUPHINE (Marie-Josèphe de Saxe), femme du précédent. Elle accouche d'une princesse, ce qui jette la cour dans la consternation. Réflexion de Collé à ce sujet, I, 217. — Mot ironique que lui adresse le Dauphin, I, 238. — Elle accouche du duc de Bourgogne, I, 346. — Réjouissances publiques à cette occasion, *ibid.* — Une fusée met le feu aux écuries du Roi, à Versailles, I, 347. — Est très-malade, III, 105. — Sa mort; elle laisse peu de regrets; son oraison funèbre par Collé, III, 132.

DAUPHIN (depuis Louis XVI). Est soupçonné d'impuissance, III, 293.

DAUPHINE (Marie Antoinette) fait entendre que son mari est impuissant, III, 293. — Deux anecdotes la concernant et qui mettent en évidence l'élévation de son caractère et de son esprit, III, 368.

DAVAUX (Mlle), chanteuse. Ses débuts à l'Opéra, I, 421. — Fait des progrès, I, 444.

DAVERNE (Madame) donne à souper à Périgny et à Dangé, qui se prennent de querelle, I, 46, 47. — Rendez-vous pris, duel avorté, *ibid.*

DEFOUGÈRES (M.), précepteur du comte d'Artois. Prière plaisante de ce dernier adressée au diable pour qu'il emporte son précepteur, qui l'ennuie, III, 117.

DELILLE (J. l'abbé), poëte didactique, est élu à l'Académie française avec Suard; le Roi ne veut ni de l'un ni de l'autre et ordonne de procéder à une élection nouvelle, III, 349. — Liste et examen de ses ouvrages par Collé, III, 354.

DELORME, peintre du duc d'Orléans, copie pour Collé un tableau représentant Henri IV, II, 303.

DENON (le baron Dominique Vivant). Première représentation de *Julie*, comédie, III, 231.

Denys le Tyran. Reprise de cette tragédie de Marmontel. Analyse de cette pièce. Jugement de Collé sur l'auteur, I, 23, 24.

Dépit amoureux (le). Reprise de cette comédie de Molière, I, 6.

Derviche (le). Première représentation de cette comédie de Saint-Foix. Anecdote piquante sur l'origine de cette pièce, II, 32 et suiv.

DESCHAMPS. Ce que Collé pense de ce comédien, I, 146. — Sa mort, I, 438.

Déserteur (le). Épigramme dirigée contre cette comédie de Sédaine, III, 234.

DESFONTAINES (l'abbé P. F. Guyot). Épigramme de Piron contre ce célèbre critique, I, 213, 214.

DESLANDONS (M.), auteur du *Tribunal de l'amour*, comédie, I, 237, 238.

DESMAHIS (Jos. F. Ed. de Corsembleu), poëte dramatique. Première représentation de sa comédie du *Billet perdu*, I, 218.

DESMARTRAIS (Madame). Anecdote relative au médecin Vernage, I, 112 et suiv.

DESTOUCHES (Ph. Néricauld), membre de l'Académie française. Sa comédie la *Force du naturel*, I, 112. — Première représentation de cette pièce, I, 130 et suiv. — Sa mort; épigramme sur lui en forme de vaudeville, I, 425. — Première représentation de *l'Homme singulier*, II, 384.

DESTRADES (Madame) Ses propos à l'occasion de l'exil de Maurepas, I, 71.

Deux Amis (les). Première représentation de cette comédie de Beaumarchais, III, 242.

Deux Frères (les). Première et dernière représentation de cette comédie de Moissy, III, 199.

Deux Sœurs (les). Première représentation de cette comédie de Bret, III, 169.

Diable (le). Son portrait en vers par Piron, I, 304. — Est prié par le jeune comte d'Artois d'emporter son précepteur, qui l'ennuie, III, 117.

DIDEROT (Denis), philosophe, littérateur; publie *le Fils naturel*, drame qui est vivement critiqué par Collé, II, 74 et suiv. — Vers contre son drame et sa poétique, II, 84. — Est accusé de plagiat, II, 108 — Ridiculisé dans la comédie des *Philosophes*, II, 244. — A donné des conseils à Poinsinet pour la composition d'*Ernelinde*, opéra, III, 172. — Première représentation du *Fils naturel*, drame de lui, III, 325.

DOLIGNY (Mlle), comédienne. Ses brillants débuts, II, 303. — Vêtue en homme elle joue un rôle ridicule dans *Amélise*, tragédie, III, 182.

DORAT (C. J.), poëte, auteur dramatique. Première représentation de sa tragédie de *Zulica*, II, 209. — Deux épigrammes de lui contre Voltaire, III, 129. — Voltaire lui répond, III, 130. — Dîne chez Gentil-Bernard avec Collé, III, 151. — Son épître à Mlle de Beaumesnil, III, 152. — Opinion de Collé sur Dorat, III, 155. — Une épigramme de Voltaire contre lui, III, 173. — Réponse de Dorat, *ibid.* — Vers de lui, III, 228.

DORSAINVILLE. Débuts de ce comédien au Théâtre-Français, III, 268.

Double Extravagance (la). Première représentation de cette comédie de Bret, I, 210 et suiv. — Dernière représentation, I, 217.

DOYEN (Gab. F.), peintre célèbre, de l'Institut. Son tableau du *Mal des ardents* exposé au Salon, III, 165. — Commande singulière que lui attire ce tableau de la part d'un homme de la cour, qui veut se faire peindre avec sa maîtresse, placée sur une escarpolette, *ibid.* et suiv. — Fragonard se charge de faire ce tableau, *ibid.* — Son opinion sur Lefèvre, auteur de *Cosroës*, tragédie, et qui avait été un de ses élèves, III, 166.

DROUIN. Opinion de Collé sur ce comédien, I, 148.

Druides (les). Première représentation de cette tragédie de Le Blanc, III, 341. — Elle est sifflée à la première représentation et applaudie à la deuxième, *ibid.* — Jouée à Versailles, cette tragédie révolte la cour; pourquoi. L'archevêque de Paris blâme M. Bergier, docteur de Sorbonne, pour avoir donné son approbation à cette pièce, III, 342 et suiv.

DUBARRY (comtesse). Couplets satiriques dirigés contre elle et d'autres personnages de la cour, III, 309 et suiv. — Autre épigramme contre la Dubarry, III, 311. — Un portrait d'elle exposé au Louvre a révolté et scandalisé le public; pourquoi, III, 323 et suiv.

DUBOCAGE (Marie-Adèle Le Page). Répétition de sa tragédie des *Amazones*, I, 84. — Conditions qui lui sont imposées par les acteurs pour jouer sa pièce, *ibid*. — Ses ouvrages sont attribués à Linant et à l'abbé du Resnel, I, 85. — Première représentation des *Amazones*, à laquelle elle ne peut assister, I, 86. — Mot de Mlle Gaussin sur la tragédie des *Amazones*, I, 89. — Sa tragédie est imprimée; effet que produit sa lecture, I, 96.—Mot de la maréchale de Boufflers sur la même tragédie, *ibid*. — Elle va en Angleterre, où elle veut être présentée au Roi; elle n'y peut réussir; pourquoi. Incident, I, 176 et suiv. — Sa lettre peu convenable à Mme de Mirepoix, I, 180, 181.

DUBOCAGE (M.), mari de la précédente, receveur des tailles à Dieppe. Se croit homme de lettres; laisse jouer les pièces de sa femme, malgré les exhortations contraires de ses amis, I, 87.

DUBOIS. Opinion de Collé sur ce comédien, I, 147. — Maltraité par l'amour, et plus encore par son chirurgien, a un procès scandaleux avec ce dernier, III, 25 et suiv. — Est chassé de sa compagnie, III, 26.

DUBREUIL (Pierre Guichon). Jugement de Collé sur ce comédien, I, 148.

DUCHATELET (Madame). Elle est tournée en ridicule dans la comédie du *Faux Savant*, de Duvaure, I, 91. *Voy*. CHATELET (marquise du).

DUCIS (J. F.), de l'Académie française. Première représentation d'*Hamlet*, tragédie, III, 235. — Première représentation de *Roméo et Juliette*, tragédie, III, 364.

DUCLAIRON (Ant. Maillet). Première représentation de *Cromwell*, tragédie, II, 366.

DUCLOS (C. Pineau), membre de l'Académie française, raconte à Collé la chute de *Sémiramis*, tragédie de Voltaire, I, 1. — Sa sortie courageuse à l'occasion du maréchal de Belle-Isle, candidat à l'Académie, I, 79. — Est accusé d'avoir déposé une boule *noire* dans l'urne lors de l'élection de ce seigneur; il se justifie; comment, *ibid*. — L'abbé de Bernis lui adresse une épître, I, 102. — Met en concurrence Mlles Dangeville et Beaumenars pour jouer un rôle dans *Cénie*, I, 197. — Sa réponse à La Chaussée relativement à la candidature de Piron à l'Académie, I, 199. — Nommé historiographe du Roi, I, 241. — Raconte une anecdote sur un homme qui avait une dévotion particulière pour la sainte Vierge, I, 333. — Est nommé secrétaire de l'Académie française; son désintéressement à ce sujet, II, 39. — Prête son concours à Collé; autre preuve de son désintéressement, II, 128. — Blâme vivement Saint-Lambert pour avoir proposé à ses confrères de l'Académie d'en exclure M. Séguier, III, 275.

DUDOYER, auteur dramatique. Première représentation de *Laurette*, comédie, III, 204.

DUFORT (M.) est remplacé par M. Duparc comme intendant des postes, et par M. Camuzet, notaire, comme fermier général, I, 13.

DUFRESNE (Abrah. Alexis Quinault), comédien célèbre qui, bien que retiré du théâtre, devait jouer le rôle de *Catilina*, dans la tragédie de Crébillon, I, 6.

DUFRESNY (Ch. Rivière), auteur dramatique. Sa préférence peu flatteuse pour M. d'Argental, à qui il voulait lire une de ses comédies, I, 285.

DUGAZON (Mlle), femme de Vestris. Brillants débuts de cette comédienne au Théâtre-Français, III, 215.

DULYS, riche financier. Son aventure avec Mlle Pélissier, II, 138.

DUMESNIL (Marie), actrice célèbre. Représentation à son bénéfice, I, 114. — Ce que Collé pense de cette comédienne, I, 141.

DUPARC (M.), ancien secrétaire du cardinal de Fleury, remplace M. Dufort comme intendant des postes, I, 13.

DUPATY (F. B. Mercier), avocat général au parlement de Bordeaux, littérateur. Sa lettre à Collé, à qui il envoie une médaille à l'effigie de Henri IV, III, 221. — Services rendus par Dupaty aux belles-lettres, III, 222 et suiv.

DUPLEIX (Joseph), ancien gouverneur dans l'Inde, accusé de concussion par le gouvernement français; il publie un *Mémoire* justificatif, I, 283.

DUPLESSIS (le Père), jésuite, rend fous deux ou trois domestiques en prêchant le jubilé à Notre-Dame, I, 305. — Son caractère, son fanatisme, etc., *ibid.*

DUPLESSIS (Mlle), sœur de Mme de Sartine, épouse M. de Meulan d'Ablois, III, 104.

DUPRÉ DE SAINT-MAUR (N. F.) est reçu à l'Académie française pour une traduction du *Paradis perdu* que l'abbé Boismorand avait faite, I, 312. — Répond à l'évêque d'Autun lors de sa réception à l'Académie, II, 79.

DUPUIS (le président) veut se faire passer pour l'auteur de *Tibère*, tragédie, dont l'auteur véritable est le Père Folard ; épigramme à ce sujet, I, 202, 203.

Dupuis et Desronais. Première représentation de cette comédie de Collé, II, 277. — Est jouée avec succès à Fontainebleau, II, 323.

DURANCY (Mlle), comédienne. Ses débuts au Théâtre-Français, III, 113.

DURAS (M. de), premier gentilhomme de la chambre. Épigramme dirigée contre lui à l'occasion de la visite du Roi de Danemark, III, 221 et suiv.

DUROZOY (M.) fait imprimer sa tragédie du *Siége de Calais* avec une préface contre les comédiens, III, 8 et suiv.

DUTARTRE (M.). Mort de ce jeune homme, fils unique d'un ami de Collé, III, 50.

DUTORT (Madame), femme auteur. Vers de Fontenelle mis au bas du portrait de cette dame, I, 302.

DUVAURE (M.). Sa comédie de *l'Amant précepteur*, connue d'abord sous le titre du *Faux Savant*, I, 91. — Dans cette pièce Mme Duchâtelet est tournée en ridicule, *ibid.*

E

École des Bourgeois (l'). Reprise de cette comédie de d'Allainval, III, 267.

École de la Jeunesse (l'), comédie de la Chaussée, I, 49, 53. — Elle tombe par suite d'une cabale, I, 58.

École des Prudes (l'). Première représentation de cette comédie de M. Jourdain, I, 261.

Écossaise (l'). Première représentation de cette comédie de Voltaire, dirigée contre Fréron, II, 251.

Électre, tragédie de Voltaire, dont il fait secrètement la lecture à ses amis chez M. d'Argental, I, 108.

Électre, tragédie de Crébillon, I, 151.

Éléments (les). Reprise de cet opéra, I, 418.

Émeute suscitée par l'enlèvement des enfants sans aveu ; pendaison de trois séditieux, I, 214, 215.

ÉMILIE (Mlle), comédienne. Ses débuts dans *le Misanthrope* et dans *la Pupille*; elle n'est pas reçue, I, 174.

Encyclopédistes. Leur querelle avec le parti de la cour ; brochures et injures imprimées de part et d'autre, II, 248 et suiv.
Énée et Lavinie. Reprise de cet opéra de Fontenelle, II, 120.
Enlèvement des enfants sans aveu. Émeute à ce sujet, I, 170 et suiv.
ÉPAMINONDAS (l'abbé), sobriquet donné à l'abbé de La Tour ; pourquoi, I, 156, 157.
ÉPINAI (Mlle d'), comédienne, maîtresse de Molé, supplante Mme Préville, III, 100. — Soigne Molé pendant une maladie, III, 106.
Épouse à la mode (l'). Première représentation de cette comédie de La Place, II, 262.
Épreuve imprudente (l'). Première représentation de cette comédie de Mauger, II, 158.
Épreuve indiscrète (l'). Première représentation de cette comédie de Bret, II, 337.
Ermelinde. Première représentation de cet opéra de Poinsinet, III, 172.
ESCALOPIER DE NOURAS (M. L'). Sa maîtresse, Mme d'Hennery, accouche furtivement et meurt ; détails sur cet événement, I, 103.
ESCARMOTIER (Mme L'), amie de Collé, qui lui adresse deux pièces de vers ; sa mort, I, 339 et suiv.
Espérance (l'). Prologue de Collé, I, 358.
Esprit (de l'). Sensation causée par la publication de cet ouvrage d'Helvétius, II, 150. — Caractère et talent d'Helvétius appréciés par Collé, II, 239 et suiv.
Esprit des lois (l'). Opinion de Collé sur ce livre de Montesquieu, I, 57.
Étioles, maison de campagne de M. de Meulan, où Collé allait souvent, I, 1, 6, 9, 58, 76, 101, 220 et suiv.
Étourdi corrigé (l'). Première représentation de cette comédie de Rousseau, de Toulouse, I, 215, 216.
Étrennes de l'Amour (les). Première représentation de cette comédie de Cailhava, III, 217.
Eugénie. Première représentation de ce drame de Beaumarchais, III, 122. — Reprise de cette pièce, III, 138.
Exil des ministres et de plusieurs membres du Parlement, II, 68. — Pasquinade à ce sujet, II, 69.
Exposition de tableaux au Louvre, I, 242. — Nouvelle exposition ; portrait de La Dubarry qui a révolté et scandalisé le public ; pourquoi, III, 323 et suiv.

F

F** (M.), receveur des tailles des guérets, est accusé d'impuissance par sa femme, I, 319, 320.
F** (M., femme du précédent, qu'elle accuse d'impuissance, I, 319, 320.
Fabricant de Londres (le). Première représentation de ce drame de Fenouillot de Falbaire, III, 289.
FAGAN (Bart. Chris.), auteur dramatique. Sa mort, son talent, ses lubies, etc., II, 14 et suiv.
FAILLE (M. de La). Une épigramme de lui contre l'abbé Abeille, II, 62.
FALBAIRE (Fenouillot de), auteur dramatique. Première représentation de son

drame du *Fabricant de Londres*, III, 289. — Examen critique de ses ouvrages, par Collé, III, 290 et suiv.

Fat (le). Première représentation de cette comédie de Lattaignant, I, 298.

Fausses Inconstances (les), comédie de Moissy, I, 234.

Fausses Infidélités (les). Première représentation de cette comédie de Barthe, III, 183.

Faux Généreux (le). Première représentation de cette comédie, II, 126.

Faux Savant (le), comédie de Duvaure jouée sous le titre de *l'Amant précepteur*, I, 91. — Analyse de cette pièce, *ibid.*

Favart (Ch. Simon), auteur dramatique. Première représentation des *Amants inquiets*, parodie de *Thétis et Pélée*, I, 300 et suiv. — Couplets de lui à l'occasion de l'accouchement de la Dauphine, I, 367. — Fait jouer la *Soirée des boulevards* ; est accusé de plagiat par Collé, II, 164. — Sa pièce de la *Parodie au Parnasse*, II, 166. — Première représentation d'*Isabelle et Gertrude*, comédie, III, 42. — Première représentation, à Fontainebleau, de la *Fée Urgèle*, comédie, III, 53. — Épître que lui adresse Saurin, III, 60 et suiv. — Veut enlever le musicien Monsigny à Sédaine, III, 179. — Manége qu'il emploie à cet égard, *ibid.* — Première représentation des *Moissonneurs*, comédie, III, 184. — Est chargé par la duchesse de Valentinois d'organiser une fête pour la comtesse de Provence, au château de la Muette, III, 328 et suiv.

Favart (Madame), née Gentilly, femme du précédent, actrice célèbre. Ses brillants débuts à la Comédie-Italienne, I, 99. — Ce que Collé pense d'elle, *ibid.* — Le maréchal de Saxe l'oblige de quitter la Comédie-Italienne, I, 311.

Fée Urgèle (la). Première représentation, à Fontainebleau, de cette comédie de Favart, III, 53.

Fées rivales (les), comédie en italien, I, 7.

Feinte supposée (la). Première représentation de cette comédie de M. Chicanneau de Neuvilée, I, 181, 183.

Fel (Mlle), chanteuse de l'Opéra, I, 52.

Ferrand (Ant.), poëte satirique. Une épigramme de lui, I, 325.

Ferrand, cousin de Mme de Pompadour, critiqué dans une chanson, I, 62.

Fête (description de la) donnée par Collé à la famille de M. de Meulan, I, 220 et suiv.

Fêtes de l'hymen (les), opéra de Rameau et de Cahusac, I, 19, 22. — Reprise de cet opéra, I, 428.

Fêtes de Paphos (les). Première représentation de cet opéra, II, 146.

Février (mois de) ; froid rigoureux pendant ce mois, abondance des neiges, I, 395.

Fille (jeune) qui, feignant l'imbécillité, se réfugie dans l'église Sainte-Geneviève. Ses récits mensongers ; punition de sa supercherie, I, 115 et suiv.

Fille (jeune) offrant 30,000 livres à celui qui l'épousera, et dont le visage est couvert d'un masque d'argent, I, 119.

Fille d'Aristide (la). Collé lit aux acteurs cette comédie de Mme Graffigny, II, 55. — Réception de cette pièce ; tracasseries que suscite la distribution des rôles, *ibid.* — Collé compose une scène de cette comédie, II, 111. — Première représentation et chute, II, 138.

Fils ingrats (les), comédie de Piron. Reprise, I, 20, 43.

Fils naturel (le). Première représentation de ce drame de Diderot, III, 325.

Fitz-James (le duc de). Porteur des ordres du Roi, il se rend à Toulouse pour empêcher le Parlement de s'assembler ; ce Parlement lui répond en le décrétant de prise de corps ; suites de cet incident, qui donne lieu à une femme d'esprit de faire une réplique très-mordante au président Portail, au sujet des démêlés des parlements avec la cour, II, 335.

FITZ-JAMES (le comte de). A la veille de se marier et pour faire ses adieux à la vie de garçon, il assiste à un souper donné par le duc de Chartres ; description de ce repas singulier, III, 221.

FLEURY (cardinal de). Menace La Popelinière de lui ôter son emploi s'il n'épouse pas Mlle Deshayes, sa maîtresse, I, 27.

FLORIMOND, comédien, joue le rôle d'Alphonse dans *Inès*, I, 422.

Florinde. Première représentation de cette tragédie de M. Lefèvre, III, 276.

FOLARD (le Père), jésuite, auteur de *Tibère*, tragédie que le président Dupuis s'était attribuée. Épigramme à ce sujet, I, 202, 203.

Folie et l'Amour (la). Première représentation de cette comédie, I, 435.

FONTENELLE (le Bouyer de), de l'Académie française. Un mot de lui sur la fécondité de Voltaire, I, 127. — Réponse naïve que lui fit une paysanne au sujet d'une émeute qui avait eu lieu à Rouen, I, 172. — Bon mot de lui sur Roi, poëte dramatique, I, 206. — Reprise de son opéra de *Thétis et Pélée*, I, 258. — Bon mot de lui touchant M. de Machault et le clergé, *ibid.* — Il dîne à l'hôtel Duplessis-Châtillon, I, 259. — Sa réponse à un Anglais qui désirait s'entretenir avec lui, I, 281. — A quel âge il a *boutonné sa culotte*, I, 282. — Épigramme sur les adieux qu'il s'adresse en mourant, *ibid.* — Fade et prétentieuse lettre qu'il adresse à la marquise de Mimeure, I, 295. — Son madrigal mis au bas du portrait de Mme Dufort, I, 302. — Dîne chez M. de Brou avec Collé, I, 329. — Sa réponse à M. Daye, qui prétendait préférer un tête-à-tête avec lui qu'avec une jolie femme, I, 330. — Dîne chez Helvétius avec Collé, I, 447. — Agé de cent ans, il ouvre un bal donné par Helvétius, II, 4. — Reprise de son opéra d'*Énée et Lavinie*, arrangé par Moncrif, II, 130. — Son indifférence pour les descendants du grand Corneille, II, 220.

FORCALQUIER (Madame de) joue à Saint-Cloud, chez le duc de Chartres, un rôle dans la comédie du *Philosophe marié*, I, 133.

Force du naturel (la), comédie de Destouches, I, 112. — Première représentation de cette pièce, I, 130 et suiv. — Dernière représentation, I, 136.

Fragments (les). Première représentation de cet opéra de Moncrif, du chevalier de Brassac, de Royer, de Rebel et de Francœur, I, 218. — Reprise de cet opéra, I, 287, 379.

FRAGONARD (N.), peintre célèbre, de l'Institut. Origine plaisante de son tableau intitulé : *les Hasards heureux de l'escarpolette*, III, 166.

FRANCŒUR (François), surintendant de la musique du Roi, est désigné pour la direction de l'Opéra, I, 82. — Première représentation de l'opéra des *Fragments*, I, 218. — Reprise de cet opéra, I, 287. — Son aventure avec Dulys et Mlle Pellissier, II, 138.

FRÉDÉRIC II, roi de Prusse. Ses vers à Arnaud Baculard, I, 184, 185. — Réponse d'Arnaud, I, 186. — Congédie Arnaud Baculard, à l'instigation de Voltaire, I, 261. — Ses offres, ses procédés, son attitude à l'égard de Voltaire, I, 290, 291. — Sa réplique satirique à M. Mitchell, ambassadeur d'Angleterre, II, 125.

FRÉRON (Élie-Catherine), littérateur et critique. Couplets satiriques à son adresse, II, 195. — Première représentation de *l'Écossaise*, comédie de Voltaire, dirigée contre lui, II, 251. — Présent à cette représentation, il fait assez bonne contenance, mais sa femme se trouve mal, II, 254. — Lettre de lui contre Voltaire et attribuée à Crammer, libraire, II, 260 et suiv. — Est menacé par le poëte Lebrun, à qui il écrit une lettre ferme et digne, II, 294 (*Note*).

Fribois, fermier général. Mot vaniteux de ce financier, II, 305.

Fribourg (canton de). Réponse de l'avoyer de Fribourg à M. Burnaby, ministre d'Angleterre, au sujet du fils du Prétendant, I, 12.

Fronsac (duc de), fils du maréchal de Richelieu, traite le comédien Grandval comme un *nègre*, II, 338.

Fuzelier (L.), auteur dramatique. Première représentation de son opéra *le Carnaval du Parnasse*, I, 98. — Raconte deux anecdotes à Collé, l'une relative à Le Sage, l'autre à Danchet, I, 187, 188. — Se vante d'avoir été le teinturier du président Hénault pour ses ouvrages dramatiques, III, 280.

G

Gageure (la). Première représentation de cette comédie de Sédaine, III, 197. — Analyse de cette pièce par Collé, III, 197 et suiv.

Gaillard (Gabr.-H.), historien, est élu à l'Académie française, III, 296. — Son discours de réception, III, 305.

Galaisière (M. de La), chancelier du roi Stanislas, avait été l'amant de la marquise de Boufflers avant que celle-ci devînt la maîtresse du Roi; allusion maligne qu'y fait ce dernier, II, 38.

Galant Escroc (le), comédie très-libre de Collé; elle est jouée sur le théâtre de Bordeaux; anecdote à ce sujet, III, 138.

Gallés (Charles-Édouard, prince de), connu sous le nom de Prétendant, est arrêté en entrant à l'Opéra, I, 29, 30.

Gallet, chansonnier, ami de Piron et de Collé. Épigramme de lui sur un ivrogne, le jour du vendredi saint, I, 150. — Fait banqueroute; ses mœurs, son caractère; jugé sévèrement par Collé, I, 332. — C'est *sous* Gallet que Collé, de son aveu, apprit à faire des chansons, *ibid*. — Couplet de lui sur le lieutenant criminel et le lieutenant civil, I, 364. — Autre couplet de lui, où figure un *concombre*, I, 365. — Fait une honnête faillite; ses goûts, son ivrognerie, *ibid*. — Malade, se retire au Temple et communique un couplet de lui à Collé, II, 37, 38. — Sa fermeté devant la mort, *ibid*. — Envoie à Collé trois autres couplets, II, 41. — Reçoit une visite de Collé, qui le trouve à l'extrémité, *ibid*. — Sa guérison, II, 42.

Gardel (Mlle), actrice. Sa mort, I, 98. — Vivait avec M. de Tournehem, *ibid*.

Garrick (David), célèbre tragédien anglais. Son arrivée à Paris, I, 324. — Dîne avec Collé et joue devant lui une scène d'une tragédie de Shakspeare, I, 332. — Dîne chez Collé; s'y montre maussade et fait l'important, III, 2 et suiv.

Gaston et Bayard. Première représentation de cette tragédie de de Belloy, III, 314 et suiv.

Gaussin (Jeanne-Catherine), célèbre comédienne. Sous le prétexte qu'elle est grosse, rend à Crébillon le rôle de Tullie, qu'elle reprend sur l'intervention de Mme de Pompadour, I, 29. — Mot d'elle sur la tragédie des *Amazones*, I, 90. — Opinion de Collé sur cette comédienne, I, 141.

Gauthier (Mlle), comédienne. Devait jouer le rôle de Fulvie dans *Catilina*, tragédie de Crébillon, I, 29. — Ce que pense Collé de cette actrice, I, 148, 149. — Sa conduite odieuse lors du duel entre Roselly et Ribou, I, 265.

GAUTHIER, père de la précédente ; sa naïveté, I, 362.

GÉLIOTE ou JÉLIOTE (P.), chanteur de l'Opéra. Ce qu'en pense Collé, I, 52. — Est désigné pour la direction de l'Opéra, I, 82.

Génies tutélaires (les), prologue de Moncrif à l'occasion de la naissance du duc de Bourgogne, I, 347.

GENTILLY (Justine-Benoîte du Ronceray), femme de Favart, actrice célèbre. *Voyez* Mme Favart.

Gentilshommes de la chambre (les) font détruire les petites loges existant dans les coulisses du Théâtre-Français, I 309, 310. — Protestation des acteurs ; conflit, *ibid.* — Suite de cette affaire, I, 320. — Le comédien La Noue est mis au For-l'Évêque, *ibid.*

GEOFFRIN (Marie Thérèse Rodet, dame), femme célèbre. L'abbé de Guasco publie des lettres laissées par Montesquieu et écrites dans un esprit hostile à madame Geoffrin, III, 169 et suiv. — Anecdote relative à cette dame, à laquelle la comtesse de Guiche donne une leçon de politesse, III, 171.

GEORGES III, Roi d'Angleterre. Lettre supposée adressée par lui à Louis XV à l'occasion de l'arrestation du Prétendant, I, 32.

GERGY (Languet de), curé de Saint-Sulpice. Ses saintes extorsions, I, 305.

GODARD, chanteur, fait oublier Jéliotte, II, 22.

GOLDONI (C.), auteur comique italien. *La Suivante généreuse*, comédie imitée de cet auteur, II, 180. — Jugé par Collé, II, 379. — Parallèle entre lui et Sédaine, III, 64 et suiv. — Première représentation du *Bourru bienfaisant*, comédie, III, 326 et suiv.

GONTAUT (marquis de). Mot de lui concernant le duc d'Ayen, I, 369.

GOUFFIER (le marquis de) marie sa fille avec le comte de Choiseul ; vers de Collé adressés à la future, III, 324.

Gouvernement (huitain satirique sur l'état présent du), II, 80.

Gouverneur (le). Première représentation de cette comédie de La Morlière, I, 381.

GRAFFIGNY (Françoise d'Issembourg d'Apponcourt), femme auteur. Sa biographie faite par Collé ; sa comédie de *Cénie*, I, 188 et suiv. — Ressemblance de cette pièce avec *la Gouvernante*, comédie de La Chaussée. Scrupule de Mme Graffigny à ce sujet, I, 192 et suiv. — Dernière représentation de *Cénie*, I, 205. — Elle fait lire aux acteurs par Collé sa comédie *la Fille d'Aristide*, II, 55. — Réception de cette pièce, dont la distribution des rôles donne lieu à des tracasseries, *ibid.* — Collé compose une scène de cette comédie, II, 111. — Sa mort ; détails biographiques la concernant, II, 160 et suiv.

GRANDVAL (Charles-François), comédien. Crébillon lui préférerait Dufresne pour jouer le rôle de Catilina, I, 6. — Rend à Collé *Aménophis*, tragédie de Saurin, qui avait été refusée par les comédiens, I, 100. — Opinion de Collé sur ce comédien, I, 143. — Est traité comme un *nègre* par le jeune duc de Fronsac, II, 338.

GRANDVAL (Madame), femme du précédent. Jugement de Collé sur cette comédienne, I, 144.

GRAVE (marquis de). Première représentation de *Varon*, tragédie de lui, I, 383.

Grenoble (ville de). Un capucin y prêchant la Passion rend fou un M. de la Rouexière de Gagny, receveur général, I, 149.

GRESSET (J. B. L.), poëte, auteur dramatique, de l'Académie française. Son épître à M. de Tournehem, concernant la colonne de l'hôtel de Soissons. Rondeau de Piron sur cette épître, I, 8 et 9. — Répond à d'Alembert lors de sa réception à l'Académie française; hardiesses dans son discours, I, 443. — Publie une lettre par laquelle il déclare renoncer au théâtre, II, 182. — Est brocardé par Voltaire, II, 250.

GRILLE (chevalier de). Sa méprise sur l'Extrême-Onction, qu'il avait reçue étant en léthargie, I, 316.

GROTZ (M. de), gazetier, frère de l'envoyé de la czarine. Coups de bâton qu'il reçoit, sur quittance, d'un officier du Roi de Prusse, I, 280.

GUASCO (l'abbé de). Publie des lettres laissées par Montesquieu et écrites dans un esprit hostile à Mme Geoffrin, III, 169 et suiv.

GUÉAN (Mlle), actrice. Ses débuts au Théâtre-Français, où elle est refusée, I, 99, 100. — Ses nouveaux débuts dans *le Galant Jardinier*, I, 323. — Sa mort, II, 157.

GUICHE (la comtesse de). Donne une leçon de politesse à Mme Geoffrin, III, 171.

Guillaume Tell. Première représentation de cette tragédie de Lemierre, III, 118.

Guirlande (la), opéra de Marmontel, I, 348.

Gustave Wasa. Première représentation de cette tragédie de La Harpe, III, 79.

H

HACHER, avocat au parlement, débute au Théâtre-Français; il échoue et s'engage pour le théâtre de Bordeaux, II, 385.

Hamlet. Première représentation de cette tragédie de Ducis, III, 235.

HARCOURT (l'abbé d') exhorte,1 à l'article de la mort, M. de Vintimille, archevêque de Paris. Réponse qu'il reçoit de ce prélat, I, 88.

HAUTTERIVE (Madame d'). Couplet licencieux sur cette dame, veuve du duc de Chaulnes, I, 182.

HAUTTERIVE (M. d'), mari de la précédente. Couplet licencieux sur sa femme, I, 182.

HÉDY (l'abbé d'), réconcilie Périgny et Dangé, I, 47.

HELVÉTIUS (Cl. Ad.), philosophe. A un dîner qu'il donne à Collé, il lui apprend qu'il a remercié de sa place de fermier général, I, 329. — Surprise que cause cette résolution dans le public, *ibid.* — Épouse Mlle de Ligneville, *ibid.* — Collé et Fontenelle dînent chez lui, I, 447. — Donne un bal qui est ouvert par Fontenelle, âgé de cent ans, II, 4. — Publie son livre *de l'Esprit*, qui cause une vive sensation; double rétractation de l'auteur, II, 150 et suiv. — Ridiculisé dans la comédie des *Philosophes*, II, 238 et suiv. — Son caractère et son talent appréciés par Collé, II, 239 et suiv.

HELVÉTIUS (Madame), femme du précédent, I, 329. — Elle se retire à Auteuil, où elle forme une petite cour composée des philosophes du temps et où elle reçoit souvent la visite de Napoléon, II, 154 (*Note*).

HÉNAULT (C. J. F.), président du Parlement, de l'Académie française. Vers que lui adresse Voltaire, I, 35 et suiv. — Ses œuvres dramatiques jugées par Collé, II, 78. — Sa mort, III, 278. — Son oraison funèbre par Collé, III, 279 et suiv. — Fuzelier se vante d'avoir été son teinturier, III, 280.

HENNERY (M. d'). Sa femme accouche furtivement et meurt dans la petite maison de M. L'Escalopier, son amant; détails sur cette aventure, I, 203.
Hercule. Première représentation et chute de cette tragédie, II, 70.
Hermaphrodite. Jugement rendu par le Parlement sur un hermaphrodite, III, 4 et suiv. — Description en latin de cet hermaphrodite, *ibid.*
Hérode et Mariamne, tragédie de Voltaire, II, 318.
Heureuse Rencontre (l'). Première représentation de cette comédie de mesdames Rozet et Chaumont, III, 300.
Hilas et Sylvie. Première représentation de cette pastorale de Rochon de Chabannes, III, 215.
Hippolyte et Aricie. Reprise de cet opéra, II, 70.
Homme de fortune (l'), comédie de La Chaussée dans laquelle devait jouer Mme de Pompadour, I, 262. — Cette comédie est jouée à Bellevue, chez Mme de Pompadour, I, 277. — Personnages qui y ont eu un rôle, *ibid.*
Homme singulier (l'). Première représentation de cette comédie de Destouches, II, 384.
HUME. (David), historien anglais. Son démêlé avec Debelloy au sujet de la tragédie du *Siége de Calais,* III, 23.
Hus (Mlle). Débuts de cette comédienne dans *Zaïre*, I, 333. — Maîtresse de Bertin, trésorier; joue mal dans *Paros*, tragédie, I, 392.
Hypermnestre. Première représentation de cette tragédie de Lemierre, II, 154.

I

Idoménée. Première représentation de cette tragédie de Lemierre, II, 339.
Ile-Adam, château du prince de Conti, I, 23.
Ile déserte (l'). Première représentation de cette comédie de Collé, II, 149.
Ile sonnante (l'), opéra-comique de Collé; tombe à plat à la représentation chez le duc d'Orléans, III, 156. — Première représentation de cet opéra au Théâtre-Italien, III, 177.
Illinois (les). Première représentation de cette tragédie de Sauvigny, III, 138. — Analyse de cette pièce, III, 147.
Impatient (l'). Première représentation de cette comédie, II, 105.
Impertinent (l'). Dernière représentation de cette comédie, I, 235.
Incertain (l'). Anecdote au sujet de cette comédie, que l'auteur lisait chez Mme de Tencin, et dont il n'acheva pas la lecture; pourquoi, II, 187.
Indécis (l'). Première représentation de cette comédie anonyme, II, 187.
INVAULT (M. Mainon d'), contrôleur général, résigne volontairement cet emploi à raison de son insuffisance, III, 208.
Iphigénie. Début de Bellecourt dans cette tragédie, I, 263.
Iphigénie en Tauride, tragédie de Latouche, II, 64. — Première représentation de cette tragédie, qui obtient un succès éclatant, II, 96 et suiv. — Vers supprimés par la police, II, 103. — Cette tragédie perd à la lecture, II, 120. — Réaction qui s'opère contre le succès de cette pièce, II, 121.
Iphigénie en Tauride, tragédie en prose du comte de Lauraguais; il la retire du théâtre, II, 182.
Isabelle et Gertrude. Première représentation de cette comédie de Favart, III, 42.
Issé. Reprise de cet opéra, II, 67.

J

Jacques II, Roi d'Angleterre. Réplique courageuse que lui fait le lord maire, I, 248.
Jaloux (le). Première représentation de cette comédie de Bret, II, 17.
Jaloux honteux (le). Première représentation de cette comédie de Dufresny, arrangée par Collé, III, 359. — Distribution des rôles de cette pièce, III, 360.
Jaloux puni (le), comédie de M. Trudaine de Montigny, II, 343.
Jancin (M.). Son estimation en argent de quelques dames de la cour; sa réponse à ce sujet à la duchesse de Luxembourg, I, 378.
Jannin, religieux de l'ordre de Citeaux. Sa lettre à Collé concernant *la Partie de chasse de Henri IV*, III, 136.
Jansénistes (Épître de Saint-Lambert sur les), I, 58 et suiv.
Jéliote. *Voy.* Géliote.
Jésuites. Pasquinade sur leur apothicairerie à Rome, II, 319.
Jeune Homme (le). Première représentation de cette comédie de Bastide, II, 365.
Jeune Indienne (la). Première représentation de cette comédie de Chamfort, II, 364.
Joconde, comédie de Collé. Elle est jouée chez Mme de Meaux, II, 87. — Elle est jouée à Bagnolet, sur le théâtre du duc d'Orléans, II, 212.
Jodelet maître et valet. Reprise de cette comédie de Scarron, I, 262.
Joueur (le). Représentation à Villers-Coterets, chez le duc d'Orléans, de cette tragédie de Saurin, III, 141.
Jubilé (interruption des spectacles à l'occasion du), I, 303. — Bulle consolante du pape et mandement désespérant de l'archevêque de Paris sur le même sujet, I, 304.
Julie. Première représentation de cette comédie du baron Denon, III, 230.

K

Kinsonnat (le chevalier de). Reçoit l'Extrême-Onction devant le chevalier de Livry et s'en excuse, I, 315, 316. — Confusion plaisante faite par un officier entre le Viatique et l'émétique, *ibid.*
Koenig, bibliothécaire à Hanovre. Sa querelle avec Maupertuis, II, 190.

L

La Borde, premier valet de chambre du Roi, remet en musique l'opéra de *Thétis et Pélée*, qui tombe à plat à la représentation, III, 46. — Ce que Rameau pense de M. de La Borde, *ibid.*
La Bruère (Ch. Ant. Le Clerc de), auteur dramatique, soupe chez Cury avec Collé et leur lit sa comédie des *Congés*, I, 14.
La Chaussée (P. Claude-Nivelle de), de l'Académie française. Première représentation de *l'École de la jeunesse*, comédie, I, 49, 53. — Avis de Collé sur *le Préjugé à la mode*, I, 55. — *L'École de la jeunesse* tombe

par suite d'une cabale attribuée à Voltaire, I, 58. — S'oppose à la réception de Piron à l'Académie ; réponse que lui fit Duclos à ce sujet, I, 199. — Sa mort. Ses prévisions touchant son successeur à l'Académie, I, 407. — On joue chez le comte de Clermont *la Rancune officieuse*, comédie posthume de La Chaussée, I, 439. — Collé publie dans *le Mercure* une critique sur le genre larmoyant, dirigée contre La Chaussée, III, 200.

La Condamine (C. M. de), astronome, est élu à l'Académie française, II, 269.

Lagrange (M. de), officier, tue en duel le jeune Chauvelin, fils unique du garde des sceaux, I, 257.

La Harpe (J. F. de), littérateur, critique célèbre. Première représentation du *Comte de Warwick*, tragédie de lui, II, 320. — Accusé d'avoir composé une satire contre son bienfaiteur, *ibid.* — Première représentation de *Timoléon*, tragédie, II, 368. — Épouse la fille d'un limonadier, II, 386. — Se fait beaucoup d'ennemis, III, 6. — Première représentation du *Comte de Warwick*, tragédie, *ibid.* — Première représentation de *Pharamond*, tragédie faussement attribuée à Chabannes, III, 40 et suiv. — Première représentation de *Gustave Wasa*, III, 79. — Son orgueil, sa misère. On reparle de la jeune fille qu'il a épousée, après l'avoir rendue mère; courage et dévouement de cette jeune fille, III, 80 et suiv. — Concourt à l'Académie de La Rochelle pour l'éloge de Henri IV, et il eût obtenu le prix sans une apostrophe du *pauvre cultivateur aux riches inutiles à l'Etat*, qu'il avait introduite dans sa composition, III, 222 et suiv. — Sa candidature à l'Académie française, III, 281. — Séguier et le maréchal de Richelieu déclarent en pleine Académie qu'ils cesseront d'en faire partie si La Harpe y est admis ; pourquoi, III, 283 et suiv.

Lally-Tollendal, gouverneur des Indes. Préventions de Collé contre lui, II, 350. — Son exécution, III, 96. — Conversation singulière qu'il eut avec le bourreau au moment de se rendre dans l'Inde, *ibid.* (*Note*).

Lamothe (Marie-Hélène). Jugement porté par Collé sur cette comédienne, I, 149.

La Motte-Houdard (Antoine de), de l'Académie française. Son ballet des *Arts* reproduit dans l'opéra de *Pygmalion*, I, 4, 23. — Sa tragédie en prose : *Œdipe*, II, 183.

Lanceac (abbé de). Agé de quinze ans, il obtient le prix de poésie par suite des menées de Marmontel, III, 202 et suiv.

Langeron (marquis de), amant de Mlle de Sens. Annonce mensongère de son mariage avec une des femmes de chambre de cette princesse, I, 272 et suiv.

La Noue (Jean-Sauvé, dit), comédien, est mis au For-l'Évêque par ordre des gentilshommes de la chambre, I, 320. — Se retire du théâtre, II, 81.

Lany (J. Barthélemy), maître et compositeur des ballets de l'Opéra, I, 4. — Curieux entretien entre lui et le poëte Roi, malade et devenu dévot, I, 419 et suiv.

La Place (Pierre-Antoine de), littérateur, traducteur du théâtre anglais, etc., raconte à Collé l'apostrophe adressée par Voltaire au parterre du Théâtre-Français, I, 83. — Son démêlé avec le comte de Bissy au sujet de leur candidature à l'Académie française, I, 250 et suiv.

Laroche-sur-Yon (Louise-Adélaïde de Bourbon, dite mademoiselle de). Sa mort, I, 257.

Laruette, chanteur du Théâtre-Italien, assiste chez le duc d'Orléans, à Bagnolet, à la répétition de *l'Ile sonnante*, opéra-comique de Collé, III, 139.

LASSAY (marquis de), littérateur, constitue une rente viagère en faveur de Piron et garde l'anonyme, I, 234.

LA TOUR (l'abbé de), surnommé *Epaminondas*; pourquoi, I, 156, 157.

LA TOUR (de), Père jésuite. Tour que lui joue Mlle Du Luc, I, 89.

LAUJON (P.), auteur dramatique, de l'Institut, fait jouer à Berny sa pastorale des *Vendanges*, I, 236. — Fait jouer chez le duc d'Orléans *Léandre fou*, parade, II, 224. — Amèrement critiqué par Collé, II, 225. — De concert avec Collé, organise une fête pour le duc d'Orléans, II, 227 et suiv. — Jugé à un nouveau point de vue par Collé, II, 273. — Compose une parade pour le duc d'Orléans, II, 295. — Fête arrangée pour le duc d'Orléans, II, 329. — Autre fête organisée pour le même, II, 353 et suiv. — Nouvelle fête arrangée pour le duc d'Orléans, II, 388 et suiv. — Première représentation, à Fontainebleau, de *Sylvie*, ballet de lui, III, 49. — Organise avec Collé une nouvelle fête pour le duc d'Orléans; description de cette fête, III, 87 et suiv. — Analyse de *Sylvie*, III, 117. — Première représentation de *l'Amoureux de quinze ans*, comédie de lui, III, 312 et suiv.

LAURAGUAIS (le comte de) offre 12,000 livres aux comédiens pour modifier la forme de leur salle, afin d'exclure les spectateurs de la scène, II, 170. — Retire du théâtre son *Iphigénie en Tauride*, tragédie en prose, II, 182. — Réponse piquante que lui fait le comte du Luc au sujet de son autre tragédie intitulée *la Colère d'Achille*, II, 184. — Sa tragédie d'*Electre*, II, 307. — Est renfermé dans la citadelle de Metz, II, 317. — Bon mot de lui à l'occasion des cerfs que le Roi avait manqués à la chasse, *ibid*. — Sa tragédie de *Clytemnestre*; lit sa comédie de *la Cour du Roi Pétaud* à son père et au comte de Saint-Florentin; ce que c'était que cette pièce; allusions malignes qu'elle renferme et que ne voient pas les auditeurs, etc., III, 47 et suiv.

Laurette. Première représentation de cette comédie de Dudoyer, III, 204.

LAVERDI, contrôleur général, demande la place de garde des sceaux; Madame Adélaïde l'appelle *polisson*; il est révoqué; anecdote à ce sujet, III, 207 et suiv.

LAVOYE (Anne-Pauline Dumont de). Jugement porté par Collé sur cette comédienne, I, 149.

Léandre fou, parade de Laujon, jouée chez le duc d'Orléans, II, 224.

Léandre et Héro, opéra de Lefranc de Pompignan, musique du chevalier de Brassac, I, 157. — Première représentation de cette pièce, I, 164.

LE BLANC (J. Bernard, abbé), auteur dramatique, n'eût pas fait *Sémiramis*, bien que cette pièce soit mauvaise, I, 2. — Sa candidature à l'Académie, I, 78, 85. — Protégé par Mme de Pompadour, qui ensuite l'abandonne, I, 93. — Concurrent de l'abbé de Vauxréal à l'Académie, I, 100. — Mme de Pompadour fait revivre en sa faveur la place d'historiographe des bâtiments du Roi, I, 105. — Plaisanté par Robbé dans une épître à son perruquier, I, 275. — Vers satiriques dirigés contre lui par Robbé, II, 297.

LE BLANC (M.), auteur dramatique. Première représentation de sa tragédie de *Manco-Capac*, II, 308. — Première représentation des *Druides*, autre tragédie de lui, III, 341. — Elle est sifflée, puis applaudie à la seconde représentation, *ibid*. — Jouée à Versailles, cette tragédie révolte la cour; pourquoi. L'Archevêque de Paris réprimande M. Bergier, docteur de Sorbonne, pour avoir donné son approbation à cette pièce, III, 342 et suiv.

Le Breton (Madame), fille du sieur Ménage, sous-fermier, convoitée par le comte de Charolais, I, 108, 110. — Elle épouse le marquis de Mouchy, *ibid*. — Elle écrit une lettre ironique au comte de Charolais, I, 111.

Lebrun (Ponce-Den. Écouchard), poëte lyrique. Singulière menace qu'il adresse à Fréron, II, 294. — Fréron lui écrit à ce sujet une lettre ferme et digne, *ibid*. (*Note*).

Le Couvreur (Adrienne). Appréciation de cette comédienne par Collé, I, 139.

Leduc (Mademoiselle), comédienne, maitresse du comte de Clermont, joue un rôle dans une comédie faite par ce prince, I, 236. — Mort du comte de Clermont, III, 316 et suiv. — Ascendant qu'elle exerçait sur l'esprit du prince ; sa cupidité, son ambition, son caractère, sa basse extraction, *ibid*.

Lefèvre, auteur de *Cosroës*, tragédie, avait été élève du peintre Doyen ; opinion de ce dernier le concernant, III, 166, 167. — Première représentation de *Florinde*, autre tragédie de lui, III, 276.

Legendre (l'abbé). Frère de Mme Doublet. Une épigramme de lui, II, 57.

Legrand (Marc-Antoine), acteur et auteur dramatique, fait jouer *la Nouveauté*, farce de lui, I, 19. — Opinion de Collé sur ce comédien, I, 148. — Anecdote plaisante le concernant, II, 274.

Leixin (Madame de), femme de M. de Mirepoix. Couplet licencieux sur cette dame, I, 182.

Le Kain (H. L.), célèbre acteur tragique. Ses débuts au Théâtre-Français, I, 232. — Sa manière adroite d'annoncer le spectacle du lendemain, I, 293. — Le Dauphin et la Dauphine n'iront pas au spectacle quand il jouera, *ibid*. — Est fort applaudi dans *Zaïre*, I, 303. — Opère une réforme dans les costumes au Théâtre-Français, II, 33. — Tour qu'il joue à Marmontel à l'occasion de *Venceslas*, tragédie arrangée par ce dernier, II, 168 et suiv. — Vers satiriques dirigés contre lui, le duc d'Aumont et d'Argental, par Marmontel et ses amis, II, 204 et suiv. — Devient l'ennemi de Belloy, III, 249. — Arrête la représentation de *Gaston et Bayard*, *ibid*. — Est très-malade, III, 253.

Lemierre (Ant. Marin), poëte et auteur tragique. Première représentation de sa tragédie d'*Hypermnestre*, II, 154. — Première représentation d'*Idoménée*, tragédie de lui, II, 339. — Sa tragédie de *Barnevell* est arrêtée par la police ; pourquoi, III, 76. — Première représentation de *Guillaume Tell*, autre tragédie de lui, III, 118. — Sa confiance en lui-même, sa naïveté, sa bonhomie, III, 120. — Reprise d'*Artaxerce*, tragédie, III, 174. — Première représentation de *la Veuve de Malabar*, autre tragédie, III, 261.

Le Sage (Alain René), auteur de *Gil-Blas*. Sa réponse hardie à la duchesse de Bouillon, qui lui reprochait durement de l'avoir fait attendre pour une lecture, I, 187. — A fait lui-même, au dire de Collé, des homélies, sur la fin de sa vie, III, 161.

Le Sage. Débuts de ce comédien, I, 441.

Lesueur (Mademoiselle), baigneuse en renom, chez laquelle un tour facétieux est joué à une provinciale qui voulait suivre la mode, I, 269.

Lettres sur l'Esprit de patriotisme, ouvrage de Bolingbroke, par le comte de Bissy, I, 133. — Omission volontaire d'un passage du texte ; pourquoi, I, 134.

Lieudet (M.) se fait le parrain de *la Fausse Prévention*, comédie attribuée à l'abbé de Voisenon, I, 122.

Linant (Michel), homme de lettres. On lui attribue les ouvrages de Mme Dubocage, I, 85. — Dans sa tragédie d'*Aménophis* Saurin s'est rencontré avec Linant, I, 96. — Vit avec Mlle Clairon, *ibid.*

Livry (comte de) menace Dancourt de lui donner cent coups de bâton s'il montre plus d'esprit que lui pendant un repas, I, 295.

Livry (chevalier de). Assiste à l'administration des sacrements donnés au chevalier de Kinsonnat, qui s'en excuse, I, 315, 316.

Lolotte (Mlle). Prière que lui adresse son amant, milord Albermale, à l'occasion d'une étoile qu'elle contemplait, I, 324.

Longueil (M. de), gentilhomme du duc d'Orléans. Première représentation de son drame *l'Orphelin anglais*, III, 217.

Lord Maire de Londres. Sa réplique courageuse à Jacques II, I, 248.

Louis XV. Vers faits contre lui à l'occasion du Prétendant, I, 48. — Chante la chanson de Port-Mahon; il a la voix fausse, II, 52. — Exile ses ministres et des membres du Parlement, II, 68. — Pasquinade à ce sujet, II, 69 et suiv. — Il tient lui-même le sceau, II, 73. — Gronde vivement la Dauphine qui a été trouvée en possession d'un exemplaire de la *Correspondance*; il exige qu'elle lui dise par qui cet exemplaire lui est parvenu; réponse de la Dauphine, III, 368.

Louis XVI est soupçonné d'impuissance, III, 293.

Lovendal (maréchal de). Ses plaintes à M. d'Argenson; réponse plaisante de celui-ci, I, 39, 40.

Luc (le comte du). Sa réponse railleuse au comte de Lauraguais au sujet de *la Colère d'Achille*, tragédie de ce dernier, II, 184. — Mot sanglant de lui adressé à MM. de Maillebois et Voyer sur la différence des supplices, III, 96.

Luc (Mlle du), nièce de l'ancien archevêque de Paris. Méchant tour qu'elle joue aux jésuites, I, 89.

Lully (Mademoiselle). Ses débuts à la Comédie-Française, I, 237.

Lutzelbourg (Madame de). Plaisanterie un peu cruelle faite à Madame de La Porte de concert avec madame de Marville, I, 73 et suiv.

Luxembourg (le duc de). Visite Cury et lui raconte un mot naïf de la Reynière sur la mort de son frère, I, 14.

Luzy (Mlle), actrice. Réponse piquante que lui fait le comédien Bouret, II, 324.]

M

M** (M. de), receveur général des finances à Amiens. Son procès avec sa femme, qui demande leur séparation de corps et de biens. Lettre singulière qu'il se fait écrire par sa femme à ce sujet, I, 207 et suiv. — Il perd son procès en première instance, I, 216, 217.

M** (Madame de), femme du précédent, demande leur séparation de corps et de biens; procès; lettre singulière qu'elle écrit à son mari à l'instigation de celui-ci, I, 207 et suiv. — Elle gagne son procès en première instance, I, 216, 217.

Machault (M. de). Le Roi lui confie les sceaux, I, 260. — Est exilé dans sa terre d'Arnouville, II, 68.

Mahomet. Reprise de cette tragédie à laquelle Crébillon, alors censeur, avait refusé son approbation, et dont d'Alembert autorisa la représentation, I, 349 et suiv.

MAILHOL (Gabriel), auteur de *Paros*, tragédie, I, 392.
MAILLY (comtesse de), ancienne maîtresse de Louis XV. Sa mort, I, 306.
MAINE (duchesse du). Épître liminaire que lui adresse Voltaire, I, 151.
MAIZIÈRE (Mlle), débuts de cette comédienne, II, 21.
MALESHERBES (Ch. G. de Lamoignon de), homme d'État, directeur de la librairie. Ses défenses rigoureuses pour empêcher l'impression du poëme de *la Pucelle*, II, 34.
Manco Capac. Première représentation de cette tragédie de M. Le Blanc, II, 308.
MANGENOT (l'abbé). Fable de sa composition intitulée : *le Chimiste*, I, 201, 202.
Manie des Arts (la), *ou la Matinée à la mode*. Première représentation de cette comédie de Rochon, II, 306.
MARANZAC (M. de), écuyer du comte de Charolais. Quelques-unes de ses naïvetés, I, 317.
MARCHAIS (Mme), tenait un bureau d'esprit, une espèce de comptoir encyclopédique, III, 127.
MARCHAND (Jean-Henri), avocat. Épigramme de Piron contre l'*Hilaire*, de Marchand, parodie de *Bélisaire*, III, 168, 169. — Distique satirique de lui pour la statue de Voltaire, III, 289.
Marchand de Smyrne (le). Première représentation de cette comédie de Chamfort, III, 245.
Mari sans femme (le). Reprise de cette comédie de Montfleury, II, 242.
Mariage interrompu (le). Première représentation de cette comédie de Cailhava, III, 225.
Mariage par dépit (le). Première représentation de cette comédie de Bret, III, 33.
Mariages de six cents jeunes filles dotées par la ville de Paris à l'occasion de la naissance du duc de Bourgogne, I, 366.
MARIE-ANTOINETTE, alors Dauphine, fait entendre que son mari est impuissant, III, 293. — Deux anecdotes la concernant et qui mettent en évidence l'élévation de son caractère et de son esprit, III, 368.
MARIE LECZINSKA, femme de Louis XV. Elle est administrée, III, 188. — Sa mort, III, 198. — Son enterrement dans les caveaux de Saint-Denis, III, 201.
Marionnettes (Théâtre des). Plaisanterie de polichinelle au sujet d'*Oreste*, tragédie de Voltaire, et de la fécondité de ce dernier, I, 126.
MARIVAULT (le marquis de). Sa réponse énergique à Louis XIV, I, 248.
MARIVAUX (Carlet de Chamblain de), de l'Académie française. Sa mort, II, 288. — Sa gêne, ses mœurs, son caractère, *ibid*. et suiv.
MARMONTEL (J. F.), membre de l'Académie française. Reprise de sa tragédie de *Denys le Tyran*, I, 23. — Analyse de cette pièce, I, 24. — Première représentation de sa tragédie d'*Aristomène*, I, 71. — Première représentation de sa tragédie de *Cléopâtre*, I, 164. — Dernière représentation de cette pièce, I, 181. — Première représentation de son ballet d'*Acante et Céphise*, I, 375. — Obtient la direction du *Mercure*, II, 140. — Fait jouer, après l'avoir arrangée, la tragédie de *Venceslas*, de Rotrou, II, 167 et suiv. — Récite à un dîner des vers faits contre le duc d'Aumont et qui lui sont attribués, II, 202. — Est mis à la Bastille ; on le menace de lui retirer *le Mercure*, II, 203. — Cette menace est exécutée, II, 206. — Sa réception à l'Académie ; sa vie, ses talents, son orgueil, etc., II, 316. —

Parodie de *Cinna*, satire dirigée contre le duc d'Aumont, Le Kain et d'Argental, II, 401. — A été égaré et perdu par la coterie de La Popelinière, III, 127. — Publication de son *Bélisaire*, contre lequel la Sorbonne veut sévir; pourquoi, etc., III, 127 et suiv. — Épigramme à cette occasion, III, 129. — Épigramme de Piron contre *Bélisaire*, III, 168. — Ses menées pour obtenir de l'Académie le prix de poésie en faveur du jeune abbé de Langeac, III, 202 et suiv. — Est accusé par Collé d'être un bas flatteur; il a fait des couplets pour La Popelinière et pour Bouret, qu'il comparait à Alexandre, etc., etc., III, 353.

MAROT, cousin de Mme de Pompadour, condamné à faire amende honorable par suite de friponnerie. Lettre supposée écrite à ce sujet à la marquise de Pompadour par son père, I, 27.

Marotte, chanson composée par Collé, II, 11. — Il l'envoie au duc d'Orléans, II, 19.

MARQUET (l'abbé) est nommé secrétaire ordinaire du duc d'Orléans, emploi convoité par Collé, II, 313.

MARQUIS (Mlle Le), ancienne danseuse de la Comédie-Italienne, maîtresse du duc d'Orléans, II, 200. — Sa lésinerie à propos d'une fête donnée à Bagnolet par Collé, II, 228. — Le duc d'Orléans la prie de ne plus venir ni à Bagnolet ni au Palais-Royal; il la verra chez elle, III, 110. — Elle est supplantée par la marquise de Montesson, III, 111 et suiv.

MARTIN (Mlle). Début de cette comédienne, I, 311. — Son jeu, ses mœurs, *ibid*.

MARVILE (Madame de). *Voy*. Mme de LUTZELBOURG.

Matinée à la mode (la). Première représentation de cette comédie de Rochon, II, 306.

MAUGER, auteur dramatique. Première représentation de *l'Épreuve imprudente*, comédie de lui, II, 158.

MAUPEOU (le chancelier). Ses démêlés avec la magistrature; ses coups d'État contre les parlements du royaume, etc., III, 306 et suiv. — Collé lui applique deux vers de Virgile, III, 308. — Vers satiriques contre le parlement Maupeou, III, 311.

MAUPERTUIS (Moreau de), de l'Académie française. Sa mort, II, 188. — Historique de sa querelle avec Voltaire et Kœnig, II, 189 et suiv.

MAUREPAS (comte de). Son exil. Partage des emplois dont il était revêtu, I, 71.

MAZARELLY (Mlle). Première représentation de sa comédie des *Amants sans le savoir*, III, 323.

MAZARIN (la duchesse de) fait répéter devant Mesdames de France *la Partie de chasse de Henri IV*, III, 239.

MEAUX (Mme de), fille du comédien Dufresne et de Mlle de Seine, fait jouer chez elle *la Vérité dans le vin*, ainsi que *la Veuve philosophe*, comédies de Collé, II, 73, 80, 87.

Médée et Jason, opéra de l'abbé Pellegrin; reprise, I, 51.

Mégare, tragédie de Morand, sifflée et bafouée, I, 12. — Annonce d'une seconde représentation, I, 15.

MEILFORT (Milord de), amant de la duchesse de Chartres; il la compromet à une chasse; menaces que lui fait le duc de Chartres, I, 366.

MÉNAGE, sous-fermier. Violences exercées contre lui par le comte de Charolais, qui convoite sa fille, I, 108, 110. — Suite de la persécution du comte de Charolais, I, 345.

Méprises (les). Première représentation de cette comédie de Pierre Rousseau, citoyen de Toulouse, I, 417.

Mercure de France (le) passe des mains de de La Place dans celles de M. de La Combe, III, 200.

Mère jalouse (la). Première représentation de cette comédie de Barthe, III, 333.

MÉTERNICH, chanoine de Cologne. Anecdote égrillarde relative à lui et à sa maîtresse, II, 275.

Métromanie (la). Représentation de cette comédie à Toulouse, où le capitoul montre une susceptibilité plaisante à l'occasion de deux vers, II, 285.
— Anecdote racontée par Piron à ce sujet, II, 286.

MEULAN (famille de). M. de MEULAN, receveur général, camarade de collége et ami de Collé, qu'il loge chez lui, I, 1 (*Note*). — Description détaillée de la fête donnée par Collé à la famille de Meulan, I, 220 et suiv. — Couplets faits par Collé à l'occasion de la fête de Mme de Meulan, I, 231. — Mme de Meulan accouche d'une fille, I, 336. — Son fils aîné est atteint de la petite vérole, II, 10. — *La Veuve philosophe*, comédie de Collé, n'est pas du goût de Mme de Meulan ; pourquoi, II, 45. — Elle fait adresser par Collé un bouquet en vers à Mme La Milière, II, 119. — Son fils, M. Meulan d'Albois, maître des requêtes, doit épouser la sœur de Mme de Sartine ; Collé est chargé d'arranger une petite fête à cette occasion, III, 104. — Décide Collé à écrire à M. de Sartine en vue d'obtenir que *la Partie de chasse de Henri IV* soit jouée à Paris, III, 158 et suiv. — Son fils aîné, receveur général des finances à Paris, aime beaucoup la comédie ; il a du goût et juge assez bien les pièces de théâtre ; il aurait eu quelque talent pour composer dans ce genre s'il n'avait pas deux cent mille livres de rente, III, 359.

MILIÈRE (Mme La), veuve d'un intendant de Limoges. Bouquet en vers qu'elle reçoit de Collé, de la part de Mme de Meulan, II, 119.

MIMEURE (marquise de). Lettre fade et prétentieuse que lui adresse Fontenelle, I, 295.

MIRABAUD (F. B. de), de l'Académie française, se démet de l'emploi de secrétaire de cette Académie, et il est remplacé par Duclos, qui refuse d'en toucher les appointements, II, 39.

MIREPOIX (M. de), ambassadeur de France en Angleterre, est chargé de présenter Mme Dubocage au roi d'Angleterre ; incidents ; déconvenue, I, 177 et suiv. — Retourne à Paris par suite de la capture de deux vaisseaux français effectuée par l'amiral Boscawen, II, 23.

MIREPOIX (Madame de), femme du précédent. Couplet licencieux sur cette dame et son premier mari, I, 182.

MITCHELL, ambassadeur d'Angleterre. Sa réponse naïve au roi de Prusse ; réplique plaisante de celui-ci, II, 125.

MODÈNE (Madame de). Naïveté du Père Latour, principal du collége des jésuites, I, 28.

Mœurs du temps (les). Première représentation de cette comédie de Saurin, II, 271.

Moissonneurs (les). Première représentation de cette comédie de Favart, III, 184.

MOISSY (Mouillé de). Les comédiens refusent de jouer sa comédie du *Provincial à Paris*, après l'avoir reçue, I, 152. — Il fait jouer cette pièce aux Italiens, I, 162. — Elle a quatorze représentations, I, 174. — Première représentation de sa comédie du *Valet maître*, I, 363. — Première représentation de *la Nouvelle École des femmes*, II, 133. — Première représentation des *Deux Frères*, comédie, III, 199.

Molé (F. R.). Débuts de ce comédien, devenu célèbre, I, 437. — Quitte Mme Préville pour Mlle d'Épinai, III, 100. — A été dangereusement malade; il est confessé, administré, III, 106. — Se rétablit; réponse ironique qu'il reçoit du médecin Bouvard à qui il parlait de sa gloire, III, 116. — Est outré, forcené dans *Hamlet;* il beugle son rôle, III, 238. — Sa hauteur, son despotisme envers les écrivains dramatiques, III, 261 et suiv. — Fait représenter *le Fils naturel*, drame de Diderot, III, 325. — Son impertinence à l'égard de Bauvin, auteur dramatique, III, 365.

Moncrif (F. Aug. Paradis de), littérateur. Première représentation de son opéra des *Fragments*, I, 218. — Sa mort, III, 276. — Examen critique de ses œuvres, par Collé, III, 277.

Mondonville (J. Jos. Cassanéas de), compositeur célèbre. Première représentation de son opéra *le Carnaval du Parnasse*, I, 98. — Appréciation de cet opéra par Collé, I, 101, 109. — Reprise de la même pièce, I, 134.

Monet, entrepreneur de l'Opéra, cède son bail et se retire, II, 126.

Mongenot (l'abbé. Épigramme de lui contre une dame qui avait des boutons à la figure, III, 126.

Monsigny (P. Al.), compositeur, de l'Institut. Première représentation de *l'Ile sonnante*, III, 176 et suiv. — Favart veut l'enlever à Sédaine, III, 179. — Manège de Favart dans ce but, *ibid*. — Se brouille avec Collé, III, 194.

Montauban (le comte de). Attaché au duc de Chartres; annonce à Collé que ce dernier désire qu'il aille lui lire sa comédie de *l'Évêque d'Avranches*. Réponse de Collé; conditions qu'il met à cette lecture, I, 16. — Mène Collé chez le duc d'Orléans pour y lire *l'Évêque d'Avranches*, comédie, I, 17. — Poursuit la négociation dont Collé l'avait chargé auprès du duc d'Orléans pour avoir un intérêt dans ses sous-fermes, I, 30. — Continue les mêmes négociations, I, 82. — Joue, à Saint-Cloud, chez le duc de Chartres, le rôle du *Philosophe marié*, I, 133. — Demande à Collé des couplets pour la duchesse d'Orléans, I, 137 et suiv. — Reçoit de Collé un placet destiné à être apostillé par le duc de Chartres, I, 157. — Sa mort, II, 235.

Montauban (la comtesse de), femme du précédent. Couplet impromptu que lui adresse le chevalier de Boufflers, III, 106.

Montazet (Malvin de), évêque d'Autun, candidat à l'Académie, I, 78. — Est élu à l'Académie française, II, 49. — Son discours de réception, II, 79.

Montbarré (M. de), lieutenant général. Son démêlé avec M. d'Argenson, I, 45.

Montbazon (la princesse de). Plaisanterie la concernant faite par Beautru devant la reine Anne d'Autriche, III, 54 et suiv.

Montboissier (le comte de). Bon mot de lui relativement à la réception du comte de Bissy à l'Académie, I, 256.

Montesquieu (Charles de Secondat, baron de). Avis de Collé sur *l'Esprit des lois*, I, 57. — Sa mort, après s'être confessé au Père Routte, II, 4.

Montesson (marquise de). Commencement de ses relations avec le duc d'Orléans, III, 109. — Son talent pour jouer la comédie, III, 110. — Elle supplante Mlle Le Marquis dans les bonnes grâces du duc d'Orléans, III, 111 et suiv. — On prétend que le duc d'Orléans est auprès d'elle comme un novice, un amant transi, un écolier, III, 206.

Monticourt, ami de Collé, à qui il donne à dîner, ainsi qu'à Piron et à des dames de leur connaissance, I, 9. — Reçoit de Collé sa chanson du *Moine de Citeaux*, II, 59. — Sa réponse à cet envoi, II, 60. — S'abstient de félici-

ter Collé sur le succès de *Dupuis et Desronais*, II, 278. — Avait décou-
ragé Collé touchant ses travaux dramatiques, etc., II, 284.

MONTIGNY (Trudaine de) compose *le Jaloux puni*, comédie, II, 343.

MORAND (Pierre de), auteur de *Mégare*, tragédie, et de *l'Esprit de divorce*,
comédie, I, 13.

MORAS (M. de) est nommé secrétaire d'État de la marine, II, 68.

MOREAU, architecte, a construit la nouvelle salle de l'Opéra, III, 252.

MORELLET (l'abbé), membre de l'Académie française, est mis à la Bastille à
cause de son libelle contre Palissot, II, 249.

MORLIÈRE (chevalier de la), auteur dramatique. Première représentation
de sa comédie du *Gouverneur*, I, 381. — Opinion de Collé sur cet auteur,
I, 382. — Première représentation de *la Créole*, autre comédie, I, 429. —
Première représentation de sa comédie de *l'Amant déguisé*, II, 145.

Mort de Socrate (la). Première représentation de cette tragédie de M. de Sauvigny, II, 304.

MOUCHY (marquis de) épouse Mme Lebreton, fille du sieur Ménage, sous-fermier, I, 110.

MOYON (la femme), proxénète. Elle est fouettée et marquée ainsi que ses
complices, I, 200.

Muet par amour (le), première représentation de cette comédie, I, 355. —
Analyse de cette pièce, I, 356 et suiv.

N

Naïs, ballet de Rameau et de Cahusac, I, 69.

Namir. Première représentation et chute de cette tragédie du marquis de
Thibouville, II, 197.

Nanine, comédie de Voltaire, I, 80. — Apostrophe de l'auteur au parterre
lors de la première représentation de cette pièce, I, 83.

NÈGRE (M.), lieutenant criminel. Couplet de Gallet le concernant, I, 364.

Nicomède. Reprise de cette tragédie, I, 442.

Nina ou la Mitaine enchantée. Première représentation de cette comédie,
II, 125.

NINON DE LENCLOS. Sa réponse à Mme de Maintenon qui la pressait d'aller
demeurer à Versailles, II, 5.

NIVERNOIS (le duc de), de l'Académie française. Répond au discours de réception de l'avocat général Séguier, II, 85.

NORMAND D'ÉTIOLES (M. Le), mari de Mme de Pompadour. Rôle qu'il joua
lorsque le Roi lui prit sa femme, II, 352.

Nouveauté (la), comédie de Legrand, I, 19.

NOVERRE, maître des ballets. Talent qu'il annonce dans son art, I, 428.

NOVERRE (Mlle), femme du précédent. Débuts de cette comédienne, II, 3.

O

OLIVET (l'abbé d'), de l'Académie française, accusé d'avoir glissé une boule
noire dans l'urne lors de l'élection à l'Académie du maréchal de Belle-
Isle, I, 80. — Répond à Châteaubrun, lors de sa réception à l'Académie,
II, 17. — Épigramme de Piron dirigée contre lui, III, 213.

OLONNE (duc d') passe pour être l'amant de Mme Thiroux, I, 31. — Mémoire de l'amant soldé par le mari, *ibid.*

Opéra (Théâtre de l'). *Voy.* Académie royale de musique.

Oreste, tragédie de Voltaire, huée à sa première représentation, I, 120. — Seconde représentation, I, 122. — Épigramme à ce sujet, *ibid.* — Anecdote sur la même pièce, I, 126. — Est imprimée avec une préface, I, 151.

ORLÉANS (duc d'), Régent. Placet lu, chanté et dansé devant lui par un solliciteur, I, 237.

ORLÉANS (Françoise-Marie de Bourbon, dite Mlle de Blois, duchesse d'), veuve du Régent. Sa mort, I, 48.

ORLÉANS (duc d') désire que Collé lui lise sa comédie de *l'Évêque d'Avranches*. Condition que Collé met à cette lecture, I, 16. — Collé lui lit sa comédie, I, 18. — Achète une petite maison, faubourg Saint-Martin, I, 389. — Ouverture de son théâtre, I, 398. — Description du théâtre et de sa petite maison du faubourg Saint-Martin, I, 416. — Collé lui lit sa comédie du *Galant Escroc*, I, 424; — Puis *les Adieux à la Parade* et *Joconde*, I, 430; — Enfin, *la Lecture*, prologue, I, 444. — Ouverture de son théâtre au faubourg du Roule, II, 2. — Il a une petite attaque de goutte qui interrompt les représentations, II, 3. — Reçoit de Collé sa chanson de *Marotte*, II, 19. — Fait inoculer le duc de Chartres et Mlle de Montpensier, ses enfants, II, 47. — Réponse que lui fait la duchesse d'Orléans à cette occasion, II, 48. — Rouvre son théâtre, II, 200. — Joue sur son théâtre de Bagnolet le jour de Noël, II, 207. — S'attache Collé en qualité de lecteur aux appointements de 1,800 livres, II, 221. — Collé se plaint de lui, malgré les libéralités de ce prince à son égard, *ibid.* — Vers allégoriques que Collé compose à ce sujet sous forme d'apologue, II, 222. — Fait jouer sur son théâtre des pièces de Collé, II, 223. — Collé lui organise une petite fête à Bagnolet, II, 227 et suiv. — Règle avec Collé son spectacle d'hiver, II, 257. — Ne veut pas jouer sur son théâtre *le Dervis*, opéra-comique de Collé, II, 263. — Ouverture de son théâtre de Bagnolet, II, 275. — Fermeture de ce théâtre, II, 295. — Collé et Laujon lui organisent une fête, II, 300 et suiv. — Complimente Collé sur le succès de *Dupuis et Desronais*, II, 323. — Donne une fête à sa maîtresse, II, 329. — Ne veut plus jouer la comédie, II, 332. — Lettre burlesque que lui écrit Collé sur la première représentation d'*Olympie*, II, 345. — Autre fête donnée à Bagnolet, II, 353 et suiv. — Collé lui lit *le Bouquet de Thalie*, parade, II, 370. — Nouvelle fête donnée à Bagnolet, II, 388 et suiv. — Assiste, à Fontainebleau, à la première représentation de *Sylvie*, opéra-ballet de Laujon, III, 49, 50. — Écrit ses impressions à Mlle Le Marquis touchant cette pièce, qui n'a pas été bien jouée par les acteurs, *ibid.* — Nouvelle fête donnée à Bagnolet et arrangée par Collé et Laujon, III, 87 et suiv. — Le duc commande une fête semblable pour Mlle Le Marquis, sa maîtresse, III, 95. — Désirerait que Collé fît une comédie du roman de *Marianne*, sujet qui ne rit point à Collé, III, 103. — S'éprend de la marquise de Montesson; préludes de sa rupture avec Mlle Le Marquis, III, 109 et suiv. — Fait répéter à Bagnolet *l'Ile sonnante* de Collé, III, 139 et suiv. — Son embarras pour ne pas admettre à sa table Collé et Saurin, III, 145, 146. — Il achète la terre de Livry, à laquelle il donne le nom de *Raincy*, III, 206. — Ses goûts deviennent de plus en plus magnifiques depuis qu'il est amoureux de Mme de Montesson, *ibid.* — Il est auprès d'elle, dit-on, comme un novice, un amant transi, un écolier, *ibid.*

— Demande à Collé ce qu'on disait de lui et des autres princes dans le public ; réponse de Collé, III, 332. *Voy*. Chartres (duc de).

ORLÉANS (Louise-Henriette de Bourbon, duchesse d'), femme du précédent. Collé lui adresse des couplets, I, 137. — Autres couplets de lui, I, 399. — Sa réponse à son mari relativement à l'inoculation pratiquée sur leurs enfants, II, 48. — Se moque du prince de Soubise, qui avait été battu à Rosback, II, 116 et suiv. — Meurt en riant, et remet à la marquise de Polignac un portefeuille fermé contenant des vers caustiques et licencieux, composés par elle, II, 193. — Sa répartie grotesque touchant une femme dont la grossesse avait, dit-on, duré vingt ans, II, 317. *Voy*. Chartres (duchesse de).

Orphelin anglais (l'). Première représentation de ce drame de M. de Longueil, III, 218.

Orpheline léguée (l'). Première représentation, à Fontainebleau, de cette comédie de Saurin, III, 54.

ORRY DE FULVY, intendant des finances, meurt en ne laissant que des dettes. Son oraison funèbre par Collé, I, 314.

OZANNE (l'abbé). Conduite peu loyale de l'abbé de Boismont à son égard, II, 37.

P

Paladins (les). Première représentation de ce ballet héroï-comique, II, 210.

PALAPRAT (J. Bigot de), auteur dramatique. Quatrain égrillard qu'il adresse à M. de Vendôme, I, 169, 170.

PALISSOT DE MONTENOY C.), littérateur et critique. Première représentation des *Trois Tuteurs*, comédie, I, 433. — Première représentation de sa comédie des *Philosophes*; sensation causée par cette pièce, II, 235 et suiv. — Piron lui décoche une épigramme, II, 244. — L'abbé Morellet rédige un libelle contre lui, II, 249. — Publie *la Dunciade*, poëme satirique, III, 318. — Examen critique de ses œuvres, par Collé, III, 319 et suiv.

PALLU, conseiller d'État, joue un rôle dans *la Vérité dans le vin*, comédie de Collé, II, 75.

PANARD (C. F.), poëte dramatique et chansonnier. Jolis vers de lui, II, 244. — Opinion de Collé le concernant, II, 245. — Sa mort, ses mœurs, son talent, etc., III, 34 et suiv.

PAPILLON DE LA FERTÉ, intendant des Menus. Poinsinet lui dédie *la Soirée à la mode*, II, 378 et suiv.

PARIS (Madame), supérieure d'un couvent de filles perdues, etc., I, 136. — Elle est protégée par le lieutenant de police, *ibid*. — Mauvaise plaisanterie que jouent chez elle de jeunes seigneurs à Dangé, fermier général, I, 137.

Parlement de Paris (le) enregistre, après hésitation, l'édit du Roi portant création de deux millions de rentes viagères, I, 322. — Exil de plusieurs de ses membres, II, 68. — On l'appelle plaisamment *Sa Majesté*, et celui de Rouen *son Altesse royale*; pourquoi, II, 324. — Rend un jugement sur un hermaphrodite, III, 4 et suiv.

Parlements (les). Réplique d'une femme d'esprit concernant les débats des parlements avec la Cour, II, 335. — Leur lutte avec le chancelier Maupeou, III, 306 et suiv.

Parodie au Parnasse (la), pièce de Favart, II, 167.

Paros. Première représentation de cette tragédie, I, 392.

PASSAVANT, gros joueur et non moins gros jureur, que l'abbé Boismorand reconnaissait pour son maître, I, 313.

PATU (Claude-Pierre), auteur dramatique. Première représentation des *Adieux du Goût*, comédie, I, 396.

PAULIN (Louis) Jugement porté par Collé sur ce comédien, I, 147.

Pauvres. Expulsion que M. d'Argenson veut faire de tous les pauvres du royaume et les envoyer au Mississipi, pour peupler, I, 112. — Maintien du droit des pauvres sur les spectacles, I, 292.

PELLEGRIN (l'abbé), auteur dramatique, cité à propos de la tragédie de *Catilina*, I, 41. — Reprise de son opéra de *Médée et Jason*, I, 51. — Reprise de son ballet des *Caractères de l'Amour*, I, 82.

PELLETIER DE BEAUPRÉ (Madame). Bon mot d'elle au chancelier Maupeou, III, 308.

PELLISSIER (Mlle), chanteuse de l'Opéra. Son aventure avec Dulys, II, 138.

PENTHIÈVRE (Louise-Marie-Adélaïde de Bourbon). Son mariage avec le du de Chartres, depuis duc d'Orléans, III, 225.

Père défiant (le), comédie de Collé, jouée plus tard sous le titre de *Dupuis et Desronais*, II, 123.

Père désabusé (le). Première représentation de cette comédie de Cérou, II, 147.

PÉRIGNY, maître des requêtes. Son duel avorté avec Dangé, fermier général, I, 46, 47.

Persifleur (le). Première représentation de cette comédie de Sauvigny, III, 298. — Analyse de cette pièce par Collé, III, 299 et suiv.

Pharamond. Première représentation de cette tragédie de La Harpe, faussement attribuée à Chabanon, III, 40 et suiv.

PHILIDOR, compositeur et célèbre joueur d'échecs. Fait la musique de *Blaise le Savetier*, II, 165. — Première représentation d'*Ernelinde*, Opéra, III, 172.

Philippiques (les). Opinion de Collé sur ces satires de Lagrange-Chancel, I, 335, 336.

Philoctète. Première représentation de cette tragédie de Châteaubrun, II, 5.

Philosophe sans le savoir (le). Refus de la police de laisser jouer cette comédie de Sédaine parce qu'un duel en forme le fond, III, 51. — Première représentation de cette pièce, III, 64.

Philosophes (les). Première représentation de cette comédie de Palissot; sensation qu'elle cause, II, 235 et suiv. — Historique et analyse de cette comédie, II, 240.

Pierre le Cruel. Première représentation de cette tragédie de de Belloy, III, 356. — Accueillie par une cabale, cette pièce est sifflée, III, 357.

PIRON (Alexis), poëte, auteur dramatique. Sa chanson sur *Sémiramis*, tragédie de Voltaire, I, 7. — Son rondeau sur une épître en vers de Gresset; il dîne chez Monticourt avec Collé et des dames de leur connaissance, I, 9. — Reprise de sa comédie des *Fils ingrats*, I, 20. — Épigramme sur *Sémiramis*, I, 63. — Épigramme contre Voltaire, I, 127. — Autre épigramme contre le même, I, 152. — Bon mot de lui sur son âge, I, 153. — Met en huit vers une épître de vingt et un vers attribuée à l'abbé de Bernis, I, 153. — Donne son épitaphe à Collé, I, 156. — Épigramme contre Voltaire, I, 161. — La Chaussée s'oppose à sa réception à l'Académie. Réponse de Duclos à cette occasion, I, 199. — Épigramme contre l'abbé

Desfontaines, I, 213, 214. — Il adresse un sixain au comte de Saint-Florentin, I, 217. — Bon mot de lui sur les comédiens et sur l'Évangile, I, 220. — Se présente à l'Académie pour y remplacer l'abbé Terrasson, I, 234. — Constitution en sa faveur d'une rente viagère de 600 livres par un bienfaiteur anonyme, *ibid.* — Épigramme de lui contre l'Académie, I, 260. — Autre contre le comte de Bissy, *ibid.* — Ses vers à l'occasion de l'élargissement du quai de l'Horloge, I, 281. — Colère grotesque du capitoul de Toulouse à propos de deux vers de *la Métromanie*, I, 287. — Communique à Collé une lettre ridicule de Fontenelle à la marquise de Mimeure, I, 295. — Portrait qu'il fait du diable, en vers, I, 304. — Sa femme meurt folle, lui laissant quelque aisance; ses regrets, sa douleur, I, 318, 319. — Collé lui attribue des vers faits contre Diderot, II, 84. — Bon mot de lui sur les comédiens et l'Évangile, II, 99. — Proteste contre le succès d'*Iphigénie en Tauride*, II, 121. — Décoche une épigramme à Palissot, II, 244. — Autre épigramme contre le *Bélisaire*, de Marmontel, et l'*Hilaire*, de Marchand, III, 168. — Autre épigramme dirigée contre l'abbé d'Olivet, III, 213. — Fait, en un vers satirique, l'épitaphe du maréchal de Belle-Isle, III, 289.

Piron (Thérèse Quenaudon, surnommée Mlle de Bar), lectrice de la marquise de Mimeure; femme du précédent. Elle meurt folle. Son esprit, son érudition singulière, ses mœurs, etc., I, 318, 319. — Elle laisse quelque aisance à son mari, *ibid.*

Piron (Bernard), neveu d'Alexis, poëte satirique. Une satire de lui contre trois jeunes filles de Dijon qui avaient présenté un bouquet au prince de Condé, II, 26 et suiv.

Placet lu, chanté et dansé par un solliciteur devant le Régent, I, 237.

Platée. Première représentation de ce ballet bouffon, I, 49. — Reprise, I, 134.

Poinsinet de Sivry (Louis), auteur dramatique. Première représentation de sa tragédie de *Briséis*, II, 186. — Première représentation de sa comédie de *Pygmalion*, II, 270. — Lettre singulière d'excuse adressée par lui à l'abbé de Breteuil, III, 7. — Première représentation de *Théonis ou le Toucher*, opéra, III, 167. — Première représentation d'*Ernelinde*, autre opéra, III, 172.

Poinsinet (Ant. Al. Henri), auteur dramatique. Première représentation de *l'Impatient*, comédie, II, 105. — Première représentation de *la Soirée à la mode*, comédie de lui, II, 372. — Examen de cette pièce, II, 376 et suiv.

Poisson (Franç. Arnould), comédien, abruti par la boisson, au dire de Collé, I, 104, 105. — Opinion de Collé sur le jeu de cet acteur, I, 145.

Poisson (Madame), mère de la marquise de Pompadour et maîtresse de M. de Tournehem. Son épitaphe, I, 19.

Poisson (Mlle), cousine de Mme de Pompadour. Elle épouse Bouret d'Erygny, fermier général en expectative. Le mariage est célébré à la chapelle de Meudon et la noce au château de Bellevue, I, 215.

Polieucte. Reprise de cette tragédie de Corneille au Théâtre-Français, I, 151.

Polignac (marquise de). Elle informe Collé du refus fait par le duc de Chartres d'apostiller un placet de notre chansonnier, I, 204. — Reçoit de la duchesse d'Orléans mourante un porte-feuille fermé contenant des vers caustiques et licencieux, II, 193.

Pompadour (la marquise de). Elle protège Crébillon, qui lui lit sa tragédie de *Catilina*, I, 5, 6. — Son crédit paraît baisser, I, 14. — Elle fait accepter par Mlle Gaussin le rôle de Tullie dans *Catilina*, I, 29. — Elle assiste à la première représentation de cette tragédie, dont les costumes avaient été fournis par le Roi, I, 35. — Elle fait faire à Crébillon des retranchements à sa tragédie de *Catilina*, I, 40, 41. — Couplets qui courent sur son compte, I, 50, 62 et suiv. — Protége l'abbé Le Blanc, I, 94. — Elle obtient pour cet abbé la place d'historiographe des bâtiments du Roi, I, 105. — Vers que lui adresse Voltaire, I, 174. — Elle vend le château de La Selle à Roussel; anecdote à ce sujet, I, 175, 176. — Joue un rôle dans la comédie de *l'Homme de fortune*, I, 277. — Abandonne le comédien La Noue qui était au For-l'Évêque, I, 321. — N'aime pas la musique de Rameau, *ibid*. — Malade, elle voit en rêve sainte Geneviève qui lui promet de la rendre à la vie, mais à une condition; laquelle? II, 348. — Sa mort, *ibid*. — Sa vie, ses fautes, son testament, II, 349 et suiv. — A empêché que *la Partie de chasse* de Collé ne fût jouée à Paris, II, 389 et suiv.

POMPIGNAN (Le Franc de). Son opéra de *Léandre et Héro*, I, 157. — Première représentation de cette pièce, I, 164. — Son discours de réception à l'Académie française, II, 220. — Se montre furieux des critiques de Voltaire, II, 227. — Est un des chefs du parti antiencyclopédique, II, 249. — Adresse au Roi un *Mémoire* dans lequel il se vante outre-mesure, II, 249. — Son frère veut le venger des injures de Voltaire, à qui il écrit des menaces; terreur comique de ce dernier, d'après une lettre attribuée à Crammer, II, 260 et suiv. — Allusion maligne faite par le parterre, II, 269.

POMPIGNAN (Le Franc de), frère du précédent, officier des carabiniers. Veut venger son frère des injures de Voltaire, à qui il écrit une lettre dans laquelle il le menace de lui casser bras et jambes; terreur de Voltaire, etc., II, 260.

PONTEUIL (N. Ef. Le Franc, dit), comédien. Sa réponse piquante à Mlle Dancourt, I, 198.

PONT-SAINT-MAURICE (marquis de), gouverneur du duc de Chartres; à son instigation le duc d'Orléans se conduit mal à l'égard de Saurin, III, 143 et suiv.

POPELINIÈRE (Le Riche de la), fermier général. Histoire de la plaque de cheminée tournante. Se brouille avec sa femme. Le maréchal de Saxe appelé pour réconcilier les époux. Il échoue. Mme de La Popelinière, fille de Mimi Dancourt, avait été imposée à son mari par le cardinal de Fleury, etc., I, 25, 26. — Autre cachette découverte derrière une armoire, à Passy, I, 31. — Apprend que sa femme a eu un entretien secret avec M. de Machault, I, 379. — Sa coterie a égaré et perdu Marmontel, III, 127.

POPELINIÈRE (Madame de la), femme du précédent. Comparaison grotesque que fait Balot à l'occasion d'un cancer dont cette dame était atteinte, I, 23. — (*Voy*., quant aux démêlés des deux époux, t. I, pages 25, 26, 31 et 379.)

PORTAIL (le président). Réplique plaisante que lui fait une femme d'esprit à l'occasion des parlements, II, 335.

PORTE (l'abbé de La). Collé lui fournit des anecdotes pour être insérées dans sa publication, III, 275.

PORTE (Madame de La), femme de l'intendant du Dauphiné. Tour facétieux que lui jouent Mmes de Marville et de Lutzelbourg, I, 73 et suiv.

PORTELANCE, auteur d'*Antipater*, tragédie, I, 376, et des *Adieux du Goût*, comédie, I, 396.

Portier des Chartreux. Mot d'une femme d'esprit sur ce livre de Gervaise de La Touche, I, 172.

Port-Mahon (chanson de Collé sur la prise de), II, 51. Cette chanson lui vaut du Roi une pension de 600 livr., *ibid.*

Pourceaugnac. Représentation de cette comédie à Bellevue, I, 291.

PRASLIN (duchesse de). Son mépris des petits bourgeois, III, 305.

PRÉANDEAU (Mme), nièce de Bouret, financier. Sa compassion naïve pour les chevaux qui écartelaient Damiens, II, 86.

Préjugé à la mode (le). Opinion de Collé sur cette comédie de La Chaussée, I, 55.

Présomption à la mode (la). Première représentation de cette comédie de Cailhava, II, 314.

Prétendant (le). Son arrestation à l'Opéra, I, 29. — Anecdotes à ce sujet, I, 30, 32.

PRÉVILLE, comédien célèbre. Sa femme est la maîtresse de Molé; son profond chagrin à ce sujet, III, 100.

PRÉVILLE, comédienne, femme du précédent, maîtresse de Molé; elle est plantée par Mlle d'Épinai; elle en est malade de chagrin, III, 100.

PRÉVOST (l'abbé), littérateur, romancier célèbre. Sa mort, ses antécédents, ses mœurs, etc., II, 325.

Prévôt des marchands (le) fait une visite intéressée à Rameau; son résultat, I, 321.

PRIE (marquis de). Sa réponse au curé qui était venu pour le confesser, I, 315. — Sa mort, *ibid.*

Prix du silence (le). Première représentation de cette comédie de Boissy, I, 292.

PROVENCE (comtesse de). Elle a la petite vérole et se retire au château de *la Muette*, où la duchesse de Valentinois lui donne une fête organisée par Favart, III, 328 et suiv.

Provincial à Paris (le). Refus que font les comédiens de jouer cette comédie, après l'avoir reçue, I, 152.— Elle est jouée aux Italiens, I, 162,—où elle obtient quatorze représentations, I, 174.

Provinciale (dame) qui veut suivre la mode et à laquelle on joue un tour grotesque chez Mlle Lesueur, baigneuse en renom, I, 269.

Pucelle (poëme de la), dont plus de deux mille copies manuscrites circulaient dans Paris, II, 34.

PUVIGNÉ (Mlle), charmante danseuse de l'Opéra, I, 4.

PUYSÉGUR (M. de). Anecdote relative à Mme Desmartrais et à Vernage, son médecin, I, 113.

Pygmalion. Opéra de Balot, musique de Rameau, emprunté du ballet des *Arts*, de La Motte, I, 4, 23.— Reprise de cet opéra, I, 299.

Pygmalion. Première représentation de cette comédie de Poinsinet, II, 270.

P** (la comtesse de). Elle perd son procès en séparation de corps et de biens intenté contre son mari, I, 216, 217.

Q.

QUENAUDON (Thérèse), femme de Piron. *Voy.* l'article qui suit celui de son mari.

QUINAULT (Jeanne-Françoise), célèbre soubrette de la Comédie française. Jugement de Collé sur elle, I, 145. — Elle contribue à faire donner à Piron une rente annuelle de six cents livres, I, 234.

R

RACINE (Jean), cité à propos de la tragédie de *Catilina*, I, 41.
RADONVILLIERS (l'abbé de) est élu à l'Académie française, II, 290.
RAMEAU (J. Ph.), célèbre compositeur. Son opéra de *Pygmalion*, I, 4. — Première représentation de *Platée*, ballet bouffon, I, 49. — Première représentation de son ballet de *Naïs*, I, 69. — Ne veut plus travailler pour l'Opéra, I, 82. — Son opéra-tragédie de *Zoroastre*, I, 110. — Reprise de *Platée*, I, 134. — Reprise brillante de son *Pygmalion*; joie qu'il en éprouve, I, 299, 300. — Réflexions de Collé touchant l'ingratitude dont Rameau est l'objet, *ibid.* — Au *concert spirituel* on exécute sans succès un ancien motet de lui, I, 308. — Veut, sur l'Opéra, une pension de mille écus qui lui est refusée, I, 321. — Remet à l'abbé de Bernis un Mémoire pour le même objet, *ibid.* — Mme de Pompadour n'aime pas sa musique, *ibid.* — Reprise des *Indes galantes*, I, 325. — Première représentation du ballet d'*Acante et Céphise*, I, 375. — Première représentation de *Castor et Pollux*, opéra, I, 391. — Reprise de *Roland*, Opéra, II, 39. — Première représentation des *Paladins*, ballet, II, 210. — Ses exigences, ses prétentions en musique, II, 211. — Sa mort; ses talents, ses mœurs, ses travers, etc., II, 372 et suiv. — Son opinion sur M. de La Borde, qui avait refait la musique de *Thétys et Pélée*, III, 46.
Rancune officieuse (la), comédie posthume de La Chaussée, jouée chez le comte de Clermont, I, 439.
RAUCOURT. Débuts de ce comédien, II, 21.
REBEL (François), surintendant de la musique du Roi. Est désigné pour la direction de l'Opéra, I, 82. — Première représentation de l'opéra des *Fragments*, I, 218. — Reprise du même opéra, I, 287.
Reine de Golconde (la). Première représentation de ce ballet héroïque de Sédaine, III, 85.
RENOUT (J. Jul. Constantin), auteur dramatique. Sa comédie de *Zélide*, II, 23.
RESNEL (l'abbé du). Répond au discours du maréchal de Belle-Isle, reçu à l'Académie française, I, 82. — On lui attribue les ouvrages de Mme Dubocage, I, 85.
RESSÉGUIER (de), chevalier de Malte. Emprisonné par les ordres de Mme de Pompadour, contre laquelle il avait fait des vers satiriques, I, 267, 268.
Retour de la paix (le), comédie de Boissy, I, 56.
REYNIÈRE (de la), fermier général. Mot facétieux de lui sur la mort de son frère, I, 14.
RIBOU. Opinion de Collé sur ce comédien, I, 148. — Tue en duel son camarade Roselly, I, 264. — Rôle que joue Mlle Gauthier, actrice, dans cette malheureuse affaire, *ibid.* et suiv.
RICCOBONI, (François) connu aussi sous le nom de Lélie, acteur et auteur. Fait la parodie de *Sémiramis*, tragédie de Voltaire, I, 7.
RICHE (Le), fermier général. Est l'amant de la femme du poëte Roi. Épigramme à ce sujet, I, 207.
RICHELIEU (le maréchal de), amant de Mme de La Popelinière, avec laquelle il communiquait à l'aide d'une plaque de cheminée, I, 25, 26. — Fait abattre les petites loges existant dans les coulisses du Théâtre-Français,

I, 309. — Sobriquet facétieux qui lui est donné à cette occasion, *ibid.* — Bon mot de Saint-Foix sur ce petit coup d'État, *ibid.* — Pousse au voyage de Fontainebleau, où l'on traîne le Dauphin presque mourant; mobile de l'insistance du maréchal de Richelieu, III, 52. — Ordonne de jouer sur le théâtre de Bordeaux *le Galant Escroc*, comédie très-libre de Collé, et défend d'y représenter *l'Honnête Criminel*; anecdote à ce sujet, III, 188. — Déclare en pleine Académie qu'il cessera d'en faire partie si La Harpe y est admis, III, 283 et suiv. — Vers satiriques dirigés contre lui, III, 295. — Annonce aux académiciens que le Roi refuse d'approuver l'élection de Delille et de Suard, III, 349. — Dans cette circonstance, il veut s'assurer le concours de Voisenon; il lui écrit à Auteuil, chez M. de Beaumont, intendant des finances, où il était à dîner; suite de cet incident, III, 350 et suiv. — C'est par le fait de ses intrigues que la double élection de l'abbé Delille et de Suard n'a pas été agréée par le Roi, III, 356.

RICHELIEU (Mme la marquise de), fille de la duchesse de Nevers, mère du duc d'Aiguillon. Aventure galante qui lui est arrivée au fond d'un bois et racontée par elle-même, I, 241.

Rival supposé (le), comédie de Saint-Foix, I, 104.

ROBBÉ DE BEAUVESET (Honoré), poëte satirique et licencieux. Son poëme sur la V....., I, 274 et suiv. — Son épître à son perruquier, I, 275. — Ses vers satiriques contre l'abbé Le Blanc, II, 297.

Robe (homme de) qui, un pistolet à la main, dévalise un officier dans les rues de Paris. Anecdote à ce sujet, I, 117 et suiv.

ROCHEMORE (M. de). Vers de lui sur la perte de sa maîtresse, I, 97.

ROCHON DE CHABANNE, auteur dramatique. Première représentation de *la Matinée à la mode*, comédie, II, 306. — Plagiat dont se plaint Collé, II, 308. — Première représentation des *Valets maîtres*, comédie, III, 185. — Analyse de cette pièce; anecdote; plagiat reproché par Collé à Rochon, etc., III, *ibid.* — Première représentation d'*Hilas et Sylvie*, pastorale, III, 215.

ROHAN (cardinal de). Sa mort, I, 85. — Anecdote relative à une demande adressée à l'évêque de Mirepoix en faveur d'une abbesse qu'un abbé avait rendue mère. Plaisant malentendu à cet égard, I, 106.

Roi de Danemark. Son voyage à Paris; ses bons mots, etc., III, 211 et suiv.

ROI ou ROY (P. Ch.), poëte, auteur dramatique. Fait une épigramme contre madame de Graffigny; jugement porté par Collé sur son talent dramatique et sur ses mœurs, I, 205. — Bon mot de Fontenelle sur lui, I, 206. — Réponse à l'épigramme de Roi, dont la femme passait pour être entretenue par Le Riche, *ibid.* — Sa réponse plaisante à l'abbé Chauvelin, qui le menaçait de coups de bâton, I, 352. — Devient dévot; est frappé d'apoplexie; visite que lui fait Lany, maître des ballets; curieux entretien qu'ils ont ensemble, I, 419 et suiv. — Sa mort, II, 381 et suiv.

Roi et le Meunier (le), premier titre de *la Partie de chasse de Henri IV*, comédie de Collé, II, 247.

Roland. Reprise de cet opéra de Quinault et Lully, II, 39.

Roméo et Juliette. Première représentation de cette tragédie de Ducis, III, 364.

ROMGOLL (M. de), secrétaire des commandements du comte de Clermont. Part qu'il paraît avoir dans la comédie que ce prince s'attribue, I, 236. — Est le *teinturier* du prince, I, 382.

ROQUELAURE, évêque de Senlis. Son discours de réception à l'Académie française, III, 301. — L'abbé Voisenon lui répond par un autre discours vivement critiqué par Collé, III, 302 et suiv.

Rosalie (Mlle). Débuts de cette comédienne, II, 170.

Roselly (Raissouche Montel, dit), comédien. Sa maladie interrompt les représentations d'*Aristomène*, tragédie, I, 76. — A l'article de la mort il cite un vers à son confesseur, I, 78. — Appréciation de Collé le concernant, I, 147. — Est tué en duel par son camarade Ribou, I, 264 et suiv. — Rôle que joue Mlle Gauthier dans cette malheureuse affaire, *ibid.* et suiv.

Rotrou (J. de), auteur dramatique. Sa tragédie de *Venceslas*, *arrangée* par Marmontel, II, 167 et suiv. — Analyse de cette tragédie par Collé, II, 172 et suiv.

Rouillé (M.) est nommé secrétaire d'État de la marine, I, 71. — Sa réponse naïve à Louis XV, II, 68.

Rousseau (Jean-Baptiste). Doit-on juger de son caractère par ses ouvrages ? III, 9.

Rousseau (Jean-Jacques) est ridiculisé dans la comédie des Philosophes de Palissot, II, 243.

Rousseau (Pierre), de Toulouse, auteur dramatique. Première représentation de sa comédie de *la Ruse inutile*. Jugement de Collé sur l'auteur et la pièce, I, 101, 102. — Première représentation de sa comédie de *l'Étourdi corrigé*, I, 215, 216. — Première représentation de sa comédie des *Méprises*, I, 417.

Roussel, fermier général, cousin de Collé. Va à Étioles, avec sa femme, faire visite à M. de Meulan et à Collé, I, 9. — Donne un dîner où se trouvent Crébillon et Collé. Plaisanteries de ce dernier sur quelques vers de *Catilina*, I, 41. — Achète *La Selle*, petit château de Mme de Pompadour, laquelle, à cette occasion, montre peu de délicatesse, I, 175, 176. — Service qu'il rend à l'un des frères de Collé, II, 148. — Sa ruine, ses prodigalités, etc., III, 214.

Royer (Jos. Nic. Panevace), maître de musique des Enfants de France, etc., entreprend le *concert spirituel* au château des Tuileries, concurremment avec Mlle Chevalier, de l'Opéra, I, 15. — Première représentation de l'opéra des *Fragments*, I, 218.

Rozambert, comédien. Ses débuts, II, 87.

Rozet (Madame). Première représentation de *l'Heureuse Rencontre*, comédie faite par elle en collaboration avec madame Chaumont, III, 300.

Rulhière (Carloman de), littérateur, historien. Sa pièce de vers intitulée *les Disputes* n'a pas obtenu le prix de poésie, bien qu'elle soit supérieure à la composition du jeune abbé de Langeac, qui a été couronné par suite d'une coterie, III, 202 et suiv.

S

Sade (comte de), envoyé du roi de France à Cologne. Conversation plaisante qui a lieu chez lui entre un chanoine de Cologne et sa maîtresse, qui se piquaient de parler français, II, 275.

Saint-Contest (M. de) est nommé ministre et secrétaire d'État des affaires étrangères, I, 347.

Saint-Évremond (Ch. Marguerite de Saint Denis), littérateur célèbre. Son épitaphe latine, I, 199.

Saint-Florentin (comte de), depuis duc de la Vrillière. Ministre de Louis XV, I, 71. — Piron lui adresse un sixain, I, 217. — A l'occasion de l'élection de l'abbé Delille et de Suard, il écrit à l'Académie française une lettre d'*animadversion*, et lui enjoint d'être plus circonspecte dans le choix qu'elle fera de ses membres, III, 355.

Saint-Foix (J. F. Poullain de), homme de lettres. Sa comédie *la Cabale* est refusée au Théâtre-Français et jouée au Théâtre-Italien, I, 44. — Première représentation de sa comédie *la Colonie* et du *Rival supposé*, I, 104. — Bon mot de lui sur le maréchal de Richelieu à l'occasion de la suppression des petites loges du Théâtre-Français, I, 309. — Première représentation de sa comédie du *Derviche*; anecdote piquante sur l'origine de cette pièce, II, 32 et suiv. — Sa réponse ironique à des fermiers généraux qui vantaient la comédie des *Philosophes*, II, 250. — Épigramme de lui contre Mlle Clairon, III, 6.

Saint-Germain (M.), un des directeurs de l'Opéra, en 1748, I, 4.

Saint-Hyacinthe (M. de). Anecdote au sujet de sa comédie de *l'Indécis*, qu'il lisait chez Mme de Tencin, II, 187.

Saint-Jean (Mlle), vieille demoiselle avec qui Marivaux a demeuré pendant plus de trente ans, II, 288.

Saint-Lambert (C. F. marquis de), de l'Académie française. Son épître sur les jansénistes, I, 58. — La grossesse de madame du Châtelet lui est attribuée, I, 68. — Vers de lui sous le pseudonyme d'*un Cordelier*, I, 135. — Deux pièces de vers de lui : *le Soir* et *Épître à Chloé*, I, 307. — Sa réception à l'Académie française, III, 254 et suiv. — Propose à ses collègues de l'Académie d'en exclure M. Séguier, qu'il accuse d'avoir trahi la compagnie en se plaignant au chancelier du discours de Thomas, III, 274. — Duclos blâme vivement Saint-Lambert pour ce fait, III, 275.

Saint-Pierre (C. Irénée Castel, abbé de), philosophe. Ses restrictions en matière de critique, I, 2.

Saint-Simon, évêque de Metz. Sa querelle avec l'évêque de Mirepoix, I, 70.

Saint-Val (Mlle), comédienne. Ses débuts à la Comédie-Française, III, 97. — Reprend ses débuts, interrompus par une grossesse, III, 113.

Saint-Vast, ami de Collé, I, 76.

Sainte-Geneviève (église), où se réfugie une jeune fille qui, feignant l'imbécillité, excite la charité publique. Fable inventée par elle, I, 115 et suiv.

Sainte-Palaye (de la Curne de) est élu à l'Académie française, II, 144.

Samson, tragédie de Romagnési, est repris à l'Opéra, I, 151.

Sarrazin (Pierre), comédien. Sa réponse mordante à des actrices touchant le produit de la recette du théâtre, I, 198.

Satirique (le) *ou l'Homme dangereux*. Première représentation de cette comédie de Palissot, III, 256.

Saurin (Bernard Jos.), membre de l'Académie française, a tiré de *Caramante*, roman de Mme de Villedieu, le sujet de sa tragédie d'*Aménophis*, I, 96. — Cette tragédie est refusée par les Comédiens français ; il veut la faire jouer d'autorité par le crédit de madame de Tencin, I, 100. — Madrigal de lui, I, 169. — Autres vers de lui adressés à Thémire, I, 170. — Chute de sa tragédie d'*Aménophis*, I, 243. — Ses vers sur la mort du maréchal de Saxe, I, 262. — Son roman de *Mirza et Fatmé*, I, 392. — On lui refuse ses entrées à la Comédie-Française, II, 128. — Première représentation de *Spartacus*, tragédie, II, 214. — Première représentation de sa comédie des *Mœurs du temps*, II, 271. — Première représentation, à la cour, de *l'Orpheline léguée*, comédie, III, 54. — Adresse à Favart une épître que Collé l'empêche de rendre publique, dans la crainte de se faire un ennemi de l'abbé de Voisenon, III, 60 et suiv. — Sa tragédie du *Joueur* est représentée chez le duc d'Orléans, III, 141. — A l'instigation du marquis de Pont-Saint-Maurice, le duc d'Orléans se conduit mal à l'égard de Saurin, III, 143 et suiv. — Refuse d'aller à Villers-Coterets, chez le duc d'Orléans, où l'on voulait le faire manger à la table du maître d'hôtel, avec Grandval et Carmontelle, III, 146. — Première représentation de *Béverley*, tragédie bourgeoise, III, 194.

SAURIN (Madame), femme du précédent. Vers que lui adresse Collé, III, 239.

SAUVÉ (Madame), première femme de chambre du duc de Bourgogne, I, 354. — Accusée de complicité dans l'attentat dirigé contre la vie du duc de Bourgogne, elle veut s'empoisonner; son arrestation, I, 355. — Ses antécédents, *ibid*.

SAUVIGNY (M. de), intendant de Paris. Rapporte à Collé un mot ironique adressé par le Dauphin à la Dauphine, I, 238.

SAUVIGNY (Mme), femme du précédent. Elle conduit dans son carrosse Mlle Clairon au For-l'Évêque, III, 31.

SAUVIGNY (Edme de), auteur dramatique. Première représentation de *la Mort de Socrate*, tragédie de lui, II, 304. — Il accuse Voltaire de plagiat, III, 133. — Première représentation des *Illinois*, tragédie, III, 138. — Première représentation du *Persifleur*, comédie de lui, III, 298. — Analyse de cette pièce par Collé, III, 299 et suiv.

SAXE (le maréchal Maurice, comte de). Bon mot de lui sur la médiocrité des comédiens qui avaient joué *Catilina*, I, 40. — Son opinion sur M. de Montbarré que M. d'Argenson avait insulté, I, 46. — Appelé par Mme de la Popelinière pour la réconcilier avec son mari, I, 25, 26. — Plaisanterie *guerrière* qu'il fait à Sénac, son médecin, I, 209, 210. — Sa mort; distique licencieux à cette occasion, I, 259. — Ses dernières paroles à Sénac, I, 260. — Vers de Saurin sur sa mort, I, 262.

Scythes (les). Première représentation de cette tragédie de Voltaire, III, 132.

SÉDAINE (M. J.), auteur dramatique. Sa comédie de *Blaise le Savetier*, II, 165. — Parallèle entre lui et Goldoni, III, 64 et suiv. — Première représentation de son ballet de *la Reine de Golconde*, III, 85. — Met des réticences dans ses critiques d'une pièce de Collé, III, 161. — Fait tous ses efforts pour retenir Monsigny, que Favart veut lui enlever par ruse, III, 179 et suiv. — Première représentation de *la Gageure*, comédie, III, 197.

SÉGUIER (Ant. Louis), avocat général. Est nommé à l'Académie française. Son discours de réception, II, 85. — Son réquisitoire contre les livres impies, et auquel Thomas est accusé d'avoir répondu indirectement dans un discours à l'Académie française; colère de Séguier; suites de l'incident, III, 268 et suiv. — Saint-Lambert propose de l'exclure de l'Académie française; pourquoi, III, 274 et suiv. — Déclare en pleine Académie qu'il cessera d'en faire partie si La Harpe y est admis, III, 283 et suiv.

Seine (la). Cette rivière déborde de nouveau, I, 308.

Sémiramis, tragédie de Voltaire. Tombée à la première représentation, bien que le parterre eût été acheté par l'auteur, I, 1 et suiv. — Chanson de Piron sur cette pièce, I, 7. — Parodie de Riccoboni sur le même sujet, *ibid*. — Reprise de *Sémiramis*, avec des corrections, I, 60.

SÉNAC (Jean de), médecin du Roi. Guérit le maréchal de Saxe. Plaisanterie *guerrière* que lui fait ce dernier, I, 209, 210. — Assiste à la mort du maréchal de Saxe, I, 260. — Dernières paroles que lui adresse ce dernier, *ibid*.

Sens (Élisab. Alexandrine de Bourbon, dite mademoiselle de), maîtresse du marquis de Langeron, dont on annonce faussement le mariage avec une des femmes de chambre de la princesse, 1, 272 et suiv.

Siége de Calais (le). Première représentation de cette tragédie de de Belloy, III, 9. — Examen de cette pièce par Collé, III, 10 et suiv. — Honneurs et récompenses qu'obtient de Belloy, III, 12 et suiv. — Cette tragédie est jouée *gratis* par ordre, III, 16. — Elle est mise en vente, III, 18. — Nouvel examen de cette pièce, *ibid.* et suiv. — Mot du duc d'Ayen à l'occasion de la même tragédie, III, 21.

Siége de Calais (le). Publication de cette tragédie de Durozoy, avec une préface des comédiens, III, 8 et suiv.

Soirée à la mode (la) *ou le Cercle*. Première représentation de cette comédie de Poinsinet, II, 372. — Examen de cette pièce, II, 376 et suiv.

Soirée des Boulevards (la), pièce de Favart, II, 164.

Soissons (hôtel de). Épître de Gresset sur la colonne de cet hôtel dont Catherine de Médicis se servait comme observatoire, I, 8.

Sommeil de Thalie (*le Réveil ou* le). Première représentation de cette comédie attribuée à Voisenon, I, 182.

Soubise (le prince de) obtient le gouvernement des Flandres, I, 349. — Perd la bataille de Rosback, II, 115. — Quolibets et pasquinades à cette occasion, II, 116 et suiv.

Soubise (princesse de), femme du précédent. Ses mœurs dissolues; est renvoyée dans sa famille, en Allemagne, II, 116.

Soubise (cardinal de), de l'Académie française. Sa mort, II, 49.

Soufflot (J. Germ.), célèbre architecte. A peu réussi dans la distribution du théâtre qu'il a construit aux Tuileries, II, 336. — Est critiqué pour la construction de la salle de spectacle du château des Tuileries, III, 251.

Soulet (Mlle), débute au Théâtre-Français, où elle est refusée, I, 160, 161.

Souper (le). Première et dernière représentation de cette comédie, I, 327.

Spartacus. Première représentation de cette tragédie de Saurin, II, 214. — Reprise de cette tragédie, II, 226.

Stafford (Mlle de), femme de Crébillon fils. Mort de leur unique enfant, I, 124.

Stanislas, roi de Pologne. Amant de la marquise de Boufflers. Bon mot du Roi concernant son chancelier, dont Mme de Boufflers avait été la maîtresse, I, 38. — Sa mort, causée par un accident, III, 78.

Suard (J. B. Antoine), est élu à l'Académie française avec l'abbé Delille; le Roi ne veut ni de l'un ni de l'autre et ordonne de procéder à une élection nouvelle, III, 349. — Liste et examen de ses ouvrages par Collé, III, 354.

Suisse qu'on va pendre et qui désire savoir dans quelle religion il meurt, I, 317. — Réponse de son major à ce sujet, *ibid*.

Suivante généreuse (la). Première représentation de cette comédie, imitée de Goldoni, II, 180.

Surprises de l'Amour (les), opéra-ballet de Gentil-Bernard et de Rameau, joué à Versailles, I, 29. — Est joué à Paris, à l'Opéra, II, 93.

Sylvie. Première représentation, à Fontainebleau, de cet opéra-ballet de Laujon, III, 49. — Il est joué à Paris, III, 117.

T

Talents lyriques (les). Reprise de cet opéra, II, 70.

TALLARD (Madame de), gouvernante des Enfants de France, I, 354. — Attentat dirigé sous ses yeux contre la vie du jeune duc de Bourgogne, *ibid.*

TALLEMONT (Madame de) adresse une lettre ironique à Maurepas à l'occasion de l'arrestation du Prétendant, I, 30.

Tancrède. Première représentation de cette tragédie de Voltaire, II, 259.

Tancrède, tragédie-opéra de Danchet, musique de Campra, I, 135. — Sa reprise aux Italiens, I, 151. — Reprise de cet opéra, II, 379.

TENCIN (cardinal de) est constitué légataire universel de sa sœur, I, 111.

TENCIN (Madame de), sœur du précédent. Sa mort. Elle laisse à peine de quoi payer ses legs particuliers. Son médecin Astruc soupçonné d'avoir spolié sa succession, I, 111. — Veut reconnaître d'Alembert pour son fils; il s'y refuse, I, 350.

TERRASSON (l'abbé), membre de l'Académie française. Il est à l'agonie, I, 199. — Se rétablit tant bien que mal. Sa réponse au prêtre venu pour le confesser, I, 204. — Sa mort, I, 234.

TERRAY (l'abbé), contrôleur des finances. Il nous rendra peut-être notre gaieté en nous ruinant tous, III, 250. — Nécessité d'une prompte banqueroute, selon Collé, III, 251.

Théagène et Chariclée. — Première et dernière représentation de cette tragédie de Dorat, II, 290.

Théâtre des Tuileries. Sa construction par Soufflot, son ouverture, etc., II, 336.

Théonis ou le Toucher. Première représentation de cet opéra de Poinsinet, III, 167.

Thésée. Reprise de cet opéra, I, 441. — Reprise nouvelle et chute de cet opéra, refait par Mondonville, III, 121.

Thétis et Pélée. Reprise de cet opéra, I, 258. — Nouvelle reprise de cette pièce remise en musique par M. de La Borde, premier valet de chambre du Roi, III, 46. — Opinion de Rameau sur M. de La Borde, *ibid.*

THIBOUVILLE (marquis de). Première représentation et chute de sa tragédie de *Namir*, II, 197. — Détails biographiques le concernant, II, 199.

THIERRY, médecin. Il est ravi d'avoir enfin trouvé un cas de *pituite vitrée* des anciens, II, 335.

THIRIOT, ami de Voltaire. Communique à Collé des vers satiriques adressés à Arnaud Baculard par le roi de Prusse, I, 184, 185.

THIROUX (Madame) passe pour être en intrigue avec le duc d'Olonne, I, 31. — Mémoire payé par son mari pour des meubles fournis à l'amant de sa femme. Quiproquo plaisant à ce sujet, *ibid.*

THOMAS (Ant. Léon.), de l'Académie française. Ne veut se présenter à l'Académie qu'après que Marmontel y aura été reçu, II, 327. — Sa réception à l'Académie française, III, 126. — Travaille à un poëme épique sur le czar Pierre, III, 126. — Première représentation d'*Amphion*, opéra, III, 167. — Répond à l'archevêque de Toulouse lors de la réception de celui-ci à l'Académie française, et répond en même temps au réquisitoire de l'avocat général Séguier sur les livres impies; sensation produite par cet incident, III, 268 et suiv. — Retouche environ quatre cents vers des *Druides*, tragédie de Le Blanc, III, 342. — Publie son *Essai sur le caractère, les mœurs et l'esprit des femmes*, dont Collé fait une amère critique, III, 343 et suiv.

THOMASSIN (Antoine Vicentini), arlequin de la Comédie-Italienne. Opinion de Collé sur ce comédien, I, 328.

THORILLIÈRE (An. Maurice Le Noir de La). Jugement porté par Collé sur ce comédien, I, 146.

Timoléon. Première représentation de cette tragédie de La Harpe, II, 368. — Reprise de cette tragédie, II, 385.

Titus. Première représentation de cette tragédie, II, 165.

TOUCHE (Claude Guimond de La), auteur dramatique. Première représentation d'*Iphigénie en Tauride*, tragédie qui obtient un éclatant succès, II, 96 et suiv. — Vers supprimés par la police, II, 103. — Insinuations malveillantes dirigées contre lui par un M. Yon, avocat et auteur, II, 105. — Réaction qui s'opère contre le succès de sa tragédie, II, 121. — Sa mort, II, 213.

TOURNEHEM (M. de), directeur des bâtiments du Roi et amant de madame Poisson. Épître à lui adressée par Gresset, I, 8. — Épitaphe de Mme Poisson, I, 19. — Critiqué dans une chanson, I, 62. — Ses propos à l'occasion de l'exil de Maurepas, I, 71. — Vivait avec mademoiselle Gardel, I, 98. — Sa mort; son *Oraison funèbre* par Collé, I, 375.

TOURNON (Mademoiselle de), veuve du duc de Chaulnes et femme, en secondes noces, de M. d'Hautterive. Couplet licencieux sur cette dame, I, 182.

TOURVILLE (M. de), capitaine aux gardes. Il exhorte M. Dubocage à ne pas laisser jouer la tragédie de sa femme, I, 87.

Tragédie bourgeoise ou *tragique larmoyant*. Ce que pense Collé de ce genre de littérature, I, 54, 55.

Tragiflasque, tragédie grotesque composée par Collé en quelques jours par suite d'une gageure, I, 94.

TRÉFONTAINE (M.). Un des directeurs de l'Opéra en 1748, I, 4.

Tribunal de l'Amour (le). Première représentation de cette comédie de Deslandons, I, 237, 238.

Triumvirat. Première représentation de cette tragédie de Crébillon, II, 445.

Triumvirat. Première représentation de cette tragédie de Voltaire, II, 368.

Trois Cousines (les), comédie jouée à Bellevue par le duc de Chartres, la marquise de Pompadour, etc., I, 291, 292.

Trois Tuteurs (les). Première représentation de cette comédie, I, 433.

TRONCHIN (Théod.), célèbre médecin. Pratique l'inoculation sur les enfants du duc d'Orléans, II, 48. — Son avidité, son avarice, selon Collé, qui le considère comme un charlatan, II, 49. — Fait l'autopsie du corps de la Dauphine, III, 132. — Mystifié par le comte d'Albaret, il le mystifie à son tour, III, 300.

Troyennes (les). Première représentation de cette tragédie, I, 399. — Analyse de cette pièce, I, 400 et suiv.

TRUBLET (N. C. Jos.), de l'Académie française. Présente sa candidature, I, 429. — Est brocardé par Voltaire, II, 250.

Tuileries (château des). Ouverture du théâtre par les Comédiens français, III, 251.

TURGOT (M.), prévôt des marchands. Sa mort, I, 280. — Vers de Piron sur le quai de l'Horloge, élargi par Turgot, I, 281.

Tuteur dupé (le). Première représentation de cette comédie de Cailhava, III, 44.

U

Ussy (M. d'), auteur dramatique. Première représentation d'*Amelize*, tragédie, III, 182.

V

Vadé (J. Jos.), poëte burlesque et chansonnier. Première représentation de sa comédie des *Visites du jour de l'an*, I, 43. — Sa mort, II, 107. — Avait eu un enfant naturel de Mlle Verrier; laisse deux opéras-comiques inédits, II, 108.

Valentinois (la duchesse de) donne à la comtesse de Provence une fête organisée par Favart, III, 328 et suiv.

Valet maître (le). Première représentation de cette comédie, I, 363.

Valets maîtres (les). Première représentation de cette comédie de Rochon de Chabanne, III, 185.

Vallière (duc de la), maltraité dans une chanson, I, 62. — Remplit un rôle dans *l'Homme de fortune*, comédie, I, 277. — Mystifie le comte de Bissy, II, 324.

Vallière (duchesse de la). Épigramme dirigée contre elle et contre le comte de Bissy, II, 8.

Valory (marquis de) dément l'annonce du mariage du marquis de Langeron avec une femme de chambre de Mlle de Sens, I, 273. — Extrait d'une lettre qui lui est adressée de Berlin à l'occasion du procès de Voltaire et du Juif Herschel, I, 287 et suiv.

Valory (chevalier de) donne à Collé l'extrait d'une lettre du Roi de Prusse à Voltaire, relative au *genre larmoyant*, I, 330, 331. — Son opinion sur deux compositions de Collé, I, 399.

Vandière (marquis de), depuis marquis de Marigny, frère de Mme de Pompadour. Critiqué dans une chanson, I, 62.

Varon. Première représentatoin de cette tragédie, I, 383.

Vatry (l'abbé) raconte à Collé deux anecdotes relatives à Beaubourg et à la Champmeslé, I, 114.

Vaucanson (J. de), célèbre mécanicien. Va voir à Versailles un automate soi-disant *parlant*. Son opinion à ce sujet, I, 417.

Vaudreuil (comte de) joue un rôle dans *le Véritable Amour*, comédie de Collé, II, 363.

Vauguyon (le duc de la) avertit Louis XV qu'un exemplaire de la *Correspondance* a été trouvé sur la cheminée de la Dauphine (Marie-Antoinette), III, 368.

Vauvray (Madame de), sœur de Mme de Vieux-Maisons et aussi méchante qu'elle, I, 299.

Vauxréal (l'abbé de), puis évêque de Rennes. Sa réception à l'Académie, I, 100. —Épigramme de Piron contre ce prélat, I, 312.

Veaux (M. de), surnommé *Panpan*; ami de Mme de Graffigny, qui lui laisse ses manuscrits, II, 161.

Venceslas, tragédie de Rotrou, *arrangée* par Marmontel, II, 167. — Analyse de cette tragédie par Collé, II, 172 et suiv.

Vendanges (les), pastorale de Laujon, jouée à Berny, I, 236.

Vendredi saint. Épigramme de Gallet sur un ivrogne le jour du vendredi saint, I, 150.

Vérité dans le vin (la), comédie de Collé, I, note de la p. 1.

VERNAGE (M. de), médecin. Anecdote le concernant, I, 112 et suiv.

VERNAGE (Mme de) emmène avec elle l'abbé Voisenon dîner à Auteuil, chez M. de Beaumont, intendant des finances, où le maréchal de Richelieu relance Voisenon par une lettre singulière, III, 349 et suiv.

VERRIER (Mlle) vivait avec Vadé, dont elle avait eu un enfant, II, 107. — En mourant Vadé lui laisse deux opéras-comiques inédits : *le Drôle de Corps* et *la Folle raisonnable*, II, 108. — Dureté du père de Vadé à l'égard de Mlle Verrier, *ibid.*

Veuve du Malabar (la). Première représentation de cette tragédie de Lemierre, III, 261.

Veuve philosophe (la), comédie de Collé, II, 43. — Elle est jouée chez Mme de Meaux, II, 87. — Impression et mise en vente de cette comédie, II, 337. — Première représentation de la même pièce, III, 284 et suiv.

VIEUX-MAISONS (Madame de). Son caractère méchant, I, 299.

VIGNY, frère de Collé, assiste à un dîner chez Monticourt. Il s'y enivre *correctement*, I, 9.

VILLEDIEU (Madame de), femme auteur. Son roman de *Carmante*, I, 96

VINTIMILLE (M. de), archevêque de Paris. Son caractère, I, 88. — Mot de lui à l'abbé d'Harcourt qui l'exhortait à son lit de mort, *ibid.*

Visites du jour de l'an (les). Première représentation de cette comédie de Vadé, I, 43.

VOISENON (l'abbé de), auteur présumé de *la Fausse Prévention*, comédie, I, 122. — Première représentation du *Sommeil de Thalie*, I, 182. — On lui attribue mal à propos la comédie de *Nina*, II, 126. — Est signalé par Collé comme manquant de franchise, II, 276. — Son discours de réception à l'Académie française, II, 286. — Accusé d'un plagiat par Collé, II, 308. — Accusé par le même de vouloir s'attribuer tous les ouvrages de Favart, etc., III, 62 et suiv. — Répond au discours de réception de l'évêque de Senlis à l'Académie française ; cette réponse est vivement critiquée par Collé, III, 302 et suiv. — Le duc d'Orléans, ainsi que les princes de Condé et de Conti, lui ferment leur porte ; pourquoi, III, 329 et suiv.— Le maréchal de Richelieu réclame son concours à l'Académie par suite du refus qu'a fait le Roi d'approuver l'élection de l'abbé Delille et de Suard ; à cet égard le maréchal relance Voisenon par une lettre singulière qui lui est remise pendant qu'il était à dîner à Auteuil, chez M. de Beaumont, intendant des finances, III, 349 et suiv.

VOLTAIRE. Première représentation de *Sémiramis*, I, 2. — Sa réponse au prince de Wirtemberg, I, 3. — Chanson de Piron sur *Sémiramis*, I, 7. — Son roman de *Zadig*, I, 21. — Fait des vers à la louange du duc de Richelieu, I, 28. — Son épître au président Hénault, I, 35 et suiv. — Reprise de *Sémiramis*, avec des corrections, I, 60. — Grossesse de Mme du Châtelet, I, 68.— Première représentation de *Nanine*, I, 80.— Moyen qu'il emploie pour assurer le succès de ses pièces ; apostrophe de lui au parterre, I, 83. — Ridiculisé dans la comédie du *Faux Savant*, de Duvaure, I, 91. — Son ouvrage sur *les Beautés et les Défauts de l'éloquence*, I, 95. — Console le marquis du Châtelet à l'occasion de la mort de sa femme, I, 98. — Sa tragédie de *Catilina*, I, 103. — *Électre*, autre tragédie de lui, *ibid.* — Prétend avoir le droit d'emprunter à Crébillon le sujet et le titre de ses pièces, I, 104. — Lit en cachette *Électre* à ses amis, I, 108. — Première représentation de sa tragédie d'*Oreste*, I, 120. — Singulier billet de parterre qu'il fit distribuer à cette occasion, I, 121. — Seconde représentation de cette pièce, I, 122. — Épigramme à ce sujet, *ibid*. — Plaisanté par *Polichinelle*, I, 126. — Épigramme de Piron contre lui, I, 127. — Mot de Fontenelle sur sa fécondité, *ibid*. — Deux couplets de Collé contre lui, I, 128. — *Calotte* en prose contre lui, I, 129 et suiv. — Mot plaisant de M. d'Argenson sur Polichinelle et lui, I, 130. — Son épître liminaire à la duchesse du Maine, I, 151. — Fait imprimer sa tragédie d'*Oreste*, avec une préface, *ibid*. — Ajourne la représentation de *Catilina*, I, 151. — Ses exigences à l'égard des comédiens, I, 152. — Nouvelles épigrammes de Piron contre lui, *ibid*. — Autre épigramme de Piron, I, 161. — Ses vers à Mme de Pompadour, I, 173. — Vers satiriques adressés par le Roi de Prusse à Arnaud-Baculard et le concernant, I, 184. — Réponse d'Arnaud, I, 186. — Fait congédier Arnaud-Baculard par le Roi de Prusse, I, 261. — Répétitions de la tragédie de *Rome sauvée* devant la reine de Prusse et les princesses, I, 273. — Sa réponse cavalière à l'un des comparses à cette occasion, *ibid*. — Son procès avec le juif Herschel; extrait d'une lettre à ce sujet, I, 287 et suiv. — Motifs secrets qui l'ont décidé à aller en Prusse; son avarice, I, 290. — Envoie à Mme Denis, sa nièce, sa tragédie de *Rome sauvée*, I, 324. — *L'Orphelin de la Chine*, tragédie, II, 28. — Plus de deux mille copies manuscrites de *la Pucelle* circulent dans Paris, II, 34. — A propos de ce poëme, Collé compare Voltaire à l'Arioste, *ibid*. — Compose deux pièces de poésie sur *l'Ecclésiaste* et *le Cantique des cantiques*, II, 185. — Sa querelle avec Maupertuis, II, 189. — Prend la défense de Kœnig contre ce dernier, II, 190. — Publie les *Quand*, II, 227. — Fait des satires contre Le Franc de Pompignan, Gresset et Trublet, II, 249 et suiv. — Première représentation de sa comédie de *l'Écossaise*, II, 251. — Première représentation de *Tancrède*, tragédie, II, 259. — Le frère de Le Franc de Pompignan menace Voltaire de lui casser bras et jambes; terreur comique de ce dernier; lettre supposée à ce sujet, II, 260 et suiv. — Première représentation d'*Olympie*, tragédie, II, 343. — Première représentation du *Triumvirat*, tragédie, II, 368. — Collé compose des *Commentaires* sur le théâtre de Voltaire, II, 370. — Publie son *Dictionnaire philosophique*, II, 385. — Doit-on juger de son caractère par ses ouvrages? III, 9, 10. — Reprise d'*Adélaïde de Guesclin*; publie une *Dénonciation de l'Ancien et du Nouveau Testament*, III, 44. — Épigrammes dirigées contre lui par Dorat, III, 129. — Il y répond, III, 130. — Première représentation de sa tragédie des *Scythes*, III, 132. — Une épigramme de lui contre Dorat, III, 173. — Réponse de Dorat, *ibid*. — On lui attribue *le Catéchumène*, ouvrage de M. de Bordes, III, 192. — Le duc de Choiseul menace de le poursuivre; il se croit perdu; congédie ses gens et renvoie Mme Denis, etc., III, 192 et suiv. — Revenus dont il jouissait; confidences de son notaire à ce sujet, III, 193. — Il fait ses pâques en présence de tous les paysans de sa terre, auxquels il fait un sermon sur l'ivrognerie et le vol, *ibid*. — Il écrit une lettre badine à M. de Choiseul, *ibid*. — Vers caustiques de l'avocat Marchand à propos de la statue de Voltaire, III, 289. — Inscription latine sur le même sujet, III, 293. — Collé fait un *Commentaire* sur les tragédies de Voltaire, III, 316. — Publication d'un ouvrage satirique intitulé : *Tableau philosophique de l'esprit de Voltaire*, par l'abbé Sabatier, III, 328 et suiv. — Publie *les Cabales*, III, 361.

Voyageurs (les), intermède italien, joué aux Bouffons, I, 396.
VRILLIÈRE (duc de la), ministre de Louis XV, I, 71. — Piron lui adresse un sixain, I, 217. — A l'occasion de l'élection de l'abbé Delille et de Suard, il écrit à l'Académie une lettre d'*animadversion* et lui enjoint d'être plus circonspecte dans le choix qu'elle fera de ses membres, III, 355.

W

Warvick. Première représentation de cette tragédie de La Harpe, II, 320.— Reprise de cette pièce, III, 6.
WATELET (Cl. H.). Son élection à l'Académie française, II, 269.
WIRTEMBERG (prince de) demande à Voltaire pourquoi il ne va pas faire sa cour au Roi. Réponse de Voltaire, I, 3.

X

XIMÉNÈS (Aug. L., marquis de), auteur dramatique. *Voyez* Chimène.

Y

YON, avocat et auteur dramatique. Première représentation de *la Folie et l'Amour*, comédie, I, 435. — Ses insinuations malveillantes contre La Touche à propos d'*Iphigénie en Tauride*, II, 105.

Z

Zadig, roman de Voltaire. Ce qu'en pense Collé, I, 21.
Zarès. Tragédie de Palissot, I, 263.
Zélide. Comédie de Renout, II, 22.
Zoroastre, opéra-tragédie de Rameau et de Cahusac, I, 110.
Zulica. Première représentation de cette tragédie de Dorat, II, 209.

ERRATA.

T. I, p. VII de l'*Avertissement*, ligne 6 de la *note* : notre chansonnier, *lisez* : Collé.

T. I, p. XXI de la *Notice*, ligne 17 : Amboise, *lisez* : Ambroise.

T. I, p. 97, ligne 1 de la *note* : 11 Novembre, *lisez* : 12 Novembre.

T. I, p. 283, ligne 15 de la *note* : la fait jouer, *lisez* : a fait jouer à La Bourdonnais.

T. I, p. 337, ligne 2 de la *note* : mourut quelques années après son mariage, *lisez* : mourut en 1828.

T. I, p. 355, ligne 17 : s'est voulu empoisonner, *lisez* : s'est voulue empoisonner.

T. I, p. 417, lignes 23 et 25 : Duc d'Agen, *lisez* : d'Ayen.

T. II, p. 116, ligne 2 de la *seconde note* : Mlle de Blois, *lisez* : Mlle de Bourbon.

T. II, p. 306, ligne 15 : c'est une pesle-meslis, *lisez* : un pesle-meslis.

T. III, p. 4, ligne 4 de la *note* : rencunes, *lisez* : rancunes.

T. III, p. 17, ligne 11 : Birzard, *lisez* : Brizard.

T. III, p. 29, ligne 1 de la *note* : en irritait, *lisez* : ce qui irritait.

T. III, p. 127, ligne 1 de la *note* : Marmoutel, *lisez* : Marmontel.

T. III, p. 223, ligne 1 de la *note* : son obscurité, *lisez* : l'obscurité de son style.

T. III, p. 223, ligne 31 : sententieux, *lisez* : sentencieux.

MÊME LIBRAIRIE

BIBLIOTHÈQUE DES MÉMOIRES
RELATIFS A L'HISTOIRE DE FRANCE

AVEC DES AVANT-PROPOS ET DES NOTICES

PAR F. BARRIÈRE

In-18 anglais. — 3 fr. le volume

Chacun de ces volumes, qui se vend séparément, renferme la matière de trois volumes des éditions précédentes. Il nous suffira de citer les Mémoires de madame Campan, qui formaient trois volumes in-8°, et coûtaient 18 fr.; tandis qu'ils sont contenus en un seul volume de notre édition.

Mémoires de madame de Staal-Delaunay, du marquis d'Argenson, de Madame, mère du Régent, de Saint-Simon.	1 vol.
Mémoires de Duclos sur le règne de Louis XIV, la régence, etc.	1 vol.
Mémoires de madame du Hausset, femme de chambre de madame de Pompadour. — Bachaumont, Mémoires historiques et littéraires, etc.	1 vol.
Mémoires du baron de Besenval. — Mémoires de Collé.	1 vol.
Mémoires de Marmontel.	1 vol.
Mémoires de mademoiselle Clairon, de Lekain, de P.-L. Dubus-Préville, de Dazincourt, de Molé, de Garrick, de Goldoni.	1 vol.
Mémoires de Weber.	1 vol.
Mémoires de madame Roland.	1 vol.
Mémoires de Cléry sur la captivité de Louis XVI. — Dernières heures de Louis XVI, écrites par l'abbé Edgeworth de Firmont, son confesseur. — Mémoires de madame la duchesse d'Angoulême. — De M. le duc de Montpensier.	1 vol.
Mémoires sur la vie de Marie-Antoinette, par madame Campan, première femme de chambre de la reine.	1 vol.
Mémoires du général Dumouriez.	1 vol.
Suite des Mémoires de Dumouriez. — Mémoires de Louvet. — De Daunou.	1 vol.
Mémoires du comte de Vaublanc.	1 vol.
Souvenirs de Félicie, par madame de Genlis.	1 vol.
Mémoires de madame de Genlis.	1 vol.
Mémoires de Septembre.	1 vol.
Mémoires du duc de Richelieu.	2 vol.
Mémoires de M. le comte de Ségur et du prince de Ligne.	2 vol.
Mémoires du marquis de Bouillé.	1 vol.
Mémoires sur la cour de Russie.	1 vol.
Souvenirs de Berlin.	2 vol.
Mémoires de Lauzun et Souvenirs du comte de Tilly.	1 vol.
Mémoires d'Alfieri.	1 vol.
Souvenirs de lord Holland. Journal de mistress Elliot.	1 vol.
La Bastille, par Linguet, Dussaulx et Latude.	1 vol.

Typographie Firmin Didot. — Mesnil (Eure).